개정판

유아교육개론

이희경 著

Early Childhood Education

태영출판사

머리말

유아교육은 인간의 초기 생애에 관한 연구 영역이며 그 연구 범위는 광범하다. 모든 학문이 그러하듯이 유아교육학은 시대의 변천과 함께 발전과 변화를 가져왔다. 유아교육과를 입학하여 35년 이상 유아교육에 몸을 담고 있는 동안 여러 차례의 유치원교육과정이 개정되었고, 유아교육법의 제정, 유아교육과 보육의 쟁점 부각 등 우리나라 유아교육은 변화와 발전을 거듭하고 있다. 특히 최근에 도입한 누리과정은 유아교육의 공교육을 시작한 제도로서의 의미가 크다고 할 수 있는데, 이 즈음에 유아교육개론을 다시 개정하게 되었다.

본 서는 유아교육학의 전반적 내용을 개관한 입문서이다. 유아교육을 전공하는 대학생들이 유아교육의 전반적 내용을 이해할 수 있도록 이론적, 실천적 분야를 광범하게 다루었다. 제1장에서는 유아의 발달과 교육의 관계를 다루었으며 제2장에서는 세계적인 유아교육의 역사적 변천 내용을 다루었고, 제3장에서는 우리나라 유아교육의 역사를 해방 전과 해방 후로 나누어 소개하면서 현재 진행되고 있는 내용까지 소개하였다. 제4장에서는 유아교육과정과 관련 교육프로그램을, 제5장에서는 교직과 유아교사를 다루며 최근에 강조되고 있는 교사 윤리를 포함시켰다. 제6장에서는 유아기의 놀이를, 제7장에서는 유아교육 환경의 구성을 다루어 유아교육의 실천적 내용을 함께 소개하였다. 그리고 제8장에서는 유아교육 평가를, 제9장에서는 유아교육과 법을 다루었다.

본 서가 유아교육 학문을 이해하려는 사람들에게 도움이 되었으면 하는 바램이다. 이 책의 개정과 출판을 격려해 주신 김현태 사장님께 감사드리며 이 책을 찾아 주시는 모든 분께 감사의 마음을 전합니다.

2015년 12월 심곡동 연구실에서

이 희 경

제1장

유아의 발달과 교육

1. 유아는 어떻게 발달하나?
2. 유아교육이란?
3. 발달과 교육의 관계는?
4. 왜 유아교육이 중요한가?

어린 아이는 전적으로 어른의 보살핌을 받으며 성장한다. 그는 점점 자라면서 자기 수준에서 세상을 경험하고 자신에게 영향을 주는 사람들로부터 여러 가지를 배우면서 커 간다. "세살 버릇 여든 살까지 간다."는 우리의 속담이나 "내가 정말 알아야 할 모든 것은 유치원에서 배웠다."[1]는 이야기는 어린 시기의 경험내용이 중요하다는 점을 상기시킬 뿐 아니라 어린 시기의 발달적 특성에 관심을 갖게 한다. 유아는 생물적으로만 성숙하는 것이 아니라 전체적으로 성장하고 발달한다. 유아기는 발달이 이루어지는 시기이며 형식적 교육이 가능한 시기이다.

유아교육(early childhood education)은 유아를 대상으로 이루어지는 교육이라고 쉽게 정의되지만 유아의 발달과정이나 특성을 바르게 이해할 때 올바른 유아교육의 실천이 가능할 것이다. 본 장에서는 유아의 발달과 교육에 관한 전반적인 내용을 살펴보아 유아교육에 관한 이해를 돕고자 한다.

1. 유아는 어떻게 발달하나?

유아의 발달을 연구하는 것이 왜 중요한가? 유아교사는 유아의 발달에 관해 알아야 유아들의 교육적 요구를 알 수 있다. 유아의 발달에 대한 이해가 없다면 교사가 제공하는 학습 환경이 어떤 유아에게는 최선일 수 있으나 어떤 유아들에게는 최악일 수도 있는 문제에 당면하게 된다(White & Coleman, 2000). 유아교육을 이해하기 위해 유아의 발달에 대한 기본 개념을 알아보도록 한다.

1) 로버트 풀검(R. Fulghum, 1988)이 쓴 책으로 원제목은 'All I really need to know I learned in kindergarten'이다. 무엇이든 나누어 가져라, 공정하게 놀아라, 다른 사람들을 때리지 말라, 자기 것이 아니면 갖지 마라, 다른 사람에게 폐를 끼치면 미안하다고 말하라, 식사 전에는 손을 씻어라, 매일 오후에 낮잠을 자라 등이 소개된 글이다.

1) 발달의 개념

인간은 개체의 발생에서 시작하여 끊임없이 부단한 변화의 연속적인 과정을 거친다. 발달이란 개체로서 인간의 생명이 수정되는 수간부터 출생하여 삶을 마칠 때까지 변화하는 과정을 말한다. 즉, 전 생애에 걸쳐 연속적으로 이루어지는 신체적, 심리적인 변화과정을 총칭한다.

발달에 대한 견해는 학자에 따라 다른데, 코프카(Koffka)는 유기체의 기관이 양적으로 증대되고, 구조의 정밀화 및 기능의 유능화를 가져오는 것이라 하였으며, 레빈(Lewin)은 개체가 점차로 분화되어서 그 의미내용이 보다 풍부하게 변해 가는 것이라고 하여 행동방정식 B=f(P.E), 즉 인간의 행동은 개체와 환경과의 역동적인 상호작용으로 설명하였다. 이러한 견해를 종합해 볼 때, 유아발달의 개념은 유아들이 연령이 증가되면서 여러 가지 기능이 순서적으로, 연속적으로 그리고 보다 복잡한 수준으로 증가되는 현상을 말한다(Holt, 1991; Vaughan & Lit, 1990).

성장과 성숙 그리고 학습은 발달의 개념을 이해하는데 도움이 된다. 성장(grouth)은 유기체의 신장, 체중, 골격 등과 같은 신체적, 생리적 측면의 양적 증가를 뜻한다. 의학자나 영양학자 등 건강전문가들은 유아의 발달 중 성장요인을 강조한다. 성숙(maturation)은 유아의 성장과 발달에 영향을 주는 생물학적인 변화과정을 말한다. 이 생물학적 변화는 관찰되지 않는 것 같지만 운동기술의 변화를 통해 관찰할 수 있다. 예를 들면, 근육이나 신경은 크기만 자라는 것이 아니라 점차 조직이 증가되고 유능해진다.

성숙은 달리기를 더 빠르게, 그리고 점프를 더 높게 더 멀리 뛰게 하는 기술을 발휘하게 한다. 나아가 성숙은 뇌기능의 분화나 사춘기의 이차적 성 특징의 출현과 같이 개체가 환경의 영향보다는 유전적 소질에 의해 변화하는 과정을 의미한다(이옥형, 1997). 사용 어휘수의 증가나, 앉고 걷는 보행발달 등 일정 시기에 나타나는 선천적, 유전적 경향의 질적인 기능 변화를 의미한다. 학습

(learning)은 유아가 숫자나 사물의 명칭을 배우는 것같이 후천적으로 연습과 훈련을 통하여 행동이 변화되는 것을 의미한다. 즉 경험을 통해 행동의 수준을 높여 가는 것을 말한다.

이상에서 설명한 바와 같이, 발달은 성장과 성숙, 그리고 학습의 여러 요인이 복합적으로 작용해 연령의 증가와 함께 점진적으로 변화하는 현상을 의미한다.

유아의 발달은 크게 세 가지의 중요한 영역에서 이루어진다(Holt, 1991; Vauhan & Lit, 1990). 첫째, 신체적 영역(physical domain)으로 유아의 신체적 성장과 지각 기능, 운동기능에 영향을 준다. 둘째, 인지적 영역(cognitive domain)으로 유아의 언어발달과 사고 및 문제해결 기능에 영향을 준다. 셋째, 사회-정서적 영역(social-emotional domain)으로 유아의 자아정체감, 대인관계 기능, 그리고 감정표현 등에 영향을 준다. 이를 그림으로 나타내면 [그림 1-1]과 같다.

2) 발달의 이론

인간의 발달에 관한 연구는 20세기에 들어 발달에 대한 기본 가정들이 과학적으로 연구되면서 구체적인 이론들로 소개되었다. 발달에 관한 관점은 발달이론에 따라 다른데 유아의 발달 중 어느 측면을 강조하느냐에 따라 그 해석이 달라진다. 어느 이론이라도 인간의 발달을 이해하는데 도움이 되므로, 복잡한 인간의 발달을 이해하기 위해서는 각 이론을 비교해 알아볼 필요가 있다.

대표적인 이론으로는 성숙이론, 정신분석이론, 행동주의이론, 인지발달이론이 있는데, 각 이론의 특징을 비교해 보면 〈표 1-1〉과 같다.

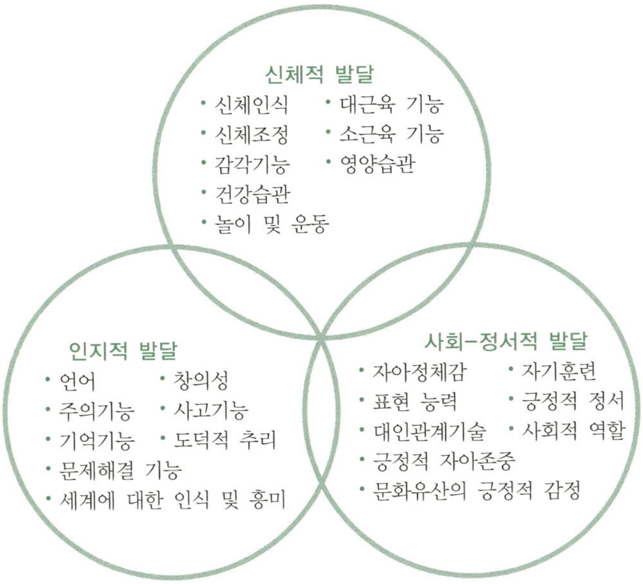

[그림 1-1] 발달영역 : 유아의 신체적, 사회·정서적, 인지적 발달영역

출처 : "Ages and Stages," Serving child care needs : Development and curriculum issues, by Coleman, M.(1988). University of Georgia Cooperative Service, Athens, GA.

표 1-1 **발달이론의 비교**

이론 · 개요	성숙이론	정신분석이론	행동주의이론	인지발달이론
대표이론가	Gesell (1880–1961)	Freud (1856–1939)	Watson (1878–1958)	Piaget (1896–1980)
기본가정	성숙요인의 발달	단계별 요구충족	자극과 반응의 결합	유기체와 환경의 상호작용
발달순서와 특징	단계적, 표준적	역동적, 구조적, 단계적	경험의 누적, 환경의 지배	단계적, 인지발달
교육방법	학습준비도	갈등해결	조건화, 모델링, 강화	자율적 구성
교육적 적용	유아중심 프로그램	심리적, 사회적 배려	계획된 프로그램	상호작용 프로그램

(1) 성숙이론

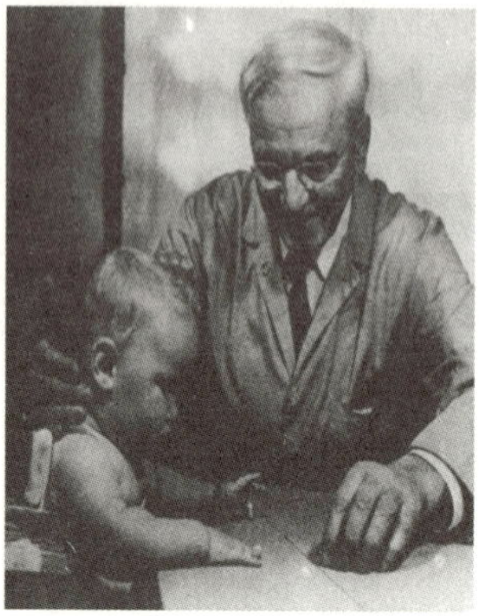
게젤(Arnold Gesell, 1880-1961)

성숙이론의 대표학자 게젤(Arnold Gesell : 1880-1961)은 인간의 발달이 생물학적 체계와 성숙의 과정에 통제된다고 했다. 1920년대에 성행한 진화론의 영향을 받아, 종의 발달은 개인의 발달에 반영된다고 보았다. 그는 유전(천성)과 환경(양육)의 상대적 효과를 비교한 일란성 쌍생아 연구를 통해 훈련이나 연습의 효과보다 유전적인 구조와 자연적 발달을 강조했다. 인간은 단계적 순서로 발달하며 개인의 발달 속도는 자신의 유전 인자형에 의해 결정되므로 여기서 개인차가 생기는 것이다. 또한 성숙은 개인의 내적 요인에 의해 통제되므로 훈련이나 가르침 같은 외적 요인의 지배를 받지 않는다. 모든 유아의 발달은 유사한 단계를 따르고 개인의 유전적 발달예정표에 의해 통제된다. 게젤이 고안한 발달계획표(Gesell Development Schedule)는 유아발달의 규준적 자료가 되어 유아평가의 표준으로 삼았다.

그는 출생부터 10세까지의 성숙수준을 34단계로 나누어 상세하게 기술하였다. 예를 들면, 18개월의 영아는 종이나 연필을 주면 아무렇게나 날려 쓸 수 있으며, 2세가 되면 수직선 형태를 그릴 수 있고, 그로부터 6개월 후에는 수평형태의 그림을 포함해 그릴 수 있다.

발달은 기본적으로 발달의 원리를 따르므로 유아에게 특정한 연습이나 훈련을 강조할 것이 아니라 개인의 내면적 요구와 성숙의 준비를 존중해 주어 학습할 시기가 될 때까지 기다려 주어야 한다. 발달은 학습을 가능하게 하지만 학습이 발달을 촉진한다고 여기지 않는다.

성숙이론은 환경적 요인이 발달속도에 일시적 영향을 줄 수 있지만 궁극적으로는 성숙 요인이 발달을 통제한다고 전제하므로, 유아의 자연적 발달과 학습준비도를 강조한다. 따라서 성숙이론은 오늘날의 유아교육 방법이나 프로그램에 유아중심 사상의 기저가 되며, 유아를 능동적인 학습자로 여겨 교사의 통제나 인위적인 환경의 조작을 최소화하도록 요구한다.

(2) 정신분석이론

프로이드(Sigmund Freud : 1856-1939)는 정신분석이론을 체계화시켜 인간의 발달을 역동적, 구조적, 단계적 요소로 설명하였다. 여기서 역동적이란 인간이 끊임없이 에너지를 전달한다는 의미를 내포하며, 구조적이란 인간의 심리적 구조[2)]를 원초아(id), 자아(ego), 초자아(super Ego)로 보아 이 세구조가 행동을 조절한다고 설명하였다. 단계적이란 발달이 연속적으로 다음 단계로 진행된다는 것을 의미한다.

프로이드(Sigmund Freud, 1856-1939)

그는 발달단계를 심리성적 발달(psychosexual development)의 과정으로 보아 구강기(생후-1세) – 항문기(1세-3세) – 남근기(3세-5세) – 잠복기(6세-12세) – 생식기(12세 이후)로 설명하였다. 각 단계는 성감대라고 불리는 각각의 신체 부위에 정신 에너지가 집중된다고 보고 각 단계마다 생물학적, 심리적 요구가 연속적으로 변화한다고 했다. 또한 심리성적 발달 단계에서 일어나는 행동이 유전과 성숙요인에 의해 통제되며, 각 단계의 내용은 개인이 속한 문화에 따라 다양하다고 하였다. 이는 유전과 환경이 발달과정에 상호작용한다는 것이며, 발달이란 환경과 성숙의 요인이 조합되어 순차적이고 예견이 가능한 과정이라고 설명한 이론이다. 프로이드의 발달이론은 성격발달에 관련된 이론으로 각 단계에서 욕구의 충족과 갈등에

2) Freud는 인간의 정신세계를 명확하게 설명하기 위해, 인간의 성격을 원초아(id)와 자아(ego), 그리고 초자아(superego)로 구분하였다. 원초아는 무의식을 구성하는 핵심적인 요소로서 '무엇을 하고 싶다'는 일차적인 쾌락원리에 따라 움직인다. 자아는 원초아의 충동을 저지하는 성격의 논리적 측면으로 사회가 설정한 한계 내에서 욕구를 충족시키려고 노력한다. 초자아는 아동의 양심이자 도덕성의 저장소로 '~하지 말아야 한다'와 '이런 행동은 나쁘다'와 같은 도덕적 교훈을 포함한다. 이것은 대개 3세에서 6세경에 부모와 성인들을 동일시함으로써 발달한다.

대한 대처가 성격발달에 영향을 준다고 본다.

정신분석이론 중 중요한 점은 발달의 초기단계가 성인행동의 토대를 제공하며, 성인행동과 성격구조는 초기발달의 경험에 비추어서만 이해된다는 가정이다(정옥분, 2002). 따라서 유아가 어릴 때에 어떻게 양육되며 어떻게 발달하는지에 관심을 갖게 한다. 프로이드의 이론을 따르면, 어릴 때의 경험이 성인기에 예언적으로 작용하므로 부모의 양육태도가 유아의 성격발달에 많은 영향을 준다는 것을 시사한다.

상자 1 프로이드의 심리성적(psychosexual) 발달단계

Freud(1905)가 말하는 성은 신체에 쾌감을 일으키는 모든 것을 포함한다. 프로이드의 발달단계는 한 단계에서 다음 단계로 진행되는 것을 강조하는데 각 단계마다 리비도가 다른 신체부위에 집중되며 심리적, 사회적 갈등을 수반하다. 리비도는 개인의 성적 에너지를 뜻하며, 이 에너지가 집중된 신체부분이 특정발달 단계에서 아동들의 성적 관심의 초점이 된다. 인간은 구강기, 항문기, 남근기, 잠복기, 생식기의 단계를 거치며 성격발달이 이루어진다.

① 구강기 : 출생 후 1 년간 구강활동(먹기, 깨물기, 빨기 등), 신체접촉 등을 통해서 만족을 느끼며, 이것은 흥미, 태도 및 성격 특성의 방대한 조직을 발달시키는 기초가 된다. 리비도가 구강으로 표현됨으로써 입술이나 구강에 자극받으면 쾌감을 갖는다. 이 시기에 의존심이 생기며, 이 의존심은 생애를 통해서 지속되는 경향이 있어서, 불안전하게 될 때는 이것이 심리적으로나 행동적으로 나타나기 쉽다. 의존의 가장 극단적인 증세는 모체로 돌아가려는 소망이다.

② 항문기 : 생후 2-3세의 2 년간 신체적 쾌감을 얻는 신체부위가 항문으로 옮겨 가며, 대소변 가리기가 시작되면서 본능적 충동을 통제받는 경험을 하는 시기이다. 이러한 훈련의 결과가 성격 및 가치관 형성에 중대한 영향을 준다. 생산성과 창의성의 기초가 되며, 억압적 방법을 사용할 경우는 완고하고 인색한 성격을 발달시키기 쉽다.

③ 남근기 : 생후 3-5세의 2년간 쾌감을 느끼는 부위가 성기로 옮겨 가며, 성의 차이, 생식기의 기능과 관련하여 성적, 공격적 감정이 두드러지게 나타나는 시기이다. 특히 이 시기에 남아는 어머니에게 갖는 막연한 성적 욕구인 오이디푸스 콤플렉스(Oedipus complex)와 여아는 아버지를 향한 욕구인 엘렉트라 콤플렉스(Electra complex)를 갖게 된다고 한다. 이러한 콤플렉스나 거세불안 같은 경험들이 개인의 성 역할 개념과 성격형성에 중요한 영향을 미친다.

④ 잠복기 : 6세 이후 사춘기 전까지의 시기로 정서적 동일시를 통하여 부모들의 규준을 받아들이며, 이드(id), 에고(ego)로 구성된 인격구조가 동일시를 통해 수퍼 에고(super ego)를 발달시킨다. 이 시기에는 성적 욕구가 잠복되어 있어, 사회의 생활양식, 가치, 문화, 행동규범, 성 역할 등을 습득하는 사회화의 시기이다.

⑤ 생식기 : 사춘기 시기로 자애적으로 자기 신체를 자극함으로써 만족을 얻는다. 또 타애적인 심리가 형성되면서 성적 매력, 사회화, 집단활동, 직업 계획, 결혼과 가족 부양에 대한 준비 등이 나타난다. 사회화된 타애적 추구는 습관적인 치환, 승화 및 동일시 같은 방어기제를 사용하여 현실적으로 사회화된 성인이 된다.

(3) 행동주의이론

왓슨(J. B. Watson, 1878-1958)

행동주의라는 말은 왓슨(J. B. Watson : 1878-1958)의 연구에서 유래되었다. 그는 과학으로서의 심리학은 객관적이고 관찰이 가능한 영역을 다루어야 한다고 주장하였다. 따라서 행동주의 이론은 나타난 행동결과를 보고 행동발달을 학습의 법칙이나 원리로 설명한다. 또한 행동은 자극과 반응의 연합이므로 반복된 경험이나 조작적 학습을 강조한다.

발달은 생물학적으로 결정된 단계와 직접적인 관련이 없으며 누적된 학습의 작용이다. 개인의 발달에 경험과 환경요인이 중요하며, 발달에서의 개인차는 유전이나 성숙요인의 차이가 아니라 과거 경험의 차이에서 나오는 것으로 여긴다. 개개인이 어떻게 키워지는지의 양육사가 개인의 발달에 영향을 주게 된다는 것이다. 성장과 발달의 추진력은 유기체의 내부에 있는 것이 아니라 환경과 같은 유기체의 외부에 있다고 본다. 따라서 유아의 학습동기도 유아의 내적인 힘에 의한 것이 아니라 외적인 것, 즉 강화에 의해 유발된다고 보아 적절한 행동에 대한 강화 및 재강화를 강조한다. 학습준비도는 성숙이 될 때 준비되는 것이 아니라 적절한 경험의 제공으로 준비된다.

행동주의 이론을 따른다면 의도된 자극이나 계획된 학습이 유아의 발달을 유도할 수 있다. 어릴 때에 바람직한 행동의 습관훈련과 순서화된 교수나 훈련이 발달을 유도하는데 효과적이라는 입장이다. 따라서 유아는 주어진 자극에 반응하는 수동적 입장으로 여겨지며, 잘 조직되고 계획된 프로그램이 제공되어야 한다는 점과 교사의 주체적 역할이 강조된다.

(4) 인지발달이론

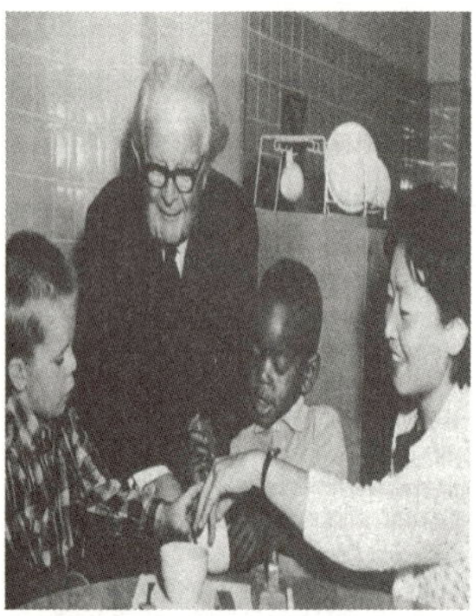
피아제(Jean Piaget, 1896-1980)

인지발달이론은 피아제(J. Piaget : 1896-1980)의 연구를 통해 잘 설명된다. 인지발달의 관점에서 발달은 유기체가 능동적인 역할을 수행하는 자발적인 과정이다. 즉, 유아는 능동적으로 환경과 접촉하면서 상호작용한다. 상호작용이란 성숙과 환경이 발달에 미치는 작용관계만을 의미하는 것이 아니라, 유아–환경(발달과제), 유아–유아(부모, 교사 등), 그리고 이러한 영향요인들의 상호작용을 포함한다. 피아제에 의하면 지적 성장은 유기체와 환경과의 상호작용에 의한 일종의 적응과정인데, 그는 인지발달을 평형(equilibrium)과 적응(adaptation)의 과정으로 설명했다.

평형이란 동화(assimilation)와 조절(accommodation)3)이라는 두 가지의 적응과정이 균형을 이룬 상태이다. 불평형은 발달에서 동기적 요인이 되며 발달이 진행되는데 절대적으로 필요하다. 즉, 할 수 있는 것과 할 필요가 있는 것 사이의 갈등요인이 되어, 발달은 불평형으로부터 구조적 변화를 거쳐 평형으로 진행된다. 유아는 환경과의 상호작용에서 더 좋은 평형상태를 추구하면서

---

3) 동화(assimilation) : 인간이 환경에 적응하고 조직해 가는 인지과정의 한 부분으로써 새 자극을 기존의 도식(schema)이나 행동양식에 받아들이는 과정이다.
조절(accommodation) : 개인이 새로운 자극에 알맞도록 자신의 도식을 바꾸거나 새로 만들어 내는 것을 말하며 여러 기능을 작용시켜서 자신을 통제하면서 환경에 적응해 나아가는 과정이다.

자신의 정신구조를 발달시킨다. 그리고 유아의 인지구조(cognitive structure : schema)4)는 환경과의 조작을 통해 변화되고 확장되면서 발달한다. 유아는 성장하면서 자신의 정신구조로 외계를 해석하고 적응해 간다.

인지의 발달은 고정적인 단계를 거치는데, 감각운동기(sensory-motor period : 0-2세) – 전조작기(preoperational period : 2세-7세) – 구제적 조작기(period of concrete operation : 7-11세) – 형식적 조작기(period of formal operation)로 진행된다. 피아제의 단계 개념은 각 발달 기간에 일어나는 구조적인 변화와 특징적인 행동을 보여주므로 발달과정을 이해하는데 도움을 준다(이에 대한 자세한 설명은 본 서의 제2장에서 다루었다.).

인지발달이론에 의하면, 유아는 능동적으로 환경과 상호작용한다. 유아는 자신의 발달수준에서 주어진 문제를 해결하고 스스로 인지를 구성해 간다. 따라서 성인은 현재 유아의 요구와 관심, 능력을 존중하고 그 차원에서 상호작용을 해 주어야 한다.

또한 환경이라는 맥락의 중요성이 강조되는 만큼 유아의 자발적인 동기와 경험수준에 적합한 환경의 제공이 필요하다.

상자 2 피아제의 인지발달단계

피아제의 인지발달단계는 고정되어 있고 발달단계의 순서는 모든 유아들에게 똑같이 적용된다고 가정된다. 또한 어떤 경우의 인지적 특성이라도 앞에서 일어난 인지에 관련된다. 즉, 인지구조가 점차 복잡해지면서 앞의 단계는 다음 단계와 상호 관련되어 발달한다.

1 감각운동기(sensory-motor period) : 0-2세

이 시기는 감각운동의 협응(sensory-motor coordinations)으로 연속적인 상징적 사고에 기초한 활동을 하는 시기이다. 신생아는 출생시에 몇 가지 반사운동을 갖고 태어난다. 그러나 얼마 안 되어 외부의 사물에 대하여 반응하기 시작한다. 예컨대, 유아는 물건을 잡으려

4) 인지구조(cognitive structure) : '도식(schema)' 또는 '정신구조(mental structure)'이다. '이해의 틀'을 의미하여 정신적 조작에 의해 사고할 수 있는 지식체계를 의미한다.

면, 얼마나 손을 뻗어야 하는지, 접시를 밀면 어떤 일이 일어나는지를 배운다. 그리하여 점차 유아는 외부세계와 분리된 자신에 대한 개념을 발전시킨다. 또한 10개월쯤에는 눈에 물체가 보이지 않아도 존재한다는 대상의 영속성 개념을 획득하게 된다.

2 전조작기(preoperational period) : 2세-7세

이 시기에는 사고의 조작적 법칙을 알지 못하므로, 전조작적 단계라고 한다. 즉, 실제 사물을 대신하는 언어 상징을 사용하지만, 논리적인 법칙에 따라 사고하는 인지과정이 발달하지 못하였으므로 유아는 사물을 자신의 입장에서만 보고 이해하는 자기중심성을 보인다. 전조작기에 보이는 유아들의 특성은 다음과 같다.

① 직관적 판단을 한다. 사물이나 사건 속에 내재되어 있는 규칙이나 변화를 논리적인 과정을 거쳐서 이해하기보다는 눈앞에 보이는 것만을 기초해서 이해하는 직관적 사고를 통해서 쉽게 판단하는 경향이 있다. 눈에 보이는 대로만 판단하고, 추리를 사용하여 판단하지 못한다.

② 상징적 활동이 많아진다. 막대기를 인형이라고 생각할 수 있고, 총이라고 생각하고 놀이를 할 수도 있다.

③ 자기 중심성이 강하다. 자기 중심성이란 주관성과 객관성의 식별이 부족한 것을 말한다. 즉, 자신의 행동과 입장을 다른 사람의 행동 입장과 구별하여 이해하는 능력이 부족하다. 유아는 자신의 생각과 주장만이 옳다고 여긴다.

④ 물활론적인 사고를 한다. 무생물도 정신과정을 가지고 있다고 믿는다. 즉, 생명이 없는 대상에게 생명과 감정을 부여하여 사물은 살아 있으며, 움직이는 존재로 생각한다.

⑤ 꿈을 현실로 생각한다. 꿈의 내용을 현실적인 내용으로 받아들여, 비현실적이고 허구적인 생각과 행동을 하기도 한다.

⑥ 타율적인 도덕성을 갖는다. 규칙은 지키지 않으면 벌을 받으므로 꼭 지켜야 한다고 생각한다. 그러나 과실의 정도를 판단할 때 행위의 의도보다는 결과를 고려하여 판단한다.

3 구체적 조작기(period of concrete operation) : 7-11세

이 시기가 되면 논리적 조작(logical operation)이 발달하여 인지적, 논리적으로 문제해결을 하고 자기 중심성에서 벗어나 타인과 협동관계를 맺는 사회적 존재로서 행동한다. 가역성이 획득되며, 계열성, 분류 등의 도식이 나타나며 인과관계, 공간, 속도, 시간 등 질적으로 향상된 개념이 발달한다.

① 보존개념이 획득된다. 보존개념은 수, 양, 무게, 부피 등의 순으로 이루어지며, 사물간의 관계성이나 상대적 비교를 통한 이해가 가능해진다.

② 탈중심적인 사고를 한다. 자아중심적인 사고에서 벗어나게 된다. 아동들은 또래들과

의 상호작용을 통하여 자기 관점과 상대방의 관점에서 생기는 모순을 발견하고 타인의 입장에서 이해할 수 있게 된다.

③ 자율적인 도덕성이 생긴다. 자기 스스로 의사결정을 하고, 자기 통제를 할 수 있으며, 자신의 도덕적 규칙을 따르므로 유아의 자율성이 신장된다.

④ 서열화(seriation) 능력과 유목화(classification) 능력이 발달한다. 사물이 지니고 있는 몇 가지의 특징을 동시에 고려하여 분류할 수 있고, 대상이 지니는 특징인 크기, 무게, 밝기 등에 따라 순서대로 배열할 수 있다.

4 형식적 조작기(period of formal operation) : 11-15세

형식적 사고란 문제해결에 대한 체계적 접근으로 동시에 몇 가지 변인들을 참고하고, 원리를 다른 상황에 적용함으로써 일반화하려는 능력을 말한다. 이 시기가 되면, 논리적 조작에 필요한 모든 유형의 문제를 해결할 수 있는 능력이 발달된다. 언어는 내면화되며, 연역적 사고가 가능하고, 과학적 추리, 논리적인 분석 · 평가 · 비판을 하며 가설을 과학적으로 추리 · 검증한다. 구체적 조작기에서 보이던 현실세계의 시간성, 공간성의 한계를 벗어나 추상적인 사고를 할 수 있게 된다. 즉, 상징적이고, 추상적인 개념을 사용하여 가설을 세우고, 이 가설을 체계적으로 전개하고 검증해 가는 능력을 발휘하게 된다.

3) 유아의 연령과 발달단계

많은 아동발달 전문가들이나 교사들은 유아의 연속적인 발달을 이해하기 위해 발달과정을 범주화시켜 구분된 단계로 설명한다. 그러나 이러한 구분체계를 잘못 이해하는 경우에는 유아의 발달을 무조건 고정적으로 여기거나 보편적인 성격으로 받아들이게 된다. 발달단계는 발달의 연속적 과정을 어떤 기준에 의해 범주화시킨 것으로 주로 연령이나 성장 시기를 중심으로 나눈다. 또한 연령이나 성장 시기를 기준으로 성격이나 인지발달, 또는 언어발달 등의 특징적 내용을 단계화하기도 한다. 유아의 연령과 발달단계로 유아의 발달과정을 이해하려는 것은 각 단계에 나타나는 발달적 특징을 연구하여 유아의 바람직한 성장과 발달을 돕기 위한 정보로 활용할 수 있게 한다. 앞에서 대표적인 발달이론들을 비교해 본 바와 같이 각 이론에서 주장하는 발달단계에는

공통점과 차이점이 있다. 유아의 단계별 발달과제와 이에 대응하는 교사들의 역할을 강조하여 교육과제를 제시하기도 하였다.

다음의 〈표 1-2〉는 유아들이 각 연령에서 당면하는 발달과제와 교사들이 당면하는 교육적 과제를 제시한 것이다(White & Coleman, 2000). 여기서 유아기는 유아를 교육의 대상으로 보아 0세에서 8세까지를 의미한다(Morrison, 1980).

표 1-2 **유아의 연령 · 발달단계와 발달 · 교육과제**

단계	연령	발달과제	교육과제
유아기(infancy)	출생 – 1세	자기조절	신뢰와 지지
걸음마기(toddlerhood)	1세 – 3세	사회적 적응	사회적 제한
유치원기(preschool)	3세 – 5세	탐색활동	인도적 학습
저학년기(primary grades)	5세 – 8세	조사활동	구조적 학습

유아(infant, 乳兒)는 생후 1년 동안 자신의 신체와 사회적 기능을 조절해야 한다(즉, 반사행동, 수면, 섭식, 의사소통 등). 유아기(infancy)에는 자신을 돌봐 주는 사람에게 전적으로 의존하게 되며, 다른 사람들에게 반응한다. 이 때에 어른들은 유아에게 신뢰감을 주어야 하는데, 이 신뢰감은 유아가 긍정적인 대인과계를 맺게 하는데 중요한 요인이 된다. 따라서 어른들은 유아기의 욕구에 대하여 협조적으로 반응하고 지지해 주어야 한다. 걸음마기(toddlerhood)의 중요한 발달과제는 사회가 기대하는 행동으로 잘 적응하는 것이다. 교사는 영아가 사회의 기대에 맞게 적응하도록 도와주되 연령에 적합하도록 한계를 정해 주어야 한다. 예를 들면, 다른 유아들을 때리거나 밀거나 무는 등의 거친 행동을 제한시켜야 하고 스스로 자기 조절하는 것을 배울 수 있도록 도와 주어야 한다. 유치원기(preschool)가 되면 보다 활동적으로 주변을 탐색하고 어떤 현상에 대해 이해하려 하며 질문이 많아진다. 교사가 질문을 하거나 탐색활동을 위해 새로

운 자료를 제시하고 새로운 학습경험을 제공하는 등 인도된 학습(guided learning)을 시도하면, 유아들은 매우 잘 학습한다. 저학년기(primary grades)가 되면, 어린이들은 자신들의 세계에 대해 보다 형식적인 연구를 하게 된다. 이러한 활동을 하면서 서로 협동하게 되며 활동시간도 길어지고 자기들 나름대로의 문제해결과 의사소통 기술을 사용한다. 교사들은 이들의 학습활동을 용이하게 하도록 많은 구조(structure)를 제시하며 광범한 재료와 활동을 소개하고 집단활동의 형태로 장·단기 프로젝트 활동을 제안한다.

각 단계와 연령에서 제안하는 발달과제는 해당되는 시기에 나타나는 보편적인 발달특징에서 추출된 것이다. 유아의 발달특성에서 출현된 발달과제는 교사나 성인의 적절한 대응으로 해결될 수 있을 것이다. 그러면 유아의 발달에 대해서 뿐 아니라 교육적 과제에 대한 이해를 넓히기 위해 유아교육에 대한 여러 가지의 개념에 대해 알아보기로 한다.

2. 유아교육이란?

유아교육은 유아를 교육의 대상으로 하는 형식적 교육이다. 유아교육은 20세기 초부터 인간의 초기발달과 교육에 관심이 증대되어 심리학, 교육학, 철학, 사회학, 인류학 분야에서도 본격적인 학문적 연구의 대상이 되어 왔다. 또한 유아교육이 프로그램의 성격으로 이해되면서 그 동안 무수히 많은 프로그램이 소개되어 왔다. 유아의 발달에 대한 견해에 따라 유아교육 프로그램이 다르게 구성되기 때문이다. 여기서 유아교육의 개념과 유아교육의 요소, 기능에 관해 알아보기로 한다.

1) 유아교육의 개념

유아교육(early childhood education)은 출생에서 8세까지 이루어지는 교육으로 정의되는 것이 일반적이다(Spodek 외, 1991). 이것은 유아를 0세에서 8세까지로 전제하여, 영아 및 유아를 위한 교육 프로그램을 포함하는 의미로 사용된 것이다.

한편, 우리나라 유아교육법에 의하면, '유아'라 함은 만 3세부터 초등학교 취학 전까지의 어린이를 말한다(유아교육법 2조 1항, 법률 제12336호, 2014. 1. 28). 어떤 경우에는 유아교육이 만 5세 이전의 유아들에게 제공되는 프로그램을 의미한다.

유아교육은 교사가 발달적 개념을 어떻게 해석하고 적용하는가에 영향을 받는다. 이런 의미에서의 유아교육이란 발달적으로 적합한 학습목적이 달성되도록 유아 개개인 및 유아 집단을 대상으로 행해지는 노력이라고 할 수 있다. 또한 광범한 의미로 보면, 유아교육이란 어린이집이나 유치원 등과 같은 교육기관이나 사설 교육기관에서 유아교육 프로그램을 운영하여 유아의 발달을 향상시키고 지원하는 운영체제로 언급될 수 있다(Seefeldt & Barbour, 1990).

유아교육은 교육 프로그램의 실천과정 뿐 아니라 전반적인 운영체제를 포함한 의미를 갖는다. 우리는 유아교육의 실천을 위해 유아교육에 대한 개념을 바르게 이해해야 한다. 유아교육에 대한 개념을 잘못 이해하거나 어느 한쪽으로 치우쳐 규정한다면 유아교육의 실천에 많은 혼돈을 준다.

(1) 보육으로서의 유아교육

유아교육의 개념을 보육(nursing) 또는 육아(child caring practice)와 동일 개념으로 규정하려는 입장이다. 이것은 유아교육의 시기가 인생의 초기라는 사실 때문에 유아교육은 보육과 동일한 개념으로 인식되어 온 것이다. 그러나 유아를 보호하고 돌보는 의미의 보육이 곧 유아교육이라고 볼 수는 없다.

오늘날 유아교육에 대한 개념이 여러 각도에서 다양하게 정의되고 있는데 그 중 하나의 개념으로, 교육 서비스 및 탁아 서비스의 방향은 교육(education) 및 보호(care)의 기능을 조정 · 통합한 교육 · 보호(educare)의 의미로 보편화되어 가고 있다. 과거에는 유치원은 중류 계층의 유아를 대상으로 하는 교육 프로그램이며, 탁아기관은 저소득층의 자녀를 대상으로 취업모를 대신하여 유아의 요구를 충족시켜 주는 프로그램으로 인식되어 왔다. 그러나 현대와 미래사회는 여성의 사회활동의 참여가 보다 더 활성화될 전망으로 탁아시설의 기능에 교육의 기능을 통합하여 전인적 발달을 위한 포괄적인 교육 프로그램으로 전환되고 있다. 이는 모든 유아에게 동등한 교육적 혜택을 받을 수 있는 교육의 일반화라는 의미에서도 합의되어야 할 사항이다. 현재 우리나라는 유아교육기관이 유치원과 어린이집으로 나뉘어 제도적 · 기능적으로 이원화된 교육체제를 유지하고 있으며, 3세에서 5세까지는 누리과정을 도입하여 교육에 대한 통합적 프로그램을 받아들이고 있다.

(2) 준비 및 보상으로서의 유아교육

유아교육은 초등학교 입학하기 전에 이루어지는 교육이다. 따라서 유아교육을 초등학교 취학을 위한 준비교육으로 규정하려는 입장이 있다. 즉 읽기, 쓰기, 셈하기 등의 기초 교과목을 가르치고 집단생활에서 요구하는 생활습관을 훈련시켜서 확대된 사회인 초등학교 생활에 적응력을 높여 주는 지식 · 기능 및 태도를 가르치는 것으로 보고 있다. 뿐만 아니라 문화적으로 실조된 가정환경에서 자라는 유아들에게 결핍된 문화적 자극을 제공하여 문화 실조를 보충해 주는 것이 곧 유아교육이라고 보는 시각이 있다. 1960년대에 미국에서 실시된 헤드스타트 프로그램(Head Start Program)5)은 사회적으로 혜택을 받지 못한 계층의 유아들에게 초등학교 입학을 앞두고 단기간 동안 교육을 통해 성공적인 학교생활을 할 수 있도록 한 보상교육의 예이다.

그러나 유아교육이 초등학교와 연계되는 교육이지만 초등학교의 진학을 준비하는 교육의 과정이 아니다. 유아교육은 유아가 현재의 발달수준에서 잘 적응하고 성장할 수 있도록 프로그램을 운영하는 것에 목적을 두며 결핍된 경험을 보상하거나 학문의 기초를 익히는데 역점을 두는 것은 아니다.

(3) 특기 및 특수교육으로서의 유아교육

취학전의 유아에게 특별한 교과나 태도 그리고 음악, 미술, 체육 등의 특별한 기능을 일찍부터 가르쳐 유아의 타고난 재능을 조기에 개발 · 신장시키는 교육이 곧 유아교육이라고 보는 견해이다. 일찍부터 특별한 기능을 훈련시키면 타고난 가능성을 최대한으로 발휘할 수 있다고 보므로, 전체적이고 균형적인 발달보다는 특수한 재능이나 기능의 연마를 무엇보다도 강조하게 된다. 발달시기에 대한 고려보다 습득시켜야 할 기능에만 관심을 둔다면 어릴 때부터 반복적인 연습이 강화될 것이다. 유아교육을 특기교육의 기능을 강화시키는 개념으로 인식하여 접근할 경우, 어릴 때부터 훈련된 기능이 효과적이라는 사실을 확인하기 어려울 뿐 아니라 유아의 전체적인 성장 · 발달을 소홀히 여기게 되어 유아의 균형적인 발달을 기대하기 어렵게 된다. 또한 유아교육기관의 일과운영이 영어시간, 미술시간, 체육시간 등 교과의 적용시간으로 운영되는 형태를 취할 수 있으며 이렇게 되면 통합적이고 균형적인 유아교육과정

5) 헤드스타트 프로그램 : 1965년에 시작된 미국연방정부가 실시한 저소득층 결손가정의 학령전 아동을 위해 교육, 의료보험, 사회복지 서비스, 영양공급의 종합적인 프로그램을 제공해야 한다는 경제기회법에 의한 실천사업이다. 유아기 교육을 위한 광범한 보상 및 중재 프로그램이다. 처음에는 여름방학동안에 운영되었고 후에는 연간 프로그램으로 운영되었다. 가난한 유아들이 나중에 학교생활에 성공적으로 적응하도록 학습방법, 감정의 표현, 기능과 태도를 길러 주기 위해 계획되었다.

을 운영할 수 없게 된다.

유아교육은 분명히 유아기에 이루어지는 교육을 의미하지만, 유아교육의 실천을 위해서는 무엇보다도 유아기라는 단계에 나타나는 유아의 발달 특성에 대한 이해가 우선되어야 한다. 그렇지 않다면 유아교육을 소홀히 여기거나 또는 지나친 훈련을 강요하게 되는 잘못을 하게 된다. 오래전부터 유아교육에서 지속적으로 강조되어온 교육적 가치는 '전인교육'이다(교육부, 1998). 전인교육은 유아교육이 추구하는 기본적이고 기초적인 가치이다. 우리나라의 교육은 교육기본법 제2조에 제시된' 홍익인간의 이념'을 바탕으로 하며, 교육발전의 지표로서 인간상의 정립을 시도해 왔다. 현재 유치원교육과정(누리과정)의 목적은 3-5세 유아의 심신의 건강과 조화로운 발달을 도와 민주시민의 기초를 형성하는 것이다(교육부, 2013). 조화로운 발달을 강조하는 전인교육으로서의 유아교육은 지속적으로 추구하는 교육개념이다. 유아의 성장과 발달이 통합적이 되도록 유아교육 역시 전체적으로 이루어져야 할 것이다. 전인교육이란 유아의 전체적인 발달(the whole child development), 즉 신체적 · 사회적 · 정서적 · 언어적 · 인지적 발달 등 모든 면의 균형 있고 조화로운 성장과 발달을 위한 교육이다.

2) 유아교육의 요소

교육의 요소(elements of education)란 의도적인 교육활동이 이루어지기 위하여 필요한 요건을 뜻한다. 교육활동은 교육을 행하는 사람과 교육을 받는 사람이 서로 교섭하고 실천하는 과정으로 성립된다. 교육의 주도자, 즉 교육자가 교육의 주체(the subject of education)이며, 교육을 받는 대상, 즉 유아 혹은 학습자가 교육의 객체(the object of education)이다. 그리고 교육의 주체와 객체가 상호 교섭할 수 있도록 연결해 주는 교육의 재료, 즉 교육내용을 교육의 매개체(the medium of education)라 부른다. 교육활동이 이루어지고 있는 상황에는 이 3가지 요소가 존재하며 그 가운데 하나라도 빠지면 엄밀한 의미의 교육은 성립하지 않는다. 교육의 주체인 교사와 교육의 객체인 유아와 교육의 매개체인 교재의 일체적 작용이 이루어질 때 교육이 성립된다. 이들의 작용과정을 그림으로 예시하면 다음과 같다.

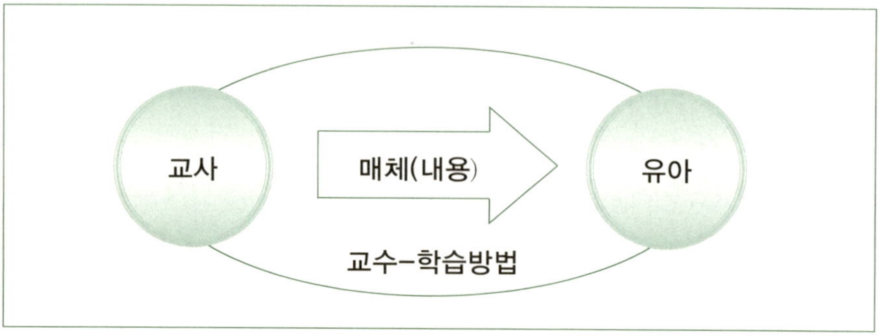

[그림 1-2] 교육의 요소와 그것들의 작용

(1) 교사

교육은 학습자가 보다 성숙되고 발전적으로 변화되어 가도록 목표를 향해서 노력해 나가는 과정이다. 이러한 과정에서 교육을 의도적이고 조직적으로 이끌어 가는 사람이 교사인 것이다. 교사의 법률적 용어는 교원인데, 교원은 교육자로서 갖추어야 할 품성과 자질을 향상시키기 위하여 노력하여야 한다(교육기본법 14조 2항).

'교육의 질은 교사의 질을 능가할 수 없다'는 말이 있듯이 교육의 주체인 교사의 능력은 교육의 성과와도 직결될 수 있는 중요한 존재이다. 유아교사는 유아가 바람직한 성장과 발달을 할 수 있도록 도와주며 이끌어 가는 사람이기 때문에 전문적인 자질과 바람직한 가치관을 소유하여야 한다. 또한 교사라는 전문직업은 올바른 교직관과 윤리성이 요구된다. 특히 유아교사는 여러 면에서 상급학교의 교사와는 다른 역할을 하도록 기대된다. 유아가 어릴수록 가르치는 역할보다는 보살펴 주는 역할을 하도록 기대되며, 유아의 발달수준에 적합한 반응을 해야 하며 유아의 놀이와 생활을 중시하며, 유아의 발달과 요구수준에 보다 민감하게 반응해야 한다. 유아가 그 자신과 그 자신의 세계를 보는 방식은 다른 사람들이 그를 어떻게 보는지 지각하는 면과 관련이 있다. 따라서 유아교사는 유아를 존중하고 진실한 사랑을 전할 수 있는 품성과 자질을 갖추고 있어야 한다. 유아는 자기에게 의미 있는 타인, 즉 부모나 교사로부터 인정을 받고 사랑을 받을 때 행복해 하고 자신감을 가질 수 있다. 교사는 평소에 유아의 모델(model)이 되며 동일시(identification)의 대상이 되므로 유아에 미치는 교사의 영향력은 매우 크다고 할 수 있다. 오늘날 교사에게 요구되는 역할은 다음과 같다. ① 양육자의 역할, ② 강화자의 역할, ③ 정보제공자의 역할, ④ 촉진자의 역할, ⑤ 교수자의 역할, ⑥ 관찰자의 역할, ⑦ 평가자의 역할, ⑧ 참여자의 역할, ⑨ 관리자의 역할, ⑩ 보호자의 역할이다.

(2) 학습자

학습자로서의 유아는 신체적, 사회적 그리고 윤리적인 인격체이다. 그들은 신체적으로 정신적으로 미숙한 상태에서 점차 발달해 가고 있으며, 환경과의 상호작용을 통해 잠재적인 발달의 가능성을 확대시켜 가고 있다. 특히 유아기는 발달의 속도가 빠르며 무엇인가를 받아들이는 흡수력이 커서 이 시기에 어떤 경험을 하느냐가 중요하다. 유아가 보고 듣는 것은 단순히 감각적 활동에 그치는 것이 아니라 인지하고 모방하고 학습하는 것이다. 친구들과 놀면서 사회성을 키우고 놀이를 통해 규칙을 알고 자기조절을 하며, 교사의 중재를 통해 경험수준을 높이고 문제해결을 할 수 있다. 유아는 전적으로 성인의 조정과 지시를 받아 행동하는 수동적인 존재가 아니다. 성장하면서 소질과 능력이 신장되고 자신의 행동을 통일 · 통합시킬 수 있다. 오늘날 유아를 보는 관점에서는 유아의 생득적인 발달특성이 성장하면서 저절로 전개되는 성격으로 설명되지 않고, 유아의 발달을 촉진시킬 수 있는 환경이 적절하게 제공되어야 한다는 점을 전제로 발달의 가능성을 설명한다. 아무리 유아가 선천적으로 타고난 재능이 있어도 그것이 발휘될 기회가 충분하지 않다면 발달의 가능성은 제한된다.

한편, 교육의 성과는 학습자의 변화에 대한 평가라고 볼 수 있다. 교사 및 성인은 유아의 성장과 발달 등 발전적인 변화를 위해 영향을 준다. 유아는 독립된 인격체로 존중되어야 할 뿐 아니라 법적으로 보호되어야 하며 교육받을 권리가 있다. 이를 위해 유아가 속한 가정뿐 아니라 사회와 국가가 함께 노력해야 한다.

(3) 교육내용

교육의 주체와 객체 사이에는 언제나 매개체(medium)가 존재하는데 이것이 교육의 재료, 즉 교육의 내용이다. 교사와 학습자는 교육내용을 매개로 상호작용을 하므로, 교육내용은 교육의 수단적 가치를 지니는 동시에 절대적인 역할을 한다. 교육내용으로는 주로 체계적인 교육과정이나 교과서를 그 예로 든다. 교육내용은 문서화된 자료들에 한정된 것이 아니며 교육적 작용을 하는 학습자료의 일체를 포함한다. 특히 유아교육에서는 유아기의 발달특성을 고려하여 학습내용이 주어지므로 교과서 형태의 교재보다는 다양한 형태의 시청각 교재가 많이 제공된다. 따라서 유아교육에서의 교육내용은 유아교육과정에 준하여 소개되는 교육자료와 학습영역에 제공되는 교재 · 교구, 그리고 교사가 준비하는 학습 환경의 일체를 말한다. 예를 들면, 교사가 교수용으로 제시하는 학습자료, 교실에 배열되어 있는 각종 교재 · 교구, 게시판의 게시물 등 교육적 작용을 하는 매체들이다. 유아교육에서는 교과서 대신 교재 · 교구가 학습매체로 활용되므로, 유아들에게 제공되는 교재 · 교구가 갖는 교육적 의미는 보다 강조된다. 특히 정보사회로 발전하면서 멀티미디어의 보급과 함께 교육매체도 다양해졌으며 교육공학의 발전과 함께 다양한 교수법이 소개되고 있다.

3) 유아교육의 기능

교육의 기능이란 교육을 통해서 어떤 일을 할 수 있느냐 하는 가능성의 능력을 의미한다. 또한 교육은 인간에 관련되는 모든 것에 해당되는 포괄적이면서 추상적인 성격을 갖게 되는 만큼 교육 또한 포괄적인 기능적 역할을 갖는다. 유아교육의 기능은 유아를 대상으로 하는 구분된 특성을 지니지만 일반적인 교육의 기능과 크게 다르지 않다. 인간과 그 사회를 대상으로 한 교육의 역할을 몇 가지의 사항만으로 만족한 제시를 하기는 어려운 일이나 보편적으로 개인 신장의 기능, 생활경험 습득의 기능, 문화 창달의 기능, 사회화의 기능으로 구분하기도 한다.

(1) 개인 신장의 기능

개인의 잠재력과 가능성을 계발시키고 이상적인 인간으로 도야시키는 기능이다. 인간은 태어나면서부터 끊임없이 성장·발달하고 자신의 이상을 실현하기 위하여 살아가고 있다. 이러한 성장·발달은 교육이라는 작용에 의해서 이루어지는 데 여기에는 두 가지 요소가 작용한다. 그 하나는 인간이 선천적으로 타고난 소질을 성장·발달하게 하려는 힘이고 또 하나는 이러한 개인의 성장 가능성을 전제로 적절한 환경을 제시해 줌으로써 그들의 가능성을 최대한으로 성장시켜 주고, 또한 지향하는 이상이나 방향에 저해되는 요인을 제거해 주는 작용이다. 즉, 유아교육은 개인의 신장을 돕는 기능부터 시작된다. 오늘날 지향하는 전인(the whole man)교육이라든가 평생교육, 복지교육 등은 모두가 개인 신장을 돕는 기능을 한다.

(2) 생활경험 습득의 기능

교육의 시작은 생활 자체에서부터이다. 생활교육은 생활자체가 교육이고 교육자체를 생활로 보는 관점이다. 생활하는 바를 배우는 것처럼 교육은 생활을 위한 것이어야 하고 생활 속에서 이루어질 때 효과를 얻을 수 있다. 그러므로 교육은 생활을 떠나거나 무시하고서는 존재할 수 없는 것이므로 생활내용으로서의 교육일 때 교육으로서 의의를 가질 수 있다. 교육의 첫 교실은 산천초목과 가정이었으며, 첫 교재는 원시생활의 의 · 식 · 주를 확보하는데 필요한 연장이었고, 첫 교사는 부모였다는 것은 교육과 생활과의 불가분의 관계임을 나타내 주는 것이라 할 수 있다. 또한 유아는 유아교육기관에서 놀면서 생활경험을 연장한다. 가정과 유치원의 생활 속에서 경험하는 내용이 교육내용이다. 따라서 유아교육은 생활경험을 습득해 나가는 하나의 과정이다.

(3) 문화창달의 기능

문화란 인간형성에 있어서 중요한 조건이며 사회와 문화 속에서 교육적 작용이 가능하다. 문화가 교육의 과정을 통하여 계승되고 발전되므로 교육은 문화의 한 과정이라 할 수 있다. 교육은 문화가치를 학습시켜 줄 뿐 아니라 문화의 모델을 제공함으로써 한 개인이나 한 사회의 문화 수준을 향상시키는데 기여하고 있다. 그러나 사회가 산업화되면서 과잉문화, 문화지체의 심화, 부분문화의 증가 현상 등 교육에 미치는 부정적인 영향도 커지고 있다. 인간의 공동생활 양식의 총체를 문화라고 할 때 인간의 생활은 문화적인 산물 속에서만 이루어질 수 있다. 문화유산을 습득하고 계승 · 발전시키는 일은 교육을 통해서만 가능하다.

(4) 사회화의 기능

인간은 누구나 공동체를 떠나서는 살 수 없다. 인간은 출생하면서부터 사회화 과정이 이루어짐으로 사회적 존재로서의 인간형성이 가능하다. 사회화 과정은 개인의 입장에서 보면 개인이 사람다운 사람이 되기 위해서 각자에게 특유한 자아 혹은 성격을 형성하는 과정이고 사회의 견지에서 보면 각 사회가 그들 문화적 유산을 다음 세대로 이어가도록 하는 과정이다. 이러한 사회화는 넓은 의미의 교육과 뜻이 통한다. "인간은 사회적 동물이다."는 말은 인간은 사회를 떠나서 존재할 수 없다는 의미를 나타낸 것이다. 인간은 사회적으로 성장하고 발전한다. 즉, 사회적 성원을 사회화함으로써 사회적응의 자질을 갖추게 하고 새로운 가치, 새로운 체제, 새로운 문화의 창출을 꾀하는 기능적 역할을 담당한다. 교육은 개인의 자아실현을 위한 활동인 동시에 사회의 가치실현을 위한 과정이다.

3. 발달과 교육의 관계는?

교사는 유아가 어떻게 발달해 가는지 알아야 유아에게 적절한 환경과 교육의 기회를 제공할 수 있다. 유아의 발달을 잘 이해할 수 있어야 유아에게 적합한 교수법을 사용할 수 있으며 적절한 상호작용을 할 수 있다. 유아발달의 원리는 누구에게나 나타나는 보편적인 특성으로 유아교육의 연구에 기초가 된다. 또한 발달이 천성적인지 후천적인지 보는 관점이 다양한데 이러한 발달에 대한 관점은 교사의 교육철학에 영향을 주므로 매우 중요하다.

1) 발달의 원리

발달의 원리는 유아의 발달과 유아교육과정의 연계성을 이해하기 위해 알아야할 내용이다. 따라서 각 발달의 원리에 맞도록 적용할 수 있는 교육과제를 예로 들었다. 유아교육은 유아의 발달수준에 적절하게 이루어질 때 효과적임을 알 수 있다.

(1) 발달은 전체적이다.

앞에서 소개한 [그림 1-1]을 보면 인간의 발달은 신체적, 인지적, 사회-정서적 영역에서 이루어진다. 여기에서 보듯이 세 가지 영역은 겹쳐 있는데, 이것은 각 영역이 독자적으로 발달하는 것이 아니라 통합적으로 발달한다는 것을 보여 준다. 즉, 각 영역은 다른 영역에 영향을 주면서 유아는 전체적으로 발달한다. 예를 들면, 또래에 비해 신체적으로 왜소한 아이는 게임에서 같은 수준으로 참여할 수 없을 수도 있다(신체적 영역). 이런 경우, 일부의 아이는 다른 친구들과 사귀는데 어려움이 있을 수 있고(사회-정서적 영역), 자존심이 낮아지고 사회적 기술이 부족하게 되며 또한 학업의 성취에도 영향을 받게 된다(사회-정서적, 인지적 영역). 이런 원리에 입각해 교사는 유아의 조화로운 전체적 발달을 위한 교육계획을 세워야 한다. 이 원리는 통합적 교육과정(integrated curriculum)의 개념이 반영되는 것으로, 예를 들어 수업 계획할 때 읽기, 쓰기, 음악, 과학 등의 활동을 단위적으로 각각 운영하는 것이 아니라 모든 활동을 통합적으로 운영하는 계획을 세워 전체적인 발달을 도와야 한다.

(2) 유아는 자신의 속도로 발달한다.

유아의 발달은 연속적이고 순서적이지만 각 유아들이 보이는 개인차는 다양한 면에서 나타난다. 유아의 신체조건이나 가정, 학교, 그리고 지역사회 요인이 유아의 발달과 교육에 영향을 줄 수 있다. 다음의 요인들은 유아의 발달 및 학습의 속도에 잠재적으로 영향을 주게 된다.

- 신체적 요인 : 영양, 질병, 청결 등 건강상태
- 가정 요인 : 가족구조, 가족의 상호작용, 가정경제
- 학교 요인 : 교육 프로그램 및 교육과정, 교사의 질, 학급의 크기 및 구성 등
- 지역 요인 : 지역의 규모, 학교에 대한 지원, 유해환경, 사회적 서비스의 질 등

이러한 원리에 대한 교육적 적용을 위해 교육과정은 집단뿐 아니라 개개인의 관심이나 기능수준을 반영해야 한다. 특히 유아는 연령별로 차이가 나므로 유아교실은 연령별 혹은 수준별로 다르게 배치되고 구성되어야 한다.

(3) 유아는 지지적인 환경에서 가장 잘 발달한다.

유아의 자존심이나 신뢰감은 지지적인(supportive) 부모나 교사에 의해 강화된다. 정서적인 지지를 받고 자라는 유아는 안정감을 느끼게 되는데, 이 안정감은 교육적으로 매우 중요하다. 심리적 안정감은 유아에게 용기를 주어 새로운 학습 환경에 잘 적응하게 한다. 또한 자신의 감정을 표현하도록 강화하며 친구들이나 어른들과 협조적이 되도록 북돋아 준다. 이러한 원리를 교육적으로 적용하기 위해, 효율적인 교사는 가정과 협력해 가정-학교의 연계된 지지적 학습 환경을 조성해 주려고 노력을 하게 되며 유아는 안정감을 가지고 자신의 세계를 탐색하게 된다.

(4) 유아는 생태적 맥락에서 발달한다.

유아는 아무것도 없는 진공 속에서 발달하는 것이 아니라 역동적인 세계에

서 발달한다. 즉, 물리적, 사회적, 경제적, 종교적 사건 등 여러 상황에 의해 직접적 · 간접적으로 영향을 받는다. 이런 원리를 교육적으로 적용하기 위해 교사는 다양한 교육적 환경을 제공하는 전문가적인 책임을 가져야 한다. 유아는 가정환경 뿐 아니라 유아교육기관, 그리고 지역사회의 여러 상황이나 사람들의 관계, 문화적 풍토, 자연적 · 물리적 조건 등 자기가 경험하는 제반 환경의 영향을 받으며 발달한다. 이런 아이디어는 최근 들어 유아교육에서 보다 중요시되고 있다.

2) 발달관과 유아교육

유아의 발달을 보는 관점에 따라 교사가 유아의 학습경험을 구성하는 역할도 달라진다. 유아를 보는 관점은 크게 천성관과 양육관이 있는데, 각 관점마다 장점과 단점이 있음을 알 수 있다.

(1) 천성관(nature perspective)

천성관은 유아의 성장과 발달에 유전요인이 결정적으로 작용한다고 보는 견해이다. 즉, 성장과 발달은 타고난 천성이 전개되는 과정이라는 것이다. 유아가 어느 시기가 되면 앉고 일어서고 걷는 것처럼 발달은 순서적이고 연속적으로 전개되는 자연적 과정이다. 예를 들면, 유아의 언어능력은 타고난 것으로 성장 · 발달과 더불어 적당한 시기가 되면 발휘되며, 훈련이나 교육에 의해 크게 향상된다고 보지 않는다.

따라서 천성적 관점을 강하게 가진 교사는 유아교육 장면에서 수동적인 접근을 하게 된다. 유아의 발달이란 생물학적으로 예정된 것이므로 교사는 천성적으로 나타나는 유아의 학습기술을 지지해 주는 역할을 한다. 일찍 서둘러 학습방법을 적용하기보다는 발달시기에 관심을 두어 때를 기다리거나 학습준비도의 개념을 강조하게 된다.

천성적 관점을 보면 교육은 접근하는 방식에서 긍정적인 측면과 부정적인 측면이 있다. 긍정적인 면은 교사가 유아의 자연적인 능력을 존중해 주고 천성적인 학습기술을 지지해 주는 것이다. 부정적인 면은 교사가 학급에서 관찰한 유아의 행동이나 표준화 검사에서 나타나는 점수만을 보고 유아의 학습능력을 판단한다는 것이다. 교사는 교실 밖에서 보이는 유아의 행동이나 유아를 둘러싼 환경요인 등 유아들의 성장과 발달에서 나타나는 개인차를 소홀히 여길 수 있다.

(2) 양육관(nurture perspective)

양육관은 천성관에 대조되는 개념으로 유아의 발달을 설명하는데 있어서 환경의 힘을 강조한다(그림 1-3). 예를 들면, 어떤 유아에게 보이는 특징적 행동(예 : 미술 분야에 일찍이 관심을 보이는 아이)은 다른 유아들에게서도 나타난다고 본다. 이것은 타고난 특성이라기보다는 어려서부터 주어지는 환경적인 영향으로 나타나는 결과로 설명한다. 즉, 이 양육관을 추구하는 교사는 다른 가정이나 사회, 문화와 관련된 규준이나 기대치를 이해하려고 노력한다. 잘 계획된 프로그램을 반영하면 유아의 발달을 유도할 수 있다고 보기 때문이다. 발달시기를 고정적인 것으로 여기지 않으며 효과적인 학습방법을 연구하거나 학습 환경을 중시한다.

양육관의 긍정적인 면은 교사가 유아의 학습 환경을 제공하기 위해 적극적인 역할을 한다. 반면에, 부정적인 면은 모든 유아들의 요구를 반영하여 교육환경을 준비하기가 어렵다. 즉, 교실 환경을 모든 유아들에게 적합하도록 지지적인 가정환경처럼 구성해 주는 것이 어렵다.

(3) 상호작용관(interactive perspective)

상호작용적 관점은 인간의 천성과 양육이 유아의 발달에 상호작용적으로 영향을 준다고 본다. 또한 발달이란 모든 발달영역을 통합하는 전체적인 과정으로 본다. 유전과 환경은 유아의 발달에 서로 작용한다. 유전 요인은 발달적 잠재성의 한계에 작용하며 환경은 유아가 보이는 행동의 수준에 영향을 준다. 예를 들면, 두 명의 아이가 똑같은 신체적 문제를 가지고 태어났을 경우, 그들이 살아온 환경에 따라 각기 다르게 발달적, 교육적인 적응을 하게 된다. 적응을 잘하고 못하는 정도의 차는 두 아이에게 비슷하게 나타날 수 있지만, 부모나 교사로부터 보다 긍정적인 지지와 격려를 받고 자란 아이는 그렇지 않은 아이보다 잘 적응할 것으로 기대된다. 유전과 환경의 상호작용에 관한 다양한 관점이 [그림 1-3]에 예시되어 있다.

이 상호작용적 관점은 수십 년 동안 주장되어 왔다. [그림 1-3]에서 보듯이 초기의 상호작용이론가들은 유아의 생물적 요인과 환경적 요인이 시간이 경과하면서 교차적으로 발달에 영향을 준다고 단순하게 보았다. 그러나 1960년대와 1970년대에 와서 연구자들은 영향력의 범위를 넓혀 유아와 환경 간에 상호적인 작용이 발달에 영향을 준다고 주장하였다(Bell, 1968, 1971; Thomas & Chess, 1977). 유아가 환경에 수동적으로 반응하는 것이 아니라 오히려 환경에 적응하는 능동적인 존재로 여긴다(Scarr & McCartney, 1983). 예를 들면, 유아의 성, 기질, 신체적 조건을 보면 부모나 교사가 유아의 흥미나 학습능력을 예측할 수 있다는 것이다.

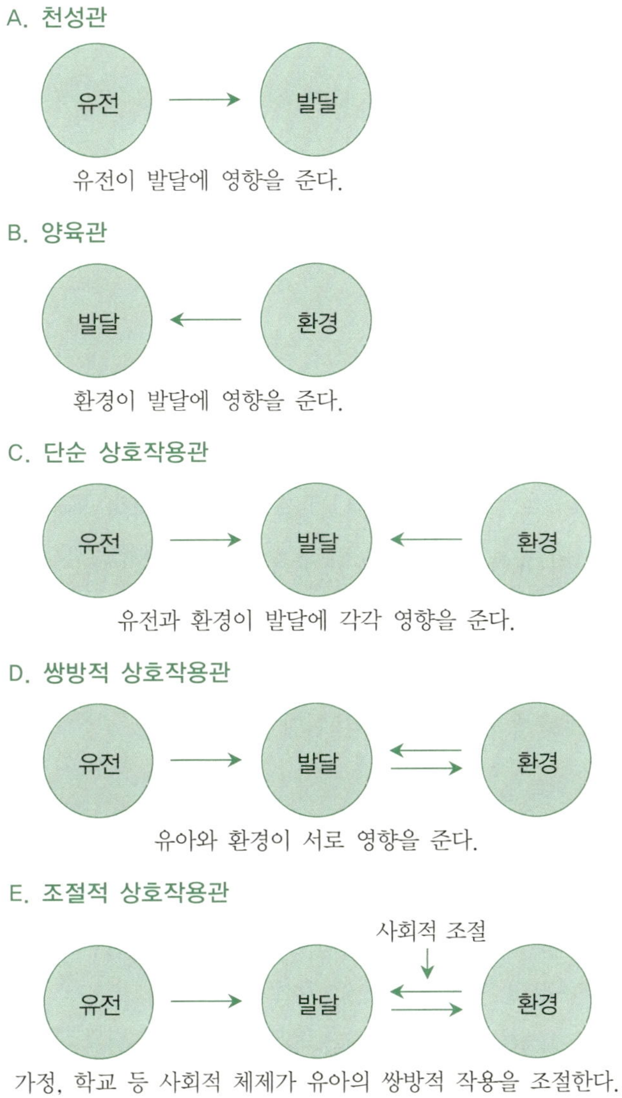

[그림 1-3] 천성관과 양육관, 그리고 상호작용관

가장 최근의 상호작용적 관점은 가정, 교육, 종교, 정치 요인 등 사회적 개입이 유아와 그들의 환경 간의 상호적 관계를 구성한다고 본다(Sameroff, 1987). 예를 들어, 가정과 학교의 제반 기능은 지역사회의 수준이나 부모들과 교사들의 협력 체계에 따라서 유사하거나 달라질 수 있다. 즉, 가정, 학교, 또래집단 등의 여러 체제에 잘 적응하는 아이는 한 가지 체제에만 잘 적응하는 아이보다 발달적으로 교육적으로 보다 잘 적응할 것으로 기대된다.

상호작용적 관점을 가진 교사는 유아교육을 할 때 융통적이고 반영적인 접근을 한다. 예를 들면, 유아의 발달과 학습기술을 평가할 때 평균값을 적용하는 것이 아니라 규준을 적용하여 융통적으로 접근하다.

(4) 연합관(combining perspectives)

실제로 교사가 어느 한 가지의 관점만을 강하게 추구하는 경우는 없을 것이다. 대부분의 교사는 유아의 발달과 교육에 대한 자신의 아이디어를 넓히기 위해 위의 세 가지 요인을 연합해 이해하려 한다. 분명히 어느 한 관점을 받아들였을 때 소홀히 여겨지는 면이 있을 수 있다. 연합적 관점은 유아의 발달을 복합적으로 이해하여 유전요인과 환경요인, 그리고 각 요인들의 상호작용을 수용하여 유아교육에 적용하는 견해이다.

유전(천성)과 환경(교육) 중 어느 것이 인간발달의 과정을 결정하는데 더 중요한가 하는 문제는 오랫동안 논란이 되어 왔으나 분명한 것은 양자의 불가분의 관계로서 상호작용의 관계를 한다는 것이다. 인간의 발달은 결국 생물학적인 소질과 환경 경험간의 상호작용에 의존한다는 의미에서 서로 유사하다. 아무리 유전적으로 좋은 점을 가지고 태어난 사람이라 하더라도, 환경이 좋지 못하면 유전의 영향이 최대로 발현되기 어렵고, 아무리 좋은 환경이라 하더라도 유전적인 한계 이상으로는 발달할 수 없다. 또한 주어진 환경만이 아동을 변화시키는 것이 아니라, 아동 자신도 환경에 영향을 준다는 사실을 인식해야 한다. 부모의 양육태도가 아동의 지능, 성격형성 등에 직접적인 영향을 주기도 하지만, 부모의 양육태도 자체는 아동의 유전적인 특질에 따라 달라 질 수 있다.

4. 왜 유아교육이 중요한가?

20세기 이후 과학적인 아동연구가 활발해지면서 유아교육에 관한 관심이 고조되었고, 유아를 대상으로 한 심리학 및 교육학 연구가 유아교육을 사회과학의 독립된 학문으로 연구하도록 가속화시켰다. 특히 20세기 후반부터 다양한 유아교육 프로그램이 소개되었으며, 유아교육 프로그램의 적용에 관한 실용연구도 확대되었다. 나아가 유아교육이 보편화되면서 그 중요성은 더 강조되고 있다 볼 수 있다.

유아교육의 중요성은 유아기의 발달과 교육(경험)에 대한 관계성이 과학적으로 입증되기 때문이다. 즉, 근래의 교육학, 심리학, 생물학 등의 발달은 인생의 초기 경험을 강조하며 어린 시절에 형성된 기본적 행동이 성장 후에 지배적인 영향을 준다는 것이 과학적으로 입증됨으로써 유아교육의 중요성이 더욱 강조되고 있다. 한편, 유아기와 후기 발달의 인과적 설명(因果的 說明)은 전통적 이론인 프로이드의 정신분석이론 및 게젤의 성숙이론에서 비롯하였다고 말할 수 있다.

최근까지 강조되는 피아제의 인지발달이론, 비고스키의 사회인지이론 등은 인간의 사회적 환경과의 접촉 및 경험이 성장과 발달의 주요 원인이 되며, 유아가 지니고 있는 인지적 · 정서적 구조가 인간성장 및 발달과정의 문제를 푸는 열쇠가 된다고 보고 있다.

1) 유아교육의 학문적 성격

유아교육학은 학문(discipline)으로 불리어지기에는 산만하고 복잡스럽게 타

학문들의 집합체의 특성을 지니고 있다. 예를 들면, 유아교육학과 무관한 타학문들을 열거하기가 힘들 정도로 다학문적 종합적 성격을 지니고 있어(교육학, 심리학, 사회학, 철학, 생물학, 가정학, 보건학, 의학, 문학, 수학, 미술, 음악 등) 과연 유아교육학은 학문적 탐구대상이 될 수 있느냐는 의문이 되기도 한다(이영석, 1988).

조단(Jordan, 1976)은 "유아교육! 그것은 과학이다."라는 글 속에서 비록 유아교육이 다루고 있는 내용들이 다소 단편적, 비통합적, 상반적, 비조직적 성격을 지니고 있어 그 설득력이 약할지라도, 모든 학문분야가 초기에 이와 같은 과정을 거쳐 하나의 독립된 학문체계를 구축하는 것처럼, 이것은 유아교육이 하나의 과학적 학문이라는 점을 약화시켜 주지 못한다고 하였다. 그 이유는 다른 어느 학문분야보다 유아교육은 해결해야 할 많은 과제를 갖고 있기 때문이라고 하였다. 역사적으로 수많은 사상가들이 인간의 본성에 관한 탐구결과 얻어진 하나의 공통된 결론은 인간의 본성은 무한한 가능성을 갖고 있다는 점과, 교육의 주요 역할은 이 가능성을 현실성으로 실현하도록 조력하는 일이다. 또한 궁극적으로 유아교육의 목적이 인간 복지향상에 있는 한, 유아교육학을 실천적 학문이라 칭하든 이론적 학문이라 칭하든 간에 이것은 별로 중요한 문제가 아니다. 유아교육학이 인간 복지향상에 직결되는 하나의 탐구분야인 이상 전통적인 학문으로 대접받아온 어떤 탐구영역보다 더 많은 관심분야로 존재할 것이다.

2) 결정적 발달시기

인간의 성장 과정 중에서 유아기는 빠른 변화의 시기이다. 유아기에 발달의 기초가 이룩되는 점을 강조하여 유아기를 결정적 발달의 시기(critical period of development)라고 한다. 결정적 시기란 성숙의 과정에서 어떤 일들이 꼭 일어나야 하는 시기로, 전후 어떤 때에 비교해 보더라도 적은 노력으로 보다 많은 학습효과를 올릴 수 있는 시기를 말한다(Scott, 1968). 유기체가 생애의 어떤 시점에서 특정한 행동을 가장 확실하게 학습하는 최적의 시기이다. 결정적 발달시기는 발달의 내용에 따라 다르지만 대개 유아기인 0세에서 8세까지로 여겨진다.

몬테소리(Montessori, 1870-1909)는 이와 비슷한 개념으로 민감기(sensitive period)를 소개하였다. 민감기는 유아가 환경과 감각적 상호관계를 유지하면서 창조적 활동을 하도록 에너지가 방출되는 시기로, 이 시기의 유아는 모든 것을 쉽게 그리고 열정적으로 수용하고 학습한다(신화식 외, 2004). 민감기에는 흡수정신을 발휘하여, 마치 스폰지가 물을 흡수하듯이, 별다른 수고 없이 지식을 획득하게 된다. 감각에 관한 민감기는 6세까지이며, 쓰기는 3.5-4.5세, 사회적 관심은 2.5-6세까지라고 보았다. 따라서 부모나 교사는 지속적인 관찰을 통해 민감기를 파악하여 그에 적절한 환경을 제공하도록 시사하고 있다.

두뇌 성장과 영양공급의 시기에 관한 견해도 결정적 발달시기의 주장을 뒷받침하고 있다. 즉, 두뇌 성장이 가장 급속히 일어나는 태아기와 처음 2살 동안에 영양이 박탈된 유아는 영구적으로 두뇌에 손상을 입을 수 있으며, 2살 이후에 영양박탈이 일어난다면 영구적으로 뇌손상을 입을 가능성이 더 적다는 것이다(Morrison, 1980).

유아의 언어획득이 생득적이라고 보는 생득론에서도 언어의 결정적 시기가 강조되고 있다. 유아의 언어획득 현상을 보면 신체적인 다른 발달과 마찬가지로 결정적 시기에 쉽게 빨리 이루어진다는 것이다(노명완 외, 1998). 언어의 결정적 시기는 두 살에서 사춘기 전까지이다.

그 외에도 프로이드의 정신분석적 성격발달이론에 의하면, 인간의 생후 초기 5년간은 가장 역동적이고 유동적인 시기이므로 성격형성의 결정적 시기이다.

생의 과정에서 어느 시기를 덜 중요하다고 여길 수는 없으나 생의 초기

발달이 인생여정의 끊임없는 발달과 과정에 밀접한 관련이 있으며 후기 발달의 기초를 마련한다고 해석할 수 있다.

3) 교육환경의 중요성

환경의 중요성을 강조한 로크(John Locke, 1632-1704)는 개인들 각자가 독특한 기질을 갖고 있지만 환경이 정신을 형성한다고 생각하였다. 로크는 특히 중요한 것은 유아기 동안의 학습으로 보았다. 유아기의 정신은 많은 유연성을 갖고 있어서 원하는 방식대로 정신을 만들어 낼 수 있다고 보았다. 루소도 유아는 성인과 다르다고 본 로크의 주장에 동의하였으며, 유아는 비어 있는 그릇이나 백지상태가 아니라 그들 특유의 감정과 사고양식을 갖고 있다고 보았다. 이는 각기 다른 발달단계마다 상이한 양식을 발달시키도록 촉구하는 자연의 계획에 따라 유아가 성장하기 때문이라고 보았다.

대체로 환경은 인간을 둘러싸고 있는 외부적 조건만을 생각하기 쉬우나, 부모의 양육태도나 사랑을 주는 방법, 가족, 또래, 대중매체, 문화특성, 민족, 기후, 영양 등 아동에게 영향을 줄 가능성이 있는 모든 물리적 조건과 심리적 조건을 포함한다.

환경적인 경험은 유아가 양육되는 가정, 사회집단, 문화적인 배경에 따라 다르다. 인간의 생장지가 갖는 자연적 조건이나 지리적 조건은 개체의 발달에 중요한 의미를 갖는다. 유아가 속한 가정의 사회적 지위나 경제상태, 아동에게 공급되는 음식, 특히 초기의 영양공급 상태가 결정적으로 발달에 작용하고 있는 것으로 보고되고 있으며, 또 하나의 환경적 요인으로 제시될 수 있는 것은 문화권의 가치관이나 행동방식에서 유래된 양육방식이다. 예를 들면, 어린이들의 얼굴모습, 다리 모양 등의 체형이 양육방식에 의하여 변화되며, 또한 수유방식이나 배변훈련, 혹은 정서적 표현방식 등 어린이 양육과 관련된 특징들은 개인의 발달상의 차이를 발생하게 한다.

지능은 유전에 의해 상당한 영향을 받는다. 그러나 일란성 쌍생아라도 다른 환경에서 자란 경우에 지능에서 많은 차이를 보인다는 연구도 있다. 예를 들어, 쌍생아 중 한 아동은 고립된 산 속에서 교육을 받지 못하고 자랐고, 한 아동은 지적이고 자극적인 가정에서 자란 경우에 이들의 지능지수의 결과는 상당한 차이가 나타났다. 따라서 영양이나 가정 등 환경적 요인이 지능에 영향을 준다는 것을 알 수 있다. 지능에 있어서 이러한 환경적 요인에 의한 영향은 사회계층과 인종 간의 비교에서도 잘 나타나고 있다. 일반적으로 상류와 중류계층의 아동은 저소득층의 아동보다 지능지수가 더 높은 것으로 나타났다. 저소득층 아동은 부적절한 식사로 뇌의 발달에 부정적 영향을 받을 수도 있으며, 임신 중인 어머니의 영양 결핍은 자녀의 지적 발달에 좋지 않은 영향을 줄 수도 있다. 뿐만 아니라 부모의 자녀양육 방법에 따라서도 아동의 지적 발달에 차이가 나므로, 어려서부터 아동에게 지적인 흥미나 동기를 가질 수 있도록 자극해 주고, 영아 시절부터 학습할 기회와 여러 가지 즐거운 경험을 충분히 가지도록 하는 것이 중요하다.

4) 유아교육의 필요성

초기 경험의 중요성에 관한 인식은 유아교육의 필요성을 강조하게 되었고, 조기교육의 많은 성공사례들은 초기 경험의 중요성을 확인하는 것이 되었다. 그러나 조기교육의 효과에 대해서는 관점에 따라서 찬 · 반이 엇갈리고 있다. 즉, 조기교육이 유아의 지적, 정서적 발달을 뚜렷하게 촉진시킨다는 입장과 조기교육은 오히려 후속적인 발달을 저해하는 영향을 미친다는 입장이 대립하고 있다. 유아교육을 조기교육으로 일컫는 것이 아니라 자신의 발달시기보다 더 빠른 시기에 교육시킨다는 의미로 잘못 해석할 경우, 우려하는 결과를 초래하게 된다. 즉, 조기교육을 결정적 시기 이전에 학습시키는 의미로 해석을 한다면 부정적인 결과를 초래할 수 있다는 것이다. 여기서 강조하는 유아교육은 유아기라는 발달시기에 적절한 교육이 이루어지는 것을 의미한다. 유아교육의 필요성을 몇 가지로 요약하면 다음과 같다.

첫째, 유아기는 발달속도가 빠르므로 풍부한 교육적 자극이 조기에 필요하다. 어릴수록 신체적 발달이 빠르며 다른 시기에 비하여 성장률이 높다는 것은 생리학 등에서 과학적으로 입증된 사실이다. 유전과 환경의 상대적인 영향을 연구하는 학문에서도 유아기에 초점을 두어 관심을 갖고 있으며 지능, 성격, 행동 및 태도의 연구에서도 유아기 및 유아기의 환경 · 경험 · 교육적 자극을 강조한다. 블룸(Bloom, 1964)은 지능발달에 관한 상관연구 자료와 절대지능 척도에서 지능은 발달하는 기능이며 측정된 지능은 나이가 증가함에 따라 점점 더 안정된다고 하였다. 그는 17살에 측정된 지능을 통해서 임신에서 4살 사이에 50%, 4살에서 8살 사이에 약 30%, 8살에서 17살 사이에 약 20%가 발달된다고 하여 조기교육의 중요성을 뒷받침하는 이론을 제시하였다. 유아는 8살까지 지적 발달의 80%가 이루어진다면, 환경은 이 8년 동안에 가장 큰 영향을 미칠 것이다. 한편, 유아의 조기 경험은 전반적인 발달을 향상시키거나 저해할 수 있다는 점을 주지해야 한다. 즉, 유아의 조기 경험은 영양과 건강 서비스, 가족과 지역사회 교육의 실제, 학습기회와 보호 서비스의 질과 접근성에 따라 달라진다.

둘째, 문화실조 유아(culturally deprived children)을 위한 계획적, 조직적 보상교육의 기회가 조기에 필요하다. 어린 시절에 실조된 경험으로 인해 손상을 입거나 발달의 지체현상을 보이는 경우 이를 극복하기 위해 후기에 결손환경을 보완해 주며 계획적인 경험 및 교육기회를 제공하는 것이 보상교육이다. 문화실조의 원인으로는 대개 빈곤, 불안정한 가정환경 및 현재 지향적인 태도, 감각 자극기회의 결핍 등의 요인을 들 수 있다. 초기의 헤드스타트 프로그램(Head Start Program)은 사회 · 경제적 환경의 결손으로 실조경험을 한 유아들에게 학교에 입학하기 전에 관련된 인지적, 사회적, 신체적 경험의 교육적 기회를 제공한 보상교육으로써 성공한 예라고 볼 수 있다. 울프(Wolf)에 의하면 헤드스타트 프로그램에 참가한 유아의 적응성, 언어능력이 우수했으며 또한 2년 동안 계속해서 취학전 교육을 받은 유아는 스탠포드 비네 테스트(Stanford Binet Test)에서 IQ가 14나 상승했으며, 회화 어휘 테스트에서 6.6개월의 진보를 보였다고 한다. 스트로벡(Strobeck)은 문화적으로 뒤떨어진 유아에게 취학전 유아교육의 경험을 13주 동안 시킨 후 IQ검사를 했더니 6.9나 상승했으며, 언어능력은 20 이상 상승했다고 보고했다. 또 Bronfenbrenner(1977)는 가정이야말로 어린이의 발달을 돕고 유지할 수 있는 가장 효과적이고 경제적인 제도라고 보고 부모가 유아교육에 적극 참여하는 것은 보상교육의 성공을 가능하게 하는 요인이라 지적하였다.

셋째, 사회의 변화, 지식의 급증, 문화의 발달 등 시대적, 학문적 요청에 따라 요구된다. 고도의 산업화와 도시화의 경향, 핵가족화, 다양한 가족형태의 증가 등 현대사회의 변화는 가정의 교육적 기능을 약화시켜 유아교육의 필요를 촉진시켰다. 즉 산업화는 잦은 인구의 이동을 초래했으며, 현대화에 따른 한부모가족, 분산가족, 다문화가족, 조손가족 등 다양한 가족 형태가 증가하였다. 그 외에도 맞벌이 가정이 늘면서 취학전 유아들에 대한 보호와 교육을 보다 더 요구하게 되었다. 오늘날의 정보사회는 지식이 폭발적으로 증가하고 있으며 그에 따른 문화발달의 가속화 등은 현대인들에게 많은 지식을 요구하고 있다. 또한 국제화 · 세계화로 변화하면서 다른 문화를 이해하고 편견 없는 교육이 이루어져야 한다는 점에서 다문화 교육, 반편견 교육의 필요성도 강조되고 있다.

넷째, 인간의 생애 단계에서 투자 효과가 가장 높은 시기가 유아기이다. 교육의 기회비용을 유치원, 학교 졸업 후 교육으로 나누어 비교할 때 영유아기가 인적 자원 투자 대비 회수율이 가장 높은 시기라고 강조되고 있다(OECD, 2006; 장명림 외, 2012). OECD의 많은 국가들이 유아 공교육의 연령을 5세에서 2-3세로 낮추었으며 우리나라도 2013년부터 3-5세 전 국민 유아에게 누리과정을 운영하고 있다. 누리과정 도입은 국가의 영유아에 대한 투자를 의미하며 누리과정의 성공적 운영은 생애 발달적 관점에서 장차 많은 투자효과를 가져올 것으로 기대된다.

제 2 장

유아교육의 역사적 관점

1. 1400-1600 : 유아교육의 시작
2. 1600-1800 : 유아교육의 중요성에 대한 인식
3. 1800-1900 : 유아교육의 팽창과 변화
4. 1900-1950 : 유아교육의 확립
5. 1950-1980 : 유아교육의 확장과 발달
6. 1980-현재 : 현대의 유아교육

오늘의 유아교육이 있기까지는 역사가 이루어낸 다양한 산물의 영향이 크다. 이러한 영향은 중요한 사람들, 사건들, 상황적 요인 등이 복합적으로 작용한 결과이다. 우리는 각 시대의 사회 · 정치 · 문화적 특징이나 교육학자들의 교육신념, 당대의 유아교육관 등이 어떻게 관련되어 변화되어 왔는지 이해할 필요가 있다. 또한 유아교육사의 통찰을 통해 오늘의 유아교육을 바르게 이해하고 실천할 수 있다. 유아교육사는 유아교육의 이념과 실제의 기원과 진화에 대한 호기심을 충족시켜 주며 유아교육의 발전방향에 대한 지평을 넓혀 주게 된다(김옥련 · 박찬옥, 1990). 본 장은 15세기부터 오늘날까지의 유아교육에 대한 역사적 관점을 살피고자, 역사의 큰 흐름을 세기별로 구분하여 유아교육에 중요한 영향을 주었던 역사적 사건과 인물을 중심으로 살펴보았다.

1. 1400-1600 : 유아교육의 시작

1) 시대적 사건과 배경

- 1423년 인쇄술의 발명. 이전에는 서유럽의 모든 책이 수기로 완성되었다.
- 1439년 이동식 인쇄술 발명. 인쇄된 책이 유럽에 보급되어 대중이 책을 접할 수 있게 되었다.
- 1440년 어린이용 쓰기책(hornbook) 제작. 아동들이 알파벳이나 모음 · 자음, 성시 등을 쓸 수 있는 작은 책이 만들어졌다.
- 1444년 이탈리아에 최초의 공공 도서관이 설립되었다.
- 1505-1560 마틴 루터가 개혁을 단행했다.

15세기가 되자 유럽은 중세기[1]가 지나가고 르네상스가 시작되었다. 중세기에는 기독교 교회가 어린이들을 위한 학교와 교육제도 뿐 아니라 전반적인 생활을 지배했다(Bowen, 1981). 15세기 말까지도 어린이에 대한 특별한 인식이 없었고(Trawick-Smith, 1997), 이 때까지도 어린이는 성인의 축소판으로 인식이 되었다(Osborn, 1991; Trawick-Smith, 1997). 15세기의 사회는 계급사회였으므로 특권층의 계급이 평민이나 농민에게 권력을 행사했다(Zaller, 1984). 상위계층의 어린이들은 개인지도나 가정교수의 기회를 가질 수 있었으며, 중위층의 어린이들은 직업적인 견습공이 되도록 공장에 보내졌고 가난한 어린이들은 일을 하도록 거리로 내보내졌다(Wilds & Lottich, 1961).

15, 16세기의 르네상스가 교육에 미친 영향은 크다. 당시의 예술과 문학, 그리고 과학의 업적은 어린이들이 어떤 교육을 받게 되었는지를 엿보게 한다. 예를 들면, 숫자 0의 상징이나 오늘날 대수학에 사용되는 수의 상징, 코페루니쿠스의 태양중심설 등 모든 지식이 유럽을 중심으로 교육의 발전에 기여했다. 이 때까지도 어린아이들에 대한 관심은 거의 없었으며, 교육을 받은 어린이들은 특권층의 일부에 지나지 않았다. 무엇보다 어린아이들은 높은 영아 사망률로 인해 존중되지 못하였다(Wortham, 1992). 더구나 여아들은 남아들에 비해 더 교육받을 기회가 없었다.

16세기에 유아교육에 영향을 준 중요한 역사적 사건은 바로 개혁에 있다. 1517년, 루터는 가톨릭 교회에 대항하여 개혁을 시도하였는데, 이것은 유럽의

---

1) 중세는 서로마 제국이 멸망한 476년부터 문예부흥 운동이 태동하는 15세기 직전까지 약 1000여 년간을 말한다. 기독교는 중세 유럽 문화의 가장 중심적인 정신력이었다. 기독교 그 자체의 발전이 중세의 사상적, 문화적, 교육적 방향을 뒷받침해 왔다. 기독교가 교육제도나 내용, 방법에 미친 영향은 매우 크다. 고대 교육이 인간본위 및 주지주의를 중시한 데 비하여 기독교의 이상은 주정주의에 있었다. 그러한 이상은 내세에서만 추구하는 것으로 초현세주의, 내세주의, 도치사상이 원시 기독교의 이상이었다. 따라서 중세는 고대 그리스 및 로마와는 달리 실생활에 필요한 지식은 소홀히 하고, 신앙에 필요한 고차적인 감정이나 영적 수양을 중시하였다. 중세교육의 목표는 인간을 순종과 신앙으로 이끄는 것이었다.

사회적, 교육적 구조에 변화를 주도한 도전이었으며 이후에 미국의 교육현장에 영향을 주게 되었다. 그의 개혁은 개신교(Protestantism)를 성립시켰으며 낮은 경제적 계층에서 지지를 받았다. 그때, 독일에서 교회가 맡아서 하던 학교운영을 개인이 하게 되자 모든 계층에서 학교를 갈 수 있게 되었다(Hewes, 1995). 사회적 계층에 관계없이 모두가 갈 수 있는 학교의 설립이 유럽 전역으로 확대되었는데, 16세기에 보여준 이러한 학교의 조직형태는 오늘날의 학교와 유사하다고 볼 수 있다(Wilds & Lottich, 1961).

2) 루터

루터(Martin Luther, 1483-1546)

루터(Martin Luther, 1483-1546)는 '개혁의 아버지'로 불리면서 교육개혁에도 공헌을 한 사람이다. 그는 당대에 가톨릭 교회가 교회와 학교를 모두 통제하는 권위에 대항하였다. 종교개혁 운동의 근본사상이 순수한 기독교의 재발견이요, 모든 인간의 평등을 주장한 바 교육목적도 내세의 영광을 위해 현재생활을 가치 있게 하는데 있고, 교육은 가정, 직업, 교회, 국가에 대한 의무를 훈련하는 것이다. 종교개혁의 선구자였던 루터는 성경 중심주의를 주장하고 각 개인을 훈련시켜 가정과 교회와 국가에 대한 의무 달성을 교육의 목적으로 보았다.

루터에게 학교교육의 목적은 성서연구를 통해 종교를 학습하는 것이었다(Osborne, 1991). 교육에 대한 그의 많은 신념은 강한 종교적 신념이 반영되었다. 예를 들면, 가정에서의 교육과 순종이 모든 사회적 질서에 중심이 된다고 믿었다. 그는 교육 장소로 가정, 교회, 학교를 강조했으며 특히 가정생활이 교육 및 종교에 미치는 효과를 크게 평가하였다.

루터가 유아교육에 영향을 준 점을 요약하면, 첫째, 훌륭한 정치와 사회적 질서에 본질이 되는 가정과 가족의 중요성, 둘째, 학교의 의무교육 강조, 셋째, 교육에서 음악의 중요성, 넷째, 모든 시민의 동등한 권리 등이다

루터는 라틴어 성서를 독일어로 번역하여 공교육에 크게 공헌하였으며, 성서가 실제적으로 국민의 교과서가 되었다. 그의 교육사상은 「아동을 취학시켜야 하는 일에 관한 설교」(1530) 등의 저서에서 살펴볼 수 있는데 요약하면 다음과 같다.

① 의무교육의 실시를 주장하였다.

부모는 그 아들을 학교에 보내야 할 의무가 있으며, 정부는 국민에 대해서 그 아들을 취학시키게끔 강제할 의무가 있다고 하였다. 또한 부모의 귀천, 빈부, 남녀의 차별 없이 그들의 자제를 학교에 보낼 것을 강조했다.

② 가정교육의 보완으로서 학교교육을 중시했다.

보통의 부모는 자녀교육의 필요성을 알아도 적합한 교육방법을 모르고, 다른 일로 인해 시간과 장소가 없다고 하므로 학교교육의 필요성을 강조했다.

③ 공교육제도의 실시, 즉 교육의 국가 책임론을 주장했다.

국민의 교육적 향상 없이는 국가의 번영을 이룰 수 없다고 보았으므로, 교육은 교회가 아닌 정부의 책임 아래 실시되어야 한다고 했다.

④ 아동중심 교육을 주장했다.

그는 "우리들은 어린이를 인도하려면 먼저 우리들 자신이 그들과 함께 어린이가 되어야 한다.", "막대기와 주먹으로 억지로 어린이를 억누르면 거기서 좋은 결과가 나오지 못한다"고 하였다.

⑤ 교직의 중요성과 고귀성을 강조했다.

2. 1600-1800 : 유아교육의 중요성에 대한 인식

1) 시대적 사건과 배경

- 1628년 코메니우스의 「유아학교」(The School of Infancy) 저술
- 1697년 재미있는 이야기 모음책 「엄마거위 이야기」(Mother Goose Tales)가 프랑스에서 소개됨(잠자는 미녀, 신데렐라, 장화신은 고양이, 빨간 모자 등이 수록되어 있음)
- 1744년 영국의 뉴베리(John Newberry)에 의해 어린이들의 책 「포켓북」(Poketbook)이 출판됨
- 1762년 루소의 교육소설 「에밀」(Emil)이 출판됨
- 1770년대 미국에 공교육의 발달, 교육의 지방분권화, 교회와 주정부의 분리 등

17, 18세기에는 6세 이하의 유아기 교육을 그보다 연령이 많은 어린이들의 교육과 다르게 구분해 생각하지 않았다(Trawick-Smith, 1997). 그러나 많은 사상이나 이론들이 지속적으로 유아교육에 영향을 주어 점차 교육이 발전하면서 유아기의 중요성을 인식하는데 영향을 주었다. 17세기에 유럽에서는 사회계층별로 교육의 기회가 주어졌다. 상위층의 어린이들은 문화교육을 받았고 하위층의 어린이들은 종교교육과 견습훈련을 받았다.

이 시기에 교육의 기회가 많은 사람들에게 주어지게 되자, 교육에 대한 관심이 경제적 수준이 낮은 계층의 사람들 뿐 아니라 모든 사람들에게 확대되었고 그 결과로 개신교(Protestantism)의 성장을 가져왔다. 유아기의 독특한 본성에 관심을 기울였으며, 유아는 신의 연약한 창조물로 보호받고 돌봐져야 한다고

지적하였다. 따라서 어린이는 성인과 다르게 인식되기 시작했으며, 어린이들에게 맞는 게임과 옷 등이 고안되고 어린이들이 교육받기에 적합한 시설이 생기게 되었다.

한편, 미국에서는 1600년대의 유럽 이주자들이 어린이의 노동을 당연하게 여겼으며 노동 자체가 어린이의 성장과정에서 게으름을 없앤다고 믿었었다 (Osborn, 1991).

일부의 어린이들은 노예나 견습공으로 보내졌고, 기능이나 기술을 배우도록 팔려 가기도 했다. 이 때까지 어린이는 경제적인 수단으로 사용될 수 있다는 인식을 가졌으며 체계적인 학교제도도 없어 많은 아이들이 학교에 가지 않았다. 또 한편에서는 교회를 중심으로 학교를 설립하여 종교뿐 아니라 읽기와 쓰기 기술을 강조하였다.

17, 18세기의 가장 중요한 사건 중의 하나는 산업혁명이다. 일찍이 1700년대에 영국에서 시작된 산업혁명은 영국뿐 아니라 유럽, 미국에까지 경제생활에 극적인 변화를 가져왔다. 수작업을 기계로 대신하면서 상품이 더 이상 가내공업의 형태로 생산되지 않았고, 공장과 직업이 늘어나면서 인구는 도시로 이동하였다. 당시에 공장의 노동환경은 열악했으며, 10세 정도의 어린이들을 포함한 노동자들은 주 6일 동안 12-13시간의 단조로운 노동을 했다. 산업혁명은 경제적 성장을 가져왔으나, 그로 야기된 문제도 많았다. 그 예로, 목화공장에서 빠른 생산을 위해 목화를 줍는 노예가 필요했으므로 노예들이 증가했다.

17, 18세기에 어린이 교육에 대한 인식을 달리했던 인물들이 있다. 코메니우스, 페스탈로치, 로크 그리고 루소는 오늘날 유아교육의 이론과 실제가 성립되기까지 여러 면에서 기저가 되었으며 많은 영향을 주었다.

2) 코메니우스

코메니우스(John Amos Comenius, 1592-1670)

코메니우스(John Amos Comenius, 1592-1670)는 17세기의 대표적인 실학주의(감각적 실학주의)자이다.[2] 그의 교육신념은 자연과 자연성, 어린이의 경험에 초점을 두고 있다. 즉, 어린이의 자연적 성장은 교육의 기초가 되어야 하며 학교교육의 기본이 되어야 한다고 주장했다. 많은 교육자들은 그의 교육이념이 일반적인 교육뿐 아니라 유아교육의 실제에 깊은 영향을 주었다고 믿는다. 예를 들면, 그는 모든 사람들에게 교육의 기회가 주어져야 한다고 주장했다. 학교는 사회와 개인을 교육시키기 위한 최선의 중재자가 되어야 한다고 했다. 또한 그는 신중하게 계획된 경험이 어린이의 타고난 아이디어를 개발하는데 필요하며, 어린이는 활동을 통해 사물을 배운다고 믿었다(Hewes, 1995; Weber, 1984).

그는 교육의 단계와 내용으로써 다음과 같은 4단계의 학교제도론을 제안했다.

① 유아기를 위한 어머니 학교(School of The Mother Knee)는 출생에서 6세까지 가정에서 어머니에 의해 언어와 도덕과 종교교육을 하였다.

② 아동기를 위한 모국어 학교(Vernacular Elementary School)는 7세에서 12세까지 3R's(읽기, 쓰기, 셈하기)와 기초적 도야(역사, 지리, 미술, 물리) 과목을 가르쳤

2) 실학주의의는 실제적 교육을 존중하여 자연의 법칙을 존중하고 경험을 통한 과학적 지식을 이용하고 사회생활에 직접 참가함으로써 현실적인 인간을 기르는데 목표를 둔다. 감각적 실학주의는 과학적 실학주의라고도 하며 교육 목적은 자연과학에 기초한 생활인을 양성하는데 있으며, 모든 원리는 자연 속에서 발견하려는 자연법칙에 합치되는 감각을 통해서 얻는 지식을 중요시하였다. 감각적 실학주의는 구체적 사물을 교재로 한 직관주의 교육을 중요시하였기 때문에 오늘날 시청각교육의 선구를 이루고 있다.

다. 이 학교는 매일 4시간씩 오전과 오후로 나누어 실시했으며, 등록금이 없고 의무적으로 취학시켰다.

③ 소년기를 위한 라틴어 학교(Latin School)는 13세에서 18세까지 4종의 언어(독일어, 라틴어, 그리스어, 히브리어)와 7자유학과를 가르쳤다.

④ 청년기를 위한 대학(university)은 19세에서 24세까지 신학, 철학, 의학, 법학, 고전과 여행뿐 아니라 범지학(Pansophia)을 가르쳤다.

그의 교육방법은 기존의 고전어 중심의 딱딱한 교수방법에 반대하고 행동의 중요성을 강조하여 행함에 의한 학습을 주장했고, 감각적 직관을 강조했다. 또 교육방법에 자연의 법칙을 적용하여 그의 저서 「대교수학」에서 다음과 같은 교육원리를 소개하였다.

① 자연현상에 적당한 시기가 있듯이 인간의 교육에도 적당한 시기가 있다. 인간의 교육은 인생의 봄에 시작되어야 한다. 아동기는 봄에 해당되고 청년기는 여름에 해당되고 장년기는 가을, 노년기는 겨울에 해당된다. 즉, 인간교육은 유아기로부터 시작해야 한다는 것이다.

② 자연은 질서가 있어 한 가지 한 가지씩 완성해 간다. 그러므로 유아로 하여금 한번에 한 가지씩 배우도록 한다.

③ 자연은 그의 작용에 혼란이 없이 순서적으로 옮겨 간다. 마찬가지로 가르치는 것도 질서를 지켜 앞의 것이 뒤의 것에 기초가 되도록 하여야 한다.

④ 자연은 용이한 것에서 곤란한 것으로 옮아간다. 즉 아동에게 가르칠 때 쉬운 것에서 어려운 것으로 나아가게 한다. 처음에는 아동의 직관을 연습하고, 다음에는 기억을, 마지막에는 판단력을 기르게 한다.

⑤ 자연은 불필요한 일을 하지 않는다. 새는 그 둥지에 다른 물건을 놓지 않는다. 그러므로 아동의 학습에서도 가치가 없는 지식은 가르치지 말아야 한다.

⑥ 자연은 형성과정에 있어서 보편적인 것에서 특수한 것으로 옮겨 간다.

화가가 사람을 스케치할 때 눈, 코, 입의 특수한 부위보다 먼저 보편적인 얼굴을 그리기 시작하듯이 교육의 소재나 대상도 일반적인 것을 먼저 다룬 후에 특수한 것을 다루어야 한다.

오늘날 유아교육의 이론과 실제에 영향을 준 그의 신념은 다음과 같다.

① 개인차와 발달단계를 설명하여 이에 대한 인식을 높였다.

② 어린이들의 흥미를 강조하였다. 가르치는 일은 사물이나 언어, 조작, 그리고 사람들 사이에서 어린이의 흥미로부터 시작해야 한다.

③ 어린이들은 자기가 하고 싶은 대로 각기 다르게 다양한 활동을 해야 한다. 뛰고, 넘고, 들어올리고, 운반하고, 이동하는 등 다양한 활동기회를 제공한다.

④ 어린이를 위해 상세하게 계획된 프로그램을 제공한다. 놀이, 게임, 리듬, 이야기, 음악, 손으로 하는 활동 등을 포함한다.

그의 저서로는 「유아학교」(The School of Infancy, 1628), 「대교수학」(Didactica Magna, 1632), 「어학입문」(Janus Lingurum), 그리고 어린이를 위한 그림책의 시초로 알려진 「세계도회」(Orbis Senualium Pictus, 1658)[3]가 있다.

3) 로크

로크(John Locke, 1632-1704)는 지금까지도 영국의 인식론적 경험철학자, 정치학자, 경제학자로서 명성을 얻고 있다. 17세기 말에 그는 유아교육에 영향력

---

3) 그림과 글자를 배합하여 제작한 세계 최초의 그림책이다. 각 면의 처음에 그림을 게재하여 그림에 나타난 사물의 명칭 및 설명을 라틴어와 모라비안(Moravian) 국어로 그 페이지의 좌우에 써 넣고 삽화에 있는 사물과 문장 속의 단어에 같은 번호를 기입하였다. 「세계도회」는 오늘날 유아를 위한 그림책의 기원이 되었고 시청각의 선구를 이루었다.

있는 교육이론을 정립했다(Weber, 1984). 그의 중심사상은 인간의 성격형성과 도덕적, 신체적, 정신적 발달에 있다(Osborn, 1991). 그는 학습에 미치는 환경의 영향을 강조하여 인간의 본성에 대한 과학적 접근을 시도하였다. 교육의 궁극적 목적은 학습의 결과에 있는 것이 아니라 학습과정에 두어야 한다고 했다(Locke, 1964).

로크 (John Locke, 1632-1704)

로크에 따르면 인간의 본성은 출생할 때 이미 형성되어 있는 것이 아니라 환경의 영향으로 다듬어져 간다고 한다. 개개인이 경험의 결과로 개념이나 지식을 획득한다는 그의 사상은 백지설(tabula rosa 혹은 blank slate)과 관련된다. 그는 어린이를 백지의 상태로 비유하여 경험이라는 학습으로 채워진다고 보았다. 그는 어린이의 시각, 미각, 후각, 청각 등 전체적인 발달에 관심을 갖고 오감을 통한 직접경험과 교육방법을 강조했다. 또한 그는 놀이의 장점을 인식하여 놀이를 학습방법으로 여겼으며, 어린이가 무엇인가를 즐기면서할 때에 더 빨리 학습한다고 보았다. 교과의 내용은 재미있는 이야기를 쉽게 읽는 것에서 쓰기, 그림그리기를 다루도록 했다.

로크는 지적인 추론이나 기억력은 고전어나 수학 등의 교과의 연구를 통해 발달한다고 믿었다. 그는 신체교육을 강조했으며, 정신교육에서는 의지의 도야에 중점을 두었다. 주요 저서로는 「인간오성론」(A Essay Concerning Human Understanding, 1690), 「교육에 관한 고찰」(Some Thoughts Concerning Education, 1963), 「정치론」(Two Treaties Government, 1690) 등이 있다.

4) 루소

루소(Jean Jacques Rousseau, 1712-1778)는 프랑스의 철학가이자 사상가이다. 그는 우리가 유아와 유아교육에 대해 어떤 시각을 가질 것인지 생각하게 하는 많은 저서를 남겼다.

루소(Jean Jacques Rousseau, 1712-1778)

루소의 사상은 그들이 살았던 시기에 매우 독특하면서도 도발적이었다. 루소의 글은 당시의 엄격한 사회적 계급이나 종교적 권위 및 전제군주체제에 대항하는 결과였다(Weber, 1984).

루소 철학의 중심된 신념은 인간의 본성이 본래 선하다는 것이며 교육이란 선한 특성이 나타나도록 작용하는 것이라고 했다. 그에 따르면, 사람은 사회의 악에 오염되지 않은 자연 상태에서 살아야 한다는 것이다. 또한 어린이들은 태어날 때 본질적으로 선하다고 믿었으며, 자라면서 그들의 본능과 감정이 자유롭게 표현되어야 한다고 보았다. 즉, 어린이는 의복과 같은 인위적인 제한으로부터 자유로워야 하며 체벌과 같은 제제를 받지 말아야 한다는 것이다. 루소에게 개개인의 잠재력을 최대한으로 발달시키는 것이 중요했다. 그의 저서 「에밀」의 서두에서 다음과 같이 말하고 있는데, 그의 성선설과 자연주의 사상을 단적으로 잘 표현하고 있다.

> "만물은 창조하신 하느님의 손을 떠날 때 모든 것이 선했으나 사람의 손에 옮겨지게 되자 악해지고 만다."

「에밀」은 소설의 형식으로 쓴 교육소설로 한 사람의 인간을 키우는 것을 목적으로 하는 이상적인 교육론이다. 루소는 「에밀」에서 다음과 같이 출생기로부터 청년기까지 5단계로 구분했다.

- 제1기 : 출생부터 언어에 의하여 의사를 나눌 수 있을 때까지(영아기)
- 제2기 : 감각적 욕망에 지배되어 신체의 여러 기관이 성장하는 아동기 (3-14세)

- 제3기 : 힘이 욕망을 넘어서 이성이 눈뜨고, 감각적 대상에 호기심을 가지는 소년기(15세까지)
- 제4기 : 자기애에서 정욕이 발생하고 도덕적 생활에 들어가는 청년기(20세)
- 제5기 : 약혼하고 2년 후에 결혼할 때까지의 청년기, 가족, 사회, 국가에 대한 이해를 깊게 하는 시기

루소는 지식이나 기술을 축적하는 것보다 사회적, 정서적 적응이 중요하다고 믿었다. 그는 내면적인 발달과 자기조정이 교육의 중요한 요소이며 교육의 목적은 성공적인 인간관계를 준비하는 것이라고 했다. 루소 철학의 중심개념은 자유(freedom), 성장(growth), 흥미(interest) 그리고 활동(activity)이다.

루소는 어린이의 자연적 성격을 각 연령수준마다 다르게 묘사하였다. 그의 교육형태는 연령수준에 따른 교육과정으로 이루어지는데 이것은 어린이의 흥미와 활동을 기초로 하였다(Hewes, 1995). 교육은 반드시 사물을 다루는 경험으로 이루어져야 하며, 책을 가지고 교육하는 것은 12세가 되기 전에는 하지 않도록 했다. 교사의 역할은 교과서로 가르치는 것이 아니라 어린이가 스스로 지식을 발견하도록 안내하는 것이다. 그는 학습이란 구체적인 사물을 직접적으로 관찰함으로써 이루어진다는 일반적인 교육을 주장했다.

루소는 어린이의 자연적 발달에 관심을 가졌으므로, 그의 교육과정은 감각에 의존한 자연적 경험이 기초가 된 활동들을 포함한다. 예를 들어, 수학과 지리는 형식적인 교육을 통한 것이 아니라 경험적 활동으로 학습하도록 한다. 어린이는 다양한 사물을 가지고 활동할 때 세어보기, 측정하기, 비교하기 등 유익한 경험을 하게 된다. 어린이가 사물을 탐구하고 다루어 보면서 자연적인 활동을 하게 되면 크기, 모양, 무게, 온도 등의 물리적 특성을 이해하게 된다. 어린이의 교육은 출생하면서부터 시작된다는 그의 신념에 주목할 필요가 있다.

루소의 철학과 그의 저서는 유아교육에 중요한 영향을 주었다. 특히 유아의 발달수준에 기초해서 가르쳐야 한다는 점, 어린이들에게 책을 읽게 하기 전에 사물을 탐구하도록 한 점, 사물의 조작을 포함한 활동 중심의 교수법을 강조한 점 등은 현대의 유아교육에 그대로 반영되는 내용이다. 루소의 철학은 유아교육의 이론과 실제에 기여한 다른 학자들 뿐 아니라, 페스탈로치, 프뢰벨, 듀이 그리고 피아제에게까지 영향을 주었다.

그의 저서로는 국민주권 사상을 담은 「사회계약론」(Contrast Socials, 1762)과 자연에 대한 지식과 사랑이 담긴 「에밀」(Emil, 1762), 그리고 「참회록」(1766)이 있는데, 에밀은 그의 교육사상을 담은 것으로 인간교육의 혁신을 제창한 교육서이다.

5) 페스탈로치

페스탈로치(Johann Heinrich Pestalozzi, 1746-1827)

스위스의 교육자 페스탈로치(Johann Heinrich Pestalozzi, 1746-1827)는 교육의 성자로 널리 알려진 인물로 오늘날 유럽과 미국 등 전 세계적으로 교육의 실제에 많은 영향을 주었다. 그는 교육사상가로서만 아니라 교육실천가로서, 교육에 의한 사회개조를 강조했으며 교육의 실천을 통하여 교육이론을 구체화한 자연주의 사상가이다. 루소와 마찬가지로, 교육이란 자연적 발달을 기반으로 이루어져야 한다고 했으며, 경제적 지위나 빈부의 차를 막론하고 누구나 다 교육받을 권리가 있다고 주장했다. 그는 1774년에 가난한 어린이들을 위해 학교를 세웠는데, 어린이의 자연성이 교육의 기초가 되어야 한다는 루소의 신념을 반영하였다.

특히 루소의 「에밀」에 감동을 받아 실제 자신의 자녀를 그에 따라 양육하였고 농장을 개척하고 빈민학교 뿐 아니라 고아원, 실험학교를 세워 빈민구호와 아동교육에 헌신하였다.

그는 어린이들을 학습시킬 때 외우게 하거나 암기식으로 가르치는 기술은 효과적이지 못하다고 믿었다. 그는 사물을 사용하고 자기발견을 하도록 하는 실물학습을 강조하였다(Hewes, 1995).

그의 주목할만한 업적 중의 하나는 개인의 요구에 적합한 교수방법을 적용하도록 하는 교수법을 개발한 것이다. 어린이는 자신의 흥미와 경험에 기초해서 자신에게 의미 있는 활동을 해야 한다고 믿었다. 그는 여러 면에서 루소의 비형식적인 교육방법을 그대로 받아들여 적용했다. 교사는 활동을 계획해야 하며, 학생들은 연령을 혼합해 반을 편성해서 나이 많은 아이가 어린아이를 도와줄 수 있도록 하였다.

그의 교육 원리는 다음과 같다.

- 자발성의 원리 : 인간은 자기가 가지고 있는 능력을 내면적인 힘에 의하여 스스로 발전시켜야 한다.
- 방법의 원리 : 인간의 성장과 발달에는 일정한 단계가 있는데 교육은 이것에 따라 이루어져야 한다.
- 직관의 원리 : 개인의 의식은 직관에서 출발하므로 구체적인 사물이나 행동을 통하여 교육이 이루어져야 한다. 그는 직관의 원리에서 교육의 3요소를 수, 형, 언어로 설명하였다. 사물의 외적 파악은 형과 수의 관계에서 찾게 되고 이것이 언어에 의하여 내적으로 이해된다고 하였고 이를 직관의 ABC라고 하였다.
- 조화적 발전의 원리 : 인간이 선천적으로 가지고 있는 근본적인 능력(지력, 감정, 기능)을 조화적으로 발달시켜야 한다. 이것은 머리(Head), 심장(Heart), 손(Hand)의 3H에 의해 상징되는 것이다.
- 사회의 원리 : 개인의 도야는 사회에서 이루어지고 사회의 개선은 개인의 향상에서 이루어진다.

그의 저서는 인간형성에 관한 논저인 「은자의 황혼」(Die Abenstunde eines Einsiendlers, 1780-87), 「게르트루트는 어떻게 그 자녀를 가르치는가」(Wie Gertrudihre kinder lehrt, 1801)가 있는데, 여기서 그의 교육신념과 이론을 설명했다.

코메니우스, 로크, 루소, 그리고 페스탈로치는 유아교육의 선구자들이다. 그들은 직접 어린이에 대한 연구를 했으며 어린이의 본성(nature)과 어린이가 어떻게 학습하는가에 대해 초점을 두었다. 이들은 유럽이나 미국에서 어린이들의 환경을 개선하려는 노력을 하도록 영향을 준 인물들로 볼 수 있다(worthan, 1992). 발달단계에 대한 인식, 집단보다 개별적으로 가르쳐야 한다는 점, 어떤 개념을 가르칠 때 사물을 사용한다는 점, 어린이의 본성에 대한 신념 등 그들의 사상과 이론은 18, 19세기에 어린이를 가르치는데 효과적인 방법을 제안한 것이다.

3. 1800-1900 : 유아교육의 팽창과 변화

1) 시대적 사건과 배경

- 1801년 「페스탈로치의 게르트루트는 어떻게 그 자녀를 가르치는가」 저술. 가정교육과 발견에 의한 학습을 강조
- 1816년 영국의 오웬이 유아학교(nursery school) 설립
- 1837년 독일의 프뢰벨이 블랑켄부르그에 유치원(kindergarten)을 시작
- 1856년 미국 위스콘신주에 최초의 독일유치원 설립
- 1860년 피바디가 미국에 사립유치원 개원

- 1873년 미국의 블로우가 공립유치원 개원
- 1884-1885년 미국에서 유치원이 공립학교의 일부가 됨
- 1896년 듀이가 미국에서 실험학교를 시작, 생활경험을 강조한 아동중심 교육프로그램 소개

19세기 초에 미국은 사회적 상황이 농경사회에서 산업사회로 전환되는 급격한 변화의 시기를 맞았다. 영토의 확장과 이민자의 증가로 인구가 급증하는 사회적 상황이었다. 인구가 급증한 미국은 유럽의 교육제도가 더 이상 그들의 민주주의 국가에 적합하지 않다고 여겼다. 유럽의 교육은 차별적 교육이므로, 모든 사람들에게 교육의 기회가 주어지기를 요구했다. 19세기 초까지만 해도 어린이들은 경제적인 수단이라는 인식이 있었으므로 모든 어린이들이 학교에 다니지는 않았다. 산업문화의 발달과 사회구조의 변화는 어린이들이 어떻게 살고 있는지에 영향을 미쳤다. 사회적, 경제적 계층에 따라 풍요로운 상인 가족, 중류층의 기술직 가족, 소득이 낮은 노동자 가족 등 다양한 형태로 나타났다. 중류층 이상의 어린이들은 학교에 다닐 수 있었으나 어려운 노동 계층의 자녀들은 일을 해야 했다.

19세기 후반에는 더 이상 어린이들이 경제적 도움을 주는 노동인구로 여겨지지 않았다. 19세기 말이 되어서야 아동발달운동이 전개되면서 어린이들이 어떻게 이해되고 다루어져야 하는지에 대한 변화가 일어났다(Cremin, 1988). 그러나 시민전쟁[4] 이후에도 어린이들은 탄광이나 방직공장 같은 곳에서 일을 해야만 했다(Osborn, 1991). 특히 아프리카계 미국인들은 유럽계 미국인들과 달리 노예해방 후에도 그들의 자녀를 교육받게 할 수 없었으며 노동을 시켰다.

4) 시민전쟁(남북전쟁, civil war) : 1861~65년간에 미국의 남·북 양 지역 사이에 노예제도의 존폐를 둘러싸고 벌어졌던 내전이다. 노예문제가 발단이긴 했으나, 이 전쟁은 남부 여러 주의 탈퇴를 막아 연방제를 유지함을 목적으로 한 것이었다. 이를 미국 독립혁명에 이은 제2혁명이라 말하는 역사가도 있는데, 이 전쟁으로 남부의 후진적 농장제도가 붕괴되는 한편, 북부의 산업자본주의가 승리함으로써 미국의 자본주의는 급속한 성장을 이룩할 수 있게 되었다.

시민전쟁 이후에 아프리카계 미국인들을 위한 학교가 설립되었으며 일부의 교육이 가능했다.

이 즈음에 어린이교육운동이 확대되었다. 루소의 영향을 받은 버나드(Henry Bernard)는 유치원에 관한 기사를 내면서 유치원의 아버지로 불려졌으며, 최초의 독일 유치원이 1856년에 위스콘신에 설립되었고 1860년에 피바디(Elizabeth Peabody)가 영어식 유치원을 세웠다. 초기의 유치원들은 프뢰벨의 영향을 받아 프뢰벨식 교육과정이 운영되었으나, 19세기 후에는 자연성을 강조하는 유치원교육에 회의를 갖게 되면서 힐(Patty Smith Hill)을 중심으로 새로운 유아교육사상이 도입되기 시작했다. 즉 진보주의 운동의 출현으로 전통학교들이 사회의 빠른 변화에 대처하지 못하므로, 유아의 흥미와 경험에 기초한 아동중심교육이 설득력을 갖게 되었다.

19세기 말에 스탠리 홀(Stanley Hall)의 아동연구운동이 확대되었고 어린이 인구가 증가하면서 그들에 대한 관심도 크게 달라졌다. 아동연구 혹은 아동발달운동이 성장과 발달을 단계적으로 연구하는 생물학적 과학으로 시작되어 새로운 심리학의 기반을 마련하였다(Osborn, 1991). '아동심리학과 아동발달의 아버지'라 불리는 홀은 어린아동을 실제로 가르치면서 아동연구실험을 했다(Trawick-Smith, 1997). 이 아동연구운동이 새로운 심리학의 발전을 가져온 것이었다. 홀의 연구가 있기 전에는 아동의 본성에 관한 체계적인 연구가 없었다. 아동연구운동이 학교와 사회로 확대되면서 열악한 환경에서 노동하는 것과 같은 어린이가 받는 스트레스에 대해 생각하게 되었다. 아동연구운동은 유아기가 발달에서의 중요한 단계라는 점과 유아를 위한 학교교육이 필요하다는 점을 널리 알리게 되었다. 19세기 말에 어린이 노동은 감소하였으나 많은 어린이들이 학교교육의 기회를 갖지 못했으므로, 여전히 어린이들은 적절하지 못한 교육환경에 놓였었다.

2) 오웬

오웬(Robert Owen, 1771-1858)

오웬(Robert Owen, 1771-1858)은 영국의 사회주의자, 산업개혁자, 빈민운동가, 교육자로 알려진 인물이다. 그는 어릴 때 여러 상점의 점원을 거쳐 20세에 방직공장의 지배인이 되었고 그 후에 영국의 제일가는 방직공장(New Lanak)을 경영하기도 하였다. 그는 그 당시의 상황이 어린이에게 많은 노동을 요구하고, 노동자의 자녀들이 교육받을 기회를 갖지 못하여 어린이의 순수함이 오염되어 가는 것을 우려하였다. 또한 인도주의에 입각하여 공장의 노동조건 개선과 노동자 교육에 온 정열을 쏟았을 뿐 아니라, 교육을 사회개혁의 수단으로 보아 산업혁명으로 부패된 사회를 교육을 통해 명랑하고 평화스러운 이상 사회로 만들려고 하였다. 그는 모든 인간의 성격은 그가 속한 사회 환경에 의해서 형성되고 또 성장하는 것이라고 믿었다. 이러한 사회개혁의 이상을 실현하기 위하여 설립한 것이 유명한 성격형성 학원(New Institute for the Formation of Character, 1816)이며, 그 부속학교가 유아학교(Infant School, 1816)이다. 그는 사회개혁과 인간의 성격형성은 동시에 착수해야 한다고 보았다.

인간은 본래 선하지만, 생후의 환경에 따라 좋게도 나쁘게도 될 수 있으며, 좋은 성격을 형성하려면 우선 좋은 환경을 주어야 할 필요가 있고, 특히 유아기의 환경은 그 인간의 성격 형성에 지대한 영향을 준다고 확신하였다.

오웬은 다음의 7가지 조건을 교육 원칙으로 삼았다.

① 성격 형성론에 바탕을 둔 환경개선의 교육
② 어린이들의 자기 활동을 중시하는 교육
③ 사랑과 행복의 교육

④ 상벌의 폐지
⑤ 직관 교육
⑥ 생산노동과 결합된 교육
⑦ 자연과 결합된 교육

유아학교는 1세부터 3세까지의 연소반, 4세부터 6세까지의 연장반으로 나누어졌으며, 각각 30~50명의 어린이를 교육하였다. 유아학교의 교육목표는 유아기부터 합리적으로 생각하고 행동할 수 있는 성격을 형성하는데 있었으며, 교육내용으로는 실외놀이, 실물, 모형, 그림을 통한 놀이, 담화, 음악과 율동, 군사훈련 등이 포함되었다. 오웬이 창설한 유아학교는 단지 직장을 가진 어머니를 위하거나, 그 노동력을 보장하기 위하여 유아들의 신체적 보호만을 위한 탁아시설은 아니었다. 격동하는 사회, 가정생활의 변화 속에서 유아의 바람직한 성격을 형성하고, 바람직한 성장이 보장되는 환경 조건을 제공하려 했던 유아교육시설이었다고 할 수 있다(김옥련, 1984).

그의 업적으로, 유아학교(Infant School)를 창시하였으며 국민교육제도를 제창했다.

3) 프뢰벨

프뢰벨(Friedrich Wilhelm August Froebel, 1782-1852)은 독일에서 최초로 유치원을 설립해 유아교육을 실천한 인물로, 세계적으로 유치원 창시자라는 명성을 얻고 있다. 19세기에 보여준 그의 업적은 오늘날 유아교육사에 많은 영향을 주었다.

그의 저서 「인간교육」(1826)에서 유치원 교육제도가 유아교육에 특별한 방향을 제시한다고 했다. 프뢰벨은 유아교육에 관련된 이념을 실제와 관련시킨 위대한 조정자라고 할 수 있다(Weber, 1984). 그는 성격발달과정에서 유아교육

프뢰벨(Friedrich Wilhelm August Froebel, 1782-1852)

이 중요하다는 점과 유아들의 집단활동을 통한 사회교육의 필요성을 강조하였다.

그는 페스탈로치와 함께 연구하면서 페스탈로치의 많은 사상을 그의 교육철학에 통합시켰다. 특히 그는 인간의 성장은 단계적으로 이루어진다고 보고, 교육은 어린이의 흥미와 활동에 초점을 두어야 하며 어린 아이들은 실제 사물을 조작할 수 있게 해 주어야 한다고 했다(Hewes, 1995). 그가 독일에서 유치원을 처음 시작한 해는 1837년이었다. 그는 블랑켄부르(Blankenburgh)에서 유치원을 운영하면서 놀잇감과 교구를 보급하기 시작했고, 이곳에서 1939년에 유아교육 지도자를 양성하였다. 그 후 1840년 6월 28일에 일반독일 유치원이 설립되었는데, 이 날이 유치원 설립 기념일이다(곽노의 외, 2004). 프뢰벨은, 어린이의 정원(child's garden)이라는 이름의 유치원(Kindergarten)에서 교육활동을 하면서, 어린이들에게 흥미있는 활동을 선택하게 해 주어야 한다는 신념을 갖게 되었다.

프뢰벨은 1838년에 **은물**(Gabe, Gifts)과 **작업**(Occupations)이라는 다양한 교육과정 자료를 개발했다. 은물은 상징적인 개념을 구체적인 형태로 나타낸 자료들이다. 은물은 유아의 자발활동과 창의성을 일깨우는데 필요한 매체인데, 이 은물은 오늘날 장난감의 시초로 여겨지면서 프뢰벨을 놀이의 창시자로 여기는 이유가 되었다. 유아는 은물을 통하여 자기를 표현하고 자료를 조작해 봄으로써 정신적으로 발달할 수 있다고 보았다. 또한 은물을 통해 자연의 법칙을 알고, 자연의 창조주를 예감하고, 나아가 자기를 안다고 한다. 은물은 활용하는 방법이 분명하며 정교한 단계로 고안되었다. 은물은 단계에 따라 10세트로 되어 있고 작업은 여러 가지 활동으로 구성되어 있다. 은물은 색(1은물), 형(2은물), 수(3은물), 넓이(4은물), 균형(5은물), 비례(6은물), 면(7은물), 선(8-9은물), 점(10은물)을 포함한다. 작업은 바느질하기, 자르기, 엮기, 꿰매기, 풀칠하기 등 다양한 기능을 개발하기 위한 일련의 활동들이다(Osborn, 1991).

상자 3 은물의 구성

① 입체(제 1~6 은물)

- 제1은물(색) : 털실로 짠 6개의 공으로 직경 6cm의 빨강, 노랑, 파랑, 오렌지, 초록, 보라색의 공
- 제2은물(형) : 목재로 만든 직경 6cm의 공과 높이 6cm의 원통, 그리고 한 변의 길이가 6cm인 정육면체
- 제3은물(수) : 목재이며 한 변의 길이가 3cm인 작은 정육면체 8개 있다.
- 제4은물(넓이) : 목재로 된 한 변의 길이가 3cm, 1.5cm, 6cm인 직육면체 8개
- 제5은물(균형) : 한 변의 길이가 3cm인 작은 정육면체 21개, 이 작은 정육면체를 2등분한 삼각주 6개, 다시 이 삼각주를 2등분한 작은 삼각주 12개
- 제6은물(비례) : 제4은물과 모양이 똑같은 직육면체 18개, 그리고 이 직육면체를 가로와 세로를 2등분하여 얻은 직육면체 6개, 밑변의 길이가 6cm, 높이가 1.5cm로 자른 직육면체 12개

② 면

- 제7은물 : 색판으로 기본 치수 3cm의 정사각형, 직각이등변삼각형, 직각부등변삼각형, 정삼각형, 둔각이등변삼각형, 원과 반원 각각 100개

③ 선

- 제8은물 : 길이가 3cm, 6cm, 9cm, 12cm, 15cm의 가는 막대기 각 300개
- 제9은물 : 지름이 3cm, 4.5cm의 고리와 반고리 각각 100개

④ 점

- 제10은물 : 직경 10mm, 두께 5mm의 나무로 된 알갱이 500개

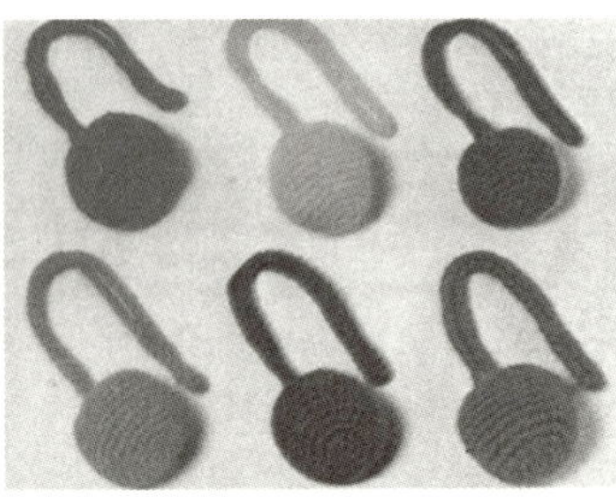

제1은물

제2은물

제3은물

제4은물

제5은물

제6은물

제7은물

제8은물

제9은물

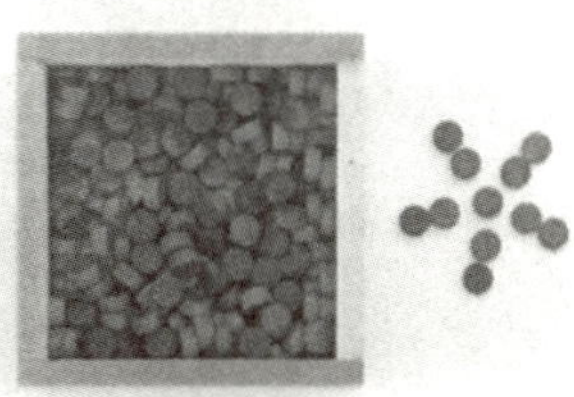

제10은물

[그림 2-1] 은물 사진

1844년에는 「어머니의 노래」와 「사랑의 노래」(Mutter und Koseliedern)를 출간했는데, 이 책은 유아교육을 위한 어머니들의 지침서이다.

프뢰벨의 교육사상은 그의 대표적인 저서인 「인간교육」(Education of Man, 1826)에 잘 나타나 있다. 그는 종교와 철학과 교육이 융합된 독자적 교육원리를 전개하였다. 그의 아동관은 만유재신론에 입각하여 아동을 신적인 본질을 가진 하나의 독립된 존재로 보고 아동의 신성을 개발하는 것을 교육의 목표로 삼았다. 따라서 교육 목적은 어린이의 선천적 능력 혹은 개인의 잠재력을 개발시키는 데 있다. 그의 교육원리는 다음과 같다.

(1) 통일의 원리

세계는 그 외관상으로는 여러 가지 복잡한 양상을 나타내고 있으나 그 본질에 있어서는 하나이다. 통일성(unity)이란 인간을 포함하는 모든 개개 사물들은 그 본질로서 독자성과 다양성을 지니고 있으면서도 보편성을 지니고 있어서 그것들이 영원한 전체에 각 부분들로서 조화적으로 관련되어 있다는 의미이다. 마치 손에 붙어 있는 손가락과 같아서 각 손가락의 역할과 기능이 다르지만 손에 붙어 있을 때만 전체로서 의미가 있는 것이다. 그의 궁극적 교육 목적은 이와 같이 우주적 통일성을 터득하게 하는데 있었다. 이것은 어린이가 전체 우주 가운데 존재하는 다른 존재들과의 관계 속에서 자신의 실체를 자각할 수 있도록 지도함으로써 성취할 수 있다는 것이다. 프뢰벨은 이러한 통일성의 학습이 유아기의 놀이 활동을 통해 가능하다고 보았다. 이를 위해 교사는 가능한 한 학습 경험들을 상호간에 관련지울 수 있도록 학습 환경을 제공해 주어야 한다.

(2) 자기활동의 원리

인간은 신성하며 본성적으로 선한 존재이므로 어린이들에게 최대의 자유를 제공해 주면 훌륭한 성인으로 발달할 수 있다는 것이다. 교육적 성장은 자유스러운 분위기에서 자발적으로 이루어져야 하며, 교사의 개입은 간섭보다는 어린이의 내적 자연성에 기초하여 순리적이어야 한다. 이것은 어린 식물이나 동물에게 적절한 영양소만 제공해 주면 스스로의 법칙에 따라 성장하는 것과 같다. 그는 아동의 자기 활동성을 강조하여 이를 유아교육의 근본 원리로 삼았다. 자기활동이란 자기 자신의 동기에 의하여 결정되고 자기 자신의 흥미로부터 생기는 것이며, 자기 자신의 힘에 의해서 지지되는 활동이다.

(3) 놀이 및 작업의 원리

놀이와 작업을 가장 유력한 교육 수단으로 여겼다. 놀이란 어린이들이 본래적으로 가지는 특유한 활동이며, 어린이들의 자연적 개발과정으로서, 자기활동은 유희와 놀이 및 작업이라는 모습으로 나타난다. 놀이는 창의적 자기활동의 한 형태이며, 교육적 과정의 본질적인 것이다. 따라서 놀이는 단순한 기분전환의 한 수단만이 아니라 어린이의 자연적 발달을 위한 가장 중요한 매체이다. 어린이들은 놀이를 통하여 다양하고 복잡한 사물들간의 관계성을 이해하기 시작하며, 직관적으로 모든 창조물에 내재하고 있는 통일성과 그것에 자신이 연관되어 있다는 사실을 이해할 수 있다. 놀이에는 두 가지가 있는데, 하나는 밖에서 노는 행진, 뛰기, 무용 등과 같은 운동적 놀이이고 다른 하나는 장난감, 즉 은물(gift)을 가지고 여러 가지의 형태를 구성하는 탁상놀이와 같은 작업적 놀이이다. 페스탈로치는 직관의 A, B, C로서 수, 형, 언어를 중시했는데 프뢰벨은 형체, 면적, 중량, 수, 색채, 운동, 음향을 직관의 요소라고 했다.

(4) 연속적 발달의 원리

연속적 발달이란 발달의 과정이 연속적임을 뜻한다. 인간은 끊임 없이 계속적으로 성장하며, 단절이나 비약이 있을 수가 없기 때문에 풀잎이 돋아나듯이 서서히 성장하게 된다. 프뢰벨은 코메니우스나 루소처럼 어린이의 발달을 내적 자연성의 발달과정으로 세 단계를 설정하였다. 즉, 유아기(infancy, 0-3세), 아동기(childhood, 3-7세), 소년기(boyhood, 7-10세)이다. 이 단계들은 연속적이어서 후기의 발달은 초기의 발달을 기초해서 이루어진다고 보았다. 특히 유아기 동안에는 어린이들이 안정감을 갖도록 하기 위해서 사랑스럽고 행복한 환경조성이 필수조건이며, 아동기는 가장 천부적인 자연성이 음악적 리듬, 활동, 그리고 자발적인 놀이 환경을 통해서 발달된다. 다시 말해서 유년다운 생활을 함으로써 소년이 되고, 소년기의 모든 욕구가 충족되므로 청년이 되고, 성인이 되는 것이다. 이런 점에서 그는 발달의 출발점인 유아기의 교육을 가장 중시하였다. 또한 아동의 생활은 성인의 생활을 위한 준비과정으로 보지 않고 아동 그 자체의 생활을 강조함으로써 교육의 미래생활에 대한 준비설을 부정했다.

그의 사상은 다음과 같이 요약될 수 있는데, 유아들이 어떻게 발달하며 학습하는지에 대하여 우리가 생각하도록 한다.

① 인간의 성장은 유아기(infancy), 아동기(childhood), 소년기(boyhood), 청년기(youth), 성년기(maturity) 단계로 이루어진다.

② 어린이의 성장과 학습은 가정에서 시작되고 학교생활에서 규칙적인 태도를 키워 나간다.

③ 어린이의 행동을 관찰하면 그들의 자발적인 활동이나 창의성을 알아낼 기회를 갖는다.

④ 어린이들은 활동을 통해 행함에 의한 학습을 한다.

⑤ 교수의 목적은 어린이들이 지식을 얻기보다는 습관이나 기술, 의지, 성격

을 형성하도록 활동을 제공하는 것이다.

⑥ 어린이의 내적 세계는 사물의 조작을 통해 일깨워질 수 있다. 어린이는 놀이를 통해 사물을 조작함으로써 자기표현의 기회를 갖게 된다.

⑦ 놀이는 어린이의 발달과 교육에서 중요한 기능을 한다. 놀잇감과 재료는 어린이의 의식을 개발하는데 용이하다. 그에 따르면, 놀이란 어린이의 내적 힘을 깨울 수 있는 자발활동을 위한 완벽한 수단이다.

이상에서 살펴본 바와 같이 유아교육의 강조, 연속적 발달설, 자기활동 및 자발성, 놀이와 작업의 중요성을 강조한 사상 등은 모두 오늘날의 교육적 활동에 큰 공헌을 하였음을 알 수 있다. 그는 정교한 단계로 교육 자료를 고안했고 이것들을 사용하는 방법까지 소개하여 교사들에게 명확하고도 체계적인 교육체계를 제안했다. 또한 교사들을 교육시키기 위해 적절한 교육방법론을 개발했다고 볼 수 있다. 프뢰벨의 교육사상은 급속히 유럽 전역과 미국으로 확산되었다. 특히 미국에서 유치원에 관심을 가졌던 영향력이 있는 교육지도자들은 윌리엄 해리스(William T. Harris), 수잔 블로우(Susan Blow), 헨리 버나드(Henry Bernard), 엘리자베스 피바디(Elizabeth Peabody) 등이 있다. 이들은 프뢰벨의 철학을 신속하게 미국의 유치원 운동에 접목시켰다.

4. 1900-1950 : 유아교육의 확립

1) 시대적 사건과 배경

- 1907년 이탈리아의 몬테소리가 어린이집(Casa dei Bambini)을 시작
- 1911년 영국의 마가렛(Magaret)과 맥밀란(McMillan)이 야외유아학교(open-

air nursery school)를 시작(실외활동을 통해 건강한 생활을 강조)

- 1916년 듀이의 저서 「민주주의와 교육」 소개
- 1926년 미국의 힐(Patty Smith Hill)이 NCNS(유아학교위원회 : National Committee on Nursery Schools) 창설(오늘날의 NAEYC)[5]
- 1933년 WPA(The Works Projects Administration : 미노동기획부)가 유아학교에 재정지원을 시작해 비고용직 교사들에게 직업을 갖게 함
- 1946년 유니세프(UNICEF : 국제연합아동기금)[6] 창설
- 1946년 미국의 스포크 박사(Dr. Benjamin Spoke)가 「아기들에 관한 상식이야기」(Common Sense Book of Babies)를 펴냄

20세기 초 미국사회는 도시화 및 산업화로 일상생활에 많은 변화가 왔다. 이민자의 증가와 도시의 급속한 팽창은 경제적 계층을 구분하게 하는 원인이 되었다. 가난한 노동자들은 공장지역에 밀집했고 중류층은 교외지역에 그리고 부유층은 도시에 살게 되었다. 그리고 점차 대규모의 공장과 사업장이 증가되어 직업이 많아지고 도시화 산업화는 지속되어 1차대전 후 1920년대는 경제적인 팽창과 번영의 시기였다. 그러나 1929년에 시작된 경제공황으로 제2차대전까지 경제적 사정이 급격히 변했다. 1930년대에 미 연방정부는 사회 경제적인 회복을 시도했는데, 특히 농민들이나 빈곤한 사람들, 어린이들, 노인들을 위한 대책을 마련했다. 1935년에 사회보장법은 고아나 노약자, 실직자들을 보호하고 서비스하도록 했다. 즉, 20세기 초반에 미국은 어린이의 교육이나

5) NAEYC(National Association for the Education of Young Children, 전미국유아교육협회) : 0세에서 8세 유아를 위한 양질의 교육과 복지를 추구하는 미국 유아교육 전문단체이다. 유아교사와 유아교육 전문가를 위한 전문단체로서 유아교사들의 자질을 향상시키기 위해 매년 대규모의 학회를 개최하고 있으며, 유아교사를 위한 〈Young Children〉이라는 전문잡지와 유아교육전문가를 위한 〈Early Childhood Research Quarterly〉라는 학술지를 발간하고 있다.

6) 유니세프는 어린이를 돕는 유엔기구로 1946년 설립된 이래 지난 반 세기 동안 전 세계 개발도상국에서 어린이를 위하여 영양, 보건, 식수공급 및 위생, 기초교육, 긴급구호, 특별히 어려운 처지의 어린이 보호 등의 기본 사업을 하고 있다.

건강, 복지에 대하여 관심을 기울였다. 또한 미 연방법은 어린이의 노동과 그들을 취급하는 방법에 관한 최소의 기준을 마련해 1938년부터 시행했다.

20세기 초반은, 19세기 말에 홀에 의해 시작된 아동연구운동이 원동력이 되어, 어린이가 어떻게 배우며 교육받아야 하는가에 대한 관점이 달라졌다. 손다이크(Thorndike)와 게젤(Gesell)은 지능의 측정이나 발달단계, 성장과 발달에 대한 유전의 작용 등에 관한 새로운 지식을 내놓았다(Trawick-Smith, 1997; Weber, 1984). 또한 소수민족이나 장애아 등에 대한 관심을 갖게 되었다.

유치원 운동에 영향을 준 진보주의 운동은 듀이(John Dewey)를 중심으로 이루어졌다. 그에 의하면, 유치원은 프뢰벨식의 종교철학에서 벗어나 과학적이고 실용적인 접근을 시도해야 한다는 것이다(Osborn, 1991). 이러한 진보주의 운동은 1920년대와 1930년대, 1940년대까지 영향을 주었다. 진보주의는 프로젝트 활동이나 현장학습, 집단학습을 강조하는 교수법을 적용해 실천적인 학습을 시도했다. 그러나 이후에 많은 학자들이 이러한 진보주의 운동에 문제를 제기하였다. 이 시기에 표준화 검사지가 유행하였는데 표준화 검사는 무엇을 가르쳐야 하며 어떤 교수법이 효과적인지를 찾도록 했다. 그러나 아동의 경험과 흥미를 중심으로 한 진보주의 방법은 계획적이지 못하고 결과적이지 못했다. 결국 표준화 검사나 계획된 교육과정이 확대되면서 더 이상 듀이의 진보적 아동주의 사상은 받아들이기 어려웠다.

2) 듀이

듀이(John Dewey, 1859-1952)는 미국인으로서는 교육사에 중요한 영향을 준 최초의 교육학자이자 철학자이다. 19세기 말까지 프뢰벨 유치원이 번영했는데, 그의 유치원에 대한 사상과 신념은 프뢰벨 철학에 대한 도전이었다. 프뢰벨 철학은 너무나 엄격하고 비현실적이며, 교사가 지배적이어서 너무 많은 활동을 주도한다고 여겼다(Worthan, 1992). 아동중심교육과정(child-centered curricu-

듀이(John Dewey, 1859-1952)

lum)이라는 개념은 진보주의 운동과 더불어 듀이에 의해 주도되었다.

그의 교육사상은 저서인 「학교와 사회」(1899), 「민주주의와 교육」(1916)을 통해 알 수 있다. 교육이란 경험의 끊임없는 개조이며, 미숙한 경험을 지적인 기술과 습관을 갖춘 경험으로 발전시키는 것이다. 따라서 아동에게 일방적으로 지식을 주입시키거나, 반대로 자발성에만 의존하면 불충분하므로 여러 가지 경험에 참여시킴으로써 창조력을 발휘시킬 수 있는 계획성을 마련할 필요가 있다고 했다. 이 일을 위하여 학교는 현실사회의 모델일 뿐만 아니라, 사회개조의 모체가 될 수 있는 이상사회로서 제시되어야 한다는 것이다. 즉 학교는 좋은 경험을 할 수 있도록 교육적으로 구성화된 환경이어야 한다는 것이다.

듀이는 그의 이상적인 교육을 실현하기 위해 대학 내에 실험학교(Laboratory School)를 설립하였다. 이 실험학교는 4세에서 14세까지의 어린이를 대상으로 했는데 놀이, 자연학습, 구성, 창작표현 등의 방식을 통해 상호 협동의 경험을 갖도록 했다.

그는 관념론을 비판하였으며, 아동중심, 생활중심, 경험중심의 교육을 강조했다. 교육의 목적은 성장과 경험의 재구성이다. 성장은 학습자가 현재의 경험과 다음에 뒤따르게 되는 경험과의 상호 관련성을 인식하는 것이 포함된다. 학습은 아동의 활동으로부터 시작해야 하며 교사는 학습활동의 통제자가 아니라 안내자의 역할을 해야 한다. 아동은 스스로 생각하고 활동할 수 있는 존재이므로 암기학습을 시키지 말고 다양한 경험을 제공하여 아동이 스스로 깨달아 알게 해야 한다는 것이다. 또한 좋은 교육이란 미래의 경험을 지시해 주고 그에 대한 의미를 부가해 주는 경험을 재형성하는 것이다(박의수 외, 1995). 모든 교육활동의 근원은 아동의 본능적 · 충동적 태도 및 활동에 있으므로, 교육은 아동의 흥미, 능력, 습관을 파악하는 심리적 통찰로부터 시작하지 않으면 안 된다.

듀이의 교육사상을 정리하여 인용하면 다음과 같다.

첫째, 교육은 생활이다(Education is life). 교육은 전 생애에 계속되는 과정이며 학교 안이나 밖에서나 어디든지 이루어진다.

둘째, 교육은 성장이다(Education is growth). 성장의 과정이 곧 교육의 과정이며 교육의 과정을 통해 아동은 성장한다.

셋째, 교육은 계속적인 경험의 재구성이다(Education is a continuous re-construction of experience). 아동의 새로운 활동은 과거의 경험을 토대로 경험을 증가시키는 것이다.

넷째, 교육은 사회적 과정이다(Education is social process). 교육의 의의는 사회화 과정 속에서 찾아야 하고 인간의 성장도 사회적 과정을 떠나서는 있을 수 없다.

다음은 그가 말하는 유아교사의 역할과 유아들이 어떻게 학습해야 하는지에 대한 그의 신념을 요약한 것이다.

① 일상생활의 실재는 유아가 참여하는 모든 교실 활동들에 기초가 되어야 한다. 또한 모든 활동은, 교사가 주도하는 활동을 유아가 모방하는 것이 아니라, 유아가 주도해야 한다.

② 어린이의 흥미는 요리하기, 목수일하기 등 매일의 일상 활동이나 작업을 통해 몰두할 수 있는 기회를 가지면서 발휘하게 한다.

③ 다른 사람과의 상호작용이나 사회적 관심은 매일 교실활동에서 통합되어야 한다. 듀이는 어린이가 교실에서 민주적으로 참여하면서 사회성을 학습한다고 믿었다. 이는 가정과 학교에서 익숙한 경험을 하면서 시작된다고 보았다.

④ 어린이가 놀이에 참여하게 되면 지적, 사회적으로 발달한다. 일상적 경험과 관련시켜 놀면 고차원의 문제해결력을 키울 수 있다. 어린이가 블록으로 어떤 놀이를 할 것인지, 혹은 어떻게 이용할 것인지 선택할 수 있는

자유로운 놀이상황은 어린이의 발달을 증대시키는 방법이다.

⑤ 교사의 역할은 사회적 기술을 발휘할 수 있는 기회를 제공해 주고 사회적 기술을 격려하는 촉진자가 되는 것이다.

듀이의 철학은 오랫동안 유아교육의 실제에 영향을 주었으나 교과기능을 강조하는 전통적인 교육학자들이 그의 학습방법에 반대를 하였다. 그가 강조한 너무 많은 선택활동은 교과지식과 관련된 기본적 기능을 얻지 못하게 한다는 것이다. 듀이는 교과나 기본기능을 가르치는 것을 반대하지 않았으나 전통적인 교육방법이 지식을 강요한다고 보았다. 그의 사상은 20세기 전반부에 주류를 이루었으며, 또한 게젤의 성숙이론과 손다이크의 학습이론이 유아교육과정에 변화를 가져오도록 했다. 한편, 20세기 전반에 유아교육에 관한 또 다른 철학과 교육과정이 이탈리아의 몬테소리에 의해 소개되었다.

3) 몬테소리

몬테소리(Maria Montessori, 1870-1952)

몬테소리(Maria Montessori, 1870-1952)는 일찍이 이탈리아의 최초 여성 의사요, 교육자요, 여권운동가로 알려진 사람이다. 그녀는 로마대학에서 여성으로서는 최초의 의학박사 학위를 받았으며, 졸업 후에 대학부속 정신병원에서 정신지체아에 대한 연구와 치료에 힘썼다. 그는 임상경험을 하면서 정신지체나 장애를 가진 어린이들의 교육에 관심을 기울였는데, 정신장애자와 접촉을 많이 하면서 정신적인 결함이라는 것은 의학적인 문제라기보다는 교육적인 문제라고 확신하였다. 그는 유아들을 위한 학교를 세울 계획을 하면서 루소, 페스탈로치, 프뢰벨 그리고 세강(E. Sequin, 1812-1880)의 업적에 관한 연구를 했다(Goffin, 1994; Weber, 1984). 특히 세강은 이미 프랑스에서 정신지체아를 연구하는 분야에 선구자였는데, 그의 논문을 연구했으며 결국 그녀는 자신의 교육 방법이 정신지체아 뿐만 아니라 일반 어린이에게도 적용될 수 있다고 확신했다.

몬테소리의 첫 번째 학교인 어린이집(Casa dei Bambini, Children's House)은 1907년에 문을 열었다. 그녀는 3세에서 7세된 유아들을 위해 로마의 빈민가에 세워진 이곳에서 경영책임자가 된 것이다. 그는 이 어린이집을 계획하는 과정에 그의 이념을 반영했으며 교육용 교재(didactic materials)를 개발하기 시작했다. 이 교재는 형태나 색, 질감, 양 등과 같은 개념을 활동으로 실천할 수 있도록 고안되었다. 그는 직접 이 어린이집에서 교재를 가지고 아이들과 활동을 했는데, 일반 아동들 뿐 아니라 장애아들이 읽고 쓰는 과제에서 성공할 수 있음을 확인하였다.

그 다음의 새로운 건축 프로젝트로 장애가 없는 일반 아동을 위한 탁아소를 시작하게 되었는데 여기서 그는 자신의 교육방법을 더 확장시켰다. 20세기 초반이었던 당시 어린이집은 몇 가지 특징이 있었다. 즉, 활동들을 집단보다는 개인에게 적합하게 구성하여 어린이가 교재를 원하는 대로 선택하도록 했으며, 어린이들이 교실에서 자유롭게 이동하도록 했다. 또한 연령을 혼합해 반 편성을 했는데, 그는 이것을 "실제 생활의 연습"으로 보고 여기서 게임이나 신체활동, 체조, 식사돕기 등의 활동이 포함되었다.

몬테소리의 유아교육 방법에 나타난 사상을 요약해 보면 다음과 같다. 첫째, 어린이에 대한 존중(respect for child), 둘째, 흡수정신(the absorbent mind), 셋째, 민감기(sensitive period), 넷째, 준비된 환경(the prepared environment) 다섯째, 자기교육(the self auto-education)이다.

어린이에 대한 존중 사상은 몬테소리 방법에 있어서 모든 원리의 기초가 되는 것이다. 그녀는 어린이가 스스로 발달할 수 있는 능력을 소유한 존재로 보았기 때문에 성인과 동등한 하나의 삶을 가진 존재로 보아야 한다고 했다(신화식, 2003).

흡수정신의 발달은 무의식적인 단계와 의식적인 단계가 있다. 출생에서 3세까지는 무의식적인 흡수정신이 시각, 청각, 후각, 촉각을 통한 감각운동을 발달시키므로 모든 것을 흡수한다. 3세에서 6세까지는 의식적 흡수정신이 환경으로부터 감각적 인상들을 의식적으로 선택하며 더욱 발달시킨다. 이러한 의식적 단계에서 어린이는 그가 아는 것을 확인할 수 있기 때문에 선택적이다. 예를 들면, 무의식적 단계에서 어린이는 일련의 색깔을 구별함이 없이 그냥 보고 흡수하게 되지만 3세경부터는 색깔을 구별하고 연관지으며 분류하는 능력을 발달시킨다. 몬테소리는 유아지도 과정에서 교사들이 이 같이 흡수정신을 고려할 것을 촉구했다.

민감기는 어린이들이 행동의 발달과정에서 어떤 영향을 쉽게 받고 특수한 기술을 보다 쉽게 학습할 수 있는 시기이다. 어린이는 주변 환경으로부터 꾸준히 정보를 수집하여 독자적으로 탐색하고 학습하는 존재라고 몬테소리는 간주한다(이순형 · 권미경, 1992). 이 민감기 개념은 동물의 어떤 발달이 특정시기에 결정된다는 결정적 시기이론과 유사한데 유아기에 발견되는 특별한 감수성이 나타나는 시기이다. 이러한 감수성은 마치 내면을 비추는 광선이나 힘을 공급하는 에너지와 같은 것인데, 일시적으로 나타나므로 일정한 시기가 지나면 사라져 버린다. 그러므로 교사나 부모는 관찰을 통해 이 같은 감수성의 시기를 잘 파악하여 최적기에 성취할 있는 학습 장면을 어린이에게 제공해 줄 수 있어야 한다.

준비된 환경은 어린이들이 특별한 목적을 위하여 놓여 있는 재료들을 가지고 자유스럽게 활동할 수 있는 환경을 말한다. 다시 말하면 조직된 학습환경을 의미한다. 물론 교사가 제공하는 선택의 범위 내에서 어린이가 선택할 자유가 있다. 준비된 환경은 유아의 발달에 방해가 되는 장애들을 제거하거나 유아 스스로 장애를 제거하고 방어력을 발달시킬 수 있도록 돕는다(신화식 외, 2004). 그래서 성장과정에 있는 독자성을 가진 어린이들은 가능한 한 어른으로부터 독립해 스스로 생활을 할 수 있는 특별한 환경이 필요하다. 이러한 환경의 본질적인 특성은 자유이다. 준비된 환경과 자유의 원리가 연결되어 있는 것은 어린이들이 스스로 교육할 수 있는 능력을 가지고 있다는 사상이다. 몬테소리는 이러한 개념을 자기교육이라고 불렀다.

자기교육은 외부의 힘으로 지식을 형성하는 것이 아니라 스스로 능력을 발휘하여 지식을 형성하는 것이다. 그녀는 귀에다 호소하는 말이나 눈에 보이는 것만으로 모든 것이 성취되는 것이 아니고, 인간은 자기 자신의 내적 능력을 사용함으로써 발달할 수 있다고 주장한다. 즉, 준비된 환경에서 능동적으로 선택의 자유를 연습하는 행동을 통해서만 어린이는 자기 자신을 발전시킬 수 있다는 것이다.

몬테소리는 교육과정의 지도를 위해 몬테소리 교구(Montessori materials)를 고안하여 사용했는데, 교구의 내용은 구분된 영역이 있어 일상생활 훈련자료, 다양한 감각교구, 수학교구, 일반사회 상식교구, 과학교구 등이 있다. 이 교구들의 특색은 유아들이 사용하기에 알맞은 크기, 색채의 다양함, 질서와 계획대로 진행될 수 있는 내용들을 들 수 있다. 예를 들면, 교구의 내용에 서열화, 비교 및 대조, 통합 분리 등의 교육적 성격이 포함되어 있고, 교구의 모양, 색 등이 매력적이어서 유아들이 호기심과 흥미를 가지고 활동할 수 있다.

5. 1950-1980 : 유아교육의 확장과 발달

1) 시대적 사건과 배경

- 1950년 에릭슨의 「성격발달의 8단계」 출판

- 1952년 피아제의 「어린이 지능의 기원」이 영어판으로 출판
- 1957년 소련이 인공위성 발사(Sputnik missile)
- 1965년 미국 연방지원으로 헤드스타트 프로그램(Head Start Program) 시작 : 유아교육
- 1967년 헤드스타트 프로그램의 초등학년에 확대 시작 : Follow Through Program
- 1970년 유네스코가 '세계 교육의 해(International Education Year)' 선포
- 1972년 유아교육에 부모를 참여시키는 홈 스타트 프로그램(Home Start Program) 시작
- 1979년 UN이 세계아동의 해[7] 선포

1950년에서 1980년까지 미국을 중심으로 한 정치적, 사회적, 경제적 변화가 유아교육에 보다 관심을 갖게 했다. 1957년에 있던 소련의 인공위성발사 사건은 과학과 수학교육의 중요성을 상기시켜 당시 미국의 공립 학교교육 교육과정에 변화를 가져오도록 하는 계기가 되었다. 미 연방정부는 학교교육을 개선해 기술과 과학의 발전을 추구했으며 학생들의 국제적 경쟁력을 키울 수 있도록 지적 성취와 능력의 향상을 가져오도록 지원하였다(Wortham, 1992). 아동의 흥미나 경험을 강조하면서 실생활을 중심으로 한 진보주의 교육방식은 더 이상 받아들일 수 없었다.

유아교육이 사회의 재건과 연관되며 특히 저소득층과 소수민족의 유아교육은 빈곤의 악순환을 깰 수 있다는 주장이 정책으로 받아들여졌다. 즉, 미국은 1965년에 중재 및 보상교육의 일환으로 헤드스타트 프로그램을 도입했다. 당시 사회적 현상은 2차대전 후에 출산율 증가로 베이비 붐(baby boom)이 일다

7) 1979년에 유엔은 세계 아동의 해를 선포하면서 유니세프를 전세계 개발도상국과 선진국 어린이 모두의 문제를 종합적으로 다루는 유엔기구의 주역으로 지명하여 세계 아동의 해를 주도하는 역할을 수행하도록 했다.

가 1970년대에 와서 여성의 취업이 증가하고 출산율이 급격히 감소했다. 가족 구조 및 생활방식의 변화, 여성의 경제활동 등 사회의 구조에도 변화가 왔다. 1980년대에는 취업모가 더 증가되었으며 이혼율의 증가에 따른 한부모 가정이 늘어나 아동의 복지증진에 대한 필요가 제기되었다(White & Coleman, 2000).

유아교육에 대한 관심은 유아기의 중요한 특성을 인식해 지적인 발달과 학습을 강조하는 것으로 확대되었다. 블룸(Benjamin Bloom)은 그의 저서 「안정과 변화」(Stability and Change, 1964)에서 유아기가 인지발달의 중요한 시기라고 했다. 그는 생후 처음 5년 동안 환경이 발달에 영향을 준다고 주장했다. 그의 주장은 지능을 타고난다고 보는 견해에 대항하는 것으로, 이 시기에 어떠한 형태의 결손이라도 있으면 인지와 정서발달에 손상을 받게 된다고 했다. 결과적으로 그는 유아교육 경험이 유아의 학습에 영향을 준다고 주장한 것이다(Elkind, 1987). 또한 헌트(Hunt) 역시 그의 저서 「지능과 경험」(1961)에서, 지능이 고정적이라는 가정에 문제를 제기하고, 유아교육 경험이 인지발달에 중요하다고 했다. 그는 성인의 높은 지적 능력은 유아기에 양질의 교육경험을 통해 획득될 수 있다고 보았다. 그는 피아제(J. Piaget)의 인지발달이론에 관심을 갖고 그의 이론을 전개하였다. 피아제의 연구가 인지발달에 핵심이 되는 환경과의 경험을 강조한 것은 이 분야의 연구를 더 확대시켜 나갔다고 볼 수 있다.

2) 피아제

피아제(Jean Piaget, 1896-1980)는 스위스의 생물학자, 심리학자로 개인의 인지발달에 대한 연구 분야에 크게 기여했다. 그는 11세에 공원에 서식하고 있는 참새를 관찰하여 「부분적으로 퇴색된 참새」(Albino Sparrow)라는 논문을 발표했으며, 그 후에도 연체동물이나 갑각류에 대한 연구를 하였다. 청년기부터 철학적인 논제인 '지식이란 무엇이며 어떻게 획득되는가'(발생론적 인식론)에 관한 연구를 계속하여 아동의 정신 및 인지발달 심리학의 독창적 영역을 체계화시켰

피아제(Jean Piaget, 1896-1980)

다. 그는 프랑스의 심리학자 비네(Alfred Binet)와 함께 지능검사 개발 연구를 하며 어린이들의 사고에 관심을 갖게 되었다. 인간의 적응과 발달의 문제를 인지적인 차원에서 다루고, 아동의 감각, 지각, 사고, 추리 능력, 문제해결 능력 등과 같은 인지능력의 발달에 관한 연구를 하였다. 그는 지적 발달은 생물학적 발달의 일부이며 생물학적 발달의 법칙에 의해 지배된다고 하였으며, 자신을 지식의 기원을 탐구하는 발생학적 인식론자라고 하였다.

그의 많은 연구물들은 1920년대와 1930년대에 유럽에서 출판되었으나 1960년대까지도 미국에는 영어로 출판되지 않았다. 당시에 미국은 지적 능력을 개발할 수 있는 방법을 찾고 있었으므로 그의 연구에 많은 영향을 받게 되었다. 어린이는 스스로 지식을 구성한다는 이론은 구성주의(construc-tion)라는 용어와 구성주의 교육과정에까지 확대되었다. 그의 이론에 따르면 유아교육 프로그램이나 교육과정에서 유아는 준비된 학습활동에 참여하고 경험하고 놀 수 있는 자유를 주어야 한다.

피아제는 인간의 적응과 발달의 문제를 인지적인 차원에서 다루었다. 지식이란 경험으로 주어진 것에서 얻은 추상적 내용이다. 경험내용을 해석하고 추론하며 또 거기서 논리적 법칙을 찾아내고 문제해결을 하는 등의 과정을 인지(cognition)라고 한다. 지식이 어떻게 형성되는가의 문제는 인간의 인지발달 과정을 통하여 조명할 수 있다. 인간이 세계를 해석하는 인지적 구조, 즉 심리적 구조는 도식(schema)이다. 구조가 성립되어 도식이 형성되는 과정은 동화(assimilation), 조절(accommodation)의 작용으로 구분된다. 피아제의 인지발달은 동화와 조절의 과정에 의하여 도식이나 인지구조가 변화하여 환경에 적응해 가는 과정을 설명하는 것이라고 볼 수 있다.

피아제는 사고발달의 순서를 강조했다. 모든 발달단계는 고정되어 있어 발달단계의 순서는 모든 유아들에게 똑같이 적용되며 인지구조가 점차 복잡해지면서 앞의 단계는 다음 단계와 상호 관련되어 발달한다. 발달단계는 감각운동기(0~2세), 전조작기(2~7세), 구체적 조작기(7~11세), 형식적 조작기(11~15세)로 전개된다. 피아제의 이론에 의하면 아동기에는 형식적, 개념적 사고가 가능하지 않기 때문에 다양한 경험이 교육적으로 중요하다.

Piaget는 개인의 지적 발달을 이해하는데 공헌하였다. 그는 철학, 생물학, 심리학 및 기타 다른 학문영역을 종합하여 인지과학에 대한 많은 연구들을 촉진시켰으며, 그의 연구결과는 인지이론을 배경으로 개발된 교육과정 및 프로그램에 많이 적용되었다.

6. 1980- 현재 : 현대의 유아교육

1) 시대적 사건과 배경

- 1984년 하이스코프 교육기금(The High/Scope Educational Foundation)이 저소득층 어린이들을 위한 양질의 교육 프로그램의 필요성을 보고
- 1984년 NAEYC의 「유아교육 프로그램의 인준기준과 과정」 출판
- 1989년 캐츠(Katz)와 챠드(Chard)가 프로젝트 접근법(Project Approach)[8]을 재조직해 소개
- 1989년 유엔총회가 어린이의 생존, 보호, 발달, 참여의 권리를 명시한 아동의 권리에 관한 국제협약(Convention on the Rights of the Child)을 채택
- 1997년 HELP(Helping Empower Low Income Parents) 학교 프로그램 도입 :

8) 프로젝트 접근법 : 캐츠(L. Katz)와 챠드(S. C. Chard)에 의해 개발된 유아교육 프로그램 접근법의 하나로 개별 또는 집단으로 특정 주제에 대해 깊이 탐구하게 하는 방법이다.

저소득층 부모들이 자녀를 사립학교에 보낼 수 있도록 재정적 지원

• 2000년-현재 : 정보화 및 다문화 사회로 인식되고 교육과 보육의 통합, 다문화 및 반편견 교육, 특수아동들을 대상으로 하는 ECSE[9] 등 다양한 접근

1980년대에 말과 1990년대 초반에 미국은 경제적인 어려움을 겪었다. 따라서 연방교육정책은 레이건(Reagan)과 부시(Bush) 정부 동안에 크게 변화했다. 1960년대에 보상교육 프로그램에 많은 투자를 했음에도 불구하고 고소득층과 저소득층 학생들 간에 성취도의 격차를 줄이지 못해, 연방정부가 해왔던 유아교육 프로그램에 관심과 지원을 주정부가 개입하도록 했다. 또한 교사와 학생의 수준을 높이고 학교의 재건을 강조하였다.

1980년대에 유아교육에 영향을 미치는 사회적 환경도 크게 변화했다. 한부모 가정의 증가, 취업모의 증가, 집 없는 가족의 증가, 십대 미혼모의 증가 등 사회문제는 연방 및 주정부로 하여금 유아교육에 관한 정책이나 프로그램에 초점을 두도록 했다. 1980년대 중반에 들어, 교육자, 법률가, 사업가 등 여러 분야의 전문가들에게서도 유아교육이 사회적 · 경제적 문제를 거론하는 수단이 되었다(Goffin, 1994). 근래의 유아교육에 대한 관심은 1960년대에 시작됐던 중재 프로그램이 성공했을 뿐 아니라 현대의 인구학적 · 사회적 · 경제적 환경에까지 반영되고 있다.

21세기는 세계화 · 정보화 시대로 불리면서 지구촌이라는 이름처럼 세계가 시공간적으로 매우 가까워졌다. 오늘날 다양한 유아교육 프로그램이 보급되고 공유되면서 전 세계는 다양화, 특성화 등 각 나라마다 차별적이거나 고유의

9) ECSE(Early Childhood Special Education) : 특수아동들을 대상으로 한 교육으로 발달지체, 학습부진, 정서장애, 영재, 통합교육 등 특별한 영역의 전문교육 프로그램의 개발이 적용된다.

특성을 지니게 되었다. 프로그램 분야에서는 독특한 목적을 가지고 특별한 유아들을 대상으로 하는 프로그램들이 다양하게 개발되고 있다. 예를 들면, 인간의 다양성을 수용하고 편견을 방지하기 위한 다문화 교육 또는 반편견 교육, 전쟁과 평화의 개념을 길러주기 위한 평화교육, 특수아동을 대상으로 하는 영재교육, 장애아교육, 통합교육 등이 있다. 또한 사회의 전반적인 복지의 실현을 위해 정부가 주도하는 영유아보육 및 교육정책이나 프로그램 개발이 강조되고 있으며 급변하는 사회에 대응하기 위한 각종 교육 서비스가 도입되고 있다.

금세기에 유아교육에 영향을 준 인물로는 비고스키가 있다. 유아의 발달과 발달에 미치는 성인의 영향 그리고 교육과정이 어떻게 형성되어야 하는지 등에 관한 그의 이론은 유아교육 프로그램과 실제에 영향을 주었다.

2) 비고스키

비고스키(Lev Semenovich Vygotsky, 1896-1934)는 러시아의 발달 심리학자이며 교육 심리학자이다. 그는 집단의 가치나 신념, 관습, 기능 등의 문화가 어떻게 다음 세대에 전달되는지에 관심을 가졌다. 그의 이러한 관점 때문에 그의 이론은 '사회문화이론(sociocultural theory)'으로 불려진다. 그에 의하면, 어린이가 다른 사람들과 사회적 상호작용을 하는 것, 특히 자신보다 지식이 많은 사람들과 대화를 하는 것은 어린이가 그 사회의 문화에 대해 사고하고 행동하는 방법을 획득하게 하는데 필요하다. 그는 특히 청각장애, 정신지체, 학습장애 어린이들에게 관심을 기울였다. 그의 많은 저서는 정치적인 이유로 스탈린(Stalin)이 사망한 1953년까지 소련에서 출판되지 못했다. 1956년에 그의 저서가 출판되기 시작했으며, 1980년대, 1990년대에 미국에서 더 관심을 갖게 되었다. 그의 저서는 「사고와 언어」(Thought and Language, 1934) 등 180편이 넘는 논문, 책 등의 연구물이 있다. 비고스키는 사회적 상호작용이 어린이의 사고와 행동을

비고스키(Lev Semenovich Vygotsky, 1896-1934)

조금씩 지속적으로 변화시킨다고 믿었다.

그의 이론은 사회 · 문화적(sociocultural) 접근법으로 일컬어지는데, 이것은 사회 · 문화적 요인들이 아동의 발달에 어떠한 영향을 주는지에 관해 연구한 업적이 크기 때문이다. 그는 사회적 상호작용 및 문화적 활동에 대한 아동의 참여가 발달에 필수적이라고 가정했다. 사회적 맥락은 발달에 핵심적인 역할을 하는데, 이는 정신과정의 획득에 결정적이기 때문이라는 것이다.

그는 정신의 도구(tools of the mind)라는 개념을 사용하여 유아들이 점진적으로 높은 수준의 정신적인 능력을 획득해 가는 방법을 설명하였다(Bodrova & Leong, 1996). 정신의 도구는 우리가 주의를 기울이고, 기억하며, 생각하는 기능을 하는 것으로, 비고스키 학자들은 유아들에게 이 같은 도구를 갖게 하는 것이 교사의 역할이라고 하였다. 고등정신을 갖기 위해서 유아는 먼저 그 문화의 기초적인 정신의 도구를 학습해야 한다. 비고스키의 사상을 요약하면 다음과 같다(홍용희 역, 1997).

첫째, 유아는 지식을 구성한다. 즉, 유아는 능동적으로 지식을 내면화하며 구성한다.

둘째, 발달은 사회적 맥락과 분리될 수 없다. 발달은 물리적 조작뿐 아니라 사회적 상호작용에 의한다. 또한 고등정신 기능은 사회 · 문화적 맥락에 의해 결정된다.

셋째, 학습은 발달은 주도한다. 발달이 학습에 영향을 줄 뿐만 아니라 학습이 발달을 촉진시키며, 발달을 일으키는 원인으로도 작용한다.

넷째, 언어는 정신발달에 핵심적인 역할을 한다. 언어는 인지발달의 도구이며, 사고를 보다 추상적이고, 융통성 있고, 즉각적인 자극들로부터 독립적인 것으로 만든다. 언어를 듣고 사용할 기회가 장차 유아들의 고등정신 기능의 발달에 직접적으로 영향을 미친다.

다섯째, 발달은 근접발달지역(ZPD)이 되는 두 수준 사이에서 나타난다. 즉, 근접발달지역은 유아가 독자적으로 문제를 해결하여 성취할 수 있는 것과 성인 혹은 자신보다 능력 있는 사람의 도움을 받아 성취할 수 있는 것 사이의 차이를 일컬으며, 비고스키는 이 근접발달지역을 발달과 학습을 위한 전략으로 간주하였다.

비고스키의 이론을 종합해 볼 때 최근의 유아교육 방법론에 적용되는 면을 몇 가지 찾아볼 수 있다.

첫째, 교사는 유아의 잠재적 발달수준에 적합한 수업을 해야 한다. 따라서 교사는 유아의 잠재적 학습능력을 파악하는 일과 효과적인 과제를 선정해 주는 일이 매우 중요한 일이다. 교사는 각 개인의 ZPD 상태를 보아 현재 유아의 발달수준보다 약간 높은 수준의 과제를 제시해 줌으로써 유아의 발달 능력을 향상시켜 주어야 한다.

둘째, 교사와 유아 간 교육적 대화가 가능한 학급 분위기를 조성해야 한다. 이를 위해 교사 대 유아의 비율을 개선해 개별 및 소집단활동의 기회를 많이 제공하며, 교사와 유아의 상호작용적인 과제와 기술이 다양하게 제공되어야 한다.

셋째, 유아행동의 관찰을 중요하게 여겨야 한다. 비고스키는 혼잣말이 유아의 발달에 결정적인 영향을 미친다고 보았다. 유아에게서 흔히 나타나는 자기조절적 혼잣말의 형태에는 행동 안내하기, 언어 배우기, 감정상태 해석하기, 창의적인 자기표현, 자신의 세계 이해하기 등이 있다. 따라서 유아에 대한 보다 세심한 객관적인 행동관찰은 그들의 이해를 돕는 보다 나은 발달을 보장해 줄 수 있을 것이다(한양대 사회인지발달연구모임 역, 1995).

제 3 장

우리나라 유아교육의 발전

1. 해방 전의 유아교육
2. 해방 후-1980년의 유아교육
3. 1980년-현재의 유아교육

본 장에서는 우리나라의 유아교육을 해방 전과 후로 나누어 살펴보았다. 해방 전에는 서당과 데이스쿨(day school), 그리고 초기의 유치원을 중심으로 당대의 시대적 배경과 관련한 유아교육 내용을 소개하였다. 해방 후 우리나라는 정부수립 이래 교육법을 공포하여 교육의 터전을 바로잡기 시작했다. 1969년에 제1차 유치원교육과정이 문교부령으로 제정된 이래, 1979년 세계 아동의 해를 맞이하면서 정부가 적극적으로 유치원교육에 관여하기 시작했다. 1982년에 유아교육진흥종합계획이 수립되면서 비로소 우리나라의 유아교육과 보육사업이 활기를 띠우게 되었다. 그 이후, 1991년에 '영유아보육법'이 제정되고 2004년에 '유아교육법'이 제정되면서 우리나라는 교육과 보육의 이원체계가 병행하면서 발전되어 왔다. 오늘날까지 우리나라 유아교육의 발전사를 살펴보기로 한다.

1. 해방 전의 유아교육

1) 서당과 유아교육

서당은 고려시대의 중기부터 있었다고 전해지나 이조시대(서기 1392- 1897)에 활발하게 발달한 민간 사설 교육기관으로 당대의 유일한 초등교육기관이었다. 서당의 교사는 훈장이었으며, 훈장의 자격을 정하는 기준이나 서당을 설립하고 폐지하는 기준이 없었기 때문에 특별한 시설이 없어도 학문적 소양을 갖추거나 한문을 해독한 사람이면 훈장이 될 수 있었다(오천석, 1975). 서당에 오는 아동은 연령이나 교육 정도가 다른데 개인지도를 원칙으로 하였으므로, 훈장은 학생들 중에서 학업이 우수한 연장자를 접장으로 임명하여 훈장의 임무를 돕도록 하였다.

서당의 교육내용은 주로 한문이며, 처음에 '천자문'(千字文)을 배우고, '동몽선습'(童蒙先習), '통감(通鑑)', '명심보감'(明心寶鑑), '소학'(小學) 등의 기초과정을 거쳐서 '사학'(四書), '삼경'(三經), '사기'(史記) 등으로 나가지만 일반 서민의 자제는 기초과정을 학습하는 것으로 끝마쳤다(박래봉, 1974). 한편 양반자제의 교육은 독서당(獨書堂)이라고 하는 가정교사 제도에 의존하고 있었으므로 서당은 실질적으로 서민의 학교였다. 한일합방 이후에는 서당정책을 존속시키되 개량서당으로 바꾸도록 통제하여 1918년에는 서당규칙이 발표되었다. '서당은 반드시 한문(漢文)을 수(授)하고 그 밖에 국어(일본어) 및 산술 등을 가(加)할 수 있으나 학동(學童)은 30명을 넘지 못한다'라고 규제하였으며 한문 이외에 조선총독부 편찬 교과서를 사용하게 하였다. 개량 서당에서는 최소한의 읽기와 쓰기 및 셈하기를 교수하였으며, 생활에 필요한 실용지식보다 예법훈련 등을 통한 도덕적 인간교육을 강조하였다.

[그림 3-1] 서당풍경(1909)[1)]

1) 사진연구가 정성길 소장품.

서당의 입학 연령은 7, 8세부터 15, 16세에 이르렀으며, 그 중에 7세가 35%, 8세가 23%이므로 7, 8세가 전체의 58%를 차지한다. 이 연령은 관례상만 연령으로 표현된 것이 아니므로, 당시의 조선교육령(1911년, 보통학교 규칙) 제10조에 '보통학교에 입학할 연령은 8세 이상의 자로 한다'고 명시하고 있는 점을 미루어 볼 때 서당은 취학전 교육기관으로서 유아들이 교육을 받는 곳으로 공인하고 있었다.

1911년에 공포된 제1차 조선교육령에 의하여 보통학교의 교육기간이 4년으로 확정되었을 때, 당시의 한국인들은 공립보통학교를 기피하여 종래의 서당이 현저하게 증가되었었다. 그러나 1920년대 이후부터는 신교육에 대한 인식이 높아져 서당이 감소하고 공립보통학교가 증가하는 경향을 보였다. 위와 같은 사실을 미루어 볼 때 우리 나라 사람들이 전통적으로 유아기의 조기교육을 강조하였고, 유아교육에 대한 의욕이 매우 컸다는 것을 알 수 있다(이상금, 1987). 예로부터 서당은 대중적인 글방의 형태로 운영되어온 바, 최근의 다양한 형태로 운영되는 많은 인터넷 서당들도 서당의 이름을 본 따 유아기부터 참여할 수 있는 대중적인 교육프로그램 싸이트로 소개되고 있다.

2) 데이스쿨과 유아교육

데이스쿨(Day School)은 1900년 전후에 외국인 선교사들에 의해 보급된 기독교계 초등교육기관을 말하며, 선데이스쿨(Sunday School : 주일학교)에 대비하는 것으로 매일 다니는 학교라는 뜻으로 불려진 호칭이다. 설립 당시에는 예수학교의 호칭으로 불리었고, 1896년경부터는 소학교의 명칭으로 통용되었다. 한국 초기의 근대학교로서 기독교 선교사에 의해 설립된 배재학당과 이화학당도 데이스쿨로 설립된 것이다(이상금, 1987, 재인용). 1896년에는 상동, 동대문, 제물포, 평양에 매일학교가 설립되었고, 1902년에는 감리교계의 11개소 소년 매일학교(boy's day school)와 19개소의 소녀 매일학교(girl's day school)가 설립되었다.

매일학교는 초기에 선교사들이 많이 설립했으나 점차 한국인 신도들에 의해 설치, 운영되었다.

데이스쿨은 학교라고 하지만, 교사 1, 2명이 방 한 칸에서 연령이 다른 아동을 수시로 받아들였기 때문에 그 형태는 서당과 큰 차이가 없었다. 그러나 교육내용은 당시 언문이라 불리던 한글교육에 주력하였고, 여기에 계산법을 더하여 이른바 3R's(읽기, 쓰기, 셈하기)를 기본 교과로 하여, 기독교가 성경을 한글로 보급한 것같이 한글교육에 앞장섰다. 데이스쿨의 입학 연령은 확실히 알 수 없으나, 소학교에서 중학교 수준까지 포함되었고 수업연한도 4년에서 11년까지 확산되어 있었으며, 유치과에 유아가 수용되었던 사실을 알 수 있다.

데이스쿨은 미국인 선교사에 의해 시작되었고, 그 후 한국인이 적극적으로 계승, 발전시켰으나 학교조직이나 운영은 미국인 선교사의 아이디어가 반영되었던 것으로 본다. 유치원과 소학교를 일괄해서 운영한 데이스클이 한일합방 이후에는 유치원과 소학교로 분리되었다. 유치원 연령기의 유아가 데이스쿨에 다녔다는 사실은 비록 많은 수는 아니더라도 유아기의 교육이 필요하고 또 가능하다는 의식이 형성되게 하였음을 뒷바침하는 것으로 본다(이상금, 1987). 요즈음 교회의 어린이 주일예배를 지칭하여 주일학교라고 부르는 것도 여기서 기원하며, 교회의 유치부를 중심으로 선교원이나 선교 유치원의 형태로 발전되었음을 알 수 있다.

3) 유치원과 유아교육

우리나라에 최초로 설립된 유치원은 1897년에 세워진 사립 '부산유치원'으로 부산에 진출한 일본인 거류민단에 의해 설립 · 운영되었다. 일본인 조선진언부인회(朝鮮眞言婦人會)에 의하여 부산부 서전에 세워진 이 유치원은 일본인 자녀만 입학할 수 있었으며, 교사도 모두 일본인이었고 해방 전까지 계속되었다(조선총독부 학무국, 1933). 이 유치원은 일본인만을 위한 유치원이었으므로 한국

유치원의 시초로 볼 수 없다는 견해도 있다.

1905년, 인천에 '인천 제1부 특별경제' 의하여 '인천 기념공립유치원'이 설립되었는데 역시 일본인의 자녀들을 위한 유치원이었다. 1909년 함경북도 경성군 나남읍에 정토종 포교위원에 의해 사립 '나남유치원'이 세워졌는데 원아는 약 60명으로 모두 조선인이었고 교사는 일본인이었다. 이 유치원은 한국 어린이를 모아 보육한 최초의 유치원이라 할 수 있다. 당시 국내의 초기 일본인 교육은 대부분 불교 종교가에 의한 것이었으며, 일본 거류민이 경영하였다. 이 사실은 한국인의 교육이 기독교의 영향과 지원을 받은 것과 대조적인 현상이다. 그리고 당시에 일본 국내의 최초 불교주의 유치원이 1901년에 개설되었고, 일본의 취원율이 1% 단계였다는 점을 미루어 볼 때 한국의 일본인 거류민이나 불교단체가 교육에 적극적이었다는 것을 알 수 있다(이상금, 1987).

한일합방을 전후하여 그 외의 유치원들이 있었으나 유치원이 학교 기관에 포함되지 않았고, 유치원 교육에 전문적인 지식이 없는 사람들에 의해 설립, 운영되었었다. 평양에서는 1910년에 미국인 선교사가 유치원을 개설했다는 기록이 있다(Bernheisel, 1939). 평양 시내에 있는 4개의 교회가 장소를 제공하고 전도부인학교 학생 8명이 교사로 선발되어 한 유치원에 2명씩 배치되었다. 이 교사들은 어느 선교사를 통해 매주 토요일마다 교육을 받았는데 이 선교사도 전문가가 아니어서 간단한 게임, 종이 접기, 성경 이야기, 창가, 동작 등을 가르쳤다고 한다.

1912년에 정동 감리교회가 이웃의 배재학당 내의 장소를 빌어서 가양원 유치원을 개설하고 1913년 4월에 12명의 졸업생을 배출했다는 기록도 있다(그리스도인 회보, 1913). 이 유치원은 재정사정이 곤란하여 운영비를 구하기 위해 음악회를 개최하기도 했으며, 자원봉사로 나오는 교사들의 교체가 빈번했다고 한다.

1913년, 경성부 인사정(현 서울의 인사동)에 백인기에 의하여 한국 어린이만을 위한 '경성유치원'이 세워졌다. 이 유치원은 한국인 교사 3명, 일본인 교사 1명으로 인가되었는데, 학생수는 3학급에 120명이었다. 입학 자격은 만 3세부터 취학전까지이며, 보육료는 월 1명당 2원 50전으로 무척 비싼 편이었으므로, 부유층의 어린이만이 유치원에 다닐 수 있었다. 보육시간은 1주일에 24시간으로 하루 평균 4시간이었다(서울특별시교육위원회, 1981). 사립 경성유치원은 한국인이 한국인의 자녀를 수용하기 위해서 개설한 것이 틀림없지만, 다음과 같은 특징이 있었다. ① 친일파 인사들의 설립으로 회원자녀와 그 가족을 취원하게 했으며, ② 일본인 교사의 지도로 철저한 일본인화 교육을 목적으로 했으며, ③ 공비의 지원을 받은 유일한 한국인 유치원이었다.

1914년에 기독교 선교사 브라운리(Charlott Brownlee)가 한국 어린이를 위하여 이화학당 부설 이화유치원을 개설하였다(이화여자대학교, 1994). 손탁 호텔(이화학당에 인접한 낡은 호텔)의 한 방에서 원아 16명을 대상으로 시작하였는데, 초대 원장은 프라이(Frey)였다. 브라운리는 미국 신시내티 유치원 교사 양성학교(Cincinnati Kindergarten Training School)를 졸업하고 이곳에 왔는데 처음엔 한국어가 서툴렀기 때문에 손짓이나 몸짓으로 지도해야 했고, 유치원에 대한 일반의 이해가 없었으므로 많은 어려움이 따랐다. 개원 초기에 브라운리가 쓴 편지를 소개하면 다음과 같다(이상금, 1987).

> "학부형이 신기하게 여겨 곧잘 구경하러 왔습니다. 그러나 유치원에는 책도 없고 문자도 가르치지 않고 아이들이 놀기만 한다고 불만이었습니다. 그러나 날이감에 따라 그들이 알고 있는 교육방법(읽기, 쓰기중심의 교육)을 대신하는 유희, 노래, 수기, 이야기 등이 유아들에게 더 유익하다는 것을 알게 되었습니다."

[그림 3-2] 이화학당(1910)의 옥외수업[2)]

교육내용은 다양한 경험을 통해서 지적 기초(읽기, 쓰기, 셈하기, 지리, 음악, 수기, 도화, 자연 등)를 닦고 말하기의 지도, 집중력 기르기, 질서 지키기 및 양보하는 집단생활 태도 기르기 등에 주력하였다.

유치원의 목적은 자유활동, 놀이중심, 경험중심, 사회성 개발에 역점을 두고 이를 실현할 것을 강조하였다. 또 1915년에 이화유치원 사범과가 개설되어 유치원 교사를 양성하여 배출하는 적극적인 유치원 사업을 전개하였다.

1916년 9월 20일에 중앙유치원이 정동 감리교회 유치원의 분원으로 시작되었다. 원아는 25명이었고, 초대 원장은 이화유치원 원장 미스 프라이(Frey)가 겸직하였었고, 실무 자문은 미스 브라운리(Brownlee)가 하였다. 미스 프라이는 그 당시 이화학당의 책임자였고 미스 브라운리는 이화유치원을 설립, 운영하고 있었던 점으로 미루어 초창기 유치원들은 서로 긴밀한 유대관계를 가졌음을 알 수 있다. 실제 유치원 운영은 미국인 선교사들에 의해 운영되어졌으나 중앙유치원은 독립선언문의 서명자 중의 한 사람인 청년 교육가이며 영신학교 교감이던 박희도, 청년 실업가이며 사회사업가인 유양호, 중앙교회 목사 장락

---

2) 사진연구가 정성길 소장품.

도 등 여러 유지들이 힘을 모아 설립하였다. 중앙유치원의 창원정신은 1921년 5월 21일자 동아일보에 기록되어 있는데 그 목적은, '장래 조선을 위하여 잘 일하고 잘 싸울 용사를 양성하는 기관을 세워 국민의 앞길을 열어줌'에 있었다. 초기 중앙유치원의 교육내용은 프뢰벨의 교육원리 및 교육내용에 크게 영향을 받았다. 프뢰벨식 유치원 교육론으로 훈련받았던 미스 브라운리가 초창기에 중앙유치원에 깊게 관여하였었기 때문이었다. 중앙대학 교사(중앙대학교, 1970)에 의하면 초기 중앙유치원에서는 노래, 그림, 수공 등을 가르쳤는데 노래는 독일 민요 등 수준이 높은 것을 우리말로 옮겨서 가르쳐 주었으며, 대개 미국 선교사들이 본국의 유치원 교육법을 적용하였다고 한다. 이러한 점을 미루어 볼 때 1910년대의 중앙유치원과 이화유치원은 일치점이 많았다. 1922년 9월 중앙유치원에는 현장훈련으로 유치원 교사를 양성하는 중앙 유치사범과가 설립되었다.

1928년 3월 28일자 동아일보에 실린 중앙보육의 설립정신은 '천진한 어린이의 동무가 되고, 그의 어머니가 되어 장래의 제 2세 국민을 조선 사람답게 기르자. 조선인의 살길은 어린이로부터 비롯되지 않으면 안 된다.'였다. 중앙유치원은 한국인에 의해서는 최초로 설립된 유치원으로서 의의가 크다고 볼 수 있다.

1919년에는 개성에 호수돈 동, 남, 북 세 유치원이 설립되어 선교사 클라라 하워드(Clara Howard, 1895-1995)가 운영하였다(이상금, 1987). 그 후 한국 어린이들을 위한 유치원이 점차 증가되어 운영되었으며, 해방 전까지는 조선총독부의 '사립학교령', '소학교령'에 따라 감독을 받았을 뿐 비교적 법적 제제를 받지 않고 발달되었다.

4) 어린이 운동과 유치원

3.1운동은 좌절되었지만 국권회복을 위한 교육적 열의는 강습회, 야학 등을 통해 교육 계몽운동으로 활발하게 전개되었다. 어린이 운동은 동경 유학생과 한국 내의 천교도 인사를 중심으로 하여 전개된 참신한 문화운동이었다.

'어린이'라는 용어에서 어린이를 젊은이, 늙은이와 대등한 하나의 인격으로 인정하는 아동존중 사상을 읽을 수 있다. '어린이'라는 말은 어린이 운동을 주도한 방정환에 의해 처음으로 사용되었다. 1923년 5월 1일을 최초의 '어린이날'로 정했는데 이것은 1954년 국제연합이 제정한 '어린이날'보다 31년 앞선 것이다. 그 후 1946년부터 5월 5일을 '어린이날'로 정하여 오늘까지 이르고 있다.

1920년대 이후 유치원의 발전은 이 어린이 운동에 의해서 직접 혹은 간접적으로 촉진되었다고 할 수 있다. 즉, 어린이의 인격을 인정하고 어린이를 존중하는 근대적 아동관 수립에 공헌한 점과 유치원 교육의 내용과 활동을 풍부하게 한 점, 그리고 어린이 운동의 지도자들이 유치원 교육에 직접 참여한 점 등을 들 수 있다. 당시에 전개한 동요 · 동화의 창작 붐은 유치원의 노래와 동화 등 교육내용과 활동에 적용되었고, 식민지 정책의 마지막 단계까지 유치원에서는 우리말 노래와 동화를 들려줄 수 있었으므로 어린이 운동이 유치원 교육에 큰 영향을 끼쳤다고 볼 수 있다.

5) 식민지 교육정책과 유치원 규정

한국의 일본 식민지 교육정책은 한일합방 이후의 '조선교육령'에 의해서 전개되었다. 조선총독부는 4차에 걸쳐서 조선교육령 및 개정교육령을 공포 · 시행하였다.

- 제1차 조선교육령(1911년 8월 공포, 칙령 제299호)
- 제2차 조선교육령(1922년 2월 공포, 칙령 제19호)
- 제3차 조선교육령(1938년 3월 공포, 칙령 제103호)
- 제4차 조선교육령(1943년 7월 공포, 칙령 제320호)

조선식민지 교육정책의 근간은 '동화'와 '차별'이란 이대 기준이 성립되어 한국인의 일본화와 저급한 근로자의 배양에 있었다고 볼 수 있다(차석기, 1970 ; 이상금, 1987, 재인용). 이와 같은 동화와 차별의 교육정책의 성과를 올리기 위해 총독부가 중점을 둔 것은 초등교육 단계의 공립보통학교 보급정책이었다. 초등교육 정책의 입안과 시행에 급급했던 식민지 정책은 유치원에 대해서는 전후 2회의 유치원 규정을 제정한 것 이외에는 별다른 탄압이나 통제가 없었다.

유치원에 관한 명문화된 최초의 규정은 1908년 4월 2일에 공포된 '고등여학교령'(칙령 제22호)에서 볼 수 있다. 제10조에 '고등여학교에 부속유치원을 설(設)함을 득(得)함'이라고 한 것으로 여학교에 부속유치원을 설치하는 것을 허용했다. 이것은 일본의 '유치원 보급설비규정'을 모방하여 생략, 간소화한 것이다. 취원 연령은 4세, 유아의 정원은 80명, 보모 1인의 보육하는 아동수는 40명 이하, 보육일수는 1일 5시간 이하, 보육의 항목은 유희, 창가, 담화 및 수기 등으로 되어 있다.

또 2차 조선교육령(1922)의 조선총독부령 제11호에 유치원 규정이 포함되어 있다. 이 유치원 규정에는 취원연령, 설립요건, 설립절차, 폐원절차, 보육목적, 보육항목, 설비 등이 규정되어 있다. 이 규정도 일본의 '유치원보급설비규정'을 모방한 것으로 교육내용에는 별다른 법적 규제를 하지 않았다. 1908년과 1922년의 양 규정에서 보육항목은 유희, 창가, 담화 및 수기의 4항목만 지적하고 여기에 대한 설명은 없다.

앞에서 살펴본 바와 같이 2회에 걸친 유치원 규정은 외형의 규제에 치우치고 있으며, 1908년의 고등여학교 부설유치원 규정을 감안할 때 법적 구속력은 갖지 않았으나 경성유치원(1913), 이화유치원(1914), 중앙유치원(1916), 그 밖의 정신유치원(1915), 배화유치원(1917), 영화유치원(1919) 등 우리나라의 초기 유치원들은 여학교에 부설되었던 것이다.

1920년대는 3.1독립운동 이후의 이른바 문화정치기였으며, 교육정책도 회유책을 폈기 때문에 유치원 보급이 현저하게 이루어졌다. 1921년부터의 10년간에 유치원 수는 약 5배로, 원아수는 약 10배로 증가하는 발전상을 보였다(이상금, 1987). 그러나 해방 전까지 우리나라의 유치원 교육은 방임시기라고 할 수 있을 정도로 다른 단계의 교육기관에 비하여 발전을 하지 못하였다.

6) 보육사업

우리나라의 보육사업은 해방 이전에 일본의 총독부 관할로 사회사업분야의 지도 및 통제 역할로 시작되어, 사회사업 시설로서 일본 구호령에 명시되어 법적 근거가 미비하였다. 1921년 태화기독교사회관에서 빈민아동을 위한 구제사업의 일환으로 시작되었으며, 이후 1926년 '부산공생탁아소'와 '대구탁아소'의 2개 시설이 배치된 것을 계기로 1939년에는 전국에 관립 1개소, 공립 2개소 등 11개소의 공 · 사립 보육시설에서 어린이가 보육을 받은 것으로 기록되어 있다(보건복지부, 2000).

2. 해방 후-1980년의 유아교육의 발전

우리나라는 해방과 한국전쟁으로 인한 혼란이 지나고 사회가 안정되면서 유치원과 보육시설이 미약하나마 발전을 하였다(김영옥 외, 1995). 1960년대에는 국가의 경제회복을 위한 정책이 주도되었으며, 보육수요의 증가에 따라 민간 차원의 보육시설과 유치원이 증가하기 시작했다. 1970년대에 우리나라의 유아교육은 국내의 시대적, 정치 · 사회적 여건 속에서 선진 여러 나라들의 움직임에 직 · 간접적인 영향을 받았다. 1970년은 유네스코가 선포한 '세계 교육의 해(International Education Year)'로서, 이 시기에 즈음하여 평생교육의 사조가 크게 대두되었고(김종철 · 진동섭 · 허병기, 1991), 유아교육의 광범위한 기회확대운동이 활발히 전개되었다(김영옥 외, 1995). 1980년 무렵까지의 유아교육 발전과정을 알아보기 위해 유치원과 보육시설을 중심으로 살펴본다.

1) 유치원

해방 이후 대한민국 정부가 수립되고 민주국가로서의 교육발전을 위하여 정부는 1949년에 교육법(법률 제86호)을 공포하였다. 이 법은 유치원 교육을 포함한 우리나라의 교육목적 및 교육방침이 제시되었다. 유치원의 특수성이나 전문성이 완전히 고려되지는 않았지만, 유치원의 교육적 환경 개선을 위한 시설기준령이 제정 · 공포되어 유치원 발전을 위한 최소한의 법적 근거가 되었다.

교육법 제5장 제10절의 146조, 147조, 148조에 각각 유치원 교육의 목적, 이를 달성하기 위한 교육목표, 유치원의 취원 시기를 규정하였다. 그 내용은 다음과 같다.

제146조 : 유치원은 유아를 보육[3]하고 적당한 환경을 주어 심신의 발육을 조장하는 것을 목적으로 한다.

제147조 : 유치원 교육은 제146조의 목적을 실현하기 위하여 다음 각 호의

3) 제146조의 내용 중 '보육'이라는 용어는 1991년 교육법에서 '교육'으로 개정되었다.

목표를 달성하도록 노력하여야 한다.

1. 건전하고 안전하고 즐거운 생활을 하기에 필요한 일상의 습관을 기르고, 신체의 모든 기능의 조화적 발달을 도모한다.

2. 집단생활을 경험시키어, 즐기어 이에 참가하는 태도를 기르며 협동, 자주와 자율의 정신을 싹트게 한다.

3. 신변의 사회생활과 환경에 대한 바른 이해와 태도를 싹트게 한다.

4. 말을 바르게 쓰도록 인도하고, 동화, 그림책 등에 대한 흥미를 기른다.

5. 음악, 유희, 회화, 수기, 기타 방법에 의하여 창작적 표현에 대한 흥미를 기른다.

제148조 : 유치원에 입학할 수 있는 자는 만 4세부터 초등학교 취학 시기에 달하기까지의 유아로 한다.[4]

그 후 1950년 5월에 정부는 '국립유치원 설치계획'을 발표하여 유치원의 발전을 기하는 노력을 하였으나 6.25사변으로 실현하기 어렵게 되었다. 1952년 교육법 시행령이 공포되어 유치원에 관한 설립인가와 원아수, 보육과목, 보육일수 등이 정해졌다. 그 후 1960년까지 유치원의 장학 행정을 문교부 사회교육과에서, 1961년부터는 초등교육과에서 담당했다. 1962년에는 교육공무원법을 개정하여 유치원 교사자격을 규정하여 교사의 질을 향상시키려 하였다.

우리나라 제1차 유치원 교육과정은 1949년 교육법이 제정되고 20년이 지난 1969년에 문교부령으로 제정 · 공포되었다. 이 때까지 유치원은 오랜 기간 동안 법적으로 규정된 교육과정이 없었는데, 이 교육과정은 구체적인 유치원 교육의 목표, 영역, 수업일수, 운영 방법 등을 제시함으로써 우리나라 유치원

4) 1949년부터 1991년까지는 유치원의 입학연령이 4, 5세로 규정되어 있으나 1991년 12월 교육법이 개정되면서 3세 유아를 포함시켰다.

교육에 중요한 지침이 되었다. 그로부터 10년 뒤인 1979년에 제2차 유치원 교육과정이 개정 · 고시되었다.

2) 보육사업

광복 이후 1960년대까지의 보육사업은 6.25 전쟁을 전후한 정치적 · 사회적 혼란으로 정부가 뚜렷한 방침을 세우지 못했고, 외국인 원조에 의해 전쟁고아나 기 · 미아에 대한 각종 수용보호시설이 세워졌었다. 이 때의 탁아사업은 예방적 기능보다 사후 처리적이고 구호적인 복지정책이었다. 정부는 1952년에 '후생시설 운영요령'을 시달했으나, 당시의 보육시설들은 주로 빈민층 가정의 자녀를 단순히 보호해 줄 목적으로 설치되었으므로 육아시설(고아원)과 큰 차이 없이 시대적 상황에 따라 임시구호적 성격을 지녀 보육의 제 기능을 다하지 못했다(강윤구, 1994).

그 후 보육사업이 본격적으로 시작된 것은 1961년 '아동복리법'이 제정 · 공포되면서부터이다. 이 법은 '탁아소'를 법정 아동복지시설로 인정하고 보육시설의 설치 기준, 보호내용 등을 구체적으로 규정하였다. 또한 1960년대 후반에는 도시화 · 산업화가 진전되면서 보육 수요가 늘어나자 1968년 3월에 정부는 아동복리법 시행령에 근거한 '미인가 탁아시설 임시조치령'을 공포하여 민간시설의 설치를 용이하게 하였다. 이를 계기로 보육시설이 대폭 증가하였고 '탁아소'를 '어린이집'으로 고쳐 부르게 되었으며 정부의 지원이 시작되었다. 이러한 과정에서 보육의 질적 수준은 매우 미흡하여 여러 가지 부작용과 폐단을 낳기도 하였다(보건복지부, 2000a).

정부는 어린이집의 질적 향상을 제고하기 위한 조치로 1977년에 '미인가 탁아시설 임시조치령'을 폐지하고, 보육수요가 늘어남에 따라 1978년에 '탁아시설 운영개선안'을 마련해 보육시설을 일반아동에게도 개방하는 대신 이들에게 보육료를 받을 수 있도록 하였다. 이에 따라 저소득층이 아닌 중산층의 아동도 어린이집을 이용할 수 있게 되었다. 그 후 1981년 4월에 '아동복리법'이 '아동복지법'으로 전면 개정되었다(보건복지부, 2000b).

3. 1980년-현재의 유아교육

우리나라의 유아교육은 1980년대 이후에 급속도로 변화의 시기를 맞았다. 1982년의 유아교육진흥종합계획의 수립과 유아교육의 이원화, 그 후 수차례에 걸친 유치원교육과정의 개정, 1991년의 영유아보육법 제정, 2004년의 유아교육법 제정, 2012년의 5세 누리과정 도입, 2013년의 3, 4세 누리과정 도입 등 큰 변화의 틀 속에서 꾸준히 발전해 가고 있다. 오늘날은 학문적, 시대적 요청에 의해 보육과 교육의 통합을 강조하는 운영체제를 지향하고 있다.

1) 1980년대의 유아교육

1980년대에 접어들면서 우리나라의 유아교육은 제도적인 변화와 더불어 유아교육기관의 수, 대학의 교사양성, 유아교사, 취원율의 증가 등 양적인 발전이 두드러졌다. 당시의 유아교육체제는 '아동복지법'에 의한 탁아소와 '교육법'에 의한 유치원 외에 유사 유아 교육기능을 수행하던 시설이 다양하게 존재했었다. 그러자 1982년에 '유아교육진흥종합계획'이 수립되면서 4월 1일을 기하여 다원화 체제의 유아교육을 2원화 체제로 정립시켰다. 즉, 유치원은 문교부가, 기존의 보건사회부가 관장한 새마을유아원, 민간유아원 등은 새마을유아원으로 통합하여 내무부가 관장하게 되었다. 나아가 새롭게 제정된 '유아교육진흥법'(1982. 12. 31. 법률 제3635호)은 유아교육의 법적 개념을 영유아에 대한 보호와 교육을 포괄하여 유치원과 유아원에 대한 제도를 강화했다. 유아교육진흥법은 영유아보육법이나 유아교육법이 제정되기 전까지 유아교육에 관한 유일한 법률로 작용하였다. 이 법은 유아에게 적합한 교육적 환경을 제공하여 심신의 조화로운 발달이 이루어지도록 교육함과 아울러 그 보호자의 다양한 교육요구에 부응함을 목적으로 하였다(유아교육진흥법 제1조).

1980년대에 우리나라 유아교육의 발전은 유치원교육과정의 변화에서도 두드러진다. 1979년에 이어 1981년에 제3차 교육과정이, 1987년에 제4차 교육과정이 제정되었다.

2) 1990년대의 유아교육

1990년대의 유아교육은 '영유아보육법'(1991. 1. 14. 법률 제4328호)이 제정되면서 '교육법' 및 '유아교육진흥법'에 의한 유치원과 '영유아보육법'에 의한 보육시설로 이원화된 '幼 · 保 이원화체제'로 유지되었다(이일주, 1999). 특히 영유아보육법의 제정과정에서 유아교육진흥법에 의해 운영되었던 새마을유아원을 1993년까지 유치원이나 보육시설로 전환하도록 하자, 보육시설이 획기적으로 증가하였다. 보육시설은 복지적 성격을 지니고 있고 유치원에 비해 입소대상 연령대가 넓으며 종일제 프로그램을 운영하므로 수혜자의 요구에 충족되었으며, 나아가 보건복지부의 보육시설에 대한 예산지원은 보육시설의 확대를 강화했다. 또한 기혼여성들의 취업증가와 사회적인 요구 등을 반영하여 초 · 중등교육법시행령(1998. 2. 24. 대통령령 제15664호)에서 유치원의 수업운영 방법을 다양하게 하여 반일제, 시간연장제, 종일제로 운영할 수 있도록 했다(제48조 제1항). 교육부의 유치원은 교육을, 보건복지부의 보육시설은 보호를 우선적인 목적으로 하지만 교육과 보호를 분리하기보다 병행한다는 점에서 두 행정부처의 이원체계는 유사한 성격을 지니며 유지되었다. 유치원 교육과정은 다시 1992년에 5차, 1998년에 6차 교육과정으로 개정 · 고시되었다.

보육시설의 보육내용은 1991년부터 시행된 영유아보육법 제18조와 동법 시행규칙 제23조의 규정에 명시되어 있었다. 보육시설의 구체적인 보육내용은 보육의 기본원칙과 보육계획의 수립, 영양관리, 건강관리, 안전관리, 보육기록을 포함하였다(별표 9 : 개정 96. 1. 6).5)

3) 2000년-현재의 유아교육

(1) 2000년-2010년

새로운 세기가 시작되면서 우리나라의 유아교육도 새로운 변화의 시기를 맞이하였다. 특히 2004년 1월에 유아교육법이 제정되면서 그 동안 유치원에 관한 법률조항이 초·중등교육법에 포함되어 있었으나 이후로부터 유아교육법이 교육기본법 제 9조6)의 규정에 따라 유아교육에 관한 사항을 다루게 되었다(제정 2004. 1. 29. 법률 제07120호). 이어서 동법 시행령이 2005년 1월 29일에 제정되어 유아교육법에서 위임하는 사항과 그 시행에 필요한 사항을 정했다. 종전의 유아교육진흥법은 이를 계기로 폐지되었으며, 유아교육진흥법 및 초·중등교육법에 포함되었던 내용과 신설된 조항들로 이루어진 독립된 유아교육법이 제정된 것이다. 유아교육법의 제정은 유치원이 초·중등교육과 분리된 학교법의 적용을 받게 된 것과 유아에 대한 점진적인 무상교육이 실현된다는

---

5) 이후 이 조항은 일부 수정이 되었다(개정 2004. 6. 11 여성부령 제10호). 개정 이전에는 영양관리, 건강관리, 안전관리 내용이 보육내용에 포함되어 있었으나 개정법에서는 안전 및 위생관리를 별도의 항으로 취급하였다.

6) 제9조(학교교육) ① 유아교육·초등교육·중등교육 및 고등 교육을 실시하기 위하여 학교를 둔다.
② 학교는 공공성을 가지며, 학생의 교육 외에 학술과 문화적 전통을 유지·발전시키고 주민의 평생교육을 위하여 노력하여야 한다.
③ 학교교육은 학생의 창의력 계발 및 인성의 함양을 포함한 전인적 교육을 중시하여 이루어져야 한다.
④ 학교의 종류와 학교의 설립·경영 등 학교교육에 관한 기본적인 사항은 따로 법률로 정한다.

것에 큰 의미가 있다.

또한 1991년에 처음 제정된 영유아보육법은 보건복지부에서 10차례의 법령개정과 보육시설 확충계획을 통하여 늘어나는 보육수요에 대응하고 보육서비스의 질 향상을 위해 지속적인 노력을 해 왔다. 2004년 1월 29일에 영유아보육법이 전면 개정되어 보육 서비스의 다양화와 질적 수준의 향상, 그리고 보육에 대한 공적 책임 강화를 통해 보육사업이 더욱 발전할 수 있는 계기를 마련하였다(보건복지부, 2004).

1991년 이후에 보건복지부에서 지원했던 보육사업이 2004년 6월을 기하여 여성부로 이관되었으며, 영유아보육법 시행령과 영유아보육법 시행규칙도 전문개정이 되었다(2005년 1월 29일). 표준보육과정, 평가인증제, 보육교사의 국가자격제도 시행 등 공공성 강화와 서비스의 질적 수준 향상을 기하기 위한 다양한 보육사업계획이 시도되었다. 그 후 보육사업은 2008년 3월부터 다시 보건복지부로 이관되었으며 다양한 수요자의 요구를 충족시키는 복합적인 교육 서비스의 방향으로 발전되었다.

한편, 1998년에 개정된 제6차 유치원교육과정은 2000년 3월 1일부터 시행되었다. 그 후 교육과정의 수시 개정 원칙에 따라 교육과정이 개정되면서 '2007년 개정교육과정'이 개정되어 적용되었다.

(2) 2010년-현재

2010년대는 우리나라 유아교육 역사에 커다란 전환점을 마련한 시기라고 할 수 있다. 그 동안 우리나라 유치원과 어린이집은 취원 및 입소연령, 교사의 자격기준, 그리고 적용되는 교육과정에서 중복되거나 유사한 성격이 많아 여러 가지 문제를 안고 있었다. 그러던 중 2011년 5월 2일에 관계부처 합동(기획재정부, 교육과학기술부, 보건복지부, 행정안전부, 2011. 5. 2)으로 2012년부터 만 5세아에 공통과정(common curriculum)을 시행한다는 내용을 발표하였다. 이것은 국가가 유아단계부터 양질의 보육 · 교육을 제공하고 국가의 책임을 강화한다는 방안이다. 2012년에는 유치원과 어린이집의 5세아를 대상으로 누리과정이 시행되었으며 이어서 2013년부터 3, 4, 5세아를 대상으로 확대 · 운영되었다. 이로써 우리나라는 만 3세부터 5세까지 유아에 대하여 국가가 책임지는 공교육 시대를 열게 된 것이다. 누리과정은 유치원과 어린이집의 교육내용을 통합 시행한 정부의 제도이자 국가교육과정이라 할 수 있다(이희경, 2013). 지금도 우리나라 유아교육은 이원체계를 유지하고 있으나 누리과정의 통합 적용에 이어 점차 유보 통합에 대한 정책 논의가 활발히 이루어지고 있다. 2013년 3월 1일 신입생부터 시행되고 있는 누리과정(교육과학기술부 고시 제2012-16호)은 생애 출발점 교육을 국가가 책임지고 보장하며 유치원과 어린이집 유아들에게 평등한 양질의 교육내용을 제공한다는 의미를 갖는다.

유치원교사와 보육교사는 각각의 양성기관에서 운영하는 양성교육과정을 성공적으로 마치면 각각의 무시험 자격검정을 통해 교사 자격증을 취득한다. 유치원교사 자격증은 교육부의 교원자격검정을, 보육교사는 한국보육진흥원의 서류검정(어린이집 교직원 자격 검정위원회)을 거쳐 자격증이 발급된다. 유치원교사는 3-5세 유아를 대상으로 하므로 우리나라 유치원교사는 모두가 누리과정 교사지만, 보육교사는 0-5세를 대상으로 하므로 3-5세를 담당하는 교사가 누리과정 교사이다.

〈표 3-1〉은 우리나라 유치원과 어린이집의 운영체제를 비교한 것이다.

표 3-1 유치원과 어린이집의 운영체제

운영체제 기관	유치원	어린이집
근거법규	교육기본법, 유아교육법	영유아보육법
행정부처의 지원체계	교육부→시 · 도교육청→지역교육청(시 · 군 · 구)	보건복지부→광역자치단체(시 · 도) →기초자치단체(시 · 군 · 구)
설치유형	국립유치원, 공립유치원, 사립유치원	국 · 공립어린이집, 법인어린이집, 직장어린이집, 가정어린이집, 부모협동어린이집, 민간어린이집
대상	만 3세부터 취학전의 모든 유아	0세부터 6세 미만의 취학전 아동 (12세까지 가능)
교육(보육) 일수와 1일 시간	연간 180일 이상 (기본과정, 방과후 과정)	연중무휴(공휴일 제외) 종일제(12시간 기준) (시간연장제, 방과후 탁아 등)
교사 1명당 아동수	40명 이하 (방과후 과정 25명 이하)	1세 미만 : 3명, 2세 미만 : 5명, 2세 : 7명, 3세 : 15명, 4-5세 : 20명, 취학아동 : 20명, 장애아 : 3명
교사 자격기준	유치원 2급정교사, 유치원 1급정교사	보육교사 3급, 보육교사 2급, 보육교사 1급
취원(입소)대상 및 순위	취원순위는 없으나 지원자가 모집정원을 초과하면 추첨. 무상교육의 내용 및 범위[7]	우선입소 조항[8]

7) 유아교육법시행령 제29조(무상교육의 내용 및 범위) 전문 참조.
8) 영유아보육법 제28조(보육의 우선 제공) (법률 제12697호 일부 개정 2014.5.28) 전문 참조.

상자 4 **누리과정(교육과학기술부 고시 제2012-16호) 개요**

누리과정은 1장 총론과 2장 연령별 누리과정으로 구성되어 있다. 총론은 1) 누리과정의 구성 방향, 2) 목적과 목표, 3) 편성과 운영으로, 연령별 누리과정은 1) 연령별 목표, 2) 연령별 내용으로 조직되어 있다.

총론의 구성 방향과 목적 및 목표는 다음과 같다.

(1) 구성 방향

① 질서, 배려, 협력 등 기본생활습관과 바른 인성을 기르는 데 중점을 두어 구성한다.
② 자율성과 창의성을 기르는 데 중점을 두고, 전인발달을 이루도록 구성한다.
③ 사람과 자연을 존중하고, 우리 문화를 이해하는 데 중점을 두어 구성한다.
④ 만 3-5세아의 발달 특성을 고려하여 연령별로 구성한다.
⑤ 신체운동·건강, 의사소통, 사회관계, 예술경험, 자연탐구의 5개 영역을 중심으로 구성한다.
⑥ 초등학교 교육과정과 0-2세 표준보육과정과의 연계성을 고려하여 구성한다.

(2) 목적과 목표

① 목적

누리과정은 만 3-5세 유아의 심신의 건강과 조화로운 발달을 도와 민주시민의 기초를 형성하는 것을 목적으로 한다.

② 목표

가. 기본 운동 능력과 건강하고 안전한 생활습관을 기른다.
나. 일상생활에 필요한 의사소통 능력과 바른 언어 사용 습관을 기른다.
다. 자신을 존중하고 다른 사람과 더불어 생활하는 능력과 태도를 기른다.
라. 아름다움에 관심을 가지고 예술경험을 즐기며, 창의적으로 표현하는 능력을 기른다.
마. 호기심을 가지고 주변세계를 탐구하며, 일상생활에서 수학적·과학적으로 생각하는 능력과 태도를 기른다.

연령별 누리과정은 3-5세 누리과정의 영역별 목표와 영역별 내용으로 구성되어 있다. 그 영역은 신체운동·건강, 의사소통, 사회관계, 예술경험, 자연탐구의 5개 영역이다.

제 4 장

유아교육과정과 프로그램

1. 유아교육과정
2. 유아교육 프로그램

1. 유아교육과정

1) 유아교육과정의 개념

교육과정(curriculum)은 라틴어 쿠레(currere)에서 유래된 '경주로'라는 뜻으로 육상선수가 목표지점을 향해 달려가는 코스(course)를 말한다. 이런 어원적인 의미에서 교육과정이란 학습자로 하여금 교육목표 및 목적에 도달할 수 있도록 교육의 출발점과 목표점을 이어주고, 교사와 아동 사이를 연결시켜 주는 코스 혹은 과정의 뜻을 내포하고 있다. 그러나 교육과정의 개념은 학자들이 강조하는 바에 따라 다르게 주장되어 일관된 정의는 없다. 일반적으로, 학교가 책임을 갖고 학생들에게 적용할 교육내용과 경험을 문서로 계획한 것을 말한다(Doll, 1992). 또한 교육과정은 가르치는 내용(content)이나 교과(subject), 또는 경험(experience)으로 보기도 하며, 교육활동 자체를 의미하기도 한다[1]. 따라서 교육과정은 학교가 학생에 대하여 선택된 교육적인 경험을 준비하여 그들의 성장 · 발달을 도와주고 학습에 의한 행동의 변화를 가지도록 하며 바람직한 인간상으로 성장되기 위한 자료로 정의될 수 있다. 포괄적으로 교육과정은 일정한 교육기관에서 교육의 모든 과정을 마칠 때까지 요구되는 교육목표, 교육내용, 그리고 그 내용을 학습하는데 필요한 기한과 기한 내에 있어서의 학습시간 배당을 포함한 교육의 전체계획을 의미한다(한국유아교육학회, 1997). 특히 의도적이고 계획적인 학교교육이나 유치원교육에 적용하고자 하는 교육과

1) 교육과정은 내용(content)으로서의 교육과정, 경험(experience)으로서의 교육과정, 계획(plane)으로서의 교육과정, 결과(outcome)로서의 교육과정으로 나누어 볼 수 있고, 의도된 교육과정, 전개된 교육과정, 실현된 교육과정으로 구분하기도 한다. 또한 문서화된 의미로서의 형식적인 교육과정, 자연적인 과정에 의미를 둔 비형식적인 교육과정으로 구분하기도 한다.

정은 '형식적 교육을 위한 교육목표나 내용, 방법, 평가를 체계적으로 조직한 교육계획'이라고 정의할 수 있다.

유아를 대상으로 하는 유아교육과정의 개념도 합의된 정의를 내리기 어렵다. 스포덱(Spodek, 1991)은 교육목적에 따라 계획되고 조직된 학습 경험들의 목록이라고 했다. NAEYC(1991)에서는 유아가 학습할 내용과 학습해 가는 과정, 그리고 유아의 학습을 돕는 교사의 역할과 교수 · 학습 상황들에 관한 조직화된 틀이라고 정의했다.

슈바르트와 로비슨(Schwartz & Robison, 1982)은 유아교육과정의 개념을 다섯 가지로 분류하여 정의하였다(이기숙, 2001). 즉, 우연히 일어난 것으로서의 교육과정, 유아가 학교에서 갖게 되는 모든 경험으로서의 교육과정, 교수를 위한 계획으로서의 교육과정, 교수요목으로서의 교육과정, 프로그램으로서의 교육과정으로 설명했다. 오늘날에는 교육과정을 프로그램으로 설명하는 경우가 많다. 그 외에도 유아교육에서 강조되는 내용의 범위에 따라 유아교육과정의 개념이 다르게 정의된다.

여기서 유아교육과정에 대한 개념이 앞에서 기술한 교육과정의 개념과 차이가 나는 것을 알 수 있는데, 그 이유를 들어 보면 다음과 같다. 첫째, 조직적 · 계획적 교육도 중요하지만 교육대상이 학동기의 학생이 아닌 유아이므로, 교육이 유아발달과 흥미에 따라 다양하게 실행되어야 하기 때문이다. 둘째, 유아교육의 교수 · 학습 상황에서는 문서 형태의 교과서가 아닌 교재 · 교구가 중요한 교육내용이 되기 때문이다. 유아교육도 학교교육과 마찬가지로 형식적 교육이지만 발달 및 경험수준이 다양한 유아들를 대상으로 조직적이고 계획적인 교과목을 적용하는 것에는 어려움이 있다. 이것은 유아교육이 유아를 대상으로 하는 학문이면서 종합적이고 실천적 · 응용적인 면이 강하기 때문으로 해석된다(이희경, 2001). 유아교육과정을 한 가지로 정의하기는 어렵지만, 유아교육과정은 유아들이 다양한 경험을 통하여 교육목표에 맞는 성장 · 발달을 하고 바람직한 행동의 변화를 일으키도록 기대하는 교육목표 달성의 수단이 된다. 따라서 유아교육과정은 유아교육의 전반적인 영역을 이해하면서 유아들에게 어떤 내용을 어떻게 가르칠 것인가에 초점을 맞추어야 한다.

2) 유아교육과정의 접근

유아교육과정은 유아의 발달과 학습을 보는 관점에 따라 접근하는 방법이 달라진다. 유아의 발달에 성숙요인과 환경요인이 작용한다는 가정에서 어느 요인이 더 지배적이냐에 따라 유아교육과정의 접근도 달라지기 때문이다. 교육과정 접근법은 주로 발달이론으로 분류되는 성숙주의와 행동주의, 그리고 구성주의의 이론으로 대별된다. 각 교육과정의 접근을 알아보면 여러 유형의 유아교육 프로그램을 이해하는데 도움이 된다.

(1) 성숙주의 접근

성숙주의 접근은 게젤(Gesell), 프로이드(Freu)d), 에릭슨(Erikson)의 심리학 이론에 근거한다. 성숙주의 접근은 인간의 발달에 성숙요인이 결정적으로 작용한다는 가정을 반영한 것이다. 다시 말하면 인간의 발달에 미치는 환경의 영향을 최소로 인정하는 것이다. 특히 게젤은 유아의 발달이 전적으로 성숙에 의존하며 발달예정표에 의해 진행된다고 보았다. 성숙주의는 발달을 고정적인 전개의 과정으로 보므로 같은 연령의 유아들에게 나타나는 발달의 보편성과 규칙성을 강조한다. 따라서 모든 유아는 자신의 유전적 지도(map)에 의해 정해진 방향으로 성장하고 발달한다. 성숙주의의 원리를 보면 다음과 같다.

- 발달은 전적으로 성숙에 의존한다.
- 발달은 순서와 원리에 의한다.

- 유기체가 생물학적으로 준비되어 있을 때 학습이 이루어진다.
- 발달은 보편적으로 나타나는 고정적인 전개의 과정이다.
- 행동의 변화는 성숙의 준비도와 환경적 상황의 결과로 일어난다.

성숙주의 접근의 교육과정은 유아의 내적인 요구와 본성을 존중하는 입장이 반영된 것이다. 즉, 유아들이 자연스럽고 자유로운 환경에서 자신의 능력에 맞는 학습을 하도록 프로그램을 제공해 주고자 하는 것이다. 유아의 흥미나 능력(준비도)을 소홀히 여겨 과중한 과제를 부여하거나 유아의 관심에서 벗어난 활동을 제공한다면 오히려 교육의 역효과가 초래될 수 있다. 성숙주의자들은 프로그램을 통해 유아의 학문적 능력이나 특별한 기술 습득에 그 목표를 두지 않고 대신 유아의 내적 가능성에 따른 '전인발달'을 도모한다(이기숙, 2001).

성숙주의 접근의 교육과정은 성숙주의의 원리를 반영한다. 따라서 유아의 발달에 적합한 프로그램을 계획하여 내적 요구와 준비도를 반영한다. 학년과 학급의 편성도 유아의 연령과 발달수준을 고려하므로 혼합 연령보다는 같은 연령 집단을 권장한다. 또한 따뜻하고 지지적인 환경을 제공하여 교사의 지시를 따르기보다는 자발적인 선택활동을 장려한다. 특정한 학습이 일어나지 않는 것은 교사의 지도가 부족해서가 아니라 유아가 학습할 준비가 덜 되었다고 볼 수 있다. 따라서 교사는 유아에게 학습을 강요하기보다는 유아의 요구수준을 잘 파악하고 활동을 지지해 주는 역할을 한다. 성숙주의 접근의 교육과정은 유아중심의 교육과정이므로, 계획된 경험과 환경의 준비를 강조하는 행동주의 교육과정과 대조적이다. 또한 이 접근은 유아들의 사회적 발달에 관심을 두므로 사회화 관점으로 소개되기도 한다.

(2) 행동주의 접근

행동주의 접근은 파블로프(Pavlov)와 왓슨(Watson), 손다이크(Thorndike), 스키너(Skinner) 등의 학습이론에 근거한다. 행동주의의 중심사상은 유아의 발달에 미치는 외적요인을 강조하여, 환경요인이 조직적이고 체계적으로 작용할 때 발달에 의도된 변화를 준다고 가정한다. 특히 환경이 특정한 행동의 출현을 증가시키고 감소시키는 요인이 된다는 점을 강조한 스키너의 조작적 조건화(operant conditioning)2)는 행동주의 교육과정의 접근법에 직접적인 영향을 주었다. 행동주의에서 말하는 행동원리에 대한 기본 가정은 다음과 같다(Morrison, 1997; 신화식 외, 2004).

① 모든 인간의 행동은 학습된 행동이다. 즉, 모든 행동은 구체적인 환경자극에 의해 반응을 보인다.
② 환경이 모든 것을 말한다. 경험은 환경적 자극으로부터 나온다.
③ 이들 자극은 고전적 · 조작적 조건화의 법칙에 따라 행동을 통제한다.
④ 모든 인간의 행동은 기계적 자극–반응으로 구성되어 있으므로, 자극은 행동을 유발하고 반응은 결과를 뜻한다.
⑤ 학습의 원리는 모든 연령에 해당된다.

행동주의의 사상을 교육과정에 적용한다면, 유아의 학습은 유아의 내적 요인보다 외적인 요인에 좌우되므로 유아의 경험이나 환경이 매우 중요한 요인이 됨을 알 수 있다. 즉, 유아의 내적인 요구나 수준보다는 목표행동에 맞게 잘 계획된 경험체계나 준비된 환경이 더 중요하다.

행동주의 접근에서는 인간의 행동이 긍정적으로 강화되면 보다 향상되고 강화를 받지 못하면 저하된다고 본다(Weber, 1984). 따라서 교사는 유아의 긍정적 행동을 강화하고 부정적 행동을 소거할 수 있는 학습 환경에 관심을 가져야 한다(Morrison, 1997). 예를 들면, 교사는 유아의 특정한 행동을 점진적으로 촉진

2) 스키너는 행동이 강화 혹은 강화자극에 의해 영향을 받는다는 것을 강조하여, 강화 자극에 의해 행동의 빈도수를 증가시키는 과정을 조작적 조건화라고 하였다.

시키기 위해 독특한 교수법을 사용할 수 있다. 주의를 집중시키기 위해 말로써 지시하는 것이 아니라 매력적인 그림을 보여주면서 주의를 모을 수 있다. 여기서 유아가 주의를 기울인다면 매력적인 그림이 강화 인자로 작용했기 때문이지 유아의 내적인 흥미에 의한 것이 아니다. 즉, 유아의 학습에 발달(동기 및 흥미)보다 환경(그림)이 중요한 요인이다. 또한 교사는 모든 유아에게 순서적이고 조직화된 자료를 단계적 혹은 반복적으로 제시하여 학습효과를 높이려고 할 것이다. 행동주의 접근을 추구하는 교실에서는 환경요인이 현재의 행동을 수정시키는데 있어 결정적인 작용을 한다.

행동주의 접근은 1960년대에 널리 적용되었다. 그 예로, 1960년대에 개발되어 운영된 헤드스타트 프로그램은 행동주의 접근으로 볼 수 있는 직접적 교수 프로그램이 적용되었다. 직접적 교수 모델은 교수심리학 및 학습이론에 기저를 두고 있는데(Goffin, 1994), 이 이론들은 행동의 변화와 개인차를 학습요인으로 설명한다. 또한 1960년대에 헌트(Hunt)와 블룸(Bloom)은 지능을 고정적인 것으로 보지 않고 환경이 지능의 변화에 영향을 준다고 강조했다.

유아교육 프로그램 중에 행동주의 접근을 추구하는 모델들이 있다. 대표적인 예로 DISTAR(직접적 교수모델 : Direct Instructional System for Teaching Acceleration Remediation)와 행동분석 프로그램 등이 있다.

(3) 구성주의 접근

구성주의 접근은 피아제의 인지이론에 근거하며, 유아는 자신의 인지발달 수준에 따라 지식을 스스로 구성한다는 가정에서 출발한다. 구성주의자들은 성숙과 환경을 모두 강조하되, 특히 유아가 환경과 자발적으로 상호작용한다는 점을 강조한다. 유아는 다른 사람들과 상호작용하고 다양한 자료를 조작하면서 문제해결하는 경험을 하는 등 신체적 · 정신적 활동을 통해 능동적으로 지식을 구성해 간다.

구성주의 접근은 1960년대와 1970년대에 교육자들이 피아제의 이론을 교육과정에 적용하면서 시도되었다. 그 중에 대표적인 유아교육 프로그램이 세 가지가 있는데, 라바텔리(Lavatelli, 1970)의 유아교육과정(피아제 프로그램), 하이스코프(High/Scope) 인지프로그램(Weikart et., 1971), 그리고 카미-드브리스(Kamii & DeVries, 1980) 프로그램이 있다. 각 프로그램은 어린이의 사고는 어른의 사고와 다르다는 것과 인지발달은 질적으로 다른 특성을 보이는 각 발달단계에서 일어난다는 신념에 기초하고 있다. 각 프로그램들은 피아제의 이론을 해석하여 독특하게 개발시킨 성공적인 사례이다.

드브리스와 콜버그(DeVries & Kohlberg, 1987)는 이들 구성주의 프로그램의 공통점을 다음과 같이 들었다.

① 유아의 발달과 학습에 있어서 기본적으로 활동의 중요성을 강조한다.
② 유아의 능동적 활동을 하기에 필요한 자료나 교구, 각종 활동을 제안한다. 예를 들면 전형적인 가상놀이, 노래 부르기, 물놀이, 미술활동 등에서 아이디어를 찾는다.
③ 구성주의는 순수한 피아제식 접근이 아니며, 피아제 이론은 교육실제에 적용한 특성을 갖는다.
④ 조작적 사고에 대비하여 유아들의 사고에 구조적인 변화를 가져오도록 추구한다.

구성주의 접근은 유아를 수동적 학습자로 보지 않고 능동적인 유기체로 본다. 즉, 모든 지식은 개인과 환경과의 상호작용과 학습과정의 능동적 참여를 통해 구성된다고 본다(Noddings, 1990). 학습자는 능동적(active)이고 자기 조정적(self-regulating)이며 반성적(reflective)인 행위의 주체자이다. 이러한 배경을 두고 볼 때, 유아들은 자신의 발달수준에 따라 자발적인 참여로 학습을 하는 것이 효과적이다(허형, 1997). 체계적인 자극과 지시를 통해 전달받는 교육이 아니라 능동적으로 참여하여 현재의 욕구와 능력, 그리고 관심의 차원에서 활동을 하도록 해야 한다는 시사를 준다. 따라서 교사는 유아의 호기심과 흥미를 자극하고 유아의 능동적 활동을 장려하는 역할을 하며, 유아가 스스로 문제해결을 하고 지식을 재구성할 수 있도록 도와야 할 것이다. 구성주의 접근은 유아가 자신의 환경과 능동적으로 접촉하고 상호작용한다는 인지발달이론을 기초하므로 상호작용 접근 또는 인지적 접근으로 소개되기도 한다.

3) 유아교육과정의 유형

유아교육과정의 유형은 학자들에 따라 그들의 교육철학을 반영하여 분류하였으므로 그 이론도 다양하다. 주로 1960년대와 1970년대에 개발된 프로그램들을 체계적으로 분류하여 프로그램의 접근법이나 특성을 이해하도록 해 준다. 그 중 대표적인 이론을 살펴본다.

(1) 오벌리와 브랜치의 모형

오벌리와 브랜치(Overly & Branche)는 인간의 지적 발달을 보는 관점에서 행동주의적 모델, 표준성숙적 모델, 인지발달(상호작용주의) 모델로 분류하였다. 이것은 앞에서 소개한 세 가지의 교육과정 접근법의 특성을 보여 준다. 즉 행동주의 모델은, 인간의 지적 발달이 제시되는 조직적 경험을 통해 이루어진다는 입장이며 대표적인 프로그램으로는 부셀(Bushell)의 행동분석 프로그램, 버라이에터와 엥겔만(Bereiter-Engelmann) 프로그램이 있다. 표준성숙적 모델은 인간의 지적 발달이 선천적으로 결정된다는 입장으로 뱅크스트리트 프로그램(Bank Street Program), 니일(Neill)의 섬머 힐(Summer Hill) 프로그램이 여기에 속한다. 인지적 모델은 인간의 지적 발달이 유기체와 환경과의 상호작용으로 이루어진다는 입장으로 와이카트(Weikart), 라바텔리(Lavatelli), 카미와 드브리스

(Kamii & DeVries) 프로그램 등이 있다.

(2) 콜버그의 모형

콜버그(Kohlberg)는 교육과정을 학습모형이나 유아발달의 이론에 따라 문화훈련, 성숙주의, 인지발달 모형으로 분류하였다. 문화훈련(cultural training)은 유아의 발달이 외적인 요인에 의해 결정되며, 인지 · 논리 및 문화적 지식은 직접 가르침으로 획득하게 된다는 것으로 행동주의 접근법이 기초가 되는 유형이다. 따라서 구체적인 학습목표와 구조화된 프로그램들이 여기에 속한다. 성숙주의(maturationism)는 유아의 성장이 내적인 요인에 의해 결정되며 성인의 문화적 압력이 없어도 유아의 발달이 이룩된다는 성숙주의 접근에 기초한다. 따라서 전통적인 아동중심 프로그램이나 흥미중심의 프로그램들이 이에 속한다. 인지발달(cognitive development)은 유아의 발달이 외적, 내적 요인의 상호관계의 작용이며, 발달이란 불변의 질서적 계통을 통한 진보라고 보는 관점이다. 이 유형은 유아와 환경 간의 상호작용을 통한 학습을 강조하는 구성주의 접근법에 기초한다. 따라서 피아제 이론을 기초로 하여 유아의 능동적 활동을 강조하는 프로그램들이 여기에 속한다.

(3) 와이카트의 모형

와이카트(Weikart)는 교사와 아동이 학습에 참여하는 방식과 교사와 아동의 관계를 기초로 하여 교육과정을 분류하였다. 즉 학습에서 교사–아동 중 누가 주도권을 갖느냐에 따라 다음과 같이 분류하였다. 이 분류모형을 그림으로 예시하면 [그림 4-1]과 같다.

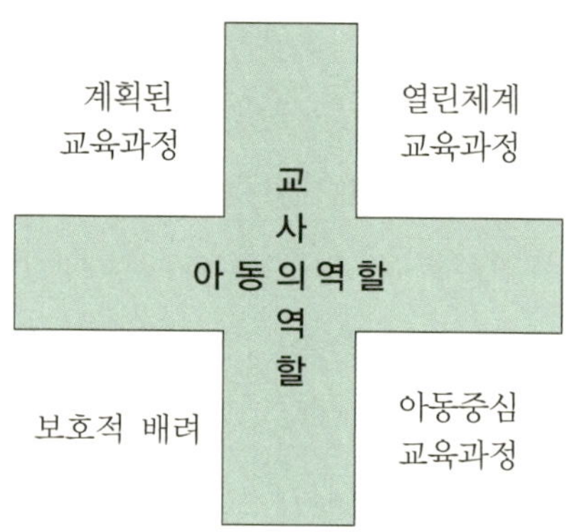

[그림 4-1] 와이카트의 분류모형

① 계획된 교육과정(programmed curriculum)

계획된 교육과정은 교사가 학습의 주도권을 가지고 아동은 교사의 요구에 반응하도록 수업이 계획 · 조직되어 있다. 교사가 학습활동을 계획하여 조직적인 교육목표, 행동목표를 수립하고 자료를 제공하고 아동은 학습에 필요한 자극과 경험을 조직적으로 받아들여 학습한다. 이런 형태의 교육과정은 읽기, 언어기술, 수학적 기술의 습득과 수렴적 사고를 강조하며, 사회 · 문화적으로 낙후된 지역 아동의 결손능력을 보상해 주려고 개발된 프로그램이 많다. 이 교육과정의 기초가 되는 이론은 학습이론, 행동수정이론, 언어발달이론 등이며, 버라이에터와 엥겔만(Bereiter-Engelmann : B-E)의 디스타 프로그램(DISAR Program)이 여기에 속한다. 이런 유형의 교육과정은 교사가 학습의 주도권을 가지므로 교사중심 교육과정이라고도 한다.

② 열린체계 교육과정(open framework curriculum)

열린체계 교육과정은 교사와 아동 모두가 활동의 주도권을 갖고 교사–아동, 아동–아동, 아동–교재 간의 상호작용을 중요하게 여긴다. 피아제의 인지발달 이론에 그 이론적 기초를 두고 있으며, 아동의 사고, 인지과정, 직접적인 활동과 경험을 통한 학습을 강조하고 읽기, 셈하기 같은 지식이나 기술의 습득보다 논리적 사고력이나 원인과 결과를 연결할 수 있는 능력의 발달을 중시한다. 교육과정의 모형이 전체적인 이론만 제시해 주므로 교사는 아동의 발달수준 및 특징, 배경 등을 고려하여 개별적, 독창적, 창의적인 교육을 실시할 수 있다. 계획된 교육과정에 비해서 교사의 상당한 능력이 요구된다. 수잔 그레이(Susan W. Gray)의 달스 프로그램(DARCEE : The Demonstration and Research Center for Early Education Program), 와이카트, 카미, 라바텔리 프로그램 등 피아제 이론에 기초한 유아교육 프로그램들이 이 유형에 속한다.

③ 아동중심 교육과정(child central curriculum)

이 교육과정은 아동이 학습의 주도권을 갖고 교사는 아동의 요구에 반응하는 형태로 아동의 요구, 흥미를 중요시하는 교육과정이다. 교육의 전체 목적은 사회 · 정서적 성숙을 통한 전인적 아동의 육성에 두고 있다. 교사는 아동-교구 간의 상호작용을 도와주고 창의적인 환경구성과 충분한 놀이의 기회를 부여하여 아동의 사회 · 정서적 성장과 독립심을 신장시켜 준다. 이 교육과정은 인간의 정서발달에 관한 이론에 그 기초를 두고 있으며, 몬테소리 프로그램, 뱅크스트리트 프로그램(Bank Street Program), 영국의 유아학교 프로그램이 이에 속한다.

④ 보호적 배려(custodial care)

이 유형은 교사와 아동이 모두 반응하는 형태로 질병이 있거나 사회 경제적으로 불리한 조건에 있는 아동에게 도움을 줄 수 있는 보호와 양육의 형태라 볼 수 있다. 위의 세 가지에 비해 교사와 유아 간의 상호작용이나 교육적 기능이 소극성을 띤다.

현대 교육과정의 형태에서는 보호나 보육만을 하는 프로그램을 찾아보기 어렵다.

(4) 비셀의 유형

비셀(Bisell, 1975)은 교육의 목적, 교수전략 구조, 아동의 경험의 종류와 상황의 구조화 정도에 따라 4 가지 유형으로 분류하였다.

① 수용적 환경모형(the permissive-environment model)

수용적 환경모형의 교육목적은 인지, 언어, 감각운동 능력, 사회 · 정서적 발달, 만족감의 습득 등 전인격적 발달에 두고 있다. 교수전략은 교사가 아동의 요구에 적절히 반응하며 학습활동을 위한 환경을 조직하고, 아동발달에 관한 지식이 풍부하여 학급을 능숙하게 운영할 수 있어야 한다.

② 구조적 인지모형(the structured-cognitive model)

구조적 인지모형의 교육목적은 언어발달을 강조하는 학습과정의 발달 및 이에 관련된 태도의 형성에 있다. 교수전략은 교사가 교육의 목적을 달성하기 위한 활동을 계획하여 지도하며 구조화된 환경 안에서 학습경험을 선택하고 조직한다.

③ 구조적 정보모형(the structured-information model)

구조적 정보모형의 교육목적은 가난한 가정의 아동들에게 학문적 성공과 관련된 지식이나 학문적 기술을 습득시키고 읽기, 쓰기, 셈하기 등을 위한 개념을 익혀 학문적 성취 경험을 제공해 줌으로 긍정적 자아개념을 갖도록 하는 것이다. 교수전략은 교사가 아동의 활동이나 학습경험을 지시하여 지도하며 지시적 방법과 반복적 방법을 자주 사용하도록 하므로 교육과정의 구조화 정도가 매우 높다.

④ 구조적 환경모형(the structured-environment model)

구조적 환경모형의 교육목적은 낙후된 지역에 있는 아동의 환경적 결핍을 보상해 주기 위하여 학습과정, 학습방법을 강조하여, 유아의 감각운동 기능, 개념, 분류기술, 언어기술을 습득시키는데 있다. 교수전략으로는 유아가 자신의 학습속도에 따라 교구를 자유롭게 선택할 수 있도록 학습환경을 체계적으로 정비하는 방법을 강구한다. 교육과정의 구조화 정도는 중간 정도이다.

(5) 메이어의 유형

메이어(Mayer)는 유아교육과정의 유형을 학습현장에서 교사, 아동, 교구와의 관계를 중심으로 다음과 같이 분류하였다.

① 아동발달 모형(child development model)

아동발달 모형은 중산층 아동을 위해 개발된 교육과정이며 교육목적은 아동과 아동의 상호작용, 그리고 아동의 사회 · 정서적 발달을 함양함에 있다. 교수전략은 유아의 학습활동이 아동의 발달단계와 발달적 요구에 맞게 계획되며, 교사의 교수보다 아동의 직접활동과 경험이 강조된다. 학습내용은 아동의 생활과 흥미에 맞는 구체적인 것들을 선정하여 조직한다. 프로이드, 에릭슨, 게젤 등 아동발달이론과 성격이론을 기초로 개발된 프로그램이 이에 속한다. 와이카트 분류모형의 아동중심 교육과정 유형과 유사한 형태의 교육과정이다.

② 언어-인지모형(verbal-cognitive model)

언어-인지모형은 피아제의 인지발달에 기초를 둔 교육과정이며, 언어가 인지발달을 촉진하는 요소라고 보는 형태이다. 이 교육과정의 교육목적은 아동의 사회적 발달과 인지발달의 상호작용을 중요시하여 두 영역의 조화로운 발달을 도모하는 데 있다. 아동과 아동, 아동과 교구, 아동과 교사의 상호작용을 모두 중요시한다. 교수전략은 교사가 하루활동을 계획하고 주도하며, 아동발달 모형에서 보다 교사가 아동의 학습에 더 직접적인 영향을 준다. 사회 · 정서적 발달을 중시하는 입장과 Piget의 인지발달이론을 기초로 한 교육과정이 여기에 속한다. 와이카트 분류모형의 열린체계 교육과정과 유사한 형태의 교육과정이다.

③ 언어-교수모형(verbal-didactive model)

언어-교수모형은 불우한 아동들의 발달적 특징 및 요구에 대한 연구를 기초로 개발된 프로그램으로 교육목적은 학교학습을 위한 학문적 기초를 마련하는 것에 있다. 교수전략은 학습을 행동의 계획적 변화로 보고, 언어적 칭찬, 보상 및 강화방법을 사용한다. 교육내용은 읽기, 쓰기, 셈하기에 관련된 지식을 다루며 교사의 지시적 교수와 언어발달을 강조한다. 와이카트 분류모형의 계획된 교육과정과 유사한 형태의 교육과정이다.

④ 감각-인지모형(sensory-cognitive model)

감각-인지모형의 교육목적은 아동의 감각 훈련과 실생활 습관의 훈련에 있다. 아동의 발달은 환경과의 상호작용을 통해 이루어진다고 보며 아동-교사, 아동-아동의 관계보다 아동-교구의 상호작용을 중시한다. 교수전략은 교사가 학습활동을 위한 교재를 준비하고 아동을 관찰하며, 언어적인 지시보다는 실제 행동으로 아동을 도와 준다. 교육과정은 몬테소리 이론을 기초로 개발된 프로그램이 있다.

위에서 살펴본 분류모형 이론 중에서 와이카트와 메이어 그리고 비셀의 이론을 표로 비교해 보면 〈표 4-1〉과 같다.

표 4-1 유아교육과정의 분류모형

유아교육과정의 분류모형			
분류기준	와이카트	비셀	메이어
	교사, 유아	구조의 형태	교사, 유아, 교구
유아교육과정 모형	계획된 교육과정 열린체계 교육과정 아동중심 교육과정 보호적 배려	수용적 환경모형 구조적 인지모형 구조적 환경모형 구조적 정보모형	아동발달 모형 언어-인지모형 언어-교수모형 감각-인지모형

2. 유아교육 프로그램

앞에서 살펴보았듯이 교육과정의 개념은 다양하게 정의되는데, 최근에는 교육과정을 교육 프로그램의 의미로 보는 경향이 높다. 이를 구분하자면, 프로그램은 어떤 특정 이론에 의해 조직된 교육과정 모델로서 교육과정의 개념보다 구체화되고 실제 현장에서 가르치는 교육내용을 상세하게 기술한 협의의 개념이다(이기숙, 2001). 오늘날 여러 유형의 교육과정과 프로그램이 현장에 적용되고 있다. 그런데 현장에 운영되는 구체적인 내용을 계획한 것이 프로그램의 성격을 가지므로 지금까지 강도있게 소개된 프로그램들을 알아본다.

1) 몬테소리 프로그램

몬테소리 프로그램은 20세기 이후에 교육사조의 변화나 역사적 · 사회적 변화에서도 가장 오랫동안 실천되고 있는 프로그램이다(Goffin, 1994). 이 프로그램은 이탈리아의 의사이자 인류학자 그리고 교육자였던 몬테소리가 20세기 초에 설립해 운영한 '어린이집'(The Children's House)에서 진보적이고 과학적인 접근으로 시도한 교육철학에 기원을 둔다. 오늘날 이 프로그램은 미국의 공립학교에도 많이 도입되었으며 세계 여러 나라에 보급되어 각 나라의 문화에 혼합되어 활발하게 운영되고 있다.

(1) 교육목표

몬테소리 교육에서 전반적인 교육목표는 정상적인 인간의 육성이다. 정상적인 인간은 조화로운 인격을 지니고 있어서 신체와 정신, 인지와 정서, 사회성과 개성이 조화롭게 발달되어 있다. 따라서 교육은 유아의 발달 가능성에 근거해 잠재능력이 발달 수준에 맞게 발휘되도록 돕는 것이다(신화식, 2003). 또한 몬테소리 교육에서 중요하게 여기는 목표 중의 하나는 유아 개개인의 독특한 요구와 능력을 존중하는 것이다. 그녀는 유아들에게 선택권이 주어질 때 그들이 효과적인 학습에 필요한 능력과 기술, 자율성, 그리고 긍적적인 자존감을 발달시킬 수 있다고 믿었다(Morrison, 1997).

몬테소리의 저서에 나타난 교육신념을 다섯 가지로 요약한 견해가 있다(Goffin, 1994). 첫째, 교육방법은 과학적 접근을 의미한다. 둘째, 유아기는 자발활동의 시기이다. 셋째, 정신적 발달을 신체적 발달과 마찬가지로 자연적이고 내적으로 조절된 힘(force)의 결과이다. 넷째, 자유는 교육이 유아의 완전한 생활을 도와주도록 하는데 있어 필수적인 요소이다. 다섯째, 질서는 유아가 독립적, 자율적, 합리적이 되도록 하는데 반드시 필요하다.

(2) 교수방법

최근에 몬테소리에 대한 연구가 활발한데, 특히 몬테소리 교구나 교수법을 활용한 교육과정이 많이 소개되고 있다. 몬테소리의 교육방법은 첫째, 스스로의 교육, 즉 자발성에 기초한 교육이며 둘째, 유아의 흥미와 능력, 그리고 속도에 따른 개별화 교육이며 셋째, 자율과 규율을 따르는 '자율적 규율'(조옥희 · 권영자, 2001)에 의한 교육, 마지막으로 훈육의 교육이다. 몬테소리 교육체계에서는 무엇보다 환경에서 이루어지는 교육방법을 강조한다(신화식 외, 2004). 따라서 교사는 유아의 활동을 돕기 위해 물리적 환경을 변화시켜 흥미 있는 대상과 토론에 관심을 갖도록 자극하고, 유아와 공감대를 형성하며 친밀감을 유지하도록 해야 한다. 몬테소리 교사에게 요구되는 역할을 인용하여 정리하면 다음과 같다(오금희, 1994).

① 관찰자로서의 역할

교사는 강의하거나 발표하지도 않고 다만 관찰자의 역할을 잘 수행해야 한다. 유아가 작업하는 것과 행동하는 것, 그리고 다양한 상황에 순응하는 것을 세심하게 관찰해야 한다.

② 환경준비자로서의 역할

교사는 교실의 분위기와 질서에 책임자로서 환경의 변화와 학습자료의 제공을 통해 유아에게 도전을 심어줄 수 있어야 한다. 즉 교사는 최적의 시기에 최적의 준비된 환경을 만들어 제공해 주어야 한다.

③ 자극자로서의 역할

교사는 유아를 자극하는 동기유발자의 역할을 해야 한다. 그러기 위해 교재 · 교구의 사용을 순서있고 분명하게 하며, 유아가 말할 때에는 반드시 들어주고, 잘못은 직접 지적하지 않고 연습을 시범해 보여 유아 스스로 깨닫게 한다.

④ 방임자로서의 역할

유아가 집중할 때에는 칭찬이나 교정을 통해 방해하지 않으며 그 유아를 존중해야 한다.

⑤ 부모와 지역사회에 대한 협조자의 역할

교사는 유아의 가정과 긴밀한 관계를 유지하고 부모 및 지역사회의 요구에 응하며 협력해야 한다.

(3) 교육내용

몬테소리 교육의 내용은 일상생활 연습, 감각교육, 수교육, 언어교육, 문화교육이 있다.

① 일상생활 연습

구 분	내 용
환경의 배려	일상에서 일어나는 일을 연습, 물건과 물건의 관계 알기, 물건과 자신의 관계 알기, 대근육과 소근육 사용으로 환경에 적응 등
자신에 대한 배려	자신을 소중히 여기기, 몸 단장하기, 스스로 적응하는 능력 키우기
사회적 적응	타인에 대한 신뢰와 배려, 사회의 규칙과 규율 익히기, 예의와 규범 익히기 연습
신체의 조정	신체 조절능력과 정신의 평형감각 키우기, 감정과 정신의 조절능력 연습

② 감각교육

구 분	내 용
시각	크기 · 색 · 형태 변별 교육(꼭지 원기둥, 분홍탑, 갈색계단, 빨간 막대, 색원기둥, 색판, 기하도형 서랍, 구성 삼각형 등의 시각교구 활용)
촉각	촉각 · 실체 인식 · 온도 · 무게 감각교육(촉각판, 온도변별병, 온도변별판, 무게 변별판, 비밀주머니, 기하 입체 등의 촉각교구 활용)
청각	음의 강약 · 고저 · 종류(음색) 변별의 청각교육(일상생활에서 소리와 악기)
미각	혀로 맛을 느끼는 미각 교육(미각병의 미각교구 활용)
후각	코로 느끼는 후각교육(후각병의 후각교구 활용)

③ 수학교육

구 분	내 용
수의 소개	짝짓기, 서열화, 분류 활동(수막대, 모래숫자판, 셈막대와 셈상자, 숫자와 바둑알)
십진법	1, 10, 100, 1000 등의 자릿수 익히기 구슬과 숫자카드
연속수	11, 12 …… 19, 21, 22, 23 …… 등 수의 연속성 익히기 색구슬과 숫자카드, 세강판
암산	사물에 의한 연산연습 후 기억에 의존한 추상적 연산 활동 덧셈판, 곱셈판, 뺄셈판
분수	분수 읽는 법, 분자와 분모의 개념 익히기 분수핀, 분수철제틀

④ 언어교육

구 분	내 용
어휘 익히기	사물의 명칭 익히기, 그림과 단어 짝짓기, 생활용품 분류하기, 위치 익히기 등
듣기	동화 들려주기, 그림책 읽어 주기, 시 낭송하기, 소리 변별하기 등
말하기	그림보고 말하기, 이야기 나누기, 의논하기, 발표하기, 극놀이, 이야기 꾸미기 등
읽기	그림과 이름 짝짓기, 같은 음의 낱말 찾기, 같은 글자 찾기, 그림책 읽기, 짧은 글짓기 등
쓰기	자음과 모음의 배열순서 익히기, 연필 잡기, 선긋기, 그림과 글자 짝짓기, 글자 만들기
품사 익히기	명사, 관사, 형용사, 대명사, 동사, 부사, 조동사, 접속사 익히기
문법 익히기	품사의 분류, 문장의 분석, 문장의 구성

⑤ 문화교육

구 분	내 용
지리	지도 : 지도를 이용한 활동들 물리적 지리 : 땅, 물, 기후와 환경 등 문화적 지리 : 다른 나라 문화 등
역사	시간 알기, 과거 · 현재 · 미래의 개념, 하루 · 일주일 · 월 · 해의 개념 등
과학	식물학 : 생물과 무생물, 식물의 성장 등 동물학 : 동물의 생태, 관찰 등 지질학 : 돌, 지층의 구조 등
예술	음악 : 소리구별, 소리 연주, 악기 이해 등 미술 : 색칠하기, 그리기, 꾸미기, 그림 감상하기 등

2) 뱅크스트리트 프로그램

뱅크스트리트 프로그램(Bank Street Program)은 1916년에 뱅크스트리트 사범대학교육실험연구소에서 유아가 학습하고 발달해 가는 과정을 체계적으로 관찰하고 기록하여 실험한 연구로 시작되었다. 유아의 발달과 상호작용을 강조하므로 발달적 상호작용 접근(Developmental-Interactional Approach)의 프로그램으로 잘 알려져 있다. 이 프로그램은 인간본성이론에 철학적 기초를 두고 있으며 듀이를 중심으로 하는 진보주의 철학과 유아의 성장과 발달의 내용을 다루는 발달심리학, 그리고 프로이드를 중심으로 하는 정신분석이론 등의 영향을 받아 성립되었다. 즉, 이 프로그램은 유아발달에 대한 지식에 입각하여 유아–유아, 유아–성인, 유아–환경과의 의미있는 상호작용을 통해 인지발달과 정서발달을 포함하는 전인적 성장을 추구하는 교육적 접근이라고 할 수 있다.

(1) 교육목표

이 프로그램은 언어, 인지, 신체, 사회, 정서 발달을 포함하는 전인발달을 지향한다. 교육목표는 유아의 긍정적인 자아상 및 학습에서의 자기 주도성을 개발하는데 있으며 후기학습을 위한 보상 교육적 특성을 갖는 것이 아니라 학습환경과의 상호작용을 통한 개별적 발달을 촉진하는데 있다. 교육과정 구성의 목적은 유아나 아동의 능력, 요구, 흥미, 그리고 학교 밖의 생활에서 일어난 사건에 기초한 통합적 학습경험을 제공하는 것이다.

뱅크스트리트 교육의 세부적인 목표는 다음과 같다(Biber, 1984; 신화식 외, 2004).

① 환경과 직접적으로 상호작용하기를 원하는 유아의 요구와 흥미에 부응하기
② 자신의 경험을 인지적 과정을 통해서 재구성할 수 있는 능력을 촉진시키기
③ 물리적 · 사회적 환경에 대한 유아의 지식을 향상시키기
④ 자신의 경험을 놀이를 통해서 표현할 수 있도록 돕기
⑤ 유아기의 발달단계에서 경험하게 되는 인지적 · 사회적 갈등을 해결하도록 돕기
⑥ 유능하고 독특한 개인으로서 자신에 대한 긍정적인 자아상 형성하기
⑦ 타인을 존중하고 또래와 협력하는 사회적 상호작용 기술 습득하기
⑧ 정서발달과 인지발달을 포함하는 유아의 전인적 성장을 돕기

(2) 교수방법

이 프로그램은 3-5세 유아들의 복합연령 집단으로 구성하여 운영되며, 유아들이 개별적, 집단적으로 다양한 상호작용을 하며 자발적 표현, 선택적 활동이 허용되는 학습환경을 갖는다. 학습경험은 개방적이고 탐색적인 것에서 구조적인 것까지 포함되며, 유아의 발달적 욕구에 따른 내재적 요구, 호기심, 관심을 인정하여 인간적 분위기의 즐거움을 갖도록 해 준다. 주로 사용되는 교수방법은 다음과 같다.

첫째, 능동적 참여와 탐구 중심의 학습방법을 사용한다.

둘째, 교육은 유아의 생활과 밀접한 관련이 있는 경험으로부터 출발한다.

셋째, 교사는 관찰자와 안내자로서의 역할을 한다.

넷째, 유아에게 실생활과 연관된 문제해결의 기회를 제공하여 유아의 사고력과 창의력을 증진시킨다.

다섯째, 개인적인 학습경험과 집단활동을 통한 협동의 기회를 조화롭게 제공한다.

이 프로그램에서는 다양한 흥미영역을 설치하여 유아가 환경과 직접 상호작용하는 것을 중요하게 여긴다. 교구는 실험적·탐구적으로 이용할 수 있는 것, 다양하게 사용하거나 표현할 수 있는 것, 지각적 구별이나 조작적 문제해결에 도움을 줄 수 있는 것 등의 조건에 맞추어 선정된다(방인옥 외, 1999). 교사는 유아의 학습유형을 분석하고 교수계획에 다양한 정보를 사용할 수 있어야 하므로 아동발달, 교수방법, 교수자료에 대한 완벽한 지식을 습득해야 한다(이영자·이기숙, 1997). 그리고 교사는 유아의 경험수준과 요구를 반영하여 교실환경을 구성하고 유아들을 통찰력과 민감성을 갖고 관찰·연구한다. 또한 유아들의 생각이나 아이디어를 확장하게 자극하며 유아들과 신뢰와 이해를 바탕으로 상호관계를 갖는다.

(3) 교육내용

이 프로그램에서는 유아들이 이미 알고 있는 내용을 더욱 깊이 있게 이해하도록 돕는 것을 중시하므로, 교육내용을 선정할 때 유아의 경험에서 출발한다. 주로 다루어지는 교육내용은 다음과 같다.

구 분	내 용
언어	실제경험과 다양한 교구를 활용한 듣기 · 말하기 · 읽기 · 쓰기 활동 : 또래 간의 언어적 상호작용, 동화 듣고 표현하기, 연령과 수준에 따른 단계적 언어활동
사회생활	경험 및 탐구활동을 통해 나, 가족, 지역사회, 나라, 세계의 지식 확장 : 인간의 삶과 물리적 환경의 관계, 자연환경, 일상생활에서 책임감 기르기 등
음악 · 미술 · 극놀이 활동	생각이나 느낌을 다양한 소재로 표현하기 : 그림 그리기, 만들기, 구성하기, 콜라주, 역할놀이, 경험의 재구성 및 창의적 표현활동
수	실생활과 연관시키거나 관계 속에서의 수 · 양 · 분류 · 패턴 · 서열화 활동, 수학적 상징 개념 이해하기, 수학경험에 대한 긍정적 태도, 수학적 문제해결력 기르기 등
과학	관찰과 탐구를 통한 자연 · 사물 · 현상의 이해 : 재료의 혼합, 물체의 성질, 상황 예측하기, 견학 및 실외활동, 동물과 식물 키우기, 자연에 관심 갖기 등
감각운동놀이	소근육과 대근육활동 : 다양한 도구로 그림 그리기, 콜라주, 단추 잠그기, 지퍼올리기 등 실외활동 : 운동기구 이용하기, 걷기, 달리기, 한 발로 걷기, 자전거 타기, 물놀이, 모래놀이, 장난감과 주변을 정리하는 활동 등

3) 디스타 프로그램

디스타(DISTAR) 프로그램은 개발자들의 이름을 사용해 버라이터와 엥겔만(Berieter & Engelmann, 1966) 프로그램으로도 불린다. 이 프로그램은 학업수행이 떨어지는 어린이들에게 보다 적은 시간 안에 고도의 지적인 기술을 가르쳐 학업수행이 높은 어린이들을 따라가게 한다는 가정을 기초로 한다. 행동주의 이론을 배경으로 하며, 헤드스타트 운동 이후 사회 경제적으로 불리한 4-6세 된 유아들이 학교생활을 성공적으로 할 수 있도록 학문적 기초를 형성해 주기 위해 개발된 프로그램이다((DISTAR : 직접적 교수모델 : Direct Instructional System for Teaching Acceleration Remediation). 이 프로그램은 조직력이 높고 계획적인 교수법과 교육내용을 강조하므로 교사중심 교육과정의 대표적인 예로 소개된다.

(1) 교육목표

이 프로그램은 유아들에게 학업에 관련된 기술을 가르쳐 학교학습의 성공을 가져오게 하는데 목적을 둔다. 특히 저소득층의 유아들은 적절한 학습경험이 없이 학교에 입학하게 되는데, 이들은 지적인 기술과 개념이 약하므로 학교생활에 성공적이지 못하다. 따라서 이들에게 구조적인 프로그램의 기회를 제공해 학문적인 기초를 갖게 해 주는 것이다. 이 프로그램은 학문적 기초를 형성하기 위해 언어, 읽기, 셈하기의 목표와 내용을 세부적으로 제시하였다. 예를 들면, 언어학습은 질문에 대답하는 능력 기르기, 지시에 반응하기, 반대개념 익히기, 질문에 긍정 · 부정적으로 반응하는 능력 기르기 등을 목표로 한다.

(2) 교수방법

이 프로그램은 유아들의 인지발달을 광범하게 자극시켜 학업성공에 필요한 15가지의 기술을 가르치도록 고안되어 있다(White & Buka, 1987). 특히 개발자들은 문화실조의 유아들에게 적용시킬 18가지의 교수전략을 제시하였다(Bereiter & Engelmann, 1966). 이러한 직접적 교수전략의 예를 들면, 교사가 미리 연습해 본 교육자료를 적용하는 것과 같이 잘 계획된 교육절차로 가르치면 유아들이 신속하게 배운다는 것이다. 교사들은 소집단으로 형성된 유아들에게 읽기, 언어, 수학을 매일 단계적으로 가르쳐서, 점차적으로 학습목표를 달성하도록 수업을 이끈다(한 반의 15명을 5명씩 세 집단으로 나누어, 3명의 교사가 각각 읽기, 언어, 수학을 가르친다). 즉, 교사가 중심이 되어 직접적인 교수방법을 사용하며, 학습속도와 계획된 학습과제를 강조한다.

직접적 교수모델에서는 강화나 조건화 반응, 모델링, 자극의 조절 등의 행동원리를 수업에 적용한다. 즉, 학업의 진전이나 바람직한 행동이 보이면 강화를 사용해 격려한다. 이와 같은 행동주의 접근은 동물훈련 실험에서 보였던 반복

시도나 훈련을 강조하므로 교사중심, 속진, 과제중심 수업이라고 평가되기도 한다(Goffin, 1994). 그러나 직접적 교수모델은 현장에서 적절하게 사용되면 효과적인 교수방법과 교수자료가 된다.

(3) 교육내용

이 프로그램의 교실환경은 흥미영역이 거의 없고 사물함, 책상과 의자, 피아노, 칠판 등 필수적인 학습자료를 제외하면 교재 · 교구가 많지 않은 것이 특징이다. 교재 교구를 필요 이상으로 많이 제시하면 유아의 활동이 산만하게 되어 교육목표의 달성에 지장을 주게 된다는 것이다. 그리고 교재 · 교구는 유아용보다 교사용이 더 중요하게 여겨진다. 교육내용은 학문적 기초를 형성해 주기 위한 것으로 언어, 읽기, 셈하기가 중심 내용이며 그 외에 반구조적 활동(음악, 간식 등)을 포함시킨다. 그 내용을 요약하면 다음과 같다.

구 분	내 용
언어	복수 · 단수 인식하기, 부정어, 반대어, 추론, 전치사 등의 개념 익히기, 부분의 명칭 알기, 비슷한 말 알기, 동사의 시제, 범주화하기, 여러 가지 지식 알기, 연역법 훈련, 사물의 기능, 동의어 분류, 정의 내리기 등
읽기	단어와 철자법의 원리학습, 동작게임, 글자 발음하기, 혼성어 빨리 발음하기, 음률 맞추기, 발음하기, 유음화하기, 글자이름 알기, 대문자 익히기, 글자의 순서 알기, 단어 읽기 등
수학	10까지 수세기, 뒤에서부터 세기, 수 이름 알기, 부호 알기, 더하기, 빼기, 다섯씩 세기, 둘씩 세기 등
반구조적 활동	음악활동, 자유놀이, 간식 시간 등

상자 5 행동주의 접근을 시도하는 교실에서 보이는 전형적인 내용[3)]

직접적 교수모델의 교실은 반복과 연습을 충분히 할 수 있도록 구조화되어 있다. 책상의 배열은 칠판을 마주하고 있어서 대집단 수업이 용이하다. 학문영역의 수업, 즉 읽기, 언어, 쓰기, 수학, 과학, 그리고 사회 시간이 일정한 시간으로 할당되어 있다. 미술과 음악도 어느 정도 포함되어 있다. 수업은 교사의 지시나 안내지침을 따르게 되어 있어 구조화되어 있다. 학생들은 수업이 이루어지기 전에 미리 계획되어 있는 교사의 질문에 바르게 답하도록 요구된다. 직접적 교수모델의 수업은 다음과 같은 단계에 의해 수업이 진행된다.

(1) 전에 배운 내용의 복습

식물에 관한 수업시간에, 교사는 식물에 관한 새로운 것을 소개하기 전에 앞 시간에 식물에 관련해서 배웠던 것만을 복습시킨다.

(2) 수업의 목표를 설명

교사는 복습이 끝나면 그 시간 수업의 목표를 설명한다. 식물에 관한 수업에서 "오늘은 나뭇잎과 뿌리가 하는 일에 대하여 알아볼 것입니다"라고 말한다.

(3) 새로운 내용 소개

교사는 새로운 내용을 단계적이고 조직적으로 제시한다. 또한 새로운 내용을 제시하는 동안 학생들이 이해하고 있는지 자세하게 기록한다. 교사는 식물의 수업에서 나뭇잎과 뿌리가 하는 일을 자세하고 분명하게 묘사한다. 그리고 계속해서 내용과 관련한 예를 다양하게 여러 번 들려 준다.

(4) 안내된 연습

교사는 학생들의 반응에 피드백(feedback)을 주면서 연습활동을 하도록 이끌어 준다. 교사는 식물 수업에서 안내된 연습을 하도록 "나무가 자라도록 물을 흡수하는 뿌리를 찾아봐요. 그리고 나에게 보여주세요."라고 말한다.

(5) 개별적 연습

교사는 학생들의 실수를 파악하면서 개별적으로 연습하게 한다. 그리고 학생들이 개별적으로 할 수 있다고 느끼면 숙제를 내준다.

(6) 지식 습득을 위한 주기적 피드백 제공

교사는 학생들이 배운 지식을 기억하고 있지 알아보기 위해 여러 유형의 테스트를 통해 관리한다.

3) White, C. S. & Coleman, M.(2000)의 Early Childhood Education 269쪽에서 인용.

4) 카미와 드브리스 프로그램

카미와 드브리스(Kamii & DeVries)는 아동들의 인지구조란 사물과 사람과의 활동과 상호작용에 의해 아동 스스로의 자발적이고 주도적인 활동에 의해 스스로 구성된다는 Piaget의 구성주의적 신념에 입각하여, 구성주의 교육(constructive education)이란 용어를 사용하였으며, 구성주의에 입각한 교육 프로그램을 소개하였다. 이 프로그램은 피아제의 이론이 어린이의 도덕적, 사회적, 정의적, 인지적 발달에 적용된다는 신념에 기초한다(DeVries & Zan, 1995). 카미와 드브리스는 오로지 인지발달에만 초점을 두는 것은 너무 협소하고 성격이나 동기를 소홀히 여기는 것이라고 보고 다른 사람의 감정이나 권리를 존중하며 자기와 다른 견해를 받아들여 잘 조화를 이루도록 하는 협동적인 활동을 강조했다.

(1) 교육목표

이 프로그램은 입실란티(Ypsilanti) 공립학교의 아동을 대상으로 개발된 것으로, 프로그램의 전체적인 방향은 아동의 인지구조를 발달시켜 문제해결력을 길러 주는 것이다. 교육목적은 유아의 인지적, 도덕적, 사회적, 정서적 발달을 균형적으로 이루어 전인격적 성장을 이룩하는 것이다. 이를 달성하기 위한 세부 목표는 항상 새로운 것을 창조할 수 있는 발견 · 발명적인 인간, 그리고 능동적이고 비판적인 능력을 가진 인간으로 육성하는 것이다. 이 접근은 아동중심적이며 어린이의 현재 환경, 흥미 그리고 과거 경험에 초점을 두며, 교사는 수업에서 관련된 인류학적, 문화적 요소를 다루는 많은 기회를 갖는다. 결과적으로 구성주의 접근은 대중적인 사회적 가치와 태도, 그리고 관습을 반영한다.

구성주의 접근은 가족의 개입을 허용한다. 이 접근은 어린이가 가정과 지역사회에서 얻은 경험을 교실로 가져오는 것을 격려한다. 또한 가족들이 전통적인 방법으로 교실활동에 참여하도록 격려한다(예를 들면, 부모 자원참여, 부모-교사 협의회).

(2) 교수방법

구성주의 교육은 유아의 흥미, 자율성, 동료와의 상호작용을 강조한다. 구성주의에서 강조하는 흥미는 활동 안에서의 흥미이다. 아동의 구성적 에너지를 자극해 줄 수 있는 것이 자발적 흥미이다. 교사는 관찰을 통해 흥미의 초점을 발견하고, 추상작용을 일으킬 활동이 무엇인지 알아내야 한다. 자율성의 장려를 위해 아동이 자발적인 놀이를 통해 지식을 구성하도록 문제 상황을 제시하고 스스로 선택하고 결정할 수 있는 기회를 많이 준다. 지시와 자유를 적절히 사용하여 기본적 사회·도덕적 목표인 스스로 규제할 수 있는 능력을 갖도록 한다.

구성주의는 사회적 기술의 발달, 성격발달 그리고 자존감의 발달은 어린이들이 환경에 능동적으로 대처하는데 필수적이라고 본다. 이 구성주의 접근은 액체의 보존실험과 같이 인지적 과제에 초점을 두었던 피아제식 프로그램과는 거리가 있다(Lavatelli, 1970). 이 카미 드브리스 접근은 어린이의 흥미와 관련 없는 과제에 관심을 두기보다는 매일 교실활동에서 보이는 인지발달 단계를 아는 것이 중요하다고 믿는다. 어린이는 스스로 생각하도록 격려되어야 하며 교사는 발달이론에 관한 지식을 충분히 알아야 한다. 구성주의 교사는 어린이가 의사결정을 하고 다른 사람들과 생각을 나눌 수 있는 지지적인 환경을 마련해 주어야 한다. 또한 피아제의 이론을 충분히 알고 있어서 어린이의 사고가 높은 인지발달 수준으로 향상되도록 그들을 격려할 수 있어야 한다. 발달에 관한 풍부한 지식을 통해 어린이의 자발활동을 평가할 수 있어야 하며 어린이의 아이디어를 확장시킬 수 있는 질문을 하고 그들의 생각(reasoning)을 자극해야 한다. 교사는 어린이가 알고 있는 것을 존중하며 그들이 이해한 것을 구성하게 도와주어야 한다.

(3) 교육내용

이 프로그램의 교육내용은 아동발달 교육과정, 피아제 이론이 시사하는 활동의 세 가지 자원에서 선정된다(박재환, 1996; 이기숙, 2001).

구 분	내 용
일상생활 내용	일상 활동에서 자연스럽게 경험하는 내용 : 식사하기, 정리하기, 자기 몸 관리하기, 친구들과 대화하기 등
유아발달 프로그램 내용	전통적인 교육과정에서 행해지는 여러 가지 활동들 : 쌓기놀이, 그림그리기, 물놀이, 모래놀이, 요리하기, 동·식물 기르기 등
피아제 이론이 암시하는 활동들	물리적 지식, 논리·수학적 지식, 사회적 지식에 근거를 둔 활동들; 도덕성 발달과 대인관계 증진을 지향하는 집단 게임, 피아제 실험과제에서 도출된 활동들

카미와 드브리스 프로그램은 교육내용 중에서 물리적 지식활동(physical knowledge activities)과 집단게임(group games)을 강조한다. 물리적 지식활동은 '물리적 세계에서 사물에 대한 관찰과 반응에 기초한 활동'이다(DeVries & Kolhberg, 1987). 물리적 지식을 구성하는데 도움이 되는 활동들은 사물을 분류하거나 움직이거나 변화시키는 등의 활동을 포함한다. 사물을 움직이는 활동을 격려하는 물리적 지식활동은 잡아당기기, 밀기, 굴리기, 발로 차기, 높이뛰기, 균형잡기 떨어뜨리기 등이 있다. 변화시키는 것과 관련된 활동은 요리하기, 색혼합하기, 물을 얼리기 및 녹이기 등이다. 또한 사물에 변화를 주고 움직이게 하는 활동으로는 그림자놀이와 사물을 물에 띄우기와 가라앉히기이다. 많은 물리적 지식활동들은 종종 유아교육기관에서 보이는 전형적인 과학활동과 관련된 활동이다.

카미 드브리스의 사물 움직이기를 포함하는 물리적 지식활동이 상자 6에 예시되어 있다.

상자 6 물리적 지식활동(사물 움직이기)4)

물리적 지식활동의 목적은 어린이가 사물이 어떻게 반응하는지 혹은 어떤 결과가 산출되는지 알아보고 그 반응에 대해 관찰한 것을 구조화할 수 있게 하는 것이다.

다음의 '바람불기'에 관한 인용은 일반적으로 인지발달을 목적으로 하여 분류에 관한 사고를 촉진하는 전형적인 방법을 설명한다. 예를 들면, 바람불기 활동에서 한 유아가 빨대를 불어서 마루 바닥에 놓인 다른 빨대를 움직이려고 할 때, 앞쪽으로 똑바로 움직이게 하려면 가운데를 불어야 한다는 것을 발견하게 된다. 만일 가운데서 약간 떨어져 왼쪽이나 오른쪽을 불면 빨대가 360도로 회전하면서 움직이게 된다. 어린이는 빨대의 다른 움직임 상태를 보고 공간적, 논리적 관계를 구조화한다. 이런 일이 어떻게 일어나는지는 다음의 예를 보면 알 수 있다.

선생님은 어린이들에게 빨대를 한 개씩 나누어 주고 여러 가지 물건들이 담긴 상자를 보여 주었다. 그 상자 안에는 휴지(크리넥스), 막대 아이스크림의 막대, 빨대, 속이 비어 있는 캔, 작은 블록, 구슬, 헝겊 인형 등이 들어 있다. 선생님은 "이 상자에 있는 것들 중에서 바닥에 놓고 바람을 불어 옮길 수 있는 것들을 찾아보자!" 라고 말한다고 하자. 이 질문은 어린이들이 막연히 직관적이 수준에서 움직일 수 있다고 생각되는 사물들을 보게끔 한다. 그러나, "물체들의 무게와 관련이 있을까? 모양도 중요하지 않을까? 둘 다 중요한가? 어떻게 알아낼 수 있을까?"와 같은 질문은 물리적 지식 활동을 하는 동안 일어나는 논리-수학적 구조화를 설명해 준다. 어린이는 특별한 내용을 구조화하는 동안에 논리-수학적 구조를 구성한다. 이 바람불기 활동에서 어린이는 최소한 다음과 같은 세 가지를 발견하는 기회를 갖는다. 즉 움직이지 않는 것(블록), 계속 움직이는 것(휴지, 구슬, 빨대, 아이스크림의 막대), 그리고 어떨 때는 움직이는 것(주스 캔과 인형 : 어떤 위치로 놓여졌을 때만 움직인다)이다. 나아가 어린이는 어떤 사물을 미끄러지면서 움직이고 어떤 것은 구르면서 움직이고 어떤 것은 두 가지 성질을 다 보이면서(예 : 빨대) 움직인다는 것을 관찰하게 된다. 분류 셰마(schema)는 빨대의 가운데를 부는 것과 다른 부분을 부는 것과의 관계를 적용하게 하는데 필요하다. 이 분류 셰마를 사용해 어린이는 빨대의 가운데를 불어 빨대를 똑바로 움직이게 할 수 있다는 결론을 내릴 수 있다.

---

4) DeVries, R., & Kohlberg, L.(1987). Programs of Early Education : A Constructivist View. Longman, Inc : New York.

집단게임의 중요한 목적은 어린이들이 사회에 잘 적응하도록 하는 것이다. 집단게임은 어린이들이 전통적인 규칙에 따라 함께 노는 동안 상호작용하게 한다(Goffin, 1994). 카미와 드브리스는, 게임은 어린이들이 때로는 독립적이고 맞서기도 하고 협동적인 역할을 생각하게 하는 독특한 규칙이 있다고 설명하였다. 이 접근에서 그룹게임은 어린이들에게 자유를 주어 규칙을 따르거나 어길 수 있도록 선택할 수 있게 함으로써 자율성을 키워 준다. 그리고 점차 규칙은 다른 사람들과 바람직한 관계를 유지하기 위해 필요하다는 이유를 알게 한다. 게임은 어린이들에게 무엇인가 흥미를 제공하고 도전하게 하는 장점이 있다. 게임은 어린이에게 성공감을 갖게 하며 능동적으로 참여하게 한다.

그 외에도 카미 드브리스는 수학적 개념을 가르치는 기술을 발휘하여 논리·수학적 지식을 설명하였다. 어린이는 일상에서 수를 접할 필요가 있는데, 수는 논리·수학적 지식을 구성하기 위한 자연스런 문제이다. 예를 들면, 사물을 세어보기, 나누기, 모으기, 기록해 가기, 그리고 장난감 치우기 등은 수에 관심을 두는 기회를 준다.

5) 하이스코프 프로그램

하이스코프 프로그램은 와이카트(David. Weikart)와 그의 동료들이 1960년대와 1970년대에 미국의 페리 유아원을 대상으로 유아의 자연적인 아동발달에 기초해서 만든 통합 교육과정이다. 이 프로그램은 피아제(J. Piaget)의 인지발달이론에 그 기초를 두고 있으며 유아가 능동적인 학습자라는 점을 기본 전제로 한다. 즉, 유아는 자신의 활동을 스스로 계획하고 수행하며 평가할 때 가장 잘 학습한다는 것이다. 1971년에는 입실란티에 교육과정의 연구개발과 교사 훈련을 위한 센터(The Staff Training and Curriculum Development Center : TDC) 와 하이스코프 시범 유아원과 초등학교가 설립되었다. 30년간의 장기적인 연구를 통해서, 하이스코프 교육과정은 발달에 적합한 유아교육 프로그램으로 평가되어 왔다.

(1) 교육목표

이 프로그램은 전인적 발달을 도와주기 위한 통합적인 교육 프로그램으로서 어느 특정 영역의 발달을 가속화시키는데 목표를 두지 않으며 전체적인 발달을 지향한다.

프로그램의 주요목표는 다음과 같다(신화식 외, 2004).

① 사람들, 사건들, 사물들 간의 능동적인 참여를 통해서 배우도록 도와준다. 유아가 주변사물들과의 관계를 구성하고, 구성한 관계를 좀더 체계적인 방법으로 확대할 수 있게 한다.
② 학교 및 사회생활을 위한 준비과정으로 스스로 선택한 목표와 과제를 수행하고 완성할 수 있는 책임감을 길러 준다.
③ 학교 및 사회생활을 위한 준비과정으로 무엇을 어떻게 할 것인지 스스로 선택하고 결정할 수 있는 독립심 및 자신감을 길러 준다.
④ 유아의 사고, 아이디어, 느낌을 표현할 수 있는 능력을 길러 주고, 다른 사람과 의사소통을 하기 위한 경험을 말하고, 극화하고, 표상할 수 있는 능력을 길러 준다.
⑤ 유아가 인지, 사회, 정서, 신체, 도덕 발달 등 모든 발달 영역에서 지식과 기술을 확장하도록 돕는다.

(2) 교수방법

하이스코프 교육 프로그램에서는 유아가 능동적 학습자인 것처럼 교사도 능동적 학습자의 역할을 한다. 교사는 유아들과 함께 경험을 학습하며, 유아 개개인의 독특한 능력과 흥미에 대한 새로운 통찰을 얻는다. 이를 위해 분류,

순서, 결과 예상 등 지적 발달을 증진할 수 있는 주요 경험을 항상 염두에 두어 흥미영역 중심의 학습환경을 구성한다. 그리고 유아들이 선택한 활동을 통해서 주요 경험(key experience)을 하고, 문제를 스스로 해결하도록 격려하며, 인지적, 사회적, 신체적 발달을 이룰 수 있도록 돕는다. 교사는 유아의 능력에 맞추어 상호작용함으로써 유아들과 진실한 관계를 맺으며, 감독자보다는 동료로서 참여한다. 하루일과는 유아들의 능동적 학습을 위하여 계획–작업–평가의 과정으로 이루어지며, 일관적인 하루일과는 유아들의 책임감과 독립심을 길러 준다고 평가된다. 또한 교사는 유아의 발달상태를 관찰하고 측정하고 평가하여 유아의 발달수준에 맞는 경험을 다양하게 제공해 준다.

(3) 교육내용

이 프로그램은 유아의 능동적 학습을 지원하기 위한 교육내용들로 구성된다. 일상생활 속에서 능동적인 학습을 지원해 줄 수 있는 주요 경험(key experience)의 내용은 능동적으로 탐구하기, 직접적인 경험을 통하여 관계를 파악하기, 교구를 조작 · 변형 · 결합하기, 교구와 활동 및 목표를 선택하기, 기구 및 시설 다루는 기술을 획득하기, 대 근육을 사용하기, 자신의 요구를 알기 등이다. 이 프로그램에서는 교육내용이 주요 경험으로 설명되고 있는데, 이것은 발달적으로 적합한 경험으로 구성되어 유아의 지속적인 발달에 도움을 준다. 그 내용은 ① 창의적인 표현(표상), ② 언어와 문해, ③ 주도성과 사회적 관계성, ④ 동작(신체움직임), ⑤ 음악, ⑥ 분류, ⑦ 서열, ⑧ 수, ⑨ 공간, ⑩ 시간에 대한 개념을 형성하는 것이다.

구 분	내 용
창의적인 표현(표상)	• 오감각에 의한 사물 인식하기 • 움직임과 소리 모방하기 • 그림, 사진, 모형들을 실제 장소와 사물에 연관시키기 • 가상놀이와 역할놀이 • 점토, 블록 그리고 다른 재료들로 모형만들기 • 그림그리기와 색칠하기
언어와 문해	• 개인의 의미있는 경험에 대해 타인과 대화하기 • 사물, 사건 및 관계들을 묘사하기 • 언어를 사용하여 즐기기 : 운율따라 부르기, 이야기 구성하기, 시 또는 동화듣기 • 다양한 방법으로 쓰기 : 그리기, 글자쓰기, 극적거리기 • 다양한 방법으로 읽기 : 동화, 기호나 상징들 읽기 • 느낌을 말로 표현하기
주도성과 사회적 관계성	• 선택하고 계획하고 결정하기 • 활동 중에 일어난 문제해결하기 • 욕구 조절하기 • 감정을 말로 표현하기 • 집단활동에 참여하기 • 감정, 흥미와 다른 사람의 요구에 민감하게 반응하기 • 유아와 성인과의 관계 증진시키기 • 협동놀이에 참여하기 • 사회적 갈등 처리하기
동작(신체움직임)	• 지시에 따라 움직이기 • 움직임 나타내기 • 비이동식 신체 움직임 • 사물을 가지고 움직이기 • 창의적인 움직임 표현하기 • 일정한 박자를 느끼고 표현하기 • 같은 박자에 따라 계속 움직이기
음악	• 음악에 따라 움직이기 • 소리탐색과 확인하기 • 노래 부르는 사람 알아맞추기 • 멜로디 만들어 보기 • 노래 부르기 • 간단한 악기 연주하기
분류	• 사물들의 유사점, 차이점을 탐색하고 이름 붙이기 • 형태를 구분하고 설명하기 • 사물이 어떻게 같고 다른지 파악하고 설명하기 : 분류하고 짝짓기 • 사물을 여러 가지 다른 방법으로 사용하고 설명하기 • 동시에 한 가지 이상의 속성을 생각하기 • 어떤 사물이 갖고 있지 않은 특성과 그 사물이 속하지 않는 집단을 묘사하기

구 분	내 용
서열	• 속성에 따라 비교하기(길다/짧다, 크다/작다) • 사물들을 형태, 패턴별로 배열하고 관계를 묘사하기(작은 것/큰 것, /작은 것/큰 것, 빨강/초록/ 빨강/초록) • 시행착오를 통해 일련의 물체들을 또 다른 순서대로 맞추기(작은 컵-작은컵 받침/ 중간컵-중간컵 받침/ 큰컵-큰컵 받침)
수	• 수와 양을 비교하기 : 더 많은/더 작은, 똑같은 • 두 개의 집합을 일대일 대응시켜 나열하기 • 물체의 수세기
공간	• 채우고 비우기 • 사물을 함께 모으거나 분리하기 • 물체들을 재배열하고 재구성하기(접기, 포장하기, 비틀기, 쌓기, 묶기) • 여러 다른 관점에서 사물과 장소를 관찰하기 • 그림이나 사진에 표현된 공간 관계를 해석하기 • 놀이터, 학교 및 주변에서 거리, 위치, 방향을 경험하고 설명하기
시간	• 신호에 따라 행동을 시작하고 멈추기 • 움직임의 속도를 경험하고 표현하기 • "빠르고", "느림"과 같은 시간 간격을 경험하고 비교하기 • 사건의 순서를 인식, 묘사, 표상하기

6) 프로젝트 접근법

프로젝트 학습방법은 1920년대에 주류를 이룬 진보주의 교육에서 듀이(Dewey)와 킬패트릭(Kilpatrick)에 의해 '프로젝트 방법(project method)'이란 용어로 강조되었다(Katz & Chard, 1989). 그 후, 1960년대와 1970년대 초에 프로젝트 과정은 미국과 영국에서 유아·초등 교육의 핵심 부분을 차지했으며, 많은 교육자들이 프로젝트 과정을 '열린 교육'이라 부르면서 그 영향을 받았다(Smith, 1997).

프로젝트 접근법(project approach)은 캐츠(Katz)와 챠드(Chard)가 이전의 프로젝트 학습방법을 통합적인 교육과정의 맥락에서 아동중심 및 진보주의 철학에 기초해 재조직한 용어이다. 프로젝트 접근법은 방법이나 모델이라는 말보다 '접근법(approach)'을 사용하며 기존의 교육과정을 사용하면서 상호보완적 입장에서 하나의 주제에 대해 심층적으로 접근이 가능하기 때문에 유아교육기관의 여러 상황에 따라 다양한 방법으로 통합 접근할 수 있다(Katz & Chard, 1989).

프로젝트 활동이란 개인 혹은 소집단, 때로는 학급 전체의 유아가 하나의 주제(topic)에 대해 다양한 측면을 조사하고 깊이 연구하는 확장된 주제학습 활동을 말한다(Katz, 1994). 프로젝트 접근법은 교육과정의 유형이 아니라 하나의 교수-학습 방법이다. 다시 말하면, 프로젝트 접근법은 흥미를 갖는 프로젝트 활동에 유아들이 몰입하도록 함으로써 학습하고자 하는 성향과 주변세계에 대한 이해를 증진시키고 나아가 사고능력이 발달되도록 돕고자 하는 교수방법이다(방인옥 외, 1999).

(1) 교육목표

프로젝트 접근법의 목적은 유아의 마음(mind)을 계발하는 데 있다. 여기서 '마음'이란 지식, 기능뿐 아니라 정서적, 도덕적, 심미적 감각을 포함한다. 프로젝트 활동을 통해서 얻을 수 있는 학습의 목표는 지식의 획득, 기술의 획득, 성향의 계발, 정서의 조절이다. 그 내용을 요약하면 다음과 같다.[5)]

① 지식은 유아들이 수업에서 배울 수 있는 사회과학 개념들이다. 그 내용으로는 정보(사실, 문화적 관점, 이야기, 예술작품 등), 개념(개요, 속성 및 범주, 사건 기록 등), 관계성(인과성, 목적과 과정의 관련, 전체와 부분 등), 의미(개인적인 지식경험, 이해 등) 등이다.

② 유아는 일상생활에 필요한 사회적, 개인적 기술을 배워야 한다. 즉, 기본적인 학업기술(말하기, 읽기, 쓰기, 세기 및 측정하기 등)과 과학적 · 기능적 기술(자료정리, 컴퓨터와 과학기구 사용하기, 관찰하기 등), 사회적 기술(협동, 토의, 협의, 지도성, 단결심 등), 개인적 관계의식(주고받기, 존중, 자기주장 등)을 배워야 한다.

5) http://www.project-approach.com/foundation/goals.htm

③ 교사는 유아의 학습과 생활에 도움이 되는 여러 가지 성향을 계발시키도록 노력한다. 그 내용은 정신적 습관(궁금해하기, 계산하기, 예측하기, 설명하기 등)과 과제에 대한 접근(탐색, 지구력, 심사숙고, 공개 등), 선호도(협동적/독립적, 장시간/단시간, 능동적/수동적), 그리고 장점과 약점(장점은 키워 주고 단점은 줄이도록 도와 준다)이 있다.

④ 유아는 성공과 실패에 대하여 적절한 정서적 반응을 할 수 있도록 학습해야 한다. 유아는 유능감과 학습 대한 잠재력을 느낄 때 자신감과 확신감을 발달시킬 수 있다. 즉, 성취에 대한 현실적인 기대감, 성공과 실패 다루기, 시행착오로부터의 학습, 좌절과 실망에 대처하기 및 성공에 대한 만족감, 기분을 적절하게 표현하기, 다른 친구들이 문제해결하는 데 도움주기 등이 있다.

(2) 교수방법

프로젝트 활동은 몇 단계의 과정으로 수행된다. 주제 선정, 주제 조직망의 구성, 예상되는 활동 범위의 구성 등의 프로젝트 준비단계를 거쳐 프로젝트 활동을 실행한다. 주제는 교사나 유아들에 의해 추천되는데, 유아에게 흥미롭고 친숙하면서 유아들의 상호협동의 기회를 제공하고 여러 교과영역의 범위를 통합할 수 있으며 탐구와 조사활동, 다양한 표현활동이 가능한 주제를 선택하도록 한다. 예를 들면 개미, 바위, 물, 음식, 병원, 채소가게 등은 유아들의 생활과 친숙한 주제들이며 관련개념 및 활동 범위가 유아들에게 적절하다.

(3) 교육내용

주제가 선정되면 교사는 유아들의 경험과 흥미를 반영하고 제공한 자료나 현장경험의 가능성들을 생각하면서 주제의 조직망(web) 혹은 개념지도(concept map)를 조직해 본다. 그리고 프로젝트의 구상 과정에 유아들을 참여시켜 다양한 의견과 아이디어를 수용해 발전된 프로젝트망을 계획한다. 다음의 그림은 '닭'이라는 주제로 3세반에서 구성한 주제망의 예이다.6)

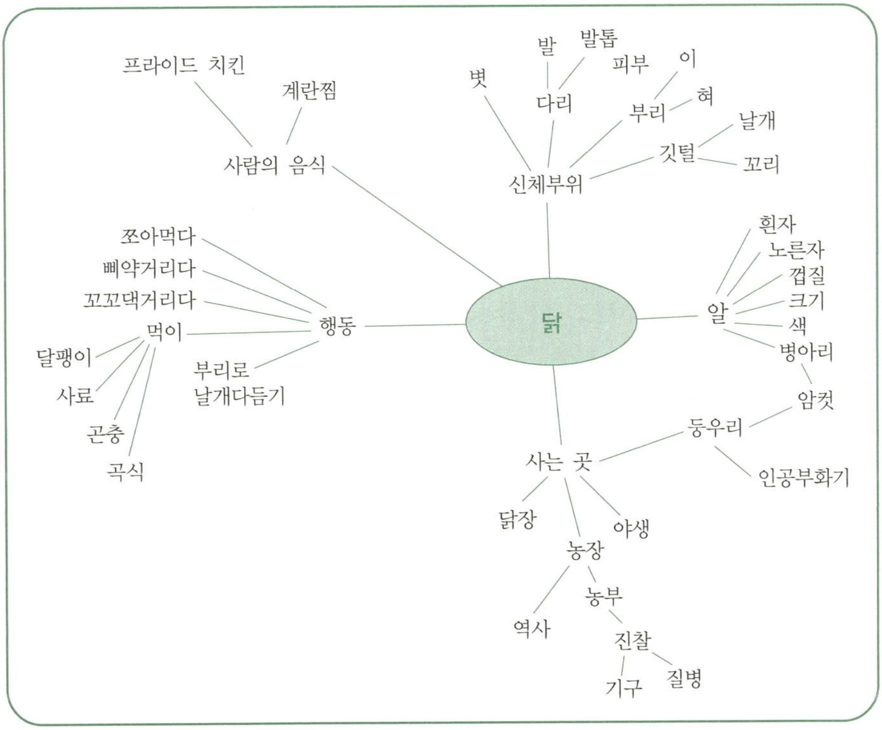

[그림 4-2] '닭' 프로젝트의 주제망

프로젝트의 실행은 3단계로 전개된다. 1단계에서는 유아가 주제에 대해 알고 있는 것을 나타내고 구상하는 활동으로 개인적인 경험을 회상하기, 쓰기, 그리기, 극놀이, 토의 등을 한다. 2단계에서는 현장견학, 전문가 초빙, 문헌 및 시청각 매체 조사 등을 통해 주변세계를 적극적으로 탐색하여 새로운 정보를 얻는다. 마지막 3단계에서는 그 동안 수행한 모든 활동을 정리하여 평가하고 전시하여 다른 사람들과 공유한다. 이 프로젝트의 실행과정을 교사의 교수

6) http://www.cds-sf.org/project/

–학습 상호작용 과정의 구성적 입장에서 정리하면 집단토의–현장활동–표현활동–조사활동–전시의 과정으로 설명할 수 있다(신화식 외, 2004).

구 분	내 용
1) 집단토의	다양한 문제와 아이디어에 관해 토의하기 위해 학급 전체 혹은 소집단으로 모여 교사의 지도를 받거나 서로 의견 교환을 한다.
2) 현장활동	현장에 가서 조사하거나 관련된 사람들과 면담하고, 기록하거나 측정해 보고 그려 보는 등의 활동을 한다. 가까운 이웃이나 흥미 있는 장소나 사람들을 찾아볼 수 있으며 보고, 듣고, 냄새 맡고, 기타의 감각을 이용한 직접 경험을 통해 새로운 정보를 이해하게 도울 수 있다.
3) 표현활동	주제와 관련시켜 경험을 통해 얻은 정보를 검토하고 조직적으로 정리한다. 각자의 경험과 견해의 차이점에 대해 논의하고 앞으로 더 알고 싶은 사항들을 작성한다. 그림을 그리거나 글을 쓰며 수학적인 기호를 사용하고 극놀이 등 다양한 표현 기법을 사용하여 자신의 경험 결과를 해석하고 정리하여 표현할 수 있게 한다.
4) 조사	다양한 자원을 사용하여 주제에 대한 조사를 한다. 부모, 가족, 친구들, 그리고 전문가와의 면담을 통해 궁금한 문제들을 해결한다. 또한 물체나 자료 및 물질을 다루어 보거나 스케치하기, 확대경을 이용하여 세부적인 것이나 물체의 결 등을 자세히 관찰하기 등을 통해 여러 가지를 탐색하고 분석할 수 있다. 나아가 서적을 통해 자세한 정보를 얻을 수 있다.
5) 전시	활동결과를 벽면이나 게시판에 전시하여 다른 사람들과 아이디어를 공유할 수 있다. 전시를 통해 연구의 진행 정도를 계속 알 수 있도록 해 주며, 방문자나 다른 사람들에게 프로젝트에서 이루어진 과정에 대해 이야기할 수 있는 기회를 줄 수 있다.

프로젝트 수업을 지도하는 교사의 역할은 다양하고 역동적이다. 프로젝트를 수행하는 각 단계마다 교사의 역할은 달라지며, 각 유아의 성숙 정도나 특성, 활동에 몰입하는 정도에 따라 적절하게 활동을 이끌어 주고 촉진해 주어야 한다(지옥정, 1997). 교사는 매일 유아들에게 흥미로운 주제에 접할 수 있는 기회를 제공해야 하며, 교사의 도움 없이 습득하기 어려운 부분에 대해서는 체계적으로 지도를 할 필요가 있다.

7) 레지오 에밀리아 접근법

레지오 에밀리아(Reggio Emilia)는 이탈리아 북부지방의 도시로, 이 도시를 중심으로 한 유아교육의 역사는 이탈리아의 사회적, 정치적, 교육 개혁의 역사와도 밀접한 관련이 있다. 레지오 접근법의 창안자인 말라구찌(Loris Malaguzzi)는 레지오의 철학과 원리를 형성하는데 기여했다. 레지오 에밀리아의 교육은 특정이론을 중심으로 개발되었다기보다 교사와 부모들의 경험에서 구성한 지식을 기존 이론에 통합하는 방식으로 발전해 왔다. 레지오의 이론적 기초는 피아제의 개인적 구성주의와 비고스키의 사회적 구성주의 등을 근간으로 유아의 지식이 능동적으로 구성되는 과정을 중요시하고 있다. 레지오 에밀리아에서 이루어지는 유아교육은 레지오 접근법(Reggio Approach)으로 알려졌으며, 유아교육에 대한 철학적 가정, 교육과정과 교수방법, 환경구성, 학부모 및 지역공동체의 교육환경 등이 이탈리아의 사회문화 맥락 속에서 이해될 수 있는 독특한 통합 유아교육체제이다.

(1) 교육목표

미리 계획되고 정해진 교육 목적이나 목표가 없다. 레지오 접근의 교육목표는 지역의 사회문화적 요인과 적절하게 조화되어 있으며, 유아와 교사, 부모, 지역 구성원간의 관계를 통하여 교육은 상호 협력적으로 이루어진다(New, 1999). 즉, 계획된 학습활동에 국한하여 교육목표가 존재하기보다 유아의 지역사회 환경에서 인지, 정서적으로 도전이 될 수 있는 여러 상황을 제공하여 부모, 교사 및 지역사회와의 관계 속에서 다양하게 생각해 보게 한다. 유아, 교사, 학습, 부모와 지역사회의 관점에서 본 교육목표를 보면 다음과 같다(신화식 외, 2004).

표 4-2 레지오 에밀리아 접근법의 교육목적 및 목표

범주	교육목적 및 목표
유아	• 유아들에게 교실의 다양한 자료를 사용하여 100가지 언어로 자신들을 표현할 수 있도록 한다. • 유아들이 능력있는 개인으로서 성장할 수 있도록 자율성 및 자기표현력 신장을 강조한다. • 유아들이 의사소통, 인지, 논리, 상상력 학습을 하여 통합된 개인으로 성장하도록 한다. • 유아는 풍요로운 존재이며 강한 이미지가 있음을 안다. • 유아는 단순한 욕구를 가진 존재가 아닌 권리를 가진 독특한 개체로 인정한다. • 유아들은 유능하며 사회적 의사소통의 권리와 능력을 가진 존재로 본다. • 유아들에게 자신의 역사, 사회적, 문화적 환경과의 관계를 맺고 공동체 의식을 갖고 살아갈 수 있도록 한다. • 유아들에게 교사, 부모, 지역사회와 협력하여 진행되는 상호협력 체제의 교육의 중요성을 알게 한다.
교사	• 교사는 유아의 잠재력을 인정하고 인지적 갈등이 될 수 있는 다양한 상황을 제공한다. • 한 교실에 2명의 교사는 서로 파트너 관계이며, 두 교사는 동등한 지위이다. 서로 유아들을 세밀하게 관찰하며 기관 내의 모든 교사는 아이디어를 나누며 상호작용을 한다. • 교사는 자신들의 역할을 연구자로 생각하고 유아들의 활동을 관찰하고 평가한다. • 교사는 정해 놓은 교육과정은 없으나 자신만의 목표와 도달하는 방법은 있다는 것을 알고 유아들의 활동을 도와 준다. • 교사는 유아의 잠재력을 인정하고 교육활동에 융통성을 갖는다. • 교사는 유아가 우연히 제의한 주제가 프로젝트 활동이 시작될 수 있음을 알고 유아의 흥미를 기회로 활용한다. • 교사는 유아의 성장 과정을 볼 수 있도록 3년 동안 유아에 관한 모든 것을 기록한다.
학습	• 교육과정은 정해져 있지 않다. 그러나 하루 일과계획표는 있다. 이에 유아들이 활동을 만족할 때 완성할 수 있도록 충분한 시간과 공간을 제공하도록 한다. • 하루 계획표는 순환적이다. 각 교사는 3년 동안 같은 반 유아들을 맡으면서 유아의 학습 성향과 다른 유아와의 관계를 구축하기 위해 노력한다. • 지식은 유아 자신이 사회적 관계를 형성해 가는 과정에서 다른 사람들과 함께 참여하여 재구성됨을 인식하게 한다. • 지식은 유아에 의하여 구성된다는 입장에서 유아를 학습의 능동적 주체자로 생각한다. • 사회구성주의에 따라 발현적, 상호협력적인 방법으로 활동을 한다. • 전형적인 유치원 교실처럼 많은 자료를 사용한다. 그러나 분리된 교실이 아니라 통합 학습의 형태이다.
부모 · 지역사회	• 부모 및 지역사회의 구성은 유아의 요구, 권리를 인정해야 하며 유아의 복지와 안전을 위해 지원해야 한다. • 부모 및 지역사회에서는 영유아교육기관의 환경에 관심을 가진다. • 지역사회 문화 환경에 대해 유아가 자부심을 갖게 하고, 이러한 문화, 역사적 전통은 일상생활에서 유아의 표상활동을 돕는 공간이 되게 한다.

(2) 교수방법

레지오 접근법은 유아 개인의 능력과 흥미에 따라 다양한 교수–학습 방법을 사용한다. 특히 교사는 유아의 능력과 수준에 따라 도움을 주면서 유아 스스로의 자발적인 참여를 강조하는 학습방법을 사용한다. 이를 위해 교사는 다음과 같은 교수방법을 사용한다.

첫째, 발현적 교수법을 사용한다. 발현되는 아이디어를 중심으로 유아의 대인관계 향상, 협력정신, 인지 활동을 넓혀 주어 유아의 능력을 효율적으로 촉진시켜 주는 교수방법이다.

둘째, 다양한 상징 표상으로 접근하는 교수–학습 방법을 사용한다. 표상은 유아 자신이 탐색한 경험을 회상하고 기억을 되살려 기호나 글자, 도표, 그림 등으로 표현하는 것이다.

셋째, 학습에 순환적 진행방법을 사용한다. 한 주제에 대하여 다양한 매체를 사용하여 탐색한 다음, 재방문, 재탐색, 재표상하는 경험의 순환 과정을 통해 주제에 대한 이해수준을 심화시켜 나간다. 이러한 순환적 진행 방법은 유아들이 한번 탐색하였을 때 볼 수 없었던 지식을 재구성할 수 있게 해 주며, 유사점이나 차이점을 다시 발견하면서 특정 주제와 관련된 정보를 깊게 알 수 있다.

넷째, 교육과정을 통합적으로 운영한다. 통합은 학습에서 인지, 상징적인 과정의 통합, 과학과 예술의 통합, 문해교육을 위한 제 영역의 접근, 미술교육을 통한 사회·문화적 접근 등 다양하다(Edwards & Willis, 2000).

마지막으로, 공동 교수 방법을 사용한다. 교사, 부모와 가족, 지역사회와 함께 하는 공동 교수 방법은 교육에 관하여 그 지역사회 문화권 안에서 체계적으로 참여하여 해결함으로써 서로 의욕을 고취시켜 더욱 질 높은 유아교육을 실행하는 독특한 교수 방법으로 볼 수 있다.

New(2002)의 연구에 의하면, 세계적인 관심을 받고 있는 레지오 교육에 대해 많은 유아교육 전문가들은 레지오의 이론적 배경, 발현적 교육과정을 통한 실제 프로젝트의 전개과정, 유아의 지식구성 과정을 강조하는 교수 방법 등에서 시사점을 찾을 수 있다고 하였다.

그 외에 레지오 접근의 또 한 가지 특징은 물리적 환경에서 찾아볼 수 있다. 유아들의 작품이나 사진, 대화기록, 자연물을 비롯한 여러 가지 장식 등으로 꾸며진 물리적 환경은 심미적으로 정돈되어 있어 아름다움을 느끼게 한다. 공간이 서로 통하는 순환성과 밝은 빛을 활용한 투명성은 활동영역의 자유로운 이동과 활발한 학습활동을 가능하게 한다.

(3) 교육내용

레지오 교육과정을 대표하는 교육내용은 장·단기 프로젝트 활동, 일상생활 관련활동, 협력활동, '관계' 알기 활동, 다양한 사고와 표현 존중활동, 그리고 지역공동체와 참여의 가치 알기이다. 이들을 요약하면 다음과 같다.

구 분	내 용
장·단기 프로젝트 활동	교육내용은 주제를 중심으로 이루어진다. 주제가 선정되면 교사들은 프로젝트의 목적을 세우고 활동방향을 가정하고 준비하거나 상호작용을 통하여 발현되는 아이디어를 바탕으로 내용을 조정하면서 진행한다.
일상생활 관련활동	매일 이루어지는 일과 속에서 대·소근육 활동, 구성놀이, 사회 극놀이, 적목놀이, 조작놀이, 소꿉놀이 등을 한다.
협력활동	가족의 참여, 지역사회 성인들과의 사회적 협력을 통해 일상 문화와 지역공동체에 참여하도록 한다. 사회적 갈등에 대해 토론을 하며, 봉사하고 협력하는 기회를 갖는다.
'관계' 알기활동	다른 친구나 어른과 지속적인 관계를 유지하도록 한다. 부모님에 대한 존경심이나 가족 모임 활동의 중요성을 알게 하며, 사진 전시를 통해 관계의 중요성을 알게 하고 우정의 좋은 점을 상기시킨다.
다양한 사고와 표현 존중활동	다른 사람의 지식이나 경험을 나누도록 하고 다양한 시각으로 세계를 볼 많은 기회를 제공한다. 다양한 사고와 표현을 존중하는 활동을 교육과정에 통합한다.
지역공동체와 참여의 가치 알기	부모-교사 간의 협의회 등 협력관계를 통해 형식, 비형식적으로 참여한다. 학부모와 시민들에게 교육프로그램에 참여할 기회를 제공하여 교사, 가족구성원, 지역사회가 공동 참여를 통해 복지증진에 기여하도록 한다.

제 5 장

교직과 유아교사

1. 교직
2. 유아교사

1. 교직

생애발달적 관점에서 볼 때 교사의 영향이 가장 크고 중요한 시기는 유아기이다. 유아교사는 유아들에게 첫 번째 교사이며 유아의 잠재적 발달 수준을 끌어올릴 수 있는 사람이다. 유아교육기관이 아무리 물리적 환경이 좋으며 교육적 자료를 충분히 갖추고 있어도 교육의 성과는 유아와 상호작용을 하는 교사에 달려 있다고 해도 과언이 아니다. 유아교사는 올바른 교직관을 가져야 하며 교사로서의 자질과 자격, 그리고 윤리관이 요구된다.

1) 교육과 직업

교육은 교사(주체), 학생(객체), 교육내용(매개체)의 3요소로 성립된다. 교육은 교사에 의해서 이루어지므로 교육의 핵심은 교사의 활동이라고 할 수 있다. 교육의 주체는 교사이기 때문에 교사의 자질과 노력 여하에 따라 교육의 성과가 좌우된나. "교육의 질은 교사의 질을 능가하지 못한다"라는 말처럼 교육에 있어서 교사라는 존재는 매우 중요하다. 교사는 인간을 다루는 일을 한다. 우수한 능력을 지닌 교사가 사명감을 가지고 교육을 담당하게 될 때 그 교육은 성공할 수 있으며 그렇지 못한 교사가 담당하게 될 때에는 실패할 수밖에 없다. "조국의 운명은 그대들 교육자의 총명과 정열과 실천에 달려 있다"고 주장한 독일의 피히테의 말은 교사의 중요성을 지적한 적절한 표현이다. 교육현장에서 역할을 수행하는 교사 자신의 자질이나 성품(인성)은 학교 내의 여러 인간관계에나 교육의 효율성에 적지 않은 영향을 미치게 된다는 것이 지배적인 견해이다.

직업은 영어로는 Vocation이라고 표현하고 독일어로는 Beruf라고 하는데 이 두 가지 뜻 속에는 Calling이라고 하는 뜻이 포함되어 있다. 즉, 천직 혹은 신의 소명이라는 뜻이다. 직업은 단순한 생계수단이 아니라, 자기의 일생을 통해 삶의 목적을 실현하고 가치를 창조하는 그 자체로서 받아들여야 한다. 직업은 우연한 기회에 삶의 방편으로 주어진 기회를 선택한 것이 아니라 생애를 통하여 특별한 행동을 하도록 신(神)의 은총과 섭리에 의해서 맡겨진 사명이라는 뜻이 강조되어 있다.

직업은 중요한 삶의 한 과정이고 삶의 현장이다. 인생을 소중히 생각하고, 공동체 생활을 뜻있고 보람있게 살아가려면 자신의 직업이 가지는 의미의 중요성과 직업을 통하여 무엇을 어떻게 성취해 나아갈 것인가에 대해서 깊이 생각을 해야 한다. 천직 의식과 소명감에 찬 직업 의식이 없을 경우에는, 직업의 노예를 면치 못하여 불만과 권태로서 인생을 소모하는 소극적인 삶을 영위하게 된다. 자기 직업에서 인생의 성패를 거는 적극적인 직업 수행의 태도가 필요하다. 교직은 교육활동에 있어서 가장 중심적인 위치를 차지한다. 오늘날은 교육적 이론도 많이 발전하고, 현대 물질문명의 혜택을 받아 훌륭한 학습기제도 풍부하게 갖출 수 있다. 그러나 교육이 지식이나 기술을 목적으로 하지 않고 인간을 목적으로 하기 때문에 교육 성패의 가장 핵심적 주체는 역시 교사이다.

교육은 학교가 하는 것이 아니라 학교에서 교사가 한다. 아무리 훌륭한 건물을 가진 학교라 하더라도, 아무리 최신식 시설을 갖추어 놓은 학교라 하더라도 그것을 교육적으로 의미있게 작용시킬 줄 아는 훌륭한 교사가 없으면 좋은 학교가 될 수 없고, 좋은 교육을 할 수 없다. 효과적인 교육을 위해서는 외적인 교육시설이나 내적인 합리적 조직도 중요하지만 교사의 인격이나 교사의 행동이 무엇보다 중요하다. 특히 유치원교사에 있어서는 그가 전달하는 교육내용이나 그가 사용하는 교육방법보다 교사의 사람됨의 요인이 중요하다(Patterson,

1973). 학습은 유아의 내부에서 일어나므로 교사는 유아와 훌륭한 인간적 관계를 이룩함으로써 유아들이 자유롭게 학습하도록 돕는 사람이어야 한다는 것이다. 교육이란 인간을 형성하는 중요한 활동이므로 그 일에 종사하는 교사야말로 인류에 봉사하고 이 사회를 형성해 나가는 핵심적인 지도자라고 할 수 있다.

2) 교직관

교직관이란 교직이라는 직업의 본질을 어떻게 보느냐 하는 관점이다. 가르치는 직업, 즉 '교사'에 대한 이해는 크게 3가지로 — 성직관, 노동직관, 전문직관 — 변화 과정을 거쳐 왔다고 할 수 있다. 즉 '성직자'관 혹은 '봉사자'관이 주를 이루다가 '교육노동자'관이 등장하면서 이 둘은 서로 대립해 왔다. 그러다가 최근에 새롭게 등장한 개념이 '교육전문직'관이다. 세 가지 유형은 각기 다른 사회인식과 철학적 관점을 반영하고 있다. 이는 ILO · 유네스코의 「교원지위에 관한 권고」(1966)에 기초하여 나온 것으로 교직에 대한 가장 일반적인 이해로 자리잡고 있다.

(1) 성직관으로서의 교직

교직을 성직(聖職)으로 보는 관점이다. 이것은 가장 오랜 전통을 가진 교직관인데, 현대사회에서도 많은 사람들의 생각에 깊이 뿌리 박혀 있다. 예컨대, 군사부일체(軍師父一體), '스승의 그림자도 밟지 않는다', '사도'(師道) · '사표'(師表) · '사혼'(師魂) 등은 모두 교직을 성직으로 바라보는 관점에서 오는 말이다.[1)]성직관에서는 교사의 생활과 제반 행동을 일반인들과는 다른 기준으로 보려고 하며, 교사는 제자들의 인격 형성을 위해 엄격한 사도를 지키고 모범적이고

1) '軍師父一體'나 '스승의 그림자는 밟지 아니한다.'라는 말은 파기해야 할 구시대의 유물로 단정한다면, 이는 잘못된 생각이다. 시대와 사회가 달라짐에 따라 달라져야 할 교직관도 있지만, 시대와 사회의 변천과 관계없이 항구적으로 지키고 전달해야 할 교직관도 있다.

희생적이며 봉사적인 생활을 영위해 나갈 것을 요구한다.

물질만능주의의 현대사조 속에서 정신적 세계에 보다 많은 주의와 관심을 집중시켜야 한다는 것이 교직자에 대한 일반적 인식의 기초가 되어 왔다. 이것은 교직이 고도의 전문적 봉사활동으로서 세속적인 가치, 예를 들면 돈, 명예, 권력 따위와는 거리가 먼 직업이라는 인식을 나타내는 것이라 할 수 있다. 나아가, 교직자는 그 활동이 주로 미래지향적이기 때문에 현실사회보다도 다가오는 이상사회를, 그리고 그 실현을 위하여 학생들의 힘과 마음을 닦아야 한다는 것이 성직관이다. 그것은 교육의 본질이 인간의 영혼과 정신을 다루며 정신적 자세로써 교직에 종사한 사람이 많이 있었기 때문에 성직관의 교직관이 형성되어 왔다고 본다.

성직관은 교사의 윤리성을 강조하는 점에서는 긍정적이다. 그러나 비판적인 입장에서 볼 때 교사에게 헌신적 봉사와 희생을 강요함으로써 교사의 권리를 유보하거나 제한하는 면도 있다.

(2) 노동직관으로서의 교직

교직에 대한 견해 가운데 성직관과는 대조적인 입장을 취하는 견해로서, 교직도 하나의 노동직이며 본질적으로 다른 직업과 차이가 없다는 것이다. 교사는 생활봉급자로서 넓게 근로자의 범주에 속한다. 교육을 통한 근로로서 받게 되는 보수에 의해 생계를 유지하는 직업군에 속한다. 따라서 근로자로서 행복을 추구할 여러 가지 권리를 주장하기에 이른다. 경제 · 사회적인 대우를 위해서 단체 행동권을 주장하게 될 근거가 생긴다.

이 관점은 비교적 현대에 이르러 정립되었는데, 우리나라의 '전국교직원노동조합'이나 미국의 '미국교원연맹'(American Federation of Teachers), 일본의 '일본교직원노동조합', 독일의 '교육학술노동조합'(Gewerkschaft Erziehung und Wissenschaft),

프랑스의 '국민교육연맹'(FEN) 그리고 국제교원단체인 '국제자유교원조합연맹'(International Federation of Free Teacher Unions) 등이 이러한 입장을 취하고 있는 대표적인 교원단체들이다. 이 관점에서는 교사를 기본적으로 노동자라고 이해하며, 교직단체에 노동3권(단결권, 단체교섭권, 단체행동권)을 완전히 보장할 것을 요구한다.

노동자관은 교사의 지위가 노동자와 동일하다는 현실적 입장에 근거하고 있다. 우선 노동자의 성격은 자본주의 사회에서의 노동의 의미로부터 규정되고 있다. 노동은 일정한 보수를 받고 타인을 위하여 노동력을 제공하는 것이다. 이러한 노동은 일반적으로 자기 결정에 의한 노동이 아니라 타인의 결정에 의한 노동이다. 따라서 노동자는 순수한 육체 노동자만이 아니라 정신 노동자도 포함한다.

이 견해에 따르는 교사상은 교사는 노동에 대한 반대급부로서 처우의 개선, 근무조건의 향상 등을 위하여 노동3권을 갖추어야 한다고 주장된다.

(3) 전문직으로서의 교직

교직을 전문직으로 보는 관점으로서, 최근에 정립되고 있는 현대적 교직관이라고 할 수 있다. 우리나라의 '한국교원단체총연합회'나 미국의 '전국교육협의회'(National Education Association), 국제 교원단체인 '세계교원단체총연합'(World Confederation of Organization of the Teaching Profession) 등이 이 관점을 취하고 있다. 교직을 전문직으로 보는 입장에서는 교사를 의사나 법관, 교수 등과 동일한 전문가로 이해하며, 따라서 전문가로서 요구되는 사회적 · 경제적 지위를 보장해야 한다고 주장하고 있다.

교직은 전문직이어야 한다. 현재 전문직으로 보기에는 미흡한 법과 제도나 교육 여건이 존재하고 있다. 그러나 교직의 전문성을 부인할 수는 없다. 교육이 올바로 발전하기 위해서는 교직이 전문직으로 여건을 정비해 가야 하며, 그러한 여건이나 풍토에서 교사가 전문가로 부각되어야 한다[2].

교직은 전문직이어야 하고 교사는 교육전문가여야 한다면, 교사상은 분명해진다. 가장 훌륭한 의사는 환자를 잘 진단하고 잘 치료하는 사람이어야 한다. 그러기 위해서 의사는 의학에 대한 부단한 자기 연구가 필요하고 자기 환자를 고치려는 집착과 치료에 임할 수 있는 의학적인 기술이 고도로 전문화되어 있어야 할 것이다.

전문가로서의 교사상은 교육연구가로서의 모습과 교육실천가로서의 모습으로 집약된다. 따라서 교사는 높은 학력을 갖추어야 하고 교원 자격증을 취득하여야 하며, 연수와 재교육 그리고 승급교육으로 자격을 강화해야 한다.

교사를 전문직으로 이해하려는 노력은 1950년경 미국과 서구 사회를 중심으로 이루어졌다. 1966년에는 ILO와 UNESCO에서 공동으로 「교사 지위에 관한 권고안」[3]이 채택되어 이것이 교직을 전문직으로, 또 교원을 전문직자(professioner)로 이해하려는 하나의 국제적 기준이 되었다.

---

2) 교육기본법 제14조(교원)

① 학교교육에서 교원(敎員)의 전문성은 존중되며, 교원의 경제적 · 사회적 지위는 우대되고 그 신분은 보장된다.

② 교원은 교육자로서 갖추어야 할 품성과 자질을 향상시키기 위하여 노력하여야 한다.

③ 교원은 교육자로서의 윤리의식을 확립하고, 이를 바탕으로 학생에게 학습윤리를 지도하고 지식을 습득하게 하며, 학생 개개인의 적성을 계발할 수 있도록 노력하여야 한다.

④ 교원은 특정한 정당이나 정파를 지지하거나 반대하기 위하여 학생을 지도하거나 선동하여서는 아니 된다.

⑤ 교원은 법률로 정하는 바에 따라 다른 공직에 취임할 수 있다.

⑥ 교원의 임용 · 복무 · 보수 및 연금 등에 관하여 필요한 사항은 따로 법률로 정한다.

[전문개정 2007.12.21.]

3) 「교사 지위에 관한 권고안」은 교사의 사회 경제적 지위의 향상을 꾀하려는 의도를 가지고 있다. 권고 내용은 법적 규정은 아니었지만 세계 여러 나라에 의하여 교사에 대한 하나의 국제적 기준으로서 널리 받아 들여지고 있다. 교직은 엄격하고 계속적인 연구를 통하여 획득되고 유지되는 전문적 지식과 특별한 기술이 교사에게 요구되는 공공의 서비스의 한 형태이다. 그리고 담당하고 있는 학생들에게 대한 교육과 복지를 위하여 개인적, 공동적 책임성을 요구하고 있다.

전문직에 종사하는 개인이나 집단은 자신의 기술이나 능력을 행사하여 직업을 수행할 자유를 가진다. 자율성이 제약되거나 엄격한 감독을 받게 되면 고도의 지식이나 전문적 기술이 만족스럽게 적용될 수 없다. 또한 전문직은 그 자율성과 자유가 강조되는 만큼 전문적인 판단이나 결정에 대한 책임이 뒤따른다. 전문직을 자기가 직업수행 과정에서 내린 결정이나 결과에 대해 책임의식이 뒤따라야 하는 점에서 생각해 볼 때 교직은 한 인간의 일생에 가장 중요한 성장과 형성기에 미치는 인격적 · 정신적 영향에 대한 책임감을 그 어느 다른 직업보다도 강하게 느껴야 하는 직업이다.

최근 들어 교직의 천직관, 성직관은 점점 퇴색되었으며, 교직이 전문직이어야 한다는 데는 많은 사람들이 동의하고 있다. 그 외에도 교직은 다른 전문직에 비해 그 직무수행에서 봉사정신이 강조되고 있다. 즉 교직은 인류 역사상 다른 어떤 직업보다 성직시해 왔고 사회에 대한 의무감과 봉사정신으로 직업의 동기를 삼아 왔다.

3) 교사의 권리

교사의 권리로서의 교권은 '일정한 기간의 훈련을 통하여 전문적 지식과 능력을 소유한 자로서 그 권위를 인정받고, 부과된 책임과 의무를 이행하는 데 있어 부당한 간섭과 침해로부터 자신과 자신의 업무를 보호받으며, 그 전문직에서의 안정된 생활과 최대한의 능률을 발휘하기 위한 신분상의 보장을 받을 수 있는 조건을 주장할 수 있는 권리'를 말한다. 교사는 어떠한 외부적 압력이나 권력적 간섭없이 교육이념과 본질에 따라 학생의 개성과 인격을 최대한 발휘될 수 있도록 교육할 수 있는 지위에 있어야 한다. 교사가 바람직한 교육활동을 하기 위해서 다음과 같은 권리를 지녀야 한다고 권고한 바 있다(ILO & UNESCO, 1966).

첫째, 교육자유권이다. 교사는 전문직으로서 법의 범위 안에서 소신대로 가르칠 내용을 선정하고 그것을 자기 나름의 방법으로 교수하고 그 결과를 평가할 수 있는 자유와 권리를 누려야 한다는 의미이다.

둘째, 문화생활권이다. 교사는 그 직분에 부합하는 문화생활을 누릴 수 있도록 적절한 물질적 보수를 받을 수 있는 권리를 갖고 있어야 한다는 의미이다.

셋째, 신분보장권이다. 이것은 법에 의해 인사 · 임용상의 권리를 보장받을 수 있는 권리, 부당한 인사 행정상의 조치에 합법적 소청의 기회를 가질 권리, 교직단체를 통해 단체활동을 전개할 권리 등을 의미한다.

유치원교사의 교육할 권리는 교원이 전문직으로 직무를 원만히 수행할 수 있도록 '법이 인정하는 힘'을 의미한다(권건일 · 신재흡, 2006). 유치원은 학교이며(교육기본법 제9조, 유아교육법 제2조) 유치원교사는 교원으로(교육기본법 제14조, 유아교육법 제20조) 교권이 존중되며 신분이 보장된다. 즉, 법적으로 초 · 중등교사와 동일한 교권을 갖는다.

상자 7 교사의 기도

오 천 석

주여, 저로 하여금 교사의 길을 가게 하여 주심을 감사하옵니다. 저에게 이 세상의 하고 많은 일 가운데서, 교사의 임무를 택하는 지혜를 주심에 대하여 감사하옵니다. 언제나 햇빛 없는 그늘에서 묵묵히 어린이의 존귀한 영을 기르는 역사에 참여할 수 있는 기회를 주신 데 대하여 감사하옵니다.

주여, 저는 이 일이 저에게 찬란한 영예나 높은 권좌나 뭇 사람의 찬사나 물질적 풍요를 가져오지 않을 것을 잘 알고 있사옵니다. 이 길이 극히도 험난하고 지루하게도 단조로우며 뼈에 사무치도록 외로운 것임을 잘 알고 있사옵니다. 제가 차지하는 사회적 지위를 천시하면서도 제가 완전하기를 기대하기는 지난한 것임도 잘 알고 있사옵니다. 때로는 찢어지게 가난한 낙도에서, 때로는 다 찌그러진 몇 개의 단간 초가밖에 없는 산촌에서 무지와 싸워야 하는 노역임도 잘 알고 있사옵니다.

그럼에도 불구하고 이 길을 선택한 의지와 용기를 저에게 베풀어 주신 주의 은총을 감사하옵니다. 이 길만이 사람의 올바른 마음을 키우고 우리 사회와 나라를 번영으로 이끌며 인류를 구원할 수 있는 것임을 깨닫게 하신 주의 천혜를 감사하옵니다.

주여, 그러나 저는 저에게 맡겨진 이 거룩하고도 어려운 과업을 수행하기에 너무도 무력하고 부족하며 어리석습니다. 갈 길을 찾지 못하여 어둠 속에서 방황할 때 저에게 광명을 주시어 바른 행로를 보게 하여 주시고, 폭풍우 속에서 저의 신념이 흔들릴 때 저에게 저의 사명에 대한 굳은 믿음을 주시어 좌절됨이 없게 하여 주시옵소서.

힘에 지쳐 넘어질 때 저를 붙들어 일으켜 주시고, 스며드는 외로움에 몸부림칠 때, 저의 따뜻한 벗이 되어 주시며, 휘몰아치는 슬픔에 흐느낄 때 눈물을 씻어 주시옵소서. 세속의 영화와 물질의 매력이 저를 유혹할 때 저에게 이를 중히 물리칠 수 있는 용기를 주시고, 제가하고 있는 일에 의혹을 느낄 때 이를 극복할 수 있는 총명과 예지를 주시옵소서!

주여, 저로 하여금 어린이에게 군림하는 폭군이 되지 않게 하시고, 자라나는 생명을 돌보아 주는 어진 원정이 되게 인도하여 주옵소서. 제가 맡고 있는 교실이 사랑과 이해의 향기로 가득 차게 하여 주시고, 이로부터 채찍과 꾸짖음의 공포를 영원히 추방하여 주옵소서. 길을 잘못 간다고 책벌을 주기에 앞서 관용으로써 바른 길을 가르쳐 주고, 저항한다고 응징하기에 앞서 애정으로써 뉘우칠 기회를 주도록 도와 주시옵소서!

주여, 저로 하여금 혹사자가 되지 않게 하여 주시고, 언제나 봉사자가 되게 하여 주시옵소서. 저로 하여금 젊은이의 천부적 가능성을 십분 발휘할 수 있는 기회와 풍토를 마련해 주는 협조자가 되게 하여 주시고, 억압이나 위협으로 자라오는 싹을 짓밟는 포학자가 되지 않게 하여 주옵소서. 저로 하여금 모든 어린이를 언제나 신성한 인격으로 대하게 하여 주시옵소서, 그들은 성인의 축소판도 아니며 그의 완성물도 아니고, 저의 명령에 맹종하여야 하는 꼭두각시도 아님을 항상 기억하고 있게 하여 주옵소서!

주여, 저로 하여금 교사라 하여 어린이의 인격과 자유와 권리를 유린할 수 있는 것으로 착각하지 않게 하여 주시고, 교사의 자리를 이용하여 어린이를 저의 목적을 달성하기 위한 수단으로 쓰지 않게 하여 주시며, 저의 의견을 무리하게 부과하는 대상물로 삼지 않게 하여 주시옵소서. 교사의 임무는 어디까지나 어린이의 올바른 성장을 돕는 협력자요, 동반자임을 잊지 않게 하여 주시고, 그의 올바른 성장이 곧 저의 영광임을 기억하게 하여 주시옵소서!

주여, 저로 하여금 현재 제가 지키고 있는 어린이들이야말로 장차 우리 나라의 기둥이요, 우리 민족의 계승자임을 거듭 깨닫게 하여 주시고, 그럼으로써 저는 그들을 아끼고 소중히 하며 그들을 도와 올바르게 키워야 할 막중한 책무가 저에게 있음을 의식하게 하여 주시옵소서. 저로 하여금 오늘 제가 하고 있는 일이 장차 어린이들의 생활과 행복을 좌우하고 우리나라와 겨레의 명운을 결정하는 중대한 요인이 될 것임을 마음 속에 깊이 깊이 간직하게 하여 주시옵소서!

주여, 저에게 힘과 용기를 주시어 이 십자가를 능히 질 수 있게 하여 주시고, 저를 도우시어 긍지를 느낄 수 있는 스승이 되게 하여 주시옵소서!

4) 교사상

이상적인 스승의 상은 다양하게 제시되고 있다.

첫째, '교사는 교육의 알파요 오메가이다.', '교육의 질은 교사의 질을 넘어서지 못한다'는 말이 있다. 이는 교육활동에서 교사의 역할이 얼마나 중요한지를 설명하고 있는 말이다. 교육의 요소로 '교사', '학생', '교육내용'을 든다. 이 말 속에는 학생이 교육내용을 학습하고 내면화하는 과정에서 교사라는 구체적인 인격체를 매개로 할 때, 효율적이고 바람직한 학습이 이루어질 수 있다는 의미가 담겨 있다.

둘째, 스승의 상은 경업(敬業), 낙업(樂業), 근업(勤業)으로 볼 수 있다. 경업은 교직에 대한 자부심과 긍지를 가지는 것으로 스승의 제1차적인 자세이다. 교사에게서 투철한 교육관이 엿보이며 교사다울 때 스승으로 존경받게 될 것이다. 낙업은 교직을 즐기는 것을 말하며 학생에 대한 무조건적 사랑이 교사의 가슴 속에 가득 차 있어야 한다. 교육은 사람과 사람의 만남과 작용과 감화에 의하여 이루어지므로, 그 밑바탕에 사랑이 있어야 하며, 학생에 대한 사랑은 인간 존엄성의 신념에 기초하여야 한다. 근업은 끊임없는 연찬에 의하여 자기향상을 가져오는 것을 말한다. 교직에 과해진 핵심은 지식과 기술을 전달하는 일이다. 다른 직업에 종사하는 사람보다 새로운 지식과 기술을 흡수하는데 부지런

해야 한다. 이 세 가지 상은 개념상으로는 분리되지만 교육의 실제에 있어서는 통합된 하나의 개념, 즉 스승의 길이다(김종서, 1983).

교직이라고 하는 것은 한 인간의 형성과 발전에 결코 적지 않은 영향을 줄만큼 중요한 일이라고 할 수 있다. 교육직업을 성공적으로 수행하기 위해서는 교육학의 여러 분야는 물론이고 철학, 윤리학, 심리학, 사회학, 생리학, 문화인류학, 행정학, 통계학, 역사학 등 광범위한 영역의 이론적 · 학문적인 소질을 갖추어야 한다. 또한 교사는 스스로 권위를 지키고 부단한 연구의 자세를 가지며 교사로서의 좋은 품성을 발휘할 때 바람직한 교사상을 갖출 수 있다.

2. 유아교사

1) 유아교사의 역할

근래까지 유아교사(early childhood teacher)에게 기대되는 역할은 보호자(care giver)로서의 역할과 교육자(teacher)로서의 역할로 혼동되어 왔다(Spodek, 1982). 또한 전통적으로 유아교육에서의 교수(teaching)는 어머니 역할(mothering)의 확장으로 인식되었는데(Silin, 1985), 이것은 유아교사의 직업적 전문성이나 역할의 차원이 낮게 평가된 것이라 볼 수 있다.

유아교사의 역할에 대해 논의한 많은 연구자들은 유아교사들이 유아교육의 특수성으로 인해 보다 복합적인 역할을 수행하고 있음을 지적하고 있다. 유아교사는 매사에 만능이어야 한다고 기대되며(Clyde & Ebbeck, 1991), 실제로도 유아교사는 현장에서 계획된 것 이외의 다양한 역할을 하고 있다. 학자들의 관점에 따라 교사의 역할은 다양하게 제시되지만 대체로 보호·양육, 상담 및 안내, 교수, 교육과정의 운영, 의사결정, 중개적 역할 등 폭넓게 기능해야 한다는 점이 공통된 견해이다. 그러나 교사의 역할은 시대의 변천, 사회 및 교육체제의 영향을 받아 변화되는 특성을 보인다(Troman, 1996).

유아교사의 역할에 관한 이론들은 주로 교사의 역할내용을 특성별로 범주화하여 역할 유형을 제시하고 있다. 학자를 중심으로 대표적인 이론을 제시하면 다음과 같다.

캐츠(Katz, 1970)는 역할이란 교육대상자, 부모, 고용주와 그리고 교사 자신에 의해 기대되는 직무, 의무, 책임과 관계된 교사의 행동 측면을 언급하는 말이라고 정의하면서, 유아교사의 역할을 어머니모형(maternal model), 치료모형(therapeutic model), 교수모형(instructional model)으로 구분하였다. 어머니모형은 유아들을 안전하고 편안하며 행복하게 하는데 강조를 두며, 치료모형은 유아들이 자신의 감정을 표현하도록 돕고, 긴장을 풀어 주고, 내적 갈등을 해결하는데 중점을 둔다. 교수모형은 지식과 정보를 전달하고, 유아들이 기술을 발달시키도록 하는데 중점을 둔다.

이연섭(1984)은 유아교사의 역할을 양육자, 교수자, 안내자, 의사결정자로 분류했다. 양육자로서의 역할은 유아의 건강과 안전을 돌보며 사랑과 위안을 줄 수 있는 책임적 역할이며, 교수자로서의 역할은 유아에게 지식을 전수하는 직접적 교수방법과 유아의 반응이나 행동을 이끌 수 있는 간접적 교수방법에 의해 유아를 지도하는 역할이다. 안내자로서 교사는 유아와의 끊임없는 상호작용을 통하여 유아를 교수하며, 유아가 한 사람의 학습자로, 한 사람의 인간으로 안정감을 갖도록 도와주고 풍부한 환경을 제시하여 학습을 돕는 역할을 수행하는 것이다. 의사결정자로서 교사는 교실 내·외의 활동에 대해 중요한 결정을 내리고 학습을 책임져야 하며 타인이 대신해 줄 수 없는 중요한 역할을 수행하는 것이다.

스포덱(Spodek, 1985)은 유치원교사는 양육 역할(nurturant role), 교수 역할(instructional role), 그리고 관련적 역할(relational role)을 수행한다고 했다. 양육 역할은 유아기의 건강, 보호, 안전을 배려해야 하는 측면으로, 교사는 유아들에게 사랑과 편안함을 제공해야 한다. 교수 역할은 교육과정 설계자, 진단자, 교수조직자로서의 역할에 포함된다. 지식 전달의 직접교수 뿐 아니라 학습상황의 조성, 학습자원의 제공을 통해 유아가 현실세계를 지각하도록 하고, 평가하는 교수의 간접적인 형태까지를 포함한다. 진단자로서 교사는 프로그램을 계획할 때, 각 유아에 대한 관련 정보를 수집하며, 유아행동을 관찰하고, 유아의 작품을 분석하며, 표준화된 검사와 교사 제작용 검사들을 실시함으로써 학급 유아에 대한 정보를 체계적으로 수집하고 기록한다. 관련적 역할에서 교사는 유아와의 상호작용을 통해 유아를 안내하고 그들에게 도움을 주어야 한다. 이들 각각의 역할에는 행동요소와 의사결정 요소가 모두 포함되어 있다.

사라쵸(Saracho, 1988)는 유아교사의 역할을 교육과정 설계자(curriculum designer), 교수 조직자(organizer of instruction), 진단자(diagnostician), 상담자 및 조언자(counselor/advisor)의 4가지 역할 차원으로 분석하였다. 교육과정 설계자는 교육과정의 단원 및 주제를 선정하고, 목표를 계획하고, 유아의 흥미에 기초한 경험을 제공하며, 교육과정과 교수를 통합하는 역할을 한다. 교수조직자는 다양한 학습자원을 발견하여 교육환경 구성 및 학습활동을 수행하고, 주제 · 학습도구 · 게시판 등을 제시하는 등 교수 절차를 실천하는 역할을 한다. 진단자는 유아의 행동을 진단하고 유아의 성숙단계를 판단하며, 다양한 평가기술을 사용하여 교육과정 및 자원을 평가하는 역할을 한다. 상담 및 조언자는 유아들의 개성표현을 돕고, 자아실현 및 창의적 성장을 도모하며, 다양한 방법의 상호작용적 역할을 한다.

두링(Dowling, 1988)은 관찰자, 계획자, 개인교사, 대화자, 교수자, 그리고 모델로서의 역할로 분류했다. 관찰자로서 교사는 오랜 시간을 두고 유아를 관찰하고 정보를 기록한다. 계획자로서 교사는 유아 개개인에게 적합한 활동들을 계획하고 배려할 수 있도록 중재자가 되어야 한다. 대화자로서 교사는 유아에게 귀를 기울이며 교사 자신의 개인적 경험을 유아와 공유하는 등 여러 가지 전략을 사용하여 대화를 촉진한다. 교수자로서 교사는 유아에게 도움을 주고 지식을 전달하며 기술(skill)을 가르치는 것에 강조를 둔다. 모델로서 교사는 유아의 사회적 능력에 영향을 주며 유아의 지적 기술을 강화시킨다. 이외에 평가자로서의 역할도 수행해야 한다.

스키단즈 등(Schickedanz et al., 1990)은 교사의 역할을 4가지로 분류했다. 첫째, 지식 전달자로서, 교사는 유아가 지식을 구성할 수 있도록 언어적 · 비언어적으로 도움을 주어야 한다. 둘째, 계획자 · 조직자 · 평가자로서, 교사는 교수의 가장 중요한 측면인 계획, 조직, 평가를 수행한다. 셋째, 훈육자로서 교사는 유아가 자아존중감을 갖고 다른 유아들과 협력할 수 있도록 하며, 활동을 잘 계획하고 조직함으로써 문제행동 발생을 예방하며 기대되는 행동에 대한 모델이 되어야 한다. 넷째, 의사결정자로서 교사는 항상 유아들을 관찰함으로써 이를 프로그램 수정시에 반영하고, 기본적인 프로그램이 설정되면 언제, 어디서, 어떻게 상호작용할 것인지를 결정한다.

카릭과 도미니(Kahlich & Dorminey, 1993)는 유아교사는 정서적 역할(affective roles), 인지적 역할(cognitive roles), 상황적 역할(contextual roles), 훈육적 역할(disciplinary roles), 신체적 역할(physical roles) 등을 수행해야 한다고 보았다. 정서적 역할은 유아의 정서 및 태도, 사회성, 도덕성, 자아개념 등의 발달을 지원하는 역할이며, 인지적 역할은 지적 발달 및 언어, 사고, 심리적 발달을 지원하는 역할이며, 신체적 역할은 건강과 위생에 대한 주의와 보살피기, 신체적 발달을 지원하는 역할이다. 상황적 역할은 유아의 경험의 확장을 북돋우며 안전하고도 지지적인 환경을 제공하는 상황에 따른 역할을 하는 것이며, 훈육적 역할은 생활습관 기르기, 자기통제 및 꾸짖기 등의 역할을 포함한다.

이민자(1991)는 일상적인 교사의 역할을 조사한 결과에서 업무의 성격에 따라 교육적 업무, 보호 업무, 상담 업무, 사무, 잡무로 분류하였다.

자롱고와 아이젠버그(Jalongo & Isenberg, 2000)는 반성적 사고를 하는 실천인, 유아의 권리 옹호자, 아동발달 전문가, 학습의 촉진자, 학습환경의 구성자, 교육과정 개발자, 교육활동 계획자, 평가자, 역할모델, 부모교육자, 성장하는 전문인, 정보관리자 등으로 유아교사의 역할을 세분화하기도 하였다.

이희경 · 김성수(2000)는 이상의 국내외 문헌을 검토하고 우리나라 실정에 맞도록 유아교사의 역할을 다음과 같이 5개의 역할로 분류하였다.

첫째, 보육 및 기본생활지도 역할이다. 교사가 유아를 보호 양육하며, 유아의 건강하고 안전한 생활을 위해 기본생활습관 형성을 돕는 역할을 한다. 둘째, 교육 및 교수활동 역할이다. 교사가 교육과정을 계획하고 조직, 분석, 평가하며, 학습환경 및 교재 · 교구를 구성, 제작 활용하고 다양한 교수법으로 유아의 놀이 및 학습활동을 지도하고 평가하는 역할을 한다. 셋째, 상담 및 정서적 지원 역할이다. 교사가 유아의 자아존중감과 성취감 및 자아실현을 존중하고 유아의 내면적 갈등이나 문제해결을 도우며, 정서적으로 지원하고 조언 및 중재적 역할을 한다. 넷째, 연구 및 반성적 실천의 역할이다. 교사가 교직과 관련한 연구와 노력을 하며 자기개발과 반성적 실천을 통해 전문성을 신장하기 위한 역할을 한다. 다섯째, 관련 역할이다. 교사가 교육과 관련하여 부모 및 지역사회에 관련된 활동, 교직원과 관련된 활동, 각종 사무와 잡무에 관련된 역할이다. 연구자들은 유아교사의 역할을 측정할 수 있는 '유아교사의 역할 Q-set'이라는 도구를 개발했다(상자 8).

상자 8 유아교사의 역할 Q-set

1(A) 얼굴색을 살피거나 몸의 불편 상태를 관찰해 유아의 건강 상태를 파악한다.
2(B) 각 교육활동에 필요한 교육과정을 충실하게 수립한다.
3(C) 유아의 정서적 욕구를 표현하도록 돕고 긴장을 풀어 준다.
4(D) 수업기술을 향상시키기 위해 연구하며 노력한다.
5(E) 깨끗한 실내환경을 제공한다(예:청소, 정리정돈)
6(A) 규칙적인 생활습관(일어나기, 잠자기, 배변 등)을 갖도록 지도한다.
7(B) 수업에 필요한 학습환경을 준비해 제공한다.
8(C) 유아의 감정이나 생각, 행동을 상황에 알맞게 조절하도록 격려한다.
9(D) 강습회나 세미나에 자주 참석한다.
10(E) 활동영역과 교구들의 청결 상태를 점검하고 유지한다.
11(A) 몸을 청결히 하는 습관을 갖도록 지도한다(이닦기, 손·발씻기 등)
12(B) 유아의 연령, 발달수준, 흥미 등을 고려해 교육과정을 계획한다.
13(C) 유아의 불쾌한 감정을 적절한 방법으로 표출하도록 돕는다.
14(D) 다양한 자원으로부터 유아교육 정보를 수집한다.
15(E) 채광, 통풍, 난방, 조명을 조절해 주어 밝고 안정된 느낌을 준다.
16(A) 영양섭취를 위해 간식 및 식사를 잘 하도록 지도한다(골고루 먹기, 편식·과식 조절)
17(B) 개별활동과 소집단·대집단 활동을 적절하게 운영한다.
18(C) 유아를 쓰다듬어 주거나 안아 주며 사랑으로 대한다.
19(D) 능력 배양을 위해 특정 교육 프로그램이나 교사연수에 적극적으로 참여한다.
20(E) 실내 · 외 설비와 놀잇감의 안전상태를 수시로 점검한다.
21(A) 식사습관(바른 태도, 수저 사용법, 흘리지 않기 등) 지도에 주력한다.
22(B) 자유선택활동 영역(흥미, 놀이 영역)에 적합한 교재들을 배치해 운영한다.
23(C) 긍정적이고 지지적인 태도로 유아와 상호작용한다.
24(D) 유아교육과 관련된 서적을 찾아보며 꾸준히 연구한다.
25(E) 게시판, 가정통신 등을 통해 가정과 의사소통을 한다.
26(A) 휴식(낮잠 포함)과 운동을 조절하도록 지도한다.
27(B) 유아의 발달수준과 학습정도를 파악한다.
28(C) 유아가 자신감, 성취감을 갖도록 지원한다.

29(D) 관심 있는 분야(영역)에 대해 지속적으로 연구활동을 한다.
30(E) 유아의 발달 및 문제행동에 관하여 학부모와 상담한다.
31(A) 시설(놀이터 기구 등)과 용품(실험도구, 가위 등)을 안전하게 사용하도록 지도한다.
32(B) 유아의 행동을 관찰하고 기록하여 평가한다.
33(C) 유아가 풍부한 감성과 심미감, 정서적 안정감을 갖도록 지원한다.
34(D) 교육현장의 실태와 문제를 파악하여 개선방안을 강구한다.
35(E) 부모가 유치원에 참여할 수 있는 기회를 자주 제공한다.
36(A) 교통사고의 예방과 교통안전에 관해 지도한다.
37(B) 관찰기록, 작품분석, 면담 등 다양한 방법으로 유아행동의 변화를 이해한다.
38(C) 유아가 표현한 생각과 느낌을 존중해 준다.
39(D) 교육 전문가 및 다양한 사람들과 협력관계를 갖는다.
40(E) 유아의 이해를 위해 부모와의 협력관계를 유지한다.
41(A) 실내 · 외에서 안전사고나 위험에 대비한 지도를 한다.
42(B) 발표, 토의, 관찰, 실험, 조사, 견학 등 다양한 수업방법을 활용한다.
43(C) 친구에게 나누어 주기, 협동하기, 도와 주기 등 친사회적 행동을 격려한다.
44(D) 동료와의 연대 및 교류를 통해 교육의 질을 높인다.
45(E) 각종 문서의 처리와 사무적인 업무를 잘 수행한다.
46(A) 웃어른에 대한 기본적인 예절을 지키도록 지도한다(인사하기, 말하기 등)
47(B) 유아의 흥미, 상황의 변화를 고려하여 교육과정을 융통성 있게 운영한다.
48(C) 유아가 자기 존중감을 갖도록 돕는다.
49(D) 유아의 성장과 발달에 대한 지식을 증진시킨다.
50(E) 동료 교사 및 원장과의 협력관계를 잘 유지한다.
51(A) 물건을 아껴 쓰고 절약하는 습관을 갖도록 지도한다.
52(B) 유아의 창의적 사고과정을 돕는 다양한 학습환경과 학습방법을 활용한다.
53(C) 유아의 행동에 미소짓거나 관심을 보이는 반응을 한다.
54(D) 새로 얻은 정보 · 아이디어를 교육활동에 적용한다.
55(E) 지역의 특성 및 지역의 교육적 요구를 파악해 반영한다.
56(A) 질서와 규칙 등 기본적인 사회규범을 지키도록 지도한다.
57(B) 유아의 교육적 요구와 질문에 반응하여 문제해결을 하도록 돕는다.
58(C) 유아의 고민을 들어 주고 친절하게 반응한다.
59(D) 항상 유아들에게 바람직한 모델이 되도록 행동한다.
60(E) 교육관청의 협조사항 및 행정업무를 잘 추진한다.

* 괄호 안의 알파벳은 교사의 역할영역을 나타낸 것이다. A는 보육 및 기본생활지도, B는 교육 및 교수활동, C는 상담 및 정서적 지원, D는 연구 및 반성적 실천, E는 관련적 역할이다.

위와 같이 유치원교사의 역할을 논한 학자들은 교사의 다양한 역할을 특성별로 분류하여 제시하였는데, 이들은 교사의 역할을 독립된 역할로 구분하거나 특정역할을 강조하기 위한 것이 아니라 전문성을 지닌 교사의 역할내용을 특성별로 분류하여 체계화한 것이다. 학자들이 분류한 교사의 역할모형을 표로 제시하면 〈표 5-1〉과 같다.

표 5-1 **학자별 유아교사의 역할모형**

학자	역할모형
Katz(1970)	어머니모형, 치료모형, 교수모형
이연섭(1984)	양육자, 교수자, 안내자, 의사결정자
Spodek(1985)	양육역할, 교수역할, 관련역할
Saracho(1988)	상담자 및 조언자, 교수조직자, 교육과정 설계자, 진단자
Schickedanz (1990)	훈육자, 지식전달자, 교육과정의 계획·조직·평가자, 의사결정자
이희경·김성수 (2000)	보육 및 기본생활지도, 교육 및 교수활동, 상담 및 정서적 지원, 연구 및 반성적 실천, 관련 역할
Kahlich & Dorminey(1993)	정서적, 인지적, 신체적, 상황적, 훈육적 역할

한편, 교사의 역할을 논의하는 것에 회의적이기도 하다. 교육목적 자체가 내재적인 모호성을 가지고 있기 때문에 교사의 역할에 대한 논의는 합의된 결론을 얻을 수 없다는 것이다(김병성, 1991). 또한 유아교사 양성교육 프로그램들은 유아교사에게 요구해야 하는 지식의 범주를 어떻게 규정해야 하는지, 그리고 교사들이 자격을 갖추기 위해서 알아야만 하고 행해야 하는 것이 무엇인지에 대한 합의에 도달하지 못하고 있음(Katz & Goffin, 1990)을 지적했다. 복잡한 역할이 기대되는 유치원 교사의 역할범주는 역할의 기준 및 성문화된 경험체계의 부족으로 한정되기 어렵다. 교사의 역할에 관한 진술은 다음과 같은

이유로 복잡해질 수밖에 없다(이희경, 1997).

첫째, 유치원은 잠재적 교육과정의 영향이 크게 작용하므로, 의도되지 않은 교육현상이 많음을 예측할 수 있다. 의도되지 않은 상황에 따른 교사의 역할을 체계화하기란 쉽지 않다.

둘째, 교육과정에 반영된 교육철학이나 교육신념에 따라 교사의 역할은 달라질 수 있다. 예를 들면, 교사중심 교육과 아동중심 교육철학에서의 교사의 역할은 다르게 기대된다. 특히 보호자 및 교수자로서의 역할은 교육과정의 접근법에 따라 그 강도가 달라질 수밖에 없다.

셋째, 유치원교사의 자질을 포함한 개인적인 성향이 교사의 역할에 반영된다.

넷째, 유치원교사가 상대하는 유아집단의 성격에 따라 그 역할이 다르게 기대된다. 즉 유아의 연령, 집단의 크기, 부모들의 개입 정도, 교직원의 상호작용, 지역사회와의 관련성 등에 따라 교사의 역할이 다르게 기대된다.

위에서 비교된 바와 같이 교사의 역할에 관한 연구들이 다소 상반적 입장을 보이나, 합의된 결론을 구하려하기보다는 유아교사의 다양한 역할을 규정하기 위한 연구가 지속적으로 이루어져야 할 것이다.

역할유형에 대한 관점은 학자들마다 역할을 규정하는 접근방법과 용어상의 차이가 있으나 종합하여 정리하면 다음과 같다(이희경 · 김성수, 2000).

첫째, 유아교사의 양육 · 훈육 및 어머니의 역할을 강조한다. 이것은 교육대상자가 유아기의 어린이라는 특성 때문에 강조되는 부분으로, 유아의 신체적 발달의 지원과 일상생활 습관지도의 차원에서 교육(education)과 대비되는 보호(care) 및 양육(rearing)의 역할이 필수적이라는 의미로 해석될 수 있다.

둘째, 유아교사의 상담 · 조언 및 안내 · 치료의 역할을 강조한다. 이것은 유아들의 정서적인 배려 및 문제의 해결을 돕고, 감정표현과 태도 및 정서적 발달을 도모하는 정의적 역할, 상호작용적 역할을 하는 것이다.

셋째, 유아교사의 교육과정 운영 및 교수, 평가의 역할을 강조한다. 학자에 따라 교사의 교수역할에 교육과정의 설계자, 진단자, 교수조직자의 역할을 포함시키기도 하며, 교수역할을 따로 구분하고 교육과정의 계획 · 조직 · 평가자의 역할을 한 범주로 제시한 차이는 있으나 교육과정의 운영자의 역할을 강조한다.

넷째, 유아교사의 반성적 실천의 역할을 강조한다. 유아교사의 역할은 전문인으로서의 기능을 하는 것이며, 반성적 사고능력과 반성적 행위가 중요한 전문적 자질로 거론된다. 반성적 실천은 교사의 교수행위 및 의사결정 그리고 개인의 연구와 노력에 반영되는 실천적 역할이다.

다섯째, 유아교사의 관련적 역할을 강조한다. 유아교사는 위에 제시한 것 외에도 상황적 요인이 작용하는 다양한 역할을 한다. 관련적 역할은 유아교육과 관련한 부모와의 상호작용, 교직원들과의 상호작용, 지역사회와의 관련성뿐 아니라 각종 사무와 잡무 등 상황요인에 따른 역할이다.

2) 유아교사의 자질

교사는 학습자의 바람직한 행동의 변화를 위해 노력하는 교육의 주체이다. 특히 유아교사는 어린 유아들을 대상으로 하는 전문 교사로서 그 능력과 자질이 강조된다. 교사의 자질이란 아동에 대한 이해를 하기 위해 교사에게 기대되는 교사 개개인의 전문직으로서의 역량에 관한 특성의 총체를 의미한다(정우현, 1994). 유아교사의 능력과 자질은 자신의 학문적 지식만으로 향상되는 것이 아니며, 부단한 교육적 노력과 실천에 의해 다양한 역할을 수행하면서 향상된다. 훌륭한 교사나 유능한 교사의 자질이 어떤 것인지 설명하는 것은 매우 복잡하고 어려운 일이지만, 그럼에도 불구하고 훌륭한 교사의 자질을 밝히려는 노력은 끊임없이 계속되고 있다(문혁준 외, 2010).

유아교사의 자질에 관해 논한 학자들의 견해를 살펴보면 다음과 같다.

유아교사를 선발 · 채용할 때 다음과 같은 10가지 자질을 제대로 갖추고 있는가를 보아야 한다고 했다(Leeper, Skipper & Witherspoon, 1979).

유아교사는 ① 온화한 성격, ② 개방적인 성격, ③ 유머, ④ 외모, ⑤ 창의성, ⑥ 말씨, ⑦ 효율적인 직무수행, ⑧ 자신감, ⑨ 음성, ⑩ 의사소통 능력 등의 요건을 갖추어야 한다.

이기숙 등(1986)은 유아교사의 자질을 전문적 자질과 개인적 자질로 나누었다. 개인적 자질로는 유아를 좋아하고 사랑하는 사람, 교육과 연수를 받아 자격이 있으며 어린이를 다룬 경험이 풍부한 사람, 심신이 건강한 사람, 과제중심적이어서 교재나 교구개발에 즐거움을 느끼는 사람 등으로 제시하였다. 전문적 자질로는 교육프로그램을 계획하고 실천하는 능력, 부모와 전문가 및 여러 관계자들을 참여시키는 능력, 아동의 성장 · 발달을 촉진시키는 능력, 고도의 지적 전문성, 직업윤리, 지속적인 전문적 성장 등으로 지적하였다.

헤쏭(Hessong, 1987) 등은 이상적인 교사의 특징으로서 ① 교과내용을 잘 알고 있다. ② 유머가 풍부하다. ③ 융통성이 있다. ④ 낙관적이다. ⑤ 솔직하다. ⑥ 의사소통이 분명하고 간결하다. ⑦ 개방적이다. ⑧ 참을성이 있다. ⑨ 역할 모델자가 된다. ⑩ 이론을 실제에 연결시킬 수 있다. ⑪ 자신감이 있다. ⑫ 다양한 영역에 걸쳐 교육받고 관심과 흥미가 있다. ⑬ 용모가 단정하고 위생적이다. 등을 제시하였다.

교육부(2006)는 신규교사의 자질과 능력에 관한 열 가지 기준을 제시하였다.

이 기준은 학교 교육력 제고를 위해 교원양성기관의 교육과정 편성, 양성교육기관의 평가, 교원 선발에 필요한 평가 요소 등을 활용하여 설정된 것으로 유치원교사에게도 해당되며 그 내용은 다음과 같다.

첫째, 교사는 건전한 인성과 교직 사명감 및 윤리의식을 가진다.
둘째, 교사는 학생의 학습과 복지를 위해 헌신한다.
셋째, 교사는 학생과 학생의 학습 · 발달을 이해한다.
넷째, 교사는 교과에 대한 전문 지식을 가진다.
다섯째, 교사는 교과, 학생, 교육 상황에 적절한 교육과정을 개발 · 운영한다.
여섯째, 교사는 수업을 효과적으로 계획 · 운영한다.
일곱째, 교사는 학생의 학습을 모니터하고 평가한다.
여덟째, 교사는 학습을 지원하는 환경과 문화를 조성한다.
아홉째, 교사는 교육 공동체 구성원들과 협력관계를 구축한다.
열 번째, 교사는 전문성 계발을 위해 끊임없이 노력한다.

전통적으로 유치원교사의 역할이나 자질에 대한 연구와 논의가 지속되어 왔는데 최근에는 교사에게 요구되는 핵심 역량이 무엇이며 역량 요인이 어떤 것들인지 관심을 가지면서 유치원교사의 역량에 대한 요구가 강조되고 있다. 핵심역량이란 특정한 상황이나 직무에서 준거에 따른 효과적이고 우수한 수행을 야기하는 개인의 내적 특성으로, 교사의 핵심역량은 교사로서의 직무를 효과적이고 우수한 질적 수준으로 수행할 수 있는 지식, 기술, 태도를 의미한다(조형숙, 2013). 유치원교사의 역량이야말로 유아교사의 자질과 역할을 발휘할 수 있는 총체적인 능력이라고 할 수 있다. 따라서 교사의 역량은 교사의 자격과 자질을 준비하는 교사 양성과정뿐만 아니라 교사 임용, 교사 연수 등에서 강조되는 핵심적인 요인이 된다. 교사의 핵심역량은 교사의 능력을 가늠하게 하는 주요 기준이 되는데, 그 내용은 다음과 같다(교육과학기술부, 2010).

표 5-2 유치원교사의 핵심역량

핵심역량	요 소	내 용
교직인성 및 전문성 개발	교직에 대한 열정	• 좋은 교육을 위한 헌신 • 교육개선을 위한 지속적 탐구
	창의성	• 다양한 상황과 조건 수용 • 새로운 가치와 아이디어 창출
	반성적 자기개발	• 반성적 사고 개발 • 전문적 발달을 위한 노력
	교직 윤리	• 유치원교사 윤리강령 실천 • 유치원교사로서 바른 근무자세 유지
학습자에 대한 이해	유아의 보편적 발달 이해	• 유아발달의 개념 및 발달이론 이해 • 유아의 신체, 언어, 인지, 사회, 정서 영역의 발달특성 이해
	유아의 개인적, 사회 문화적 발달 특성 이해	• 유아의 발달에 관련된 개인적, 사회 문화적 요인 이해 • 유아의 개별적 발달특성 이해
교육과정 운영	유아 교육과정에 대한 이해 및 실행	• 유아 교육과정에 대한 이론 이해 • 유아 핵심역량에 대한 이해 • 국가사준 유치원 교육과정에 대한 이해
	교과 내용 지식 이해	• 언어, 수학, 과학, 사회, 예술, 체육, 교과 내용 지식 이해 • 건강 및 안저 교과 내용 지식 이해 • 놀이 교과 지식 이해
	다학문적 지식 이해	• 인문학, 과학기술, 사회학, 예술 등의 폭넓은 교양지식 이해 및 탐구 • 다학문 지식의 교육과정 적용
	교수 학습과정에 대한 이해 및 실행	• 유아 교수-학습방법에 대한 지식 • 개별화 교수-학습방법의 적용 • 효율적 교수-학습을 위한 환경구성 • 적합한 교수 자료의 발굴, 개발 및 활용
	평가의 이해 및 실행	• 유아의 개인적 특성에 대한 평가방법 이해 및 실행 • 교육과정 평가 이해 및 실행 • 평가 결과의 활용

핵심역량	요 소	내 용
대인관계 및 의사소통	공동체 의식 및 태도형성	• 교육 공동체 필요성 이해 • 교육 공동체 존중
	공동체 형성 및 지원	• 부모와의 협력 • 동료교사와의 협력 • 지역사회와의 협력 • 유아와 가족의 교육 복지 지원을 위한 정책 이해 및 전달
	의사소통 기술 형성	• 대상에 따른 의사소통기술에 대한 관심 • 언어적/비언어적 의사소통 기술 형성
정보화 소양	정보화 기술 이해	• 새로운 정보화기술에 대한 관심 • 교육, 행정, 재정 업무 처리를 위한 정보화 기술 이해
	정보화 기술 활용	• 폭넓은 정보 교류 • 유용한 정보의 조직 및 활용 • 교수매체로서 정보화 기술의 비판적 활용
학급 운영	교실 문화조성	• 유아와 긍정적인 관계 형성하기 • 교실 운영과 관리 • 유아행동 지도
	문서 작성 및 관리	• 학급 운영관련 문서 작성 및 관리 • 대외 관련 공문서 작성 및 관리

출처 : 교육과학기술부(2010). 유치원교원 양성 및 임용체제 개선 방안.

유아교사들은 현장에서 새롭고 다양한 요구에 직면하기 때문에 그 역할과 기능을 구체적으로 계획할 수 없는 어려움이 있다. 유아교사는 매사에 만능이어야 한다고 기대되면서도 그들의 현장에서의 역할이 불확실하게 규정되어 있을 뿐 아니라 사회적, 직업적 지위가 낮게 평가되고 있는 경향이 있다. 우리 사회가 직면한 유아교사에 관한 문제점들, 즉 교사의 전문성 확보 그리고 유아교사의 사회적, 경제적 지위 향상을 위한 노력이 함께 이루어질 때, 유아교육에 대한 사회적인 인식이 향상되고 나아가 유아교육의 발전이 기대될 수 있을 것이다.

3) 유아교사의 자격

교사의 법률적 용어는 교원이다. 교육기본법 제14조에 의하면 학교교육에서 교원의 전문성은 존중되며, 교원의 경제적 · 사회적 지위는 우대되고 그 신분은 보장되고 있다. 또한 교원은 교육자로서 갖추어야 할 품성과 자질을 향상시키기 위하여 노력해야 한다(제14조 2항). 즉, 교원의 전문성은 법적으로도 존중되며 그 신분은 보장되는가 하면 교원은 교육자로서 갖추어야 할 품성과 자질을 향상시키기 위해 항상 노력하여야 하는 임무가 있다. 유치원에는 교원으로 원장, 원감, 교사가 있다.

교원은 일상생활에서 사용되는 선생, 스승, 은사 등으로 풀이될 수 있으나, 법률상의 교원은 다음과 같은 면에서 구분된다(김낙운, 1986).

첫째, 교원이란 각 학교에서 근무하는 자를 말한다.

둘째, 교원이란 각 학교에서 원아 및 학생을 직접 지도 · 교육하는 자를 말한다.

셋째, 교원이란 그 종류에 따른 자격을 가진 자라야 한다.

넷째, 교원은 법령이 정하는 일정한 합법 절차에 의하여 임명되거나 승인된 자라야 한다.

자격이란 어떤 직무를 수행하는데 필요한 자질을 행정 · 제도적으로 규정한 것이며(김종철, 1982), 전문적 기능을 요하는 특수적 분야에 있어서 임용예정자에게 요청되는 특정 능력을 가리키는 말이다(김낙운, 1986).

우리나라는 교원자격제도를 채택하고 있는데 교원자격제도의 일반적인 원리를 보면 다음과 같다(최학주, 1988).

① 교원자격제도는 교원으로서의 자질을 검정하는 제도이다.
② 교원자격제도에서의 교사자질은 교사에게 요구되는 최저수준을 가리킨다.
③ 교원자격제도는 전문직으로서의 사회적 공신력을 가져야 하고 또 높일 수 있게 운영되어야 한다.

④ 교원자격제도는 교원의 양성, 교원의 조직구조, 교원의 임용과의 상호 연쇄적 관련에서 계획 · 운영되어야 한다.
⑤ 교원자격제도는 임용의 요건이며, 더 나아가서는 능력 발전과 사기에도 관련된다.
⑥ 교원자격제도는 합법성에 기초를 두고 있다.
⑦ 교원자격제도는 궁극적으로 학생의 교육권에 강조를 두어야 한다.

교원자격제도는 교직에 종사하는 교원들로 하여금 그들의 직무수행에 필요한 자질을 행정 · 제도적으로 규정한 장치이다(서정화, 1987). 또한 이 자격제도는 전문직 종사자인 교사의 전문적 지위를 보장하고 전문직으로서의 교직의 사회적 공신력을 높이기 위한 제도적 장치이기도 하다(노종희, 1986).

교사(teacher)란 교육기관에서 교육의 임무를 공식적으로 수행하는 자를 의미한다(정우현, 1994). 유아교사는 유아교육기관에서 교육의 임무를 수행하는 자로 그 자격도 법적 기준이 있다. 현재 우리나라는 유아교육의 이원체계로 유아교사의 자격이 유치원교사와 보육교사로 구분되어 있다. 그 내용을 포괄적으로 소개하면 다음과 같다.

(1) 유치원 교원의 자격

현행 우리나라 유치원 교원자격의 종별과 그 기준은 유아교육법 제22조 및 별표 1, 2에 구체적으로 명시되어 있다. 유치원교사는 대통령이 정하는 바에 의하여 교육부 장관이 검정 · 수여하는 자격증을 받은 자이어야 한다. 교원자격 검정에 관한 사항의 심의는 교육부 장관 소속 하에 유치원교원자격 검정위원회에서 한다.

유치원교사는 법령이 정하는 바에 따라 원아를 교육해야 할 임무가 있으며

(유아교육법 제21조), 교육적 자율권을 가지면서 자신이 맡고 있는 유아들을 보호하고 교육할 책임이 있다. 유치원교사의 법적 자격기준은 〈표 5-3〉과 같다.

표 5-3 유치원교사의 자격기준(제22조제2항관련)

자격 / 급별	자격기준
정교사 (1급)	1. 유치원 정교사(2급)자격증을 가진 자로서 3년 이상의 교육경력을 가지고 소정의 재교육을 받은 자 2. 유치원 정교사(2급)자격증을 가지고 교육대학원 또는 교육부장관이 지정하는 대학원의 교육과에서 유치원 교육과정을 전공하여 석사학위를 받은 자로서 1년 이상의 교육경력이 있는 자
정교사 (2급)	1. 대학에 설치하는 유아교육과 졸업자 2. 대학(전문대학 및 이와 동등 이상의 각종 학교와 「평생교육법」 제31조제4항에 따른 전문대학학력인정 평생교육시설을 포함한다)졸업 자로서 재학 중 소정의 보육과 교직학점을 취득한 자 3. 교육대학원 또는 교육부장관이 지정하는 대학원의 교육과에서 유치원 교육과정을 전공하고 석사학위를 받은 자 4. 유치원 준교사자격증을 가진 자로서 2년 이상의 교육경력을 가지고 소정의 재교육을 받은 자
준교사	1. 유치원 준교사 자격검정에 합격한 자

비고
1. 원장 · 원감, 초 · 중등교육법의 규정에 의한 교장 · 교감, 교육장 · 장학관 · 장학사 · 교육연구관 · 교육연구사의 경력연수는 교육경력연수로 볼 수 있다.
2. 이 표 중 전문대학에는 종전의 초급대학 · 전문학교 및 실업고등전문학교를 포함한다.

[별표 2] 〈개정 2013.3.23〉

또한 유치원의 원감 및 원장의 법적 자격기준은 다음의 〈표 5-4〉와 같다.

표 5-4 유치원 원감 및 원장의 자격기준(제22조제1항관련)

자격 / 급별	자격기준
원감	1. 유치원 정교사(1급) 자격증을 가지고 3년 이상의 교육경력이 있는 자로서 소정의 재교육을 받은 자 2. 유치원 정교사(2급) 자격증을 가지고 6년 이상의 교육경력과 소정의 재교육을 받은 자
원장	1. 유치원의 원감자격증을 가지고 3년 이상의 교육경력과 소정의 재교육을 받은 자 2. 학식 · 덕망이 높은 자로서 대통령령이 정하는 기준에 해당하는 교육부 장관의 인정을 받은 자

(2) 어린이집 보육교사의 자격

어린이집 교사는 보건복지부장관이 수여하는 '보육교사'라는 국가자격증을 소지한다. 영유아보육법의 일부가 개정되면서 과거에 '보육종사자'로 규정되어 있던 보육교사의 명칭이 '보육교직원'으로 변경되었다(영유아보육법 제17조, 개정 2011. 6. 7).

'보육교직원'은 어린이집 영유아의 보육, 건강관리 및 보호자와의 상담, 그 밖에 어린이집의 관리 · 운영 등의 업무를 담당하는 자로서 어린이집의 원장 및 보육교사와 그 밖의 직원을 말한다(영유아보육법 제2조 5항).

현재 보육교사는 다양한 경로를 통해 양성되며 보육교사자격증은 보건복지부 산하 보육시설종사자검정위원회의 보육교사 자격검정을 거쳐 발급된다. 과거와 달리 보육교사 자격 취득기준이 점차 강화되어 이수과목 및 학점 기준이 상향 조정되었으며 현직 보육교사에 대한 직무 연수 및 승급 연수의 장치가 확보되어 있어 보육교사의 전문성이 보다 강화되었다.

어린이집 원장과 보육교사 자격기준은 영유아보육법 시행령 제1항 및 제3항에 따른 별표 1과 같다.

표 5-5 **어린이집의 원장과 보육교사 자격기준(제21조 관련)**

구 분		자격기준
어린이집 원장	일반기준	1) 보육교사 1급 자격을 취득한 후 3년 이상의 보육 등 아동복지업무 경력이 있는 사람 2) 「유아교육법」에 따른 유치원 정교사 1급 자격을 취득한 후 3년 이상의 보육 등 아동복지업무 경력이 있는 사람 3) 유치원 원장의 자격을 가진 사람 4) 「초 · 중등교육법」에 따른 초등학교 정교사 자격을 취득한 후 5년 이상의 보육 등 아동복지업무 경력이 있는 사람 5) 「사회복지사업법」에 따른 사회복지사 1급 자격을 취득한 후 5년 이상의 보육 등 아동복지업무 경력이 있는 사람 6) 「의료법」에 따른 간호사 면허를 취득한 후 7년 이상의 보육 등 아동복지업무 경력이 있는 사람 7) 국가 또는 지방자치단체에서 7급 이상의 공무원으로 보육 등 아동복지업무에 5년 이상 근무한 경력이 있는 사람
	가정어린이집	1) 일반기준에서 정한 자격을 갖춘 사람 2) 보육교사 1급 이상의 자격을 취득한 후 1년 이상의 보육업무 경력이 있는 사람
	영아 전담 어린이집	만 3세 미만의 영아만을 20명 이상 보육하는 어린이집 1) 일반기준에서 정한 자격을 갖춘 사람 2) 간호사 면허를 취득한 후 5년 이상의 아동간호업무 경력이 있는 사람
	장애아 전담 어린이집	「장애아동복지지원법」 제32조에 따른 장애영유아 어린이집 중 12명 이상의 장애영유아를 보육할 수 있는 어린이집 1) 일반기준에서 정한 자격을 갖춘 사람으로서 대학(전문대학을 포함한다)에서 장애인복지 및 재활 관련 학과를 전공한 사람 2) 일반기준에서 정한 자격을 갖춘 사람으로서 장애영유아 어린이집에서 2년 이상의 보육업무 경력이 있는 사람
	교육훈련시설 어린이집	「고등교육법」에 따른 대학(전문대학을 포함한다) 또는 법 제21조제2항제2호에 따른 교육훈련시설이 운영(위탁 또는 부설 운영을 말한다)하는 어린이집 1) 가목에 따른 일반기준에서 정한 자격을 갖춘 사람 2) 어린이집을 운영하는 대학의 조교수 또는 교육훈련시설의 전임교수 이상으로서 보육 관련 교과목에 대하여 3년 이상의 교육 경력이 있는 사람
	어느 하나에 해당하는 사람은 보건복지부령으로 정하는 사전직무교육을 받아야 한다.	

보육교사등급	보육교사 1급	가. 보육교사 2급 자격을 취득한 후 3년 이상의 보육업무 경력이 있는 사람으로서 보건복지부장관이 정하는 승급교육을 받은 사람 나. 보육교사 2급 자격을 취득한 후 보육 관련 대학원에서 석사학위 이상을 취득하고 1년 이상의 보육업무 경력이 있는 사람으로서 보건복지부장관이 정하는 승급교육을 받은 사람
	보육교사 2급	가. 전문대학 또는 이와 같은 수준 이상의 학교에서 보건복지부령으로 정하는 보육 관련 교과목 및 학점을 이수하고 졸업한 사람 나. 보육교사 3급 자격을 취득한 후 2년 이상의 보육업무 경력이 있는 사람으로서 보건복지부장관이 정하는 승급교육을 받은 사람
	보육교사 3급	고등학교 또는 이와 같은 수준 이상의 학교를 졸업한 사람으로서 보건복지부령으로 정하는 교육훈련시설에서 정해진 교육과정을 수료한 사람

※ 비고

1. "보육 등 아동복지업무 경력"이란 다음의 어느 하나에 해당하는 경력을 말한다.
   가. 다음의 어느 하나에 해당하는 경력
      1) 어린이집에서 어린이집의 원장, 보육교사, 특수교사[「초·중등교육법」 제21조제2항에 따라 특수학교의 정교사, 준교사 또는 실기교사(담당과목이 재활복지과목인 경우만 해당한다)의 자격증을 가진 사람과 이에 준하는 사람으로 보건복지부장관이 인정하는 사람을 말한다. 이하 같다] 또는 치료사로 근무한 경력
      2) 육아종합지원센터에서 육아종합지원센터의 장, 보육전문요원, 특수교사, 대체교사 또는 일시보육 담당 보육교사로 근무한 경력
      3) 법 제26조의2제2항에 따른 일시보육서비스지정기관에서 기관의 장 또는 일시보육 담당 보육교사로 근무한 경력
   나. 「유아교육법」에 따른 유치원에서 원장, 원감, 수석교사 또는 교사로 근무한 경력
   다. 「아동복지법」에 따른 아동복지시설에서 시설장, 총무, 보육사, 생활복지사, 상담지도원 또는 자립지원전담요원으로 근무한 경력
   라. 「장애인복지법」에 따른 장애 영유아 거주시설에서 장애영유아와 관련된 업무에 종사한 경력
   마. 「유아교육법」 및 「초·중등교육법」에 따른 특수학교(유치원 과정)에서 특수학교 교원으로 근무한 경력
   바. 법률 제7120호 유아교육법 제정으로 폐지되기 전 「유아교육진흥법」에 따른 새마을유아원에서 근무한 경력
   사. 가목부터 바목까지의 아동복지업무를 수행하는 시설 등에서 간호사로 근무한 경력
   아. 국가 또는 지방자치단체에서 7급 이상의 공무원으로 보육 등 아동복지에 관한 행정업무에 종사한 경력
2. "보육업무 경력"이란 다음의 어느 하나에 해당하는 경력을 말한다.
   가. 다음의 어느 하나에 해당하는 경력
      1) 어린이집에서 어린이집의 원장, 보육교사, 특수교사 또는 치료사로 근무한 경력
      2) 육아종합지원센터에서 육아종합지원센터의 장, 보육전문요원, 특수교사, 대체교사 또는 일시보육 담당 보육교사로 근무한 경력
      3) 법 제26조의2제2항에 따른 일시보육서비스지정기관에서 기관의 장 또는 일시보육 담당 보육교사로 근무한 경력
   나. 「유아교육법」에 따른 교육과정과 방과후 과정을 운영하는 유치원에서 원장, 원감, 수석교사 또는 교사로 근무한 경력
3. "아동간호업무 경력"이란 병원의 소아청소년과나 신생아실, 보건소 모자보건센터, 초등학교 보건실 등에서 근무한 경력을 말한다.

[별표 1] 〈개정 2014.12.30〉

4) 유아교사의 윤리

교사는 직무수행과 관련하여 사회가 기대하는 규범을 지켜야 한다. 특히 유아교사는 유아를 대상으로 하는 직업의 특성에 비추어 적절한 행동과 수많은 결정을 해야 하므로 전문직 교사로서의 마땅한 윤리관을 확립해야 한다. 교직윤리는 교직행동의 비공식적 규범이면서 실천적 행동 강령의 성격을 지닌다(조형숙, 2007), 또한 교직윤리는 교사로서의 모든 행위와 관련되며 나아가 교육의 질을 결정하는 중요한 요인이다. 유아교사는 어린학습자를 대상으로 하여 교사 스스로 판단하여 행동하는 자발적 특성이 강조되므로 무엇보다도 도덕적 규범과 윤리 강령을 준수해야 한다. 우리나라는 최근 들어 유치원교사가 인식하고 준수해야 할 윤리 강령을 제정해야 할 필요성이 유아교육계를 중심으로 제기되었다. 다음은 '유치원교사 헌장'과 '유치원교사 강령' 전문이다(유치원교원양성 · 임용제도개선단, 2010)[4].

상자 9 유치원 교사 헌장·강령

▣ 유치원교사 헌장

유아교육은 유아의 삶에 초석이 되며, 우리 사회와 국가의 미래를 결정한다. 우리는 국민의 생애초기 교육을 책임지며 사회로부터 존경받는 교사로서 자신을 연마하고 소명의식을 가지고 유아 교육자로서 가야 할 길을 밝힌다.

1. 우리는 유아를 사랑하고 개성을 존중하며 전인발달을 지원하고 평화로운 교실문화를 조성한다.
1. 우리는 미래지향적이며 질 높은 교육을 계획 실천하여 교육자로서의 책임을 다한다.
1. 우리는 가정에 대한 이해와 연대를 강화하여 교육복지 사회 구축에 공헌한다.
1. 우리는 사회변화와 요구에 적극 부응하여 유아교육의 혁신과 발전을 위해 노력한다.
1. 우리는 교육자로서의 품위를 유지하고 부단한 자기개발을 통해 유아교육 전문가로서의 위상을 갖춘다.

---

4) '유치원교사 헌장 · 강령'은 유치원교사 양성기관 및 유치원연합회가 공동으로 채택한 선언문이다(유치원교원양성 · 임용제도개선단, 한국4년제유아교사양성대학교수협의회, 한국전문대학유아교육과교수협의회, 한국국공립유치원연합회, 한국유치원총연합회, 전국사립유치원연합회).

▣ 유치원교사 강령

1장 유치원교사와 유아

1. 우리는 유아를 사랑하며 인격을 존중한다.
2. 우리는 유아의 개성을 존중하며 개인의 흥미와 잠재력에 적합하게 지도한다.
3. 우리는 유아의 개인적 가정적 배경에 관계없이 모든 유아를 평등하게 대한다.
4. 우리는 유아의 전인적 발달을 지원하는 교육과 환경을 제공한다.
5. 우리는 유아의 안녕을 위협하는 가정적, 사회 문화적, 경제적 상황을 적극적으로 파악하고 유아를 보호하기 위해 노력한다.

2장 유치원교사와 가정

1. 우리는 유아를 교육하고 지원하기 위해 가정과 연계하고 협력관계를 구축한다.
2. 우리는 교육적 목적으로 수집한 가족 정보에 대해 기밀을 유지하고 가족의 사생활을 보장한다.
3. 우리는 유치원에서 일어난 안전사고나 위험 상황에 대해 가족에게 충분히 설명한다.
4. 우리는 유치원을 가족에게 개방하며 필요한 정보를 제공한다.
5. 우리는 유치원 운영에 관련된 중요한 의사결정 과정에 부모를 참여시킨다.
6. 우리는 가족에게 필요한 지역사회 자원에 대해 정보를 구축하고 적극 지원한다.

3장 유치원교사와 사회

1. 우리는 사회의 흐름을 파악하고 이를 교육에 반영하고자 노력한다.
2. 우리는 유아에 관련된 법률, 정책을 이해하고 개선을 위한 활동에 적극적으로 참여한다.
3. 우리는 교직 관련 단체와 전문가 협회를 통해 교권 확립을 위한 활동에 참여한다.
4. 우리는 유치원 교육을 사회에 널리 알려 유아교육의 위상을 높인다.
5. 우리는 교직원간의 상호존중과 협력을 통해 건전한 교직문화를 형성한다.
6. 우리는 유치원과 연계하여 지역사회의 생활과 문화 향상에 기여한다.

4장 유치원교사의 책무

핵심개념 : 직업의식과 긍지, 인성(열정, 개방성, 창의성, 자율성), 교사로서의 품위, 연구와 자기개발

1. 우리는 교육전문가로서의 직업의식을 갖는다.
2. 우리는 건전한 국가관과 확고한 교육관을 가지고 교직에 종사한다.
3. 우리는 유아에게 최적의 교육을 제공하기 위해 열과 성을 다한다.
4. 우리는 건전한 언행과 생활태도로 유아에게 모범이 되도록 한다.
5. 우리는 열린 사고와 개방적 태도를 가지고 전문성 향상에 매진한다.
6. 우리는 다양한 분야의 전문가와 교류하고 새로운 지식과 정책을 비판적으로 수용한다.

제 6 장

유아기의 놀이

1. 유아의 놀이
2. 놀이이론
3. 놀이의 유형
4. 놀이의 발달
5. 놀이지도

"놀이(play)란 사랑(love)처럼 이루 다 말할 수 없다(Tyler, 1976)"고 한다. 거기엔 사랑처럼 매우 신기한 무엇인가가 있으며, 지적인 면에서 조차 신비적이라는 것이다. 또한 "놀이란 다양한 형태와 너무나 많은 모습으로 나타난다. 이것의 결과는 너무도 숭고하며, 어떤 정의나 설명도 부분적이며 미완성된 것이다(Perryman, 1962)."라고 한다. 이와 같은 놀이에 대한 극찬의 표현은 유아의 발달과 교육에 밀접한 관련이 있다. 유아의 놀이는 성인의 놀이와 달라서 오락이나 게임이 아니라 학습인 동시에 실생활의 연장이라고 볼 수 있다. 본 장에서는 유아교사나 부모가 유아의 놀이에 관심을 갖고 도움을 줄 수 있도록 유아의 놀이에 관한 전반적인 내용을 살펴보았다.

1. 유아의 놀이

1) 놀이와 교육

어린이들의 일상생활은 놀이로서 연속된다. 자고 깨면 놀이를 찾고, 놀이에 몰두하여 먹는 것까지 잊기도 한다. 유아의 생활은 곧 놀이라고 해도 과언이 아니다. 유아들은 놀이를 통해 세상을 경험하고 자신을 표현한다. 유아들이 자발적으로 선택하여 참여한 놀이활동은 그들에게 있어서 가장 가치 있는 학습경험이다.

어린이들은 새로운 사물에 접하면 느끼고, 맛보고, 냄새를 맡으며, 때로는 조작하는 데 전념하면서 사물에 대한 지식을 얻게 된다. 놀이를 통해 이미 알고 있는 사실들을 다른 상황에서 해결해 보는 시도를 하며 새로운 생각을 적용하여 재조직하는 발견을 하게 된다(Lieberman, 1977). 유아는 놀면서 자기 스스로를 발견하게 되고, 다른 사람들과의 상호작용을 통하여 상대방을 인식하고, 자신에게 적합한 역할들을 재창조할 뿐 아니라 조정하는 새로운 방법들을 발견해 간다.

듀이는 '놀이란 유아들이 즐겁게 참여하는 활동이며, 자기 스스로 추구하는 활동이며 마음 속에 어떤 목적을 두지 않는 활동'이라고 했다. 유아들의 놀이는 심각한 활동이며 목적과 사후 만족을 초월하여 그 자체만을 위해 수행되는 즐거운 활동이다. 놀이란 즐거운 활동이므로, 유아들은 놀면서 참여하는 활동에는 비교적 오래 참여한다. 그러므로 교사는 유아들이 새로운 생각을 하도록, 또는 재료들을 가지고 탐구하도록 동기를 주기 위해 놀이의 방법을 이용하면 유아들이 보다 오랜 시간 동안 하는 일에 몰두하게 된다. 수학, 과학, 언어학습의 초보적 기술은 어린이들이 어떤 재료들과 생각을 갖고 놀면서 배울 수 있다. 특히 미술, 음악과 운동 교육은 보다 쉽게 놀이의 방식을 적용할 수 있다. 그런 활동은 주로 엄격한 규정이나 제한이 없이 여러 가지 재료들이나 공간을 탐구할 기회를 갖는 활동들이기 때문이다. 유아의 자발적 활동으로서의 놀이는 주변세계와 관련된 지식, 기능, 태도 등을 학습하게 할 뿐 아니라 지적, 사회적, 정서적, 신체적 발달에 큰 영향을 미친다.

한편, 놀이가 학문적 관심의 대상으로 연구되기 이전까지는 놀이는 어린이들의 부질없는 짓이라고 취급되어 왔다. 따라서 어린이들에게까지도 놀이는 늘 일과 공부에 대비되는 말로 사용되어 왔다. 어린이들의 일상생활 속에서 놀이와 일이 구분되었을 뿐 아니라, 교육만이 어린이들의 사고와 감정을 가치 있는 방향으로 이끌어 줄 뿐 놀이는 어린이들을 잘못되게 한다는 생각을 가지기도 하였다. 특히 청교도적 윤리는 놀이(play)와 노동(work)을 엄격히 구분하였었다. 노동은 자기훈련을 위해 필요하나, 놀이는 그 자체가 죄로 간주되지 않지만 학습과 노동(직업훈련)을 방해하는 활동으로 여겼다(김수영 외, 1997). 19세기 중엽 이후조차도 미국에서 출간된 도서들에서도 노동과 겸손, 순종, 경건 등의 예절내용을 강조하였다(Lystad, 1977).

그러나 루소, 프뢰벨, 듀이, 힐, 몬테소리 등은 유아의 사회적, 정서적, 지적 발달을 위한 놀이의 중요성을 강조했다. 루소는 "어린이의 놀이는 자연스런 작업(occupation)이며 그 어떤 다른 것도 아니다"라고 하여 놀이를 통하여 유아의 자연적 본능을 발달시키는 것이 중요하다고 강조했다. 그는 어린이의 학습은 자유스러운 가운데서 자발적으로 나타나는 놀이를 통해서 이루어진다고 보았다. 프뢰벨은 유아들이 가지고 놀 수 있는 은물(gift)을, 몬테소리는 다양한 교구(materials)를 개발함으로써 유아의 놀이를 강조했다. 그리고 듀이나 힐은 유아들이 자유놀이를 통해 학습할 기회를 가져야 한다고 강조하였다. 특히, 듀이는 놀이가 가장 교육적 가치가 크며 유아들은 놀이를 통하여 처음으로 세계를 배운다고 했다.

놀이는 일방적인 목적을 추구하지 않고 활동 그 자체만을 즐기는 행위이지만 일은 목적을 추구한다. 놀이는 과정을 중시하지만 일은 결과를 중시한다. 그러나 유아기에는 일과 놀이가 구분되지 않는다. 즉, 어린이의 일은 곧 놀이이며 놀이는 곧 일이다. 즐거움과 목적 추구를 동시에 공유할 경우 놀이도 되고 일도 된다.

다음의 〈표 6-1〉은 여러 학자들이 말한 놀이에 관한 견해를 인용하여 정리한 것이다(Sheridan, 1999).

표 6-1 놀이에 대한 학자들의 견해

학자	중심 내용
부르너 (Jerome Bruner, 1915–)	어린이는 아이디어와 사고력을 발달시키기 위해 신체적으로 활동적이어야 하며 직접적인 경험을 해야 한다. 놀이는 이를 위한 많은 기회를 제공한다.

학자	중심 내용
에릭슨 (Erik H. Erikson, 1902–1979)	프로이드의 인성이론을 발전시켜 상상적 놀이와 정서 사이의 결합에 흥미를 가졌다. 어린이들과 어른의 놀이를 비교하였다..
프뢰벨 (Friedrich Froebel, 1782–1852)	어린이는 활동적 놀이를 통해 학습하며, 특히 가장놀이(pretend play)는 상상력을 발휘한 탐구학습에 효과적이다. 자유스런 활동을 제안하였으며 환경을 탐구할 수 있는 옥외활동에 가치를 두었고 미술, 만들기, 음악, 책읽기 등과 같은 창의적인 활동을 중시했다.
수잔 아이작 (Susan Issacs, 1885–1948)	프뢰벨의 영향을 받아 놀이를 아이들의 느낌을 표현하는 수단으로 보았다. 형식적 학습은 약 7세 이후에 하는 것이 바람직하며 그 이전에는 놀이를 통해 학습하는 것이 효과적이다.
몬테소리 (Maria Montessori, 1870–1952)	자발적 놀이보다는 구조화된 활동에 관심을 가졌다. 어린이를 능동적 학습자로 여겼으며, 발달과정에 있어 나이에 따라 다른 유형의 학습을 보다 잘 받아들인다.
피아제 (Jean Piaget, 1896–1980)	유아의 놀이방법은 인지발달 단계에 따른다. 놀이는 유아가 실제 세계를 자신이 현재 가지고 있는 인지구조 속에 동화시키려는 행위이다.
비고스키 (Vygotsky, 1896–1934)	놀이활동은 현실 속에 할 수 없는 것을 하게 하므로 발달에 도움을 준다. 또한 어린이들의 사고활동을 강화하는 데 있어 성인의 역할이 중요하다.
위니코 (Winnicott, 1896–1974)	놀이란 사회적 및 정서적 발달에 필수적이며, 놀이와 학습은 매우 밀접하게 관련되어 있다. 특히 곰인형과 같이 아이를 편안하게 해주는 놀잇감(대체적 사물)이 효과적이다.

오늘날 우리 문화 속에는 놀이를 지적 추구와는 무관하며 비생산적인 것으로 생각하는 경향이 있다. 부모로서, 교육자로서 학구적인 성취와 탁월함과 같은 것을 요구한다. 일부에서는 유아교육 프로그램에서 놀이의 비중을 적게 두어야 한다고 설명한다. 버라이터와 엥겔만(Bereiter & Engelmann, 1965)은 유아교육의 목표를 설정할 때 비학문적인 요인은 제거하고 학문적인 목표에 초점을 맞추기 위해 자발적인 놀이의 양을 축소하도록 주장했다. 자발적인 놀이활동보다 학문적인 활동을 강조하는 학자들은 교사가 지시하는 활동과 구조화된

활동을 더 많이 조직하도록 요구하고 있다. 그러나 놀이가 유아의 발달과 학습에 중요하다는 점에 관심과 연구의 초점이 되고 있다. 놀이의 교육적 가치나 효과에 관한 연구들은 한결같이 놀이의 기능을 매우 긍정적으로 보고하고 있다.

2) 놀이와 발달

발달은 성장(growth)만을 의미하지 않는다. 인간은 성장하면서 기능(skills)의 습득으로 능력을 발휘하면서 발달해 간다. 이런 의미에서 놀이는 유아들의 전반적인 발달에 기여한다(Sheridan, 1999). 유아의 발달은 다음과 같은 여러 측면이 복잡하게 혼합되어 있다.

(1) 신체적(physical) 발달

유아들은 점차적으로 자신의 신체(운동)를 통제하는 능력을 발달시켜 나간다. 이런 신체적 발달은 대근육 운동뿐 아니라 미세한 운동기능과 시각 기능을 포함한다. 유아는 시각기능이 발달하면서 멀고 가까운 것을 볼 수 있는 능력을 점진적으로 발달시켜 나가게 된다. 대근육 운동기능(gross motor skills)은 공을 던지고 받는 행동과 같은 보다 큰 동작을 포함하는 행동을 할 수 있도록 하여 대근육을 발달시킨다. 또한 소근육 운동기능(fine motor skills)은 신발끈을 매거나 그림을 그리는 등 사물을 조작할 수 있도록 하여 소근육의 발달을 돕는다. 유아는 운동놀이나 사물을 조작하는 놀이를 하면서 운동기능을 발달시키며 나아가 신체적인 성장과 발달을 하게 된다.

(2) 인지적 · 상징적(cognitive · symbolic) 발달

유아는 놀이를 통해 인지적인 사고를 넓히면서 문제해결하는 기회를 갖는다.

인지적 · 상징적 발달은 주어진 정보를 의미있는 방법으로 처리하고 사용하기 위해 지식과 기술을 습득하는 것을 포함한다. 이러한 기능은 상상, 창의력, 추상적 사고, 논리적 추리, 문제해결 능력, 행위의 결정 등이다. 유아는 놀이의 여러 장면에서 자신의 상상력이나 창의력을 발휘하면서 놀게 된다. 놀이 속에서 실수도 하며 문제를 해결해 보기도 하면서 인지를 발달시켜 간다.

(3) 언어적 · 상징적(linguistic · symbolic) 발달

유아는 이야기를 듣거나 다른 사람과 대화하면서 지기표현을 한다. 말하는 것을 학습하는 것은 단어를 소리로 표현하거나, 보다 어려운 어휘를 이해하고 습득하는 것을 포함한다. 유아의 언어적 경험은 일상의 놀이를 통해 자연스럽게 반복되며, 점차 복잡한 방법으로 언어를 사용하는 방법을 학습한다. 예를 들면, 놀이 가운데서 자신의 견해를 표현한다거나, 사고하고 탐색하는 경험은 언어적 · 상징적 발달을 촉진시킨다.

(4) 정서적 · 사회적(emotional · social) 발달

유아들은 철저하게 보호자에게 정서적인 의존을 하지만 점차 성장하면서 사회적 · 정서적으로 독립해 나아간다. 점차 성인의 도움을 받지 않고 스스로 해결할 수 있는 능력을 발달시켜 가며 다양한 가치체계와 사회적 · 문화적 관점에 대해 이해하게 된다. 또한 놀이를 하면서 다른 사람들이 허락하는 방향으로 자신의 견해나 감정을 표현해 나가는 정서조절 방법을 이해하는 것도 함께 발달한다. 특히 자기중심성이 강한 유아들이 함께 놀이에 참여하면서 사회적 기능을 익히고 정서를 조절할 줄 알게 된다.

(5) 도덕적 · 종교적(moral · spiritual) 발달

어린 유아일수록 발달적으로 무도덕한 특징을 보인다. 도덕적 판단에 있어서 타율적이며 복종적인 경향을 지닌다. 도덕적 발달은 대체로 정직, 공평성, 존경, 선과 악에 대한 개념, 책임감, 행위의 결과와 같은 가치(value)를 이해하는 것과 관련된다. 종교적 발달은 절대자(absolutes)와 그 절대자가 사람과 세상에 미치는 영향력을 인식하는 능력의 성장을 말한다. 특히 유아는 실생활과 놀이 가운데서 해야 할 것과 하지 말아야 할 것, 또는 옳고 착한 행위와 그렇지 않은 것에 대한 인식을 하면서 도덕성을 발달시켜 나간다.

이상에서 보듯이 각 발달적 측면은 아주 복잡하게 연결되어 있어서 어느 한 측면이 방해를 받거나 무시되면, 유아의 전인적 발달을 기대할 수 없게 된다. 따라서 보호자는 유아들에게 필요로 하는 모든 것을 제공하도록 노력해야 한다. 각 발달과 관련해 놀이의 기능을 정리해 보면 다음과 같다(Sheridan, 1999).

첫째, 놀이는 좋은 영양, 따스함, 그리고 보호만큼이나 중요한 발달의 필수적인 요소이다.

둘째, 놀이는 대근육 및 소근육의 발달을 돕고 신체적 건강을 유지하도록 한다.

셋째, 놀이는 상상력과 창의력을 증진시키며, 사회적 기능을 연습할 장면을 제공한다.

넷째, 놀이는 정서적 표현의 출구를 제공하며, 가치체계를 이해할 수 있는 기회를 제공한다.

2. 놀이이론

놀이에 대한 다양한 이론이 있다. 학자들은 놀이의 보편적 의미를 기술하고 설명하는데 오랫동안 합의를 보지 못한 채 연구해 왔다. 1세기 무렵의 플라톤과 18세기의 루소와 페스탈로치, 그리고 19세기 이후에 프로이드, 20세기의 피아제에 걸쳐 볼 때, 놀이란 그저 임의적이거나 의미 없는 것이 아니며, 독특하고 중요한 목적을 지니고 있다는 데는 일반적으로 동의할 수 있다. 학자들에 따라 놀이의 서로 다른 측면을 강조하였기에 서로 상이하다. 어떠한 이론도 놀이에 대하여 완전한 설명을 하지는 못하지만, 다양한 이론을 통해 유아에게 미치는 놀이의 중요성을 통찰할 수 있다. 지금까지 제기된 다양한 놀이이론을 요약하여 정리하였다.

1) 고전적 이론(Classical theories)

놀이의 고전적 이론은 놀이의 원인과 놀이의 단계에 관심을 둔 이론으로 세분화하면 다음의 다섯 가지 형태로 분류해 볼 수 있다.

(1) 잉여에너지론(the surplus energy theory)

잉여에너지론은 18세기 독일의 시인이었던 쉴러(Schiller)와 영국의 철학자 스펜서(Spencer)에 의해 제기되었다. 이 이론은 인간이란 선천적으로 활동적이라고 주장하는 입장이다. 사람들은 에너지를 축적하면서 사는데, 생존을 위해 필요한 에너지 이외의 남는 에너지는 놀이활동에 사용된다는 견해이다. 유아들은 풍부한 에너지를 끊임없는 활동 가운데 배출하며 활발히 논다. 즉, 놀이는 기본적 생존에 더 이상 필요하지 않은 잉여에너지를 소모시키기 위해서 일어나는 유기체의 활동이다.

(2) 사전연습이론(the pre-exercise theory)

이 이론은 유아들의 생존을 위한 본능적 행동의 한 형태로, 유아들이 생활에 필요한 여러 가지 경험을 놀이를 통해 연습해 봄으로써 현실생활에 대한 준비를 한다는 견해이다. 유아들이 어릴 경우 그들의 감각기관은 완전하지 않다. 그러므로 유아들은 놀이를 통해 후기의 지성 · 감성을 발달시키기 위해 필요한 기본 감각을 발달시켜야 한다. 놀이 속에 나타나는 연습 혹은 실험은 유아로 하여금 생존하며 생활을 지속할 수 있도록 필요한 기술을 준비하게 한다는 것이다. 이 이론은 철학자 그로스(Groos)에 의해 제기되었는데 그는 미래생활에 필요한 본능을 강화하는 것이 놀이의 목적이라고 했다. 유아들은 장래생활을 준비하기 위하여 놀이 속에서 엄마가 되어 보고 아빠가 되어 보는 사전연습의 과정을 밟아 성장 · 발달의 수단으로 삼는다는 것이다. 놀이는 본능적 행동이며, 성장 · 발달의 수단이며, 사전에 삶을 연습하려는 충동에서 일어난다.

(3) 반복이론(the recapitulation theory)

이 이론은 진화론에 영향을 입어 홀(Hall)이 제기했는데, 놀이는 인간의 진화 과정에서 거쳐온 여러 단계의 계통발생적 현상을 반복하는 행동이라는 것이다. 유아들은 놀이를 통해 무의식적이기는 하나 본능적으로 원시시대의 놀이부터 오늘날까지의 여러 문화계층의 놀이를 재연한다는 것이다. 유아들은 인간의 진화 단계와 유사한 단계로 놀이활동을 한다. 즉 놀이를 통해 조상의 활동을 되풀이하는 동안 바람직하지 못한 버릇들은 제거해 가면서 민족의 역사를 되풀이한다는 것이다. 그 예로 나무에 오르는 일, 그네뛰기, 헤엄치기 등은 동물적 생활을 하던 시대에 알맞는 놀이이며, 사냥, 숨바꼭질 등은 원시시대에 속하는 놀이이다. 놀이는 생리학적으로 새로운 것을 경험하는 것이 아니라 과거 인간이 지녔던 운동적 습관과 정신적 습관을 반복하는 것이다.

(4) 레크리에이션 이론(the recreation theory)

잉여에너지론과는 대조적으로 노동에 소비된 에너지를 재정비하는 역할을 놀이가 담당한다고 라자루스(Lazarus)가 주장했다. 잉여에너지론은 사람들이 여분의 에너지를 놀이를 통해 풀어버릴 필요가 있다고 보지만 레크리에이션 이론은 사람들이 에너지를 소모하면 재축적할 방법을 찾아야 한다는 것이다. 노동은 사람의 신체적, 심리적 에너지에 긴장감을 주므로, 놀이가 휴식에 필요하고 사람들이 다시 일할 수 있도록 에너지를 재 축적시킨다는 것이다. 사람들의 신체적, 심리적 피로를 푸는 방법은 수면이 아니라 놀이활동에 몰두할 때 즐거움과 만족을 얻는다. 놀이란 새로운 에너지를 축적하기 위해 사람에게 필요한 것이다. 놀이는 에너지(energy)의 결핍을 극복하기 위한 개인의 에너지 재생산을 위한 활동이다.

(5) 휴식이론(the relaxation theory)

인간은 일상생활에서 주로 소근육 운동에 의존하는 활동을 하게 되는데, 이 때 사용되지 않는 대근육 운동을 시도하기 위한 욕구에서 놀이가 발생한다. 놀이란 레크리에이션 이론처럼 사람이 노동활동으로부터 받은 피로감에서 벗어날 수 있는 활동이다. 특히 대근육 활동이 이러한 긴장을 푸는데 적합하므로, 우리의 육체는 이런 대근육 활동을 통해 휴식을 취하게 된다.

2) 심리분석적 이론(Psychoanalytic theory)

정신분석학자들은 놀이와 유아의 정서 사이에 특별한 결합이 있다고 주장한다. 이 학파에 따르면 놀이는 느낌을 표현하고, 어려움을 감수하고, 즐거운 경험을 재현하고, 혼란스런 감정을 통제하는 수단이다. 프로이드(Freud)는 유아의 정서발달에 놀이가 중요한 역할을 한다고 주장했다. 놀이는 아동의 두 가지 욕구, 즉 성장의 욕구와 적극적인 역할의 욕구를 충족시키기 위해서 생긴다. 놀이행동은 유아의 성장에 대한 생리적 욕구와 성인이 되고자 하는 욕구가 결합되어 나타나는 것이라는 것이다. 유아는 놀이를 통해서 이드(id)와 수퍼에고(super-ego)간의 갈등을 제거할 수 있다. 놀이는 쾌락의 원리(pleasure principle)에 의해 동기가 부여되기 때문에, 놀이는 만족의 원천이다. 그리고 놀이란 유아에게 있어서 카타르시스의 작용을 한다. 즉 유아들은 자기들이 실제 상황에서 만족하지 못하고, 해결하지 못하여 갖게 되는 긴장, 불안감 등을 놀이를 통하여 제거한다(Levy, 1978). 에릭슨은 놀이의 중요한 기능이 불안을 제거할 것이며, 놀이를 통해 자아감을 구축할 수 있다고 했다. 유아들은 놀이를 통하여 자기 자신의 세계를 창조할 수 있다(Jalongo, 1984). 놀이는 유아들로 하여금 성인이 되어 보는 기회를 준다.

그들은 의사, 선생님, 지휘자 등 성인이 되어 볼 수 있으며 그들이 원하기만 한다면 어떤 상황이나 사건을 변경시킬 수도 있다. 점토놀이나 소꿉놀이 등을 통해 다양한 재료를 가지고 만지고, 굴리며, 부수면서 실제 생활에서 얻은 좌절감이나 불안감 등을 해소하고, 자기가 원하는 상황을 조작하고 변경시킴으로써 불안감을 줄이며, 만족과 즐거움을 느낄 수 있다.

3) 인지발달이론(Cognitive developmental theory)

놀이의 인지발달이론은 유아들의 성장 · 발달에 따른 놀이의 다른 양상들을 강조하면서 놀이의 내용에 초점을 두고 전개하는 이론이다. 피아제(Piaget)는 놀이를 ① 새롭고 복잡한 대상 및 사건에 관해 학습하게 하는 통로, ② 개념 및 기능을 강화하고 확대하는 통로, ③ 사고를 행동과 통합하는 통로로 본다.

그는 인간의 지적 발달을 강조하면서, 발달이란 동화(assimilation)와 조절(accommodation)의 과정에 의해 이룩되는 것이라 했다. 아동의 놀이방법은 아동의 인지발달 단계에 따른다. 그런데 놀이는 유아가 실제 세계를 자신이 현재 가지고 있는 인지구조 속에 동화시키려는 행위이다. 즉 놀이하는 아동은 조절의 작용을 통하여 새로운 인지구조를 개발하고 있지 않지만, 동화의 작용을 통하여 그의 경험들을 기존의 인지구조 속에 맞추려고 한다는 것이다.

따라서 놀이활동은 유아의 인지발달을 조장한다고 했다. 비고스키(Vygotsky, 1976)도 인지발달에 미치는 놀이의 영향력을 강조했다. 특히 어린 유아들은 추상적 사고가 어려우나 상징적 놀이는 추상적 사고의 발달에 결정적인 역할을 한다고 했다(지성애, 1996). 유아들은 다양한 놀이를 통하여 상징물을 실제사물로 대체하며 놀거나, 가작화 및 상상놀이를 하면서 추상적이고 창의적인 사고를 넓혀 간다.

4) 생태학적 이론(Ecological theory)

놀이의 생태학적 이론은 유아들의 놀이에 차이가 나는 조건들과 구조에 관심을 둔 이론이다. 이 분야의 연구자들은 놀이 내용이 어떻게 달라지며 이러한 것이 유아의 행동에 얼마나 영향을 주는지 관심을 갖는다. 초기의 학자들은 놀이 자료나 놀이활동 형태가 유아의 집중시간, 상호작용 그리고 의사소통의 유형 및 의사소통량에 영향을 준다고 지적하였다. 이 이론에서는 놀이에 참여하는 유아의 수, 놀이에 사용되는 재료들, 놀이 친구의 성, 성인이 활동을 통제하는 정도, 전통적인 운동장의 형태가 아닌 창의적이며 개방된 형태의 놀이장소 등이 영향을 준다고 지적하고 있다.

이상에서 살펴본 바와 같이 놀이이론은 관점에 따라 다양한 준거를 가지고 다양하게 전개되고 있음을 알 수 있다. 어떠한 놀이이론도 완벽하다고 설명할 수 없으나 어떠한 놀이 이론도 경시되어질 수 없으므로, 우리는 이 같은 놀이이론들을 종합적으로 이해하고 적용하여야 할 필요가 있다.

3. 놀이의 유형

1) 발달에 따른 놀이의 유형

놀이와 일, 놀이와 게임의 명확한 구분이 어렵다(Wininger, 1979). 사회 문화적 여건, 시간성의 개입, 유아 자신의 인식문제 등이 복잡하게 작용되므로 상황에 따라 구분하는 것이 적합하다. 유아들의 놀이는 다양하고, 또 연령, 성, 문화와 시대, 가정환경, 주거환경 등에 따라 상당한 차이가 있다. 이들을 체계적으로 분류하기란 대단히 어려운 일이다. 놀이의 유형은 그 준거에 따라 여러 가지로 분류될 수 있다. 학자들에 따라 분류유형이 다양하나, 유아의 발달과 관련해 소개된 이론들을 살펴보기로 한다.

(1) 파튼(Parten, 1932)

파튼은 유아들이 자유롭게 노는 장면을 관찰하여 놀이를 6가지로 분류하였다. 점차적으로 변화되어 나타나는 놀이 유형은 발달적 위계를 따르기도 하지만 사회적 놀이의 유형으로 볼 수 있다.

① 비참여 행동(uninvolved behavior)

놀고 있지 않은 상태이지만 순간적으로 흥미 있는 것을 쳐다보기도 한다. 여기 저기 자리를 옮겨서 보며, 한 곳에 가만히 앉아서 방을 둘러보거나 어떤 대상을 쳐다보기도 한다.

② 방관자적 행동(onlooker)

다른 아동들이 노는 것을 지켜봄으로써 대부분의 시간을 보내고 때때로 그가 쳐다보고 있는 아동에게 말을 걸거나 질문을 하거나 혹은 제안을 하기도 하지만 그 자신이 놀이에 참여하지는 않는다.

③ 혼자놀이(solitary independent play)

가까이 있는 다른 유아들이 가지고 노는 장난감들과는 다른 장난감들을 가지고 홀로 독립되어 논다. 그리고 다른 유아들과 접근하려고 하지 않는다.

④ 평행적 놀이(parallel activity)

주위의 유아들과 같은 장난감을 가지고 놀지만 자신의 마음에 드는 장난감을 가지고 논다. 주변에 있는 유아들의 활동에 영향을 미치려고 한다거나 그들의 활동을 변형시키려는 노력은 하지 않는다. 따라서 다른 유아들과 함께 노는 것이라기보다 오히려 다른 유아들 옆에서 놀고 있다는 정도이다.

⑤ 연합놀이(associative play)

다른 유아들과 어울려 놀며 일상적 활동에 관련된 대화를 한다. 놀이기구를 빌려 주고받으며 집단 속에서 해도 좋을 놀이와 그렇지 않은 놀이에 대한 희미한 통제를 시도하기도 한다. 그러나 조직적 결속력이 약하며 자신의 관심이나 흥미를 집단에 예속시키려 하지 않고 자신이 원하는 바에 따라 행동한다.

⑥ 협동놀이(cooperative or organized supplementary play)

조직된 집단 속에서 목적을 달성하기 위해 함께 논다. 경쟁적 요인도 작용하며 집단에 대한 명확한 소속감을 지니며 통제된 활동을 한다. 놀이 방법이나 놀이 도구에 대하여 협력하며 논다.

혼자놀이는 2-3세 이전에 관찰되며 평행놀이는 2-3세, 연합놀이는 3-4세, 협동놀이는 4-6세에서 나타난다. 파튼은 놀이의 관찰을 통해, 놀이는 유아로 하여금 점점 복잡한 사회적 관계(social relationship)를 갖도록 해 준다고 하였다.

(2) 피아제(Piaget, 1962)

피아제는 유아의 놀이내용을 발달단계에 따라 3가지로 분류하였다.

① 동작놀이(functional play)

감각운동기(sensory motor stage)에 대표적으로 나타나는 놀이의 형태이다. 이 단계의 유아는 새로 획득한 운동기술을 즐거운 사건으로 실행한다. 단순한 동작놀이라 볼 수 있으며, 예를 들면, 구슬을 단지 굴리면서 노는 놀이이다.

② 상징적 놀이(symbolic play)

유아는 놀이에서 어떤 실제를 나타내는 자료들을 사용한다. 즉 하나의 행위가 다른 행위를 상징하는 놀이이며, 예를 들면, 구슬로 기차놀이를 하는 경우다.

③ 규칙이 있는 놀이(game with rule)

놀이가 보다 정교해지고 실제 환경에 적용되어, 규칙이 만들어지고 질서도 정해진다. 그러므로 유아가 이 단계에 이르면 점차 그의 사고를 실제 세계에서 조절할 수 있게 된다. 예를 들면, 구슬놀이를 하되 일정한 규칙을 정해 놓고 하는 놀이이다.

(3) 스밀란스키(Smilansky, 1968)

스밀란스키는 Piaget의 인지적 차원의 분류내용을 확장시켜 4가지의 발전적 단계로 세분화하였다.

① 기능놀이(functional play)

감각 운동적 놀이의 형태이다.

② 구성놀이(constructive play)

무엇을 만들기 위해 대상과 사물을 조작하는 형태의 놀이이다. 구성놀이는 기능적 활동으로부터 창조적 활동으로의 전환을 의미하며, 이러한 변화는 사물을 조작하는 단계에서 사물을 구성하는 단계로의 발전을 의미한다.

③ 극놀이(dramatic play)

상징적 놀이로써 허구놀이, 상상놀이, 가상놀이의 형태이다.

④ 규칙이 있는 게임놀이(games with rules)

친구들과 합의하여 만든 규칙을 적용하며 노는 형태이다.

위에서 살펴보면 피아제와 스밀란스키 이론에 약간의 차이가 있다. 즉 피아제는 스밀란스키와 달리 구성놀이를 하나의 독립된 놀이로 인정하지 않았다. 그는 구성놀이를 상징놀이와 규칙있는 게임의 중간 또는 놀이와 지적 활동의 중간, 놀이와 모방의 중간 위치에 있다고 주장했다(이숙재, 1998, 재인용).

(4) 세리단(Sheridan, 1999)

세리단은 6세 이전의 유아들을 관찰하고 여러 견해를 종합하여 다음과 같이 놀이를 분류하였다.

① 활동적 놀이(active play)

활동적 놀이는 앉고, 서고, 달리고, 기어오르고, 점프하고, 던지고, 차고 받기 위해 머리와 몸통 그리고 팔다리를 사용하여 노는 놀이이다. 활동적 놀이는 특히 신체발달상 중요하다. 이러한 놀이는 거칠게 구르는 등의 놀이를 포함하며, 힘과, 민첩성, 그리고 협동심을 습득하는 한 수단이다. 활동적 놀이는 아주 어린 갓난아기에서도 나타나는데 그 시기는 아이가 자신의 머리와 몸통을 가눌 수 있기 시작하면서부터이다.

② 탐색적 · 조작적 놀이(exploratory and manipulative play)

탐색적 · 조작적 놀이는 유아가 손가락 놀이를 하는 생후 3개월경부터 시작되는데, 주로 자신의 환경을 탐색하고 감각기관(시각, 청각, 후각, 촉각, 미각)을 통해 사물의 속성을 알아내는 것을 포함한다. 이런 종류의 놀이는 감각기관의 발달, 정교한 운동, 그리고 손과 눈의 협응을 위해 중요하다. 탐색적 · 조작적 놀이는 어린이가 물체의 영속성과 시간과 공간에 대한 의미를 이해하는데 도움이 된다.

③ 모방적 놀이(imitative play)

유아는 주위 사람들이 반복적으로 하는 행동을 보고 그대로 따라서 한다. 이는 사회적, 인지적, 상징적 발달을 위해 중요하다. 유아들은 모방적 놀이를 통해 행동을 관찰하고 그 행동을 반복하고, 결국 그 행동이 어떤 면에서 의미가 있다는 것을 인지하게 된다. 예를 들면, 도서관을 방문한 후 그 어린이가 사서를 흉내내고 책을 빌려 주는 행동을 재현할 수 있다. 모방적 놀이는 짧게 일어나지만 아주 어린 나이부터 시작된다. 예를 들면, 아주 갓난아이도 어른과 아주 가까운 상태에서 혀를 밖으로 내밀거나 집어 넣거나 하는 행동을 모방한다. 특히 모방적 놀이는 어린이가 일상적인 사회적 · 문화적 맥락 속에서 자신의 주변에서 일어나는 것을 보거나 듣고 있다는 것을 시사한다.

④ 구성놀이(constructive play)

구성놀이는 블록으로 탑을 쌓는 것과 같이 어떤 것을 만들며 노는 것을 말한다. 이는 정교한 근육운동과 감각적 능력, 그리고 인지적이고 상징적인 이해력의 결합을 필요로 한다. 어떤 것을 만들기 위해 어린이는 그 구성요소를 조작할 수 있는 능력뿐 아니라 머리 속으로 상상하고 계획하는 능력이 필요하다.

⑤ 가상놀이(pretend play)

유아들은 관찰과 모방을 통해서 스스로 관찰한 것과 비슷한 장면을 꾸며내기 시작한다. 가상놀이는 최소한의 재료만 사용하고도 훌륭하게 할 수 있다. 예를 들면, 군인이나 소방관의 모자는 즉석에서 어린이에게 새로운 역할을 제공한다. 가상놀이는 통찰력과 기능을 행동으로 옮기는 기회가 되며 상상력과 창의력을 발휘할 수 있게 한다. 비고스키(Vygotsky, 1976)는 가상놀이를 유아가 성장한 후에 여러 가지 상징들을 사용하는 방법을 익히기 위해 연습하는 활동이라고 믿었다(신화식 외, 20004).

⑥ 규칙이 있는 게임(games with rule)

규칙이 있는 게임을 위해서는 서로 나누고, 차례를 기다리고, 공정한 놀이를 하고 그 결과를 정확히 기록하는 것에 대한 이해가 필요하다. 이러한 게임은 보통 만 4세경부터 시작된다. 규칙이 있는 게임은 보통 아이들 몇 명이 모인 소집단이 협동적 놀이를 하는 동안 자신들만의 규칙을 즉석에서 마련하면서 시작된다. 성인과의 경쟁적 팀 게임은 점차 규칙을 만들어 가게 한다.

이상에서 살펴본 바와 같이 놀이의 유형은 관찰자의 관점에 따라 다양하게 분류된다. 이러한 분류내용을 참고하여 유아들의 놀이 내용이나 특징, 그리고 놀이의 교육적 가치를 명료하게 할 수 있을 것이다.

4. 놀이의 발달

놀이는 유아가 타인 또는 주위 환경 사이에 상호작용이 성립되자마자 자발적으로 시작된다. 예를 들면, 어른들의 관심에 대한 반응으로 미소를 짓는다거나 발가락을 가지고 장난하거나 소리를 내본다거나 하는 것 등이 그것이다. 원초적 반사행동이 감소됨에 따라 아이는 자유롭게 자신의 행위를 결정하고 점차 보다 정교한 형태의 놀이를 하게 된다. 그러므로 놀이는 새로운 기술을 배우고, 연습하고, 완성함으로써 발달에 기여할 뿐만 아니라 유아들의 발달과정이 어떻게 진행되는가를 보여주는 것이기도 하다.

유아가 어떤 활동을 수행하는데 있어서 드러나는 기능(skills)의 수준은 그들이 성장함에 따라 높아진다. 예를 들면, 6세 아이와 3세 아이가 공을 잡는 놀이를 하는 것을 지켜보면, 나이든 아이가 어린 아이보다 볼을 잡는데 보다 숙달되어 있는 것을 알 수 있다. 유아기에 두드러지게 나타나는 전반적인 놀이의 특징을 살펴보고, 유아가 성장하고 연령이 증가하면서 놀이가 어떻게 발달하는지 살펴보기로 한다.

1) 놀이의 특징

생후 초기부터 6세경까지 나타나는 유아놀이의 특징을 요약하면 다음과 같다.

첫째, 유아는 어릴수록 감각운동놀이를 한다. 생후 1세까지의 아기들은 자신의 감각기관과 운동기능을 이용하여 감각운동적 놀이를 한다. 3개월까지는 자신의 팔다리를 움직이는 놀이를 하지만 그 후부터는 다른 대상과 관련된 놀이를 한다. 아기들은 처음에는 대근육 활동에 의한 놀이를 하다가 차츰 소근육 활동에 의한 놀이가 증가된다. 생후 초기에 나타나는 놀이는 아주 단순한 활동의 반복이며 그 특징은 단순성(simplicity)과 반복성(repetition)으로 표현된다.

둘째, 유아들은 사회성이 발달하면서 모방놀이를 즐긴다. 특히 성인이나 동물을 흉내내는 모방(imitation)이 많이 나타나는데 대개 3-5세 유아들의 거의 모든 놀이에서 발견된다. 3세 이후의 유아들은 대부분이 어른들의 행위를 보고 놀이 아이디어를 얻는다.

셋째, 유아들의 놀이활동은 근육을 기술적으로 활용하는데 집중된다. 3세 이전 유아들은 달리기, 기어오르기, 뛰어오르기 등 단순한 운동을 많이 즐기며 4-5세가 지나면 난간 위를 걸어가기, 한 발로 뛰기 등 보다 기교적인 놀이활동을 즐기게 된다. 5세가 되면 많은 어린이들이 수영이나 스케이팅을 잘할 수 있을 만큼 운동기능의 조절이 원활하다.

넷째, 유아의 놀이방법은 연령이 증가하면서 다양해진다. 2세 이전의 유아들은 대체로 놀잇감을 만지작거리거나, 입에 넣어 보거나, 던지는 등의 놀이를 즐기지만, 2, 3세가 지나면서부터는 여러 가지 놀잇감을 가지고 조작하는 활동이 증가된다. 2세 이하 유아들의 놀이는 특수화되지 못한 조작활동이나 탐색적 활동에 불과하지만, 그 이후부터의 놀이활동은 특수화되고 의미 있는 조작활동이된다고 한다(Hetzer, 1931).

다섯째, 유아의 놀이시간은 연령이 증가함에 따라 증가한다. 관찰에 의하면 3세 유아들은 아무리 길어도 한 가지 놀이에 15분을 초과하는 일은 드물며, 4세 유아들의 놀이시간은 6분 정도라고 보고하였다. 관찰 결과에 의하면 2세 유아는 매우 흥미있는 놀잇감에 약 7분 동안 집중하며, 3세는 8.9분, 4세는 12.3분, 5세는 13.6분이라고 보고하였다.

2) 놀이의 발달단계

발달단계는 유아들의 발달과정 및 개인적 요구(needs)를 아는데 필요한 일종의 발달적 지도(map)이다. 놀이 또한 순차적으로 발달한다는 것에 대한 아이디어는 1880년대의 실러(Schiller)와 1930년대 뷜러(Buhler)와 같은 초기 이론가들에 의해 주창되었다. 그 후 각 단계를 규명하고 기술하기 위한 노력이 많은 연구자들에 의해 수행되어 왔다. 어린이들이 성장함에 따라 그들의 놀이활동도 발달한다. 다양한 나이의 유아들을 비교해 보면, 그들이 어떻게 서로 다른지를 쉽게 확인해 볼 수 있을 것이다. 여기서는 생후부터 만 6세까지 유아들의 놀이활동이 어떻게 발달되어 가는지를 자세히 알아본다. 이러한 발달단계에 대한 지식을 가지고 유아를 관찰하게 되면 유아들에게 적합한 놀이활동을 계획하고 마련하는데 도움이 된다. 그러나 이러한 발달단계를 지나치게 엄격하게 받아들여서는 안 된다. 유아들은 서로 다른 속도로 발달한다는 사실을 염두에 두어야 한다. 많은 사회 문화적 요인들이 발달에 작용하기 때문이다.

(1) 0–12 개월

유아를 돌보는 양육자는 유아의 기본적 욕구를 충족시킬 뿐만 아니라 감각발달을 위해 적절한 자극을 제공하는 중요한 역할을 한다. 부모나 양육자가 유아와 함께 있거나 대화할 때, 유아가 보여주는 왕성한 활동과 미소, 그리고 다양한 즐거움의 표현들은 즐거운 자극에 대한 명백한 반응들이다. 갓난아기들은 부모들의 관심을 끄는 방법을 빠르게 배우며, 이러한 것은 곧 바로 상호작용으로 연결된다. 이것이 놀이의 초기단계에 나타나는 것이다.

① 0–6개월

신생아는 자신의 몸을 움직일 수 있긴 하지만 처음에는 스스로 통제가 불가능하며 태내반사에 의해 영향을 받는다. 이러한 반사는 유아의 신체적 · 감각적 능력이 발달함에 따라 사라지게 된다. 유아가 성장해감에 따라 장난감을 잡기 위해 손을 뻗는 것과 같이 의도적 · 시각적으로 조절하면서 놀이를 하게 된다.

생후 6주에 양육자가 유아를 두 팔로 들어올린 채로 유아에게 말을 걸면 쳐다보고, 이야기를 듣고, 소리를 내고 몸을 버둥거리는 것과 같은 상호작용을 한다. 10-12주에 손과 눈의 협응력이 나타나게 된다. 유아는 누워 있는 상태에서 천천히 자신의 손을 가슴 위쪽으로 모을 수 있게 된다. 동시에 눈으로 자신의 손을 바라보며 활발하게 손가락놀이를 한다. 거의 비슷한 시기에 유아는 엎드린 자세에서 자신의 머리와 어깨를 바로 세우기도 하고 자신의 손을 폈다 오므렸다 하며 손바닥을 긁기도 한다. 유아는 자신의 움직이는 손가락을 쳐다보고 이러한 움직임이 내는 소리에 관심을 보이며 즐긴다. 딸랑이와 같이 손으로 잡을 수 있은 장난감을 주면 유아는 그것을 꼭 붙들고 자신의 얼굴 쪽으로 가져가며 때로는 자신의 뺨을 세게 두드려 보기도 한다.

유아는 14주가 되면 장난감을 쥔 채로 장남감에 눈을 고정시킬 수 있게 된다. 18-20주가 될 때 유아에게 장난감을 주면 손을 뻗어 장난감을 잡을 수 있으며, 얼마 동안 그것을 바라볼 수 있다. 유아는 그 장난감 딸랑이를 흔들고 그것을 입으로 가져갔다 멀리했다 한다. 5개월 반 정도가 되면 유아는 자신의 발의 존재를 알게 된다.

② 6-9개월

6개월이 되면 자신의 동작과 손 · 눈의 협응에 대해 점차 통제력을 지니게 되며 손을 뻗어 주위에 있는 장난감을 집을 수 있게 된다. 또한 멀리 있는 장난감을 잡기 위해 자신의 발을 사용하거나 장난감을 집어 입으로 가져온다. 유아는 아직 잡고 있던 장난감을 자발적으로 놓을 수 없다. 장난감이 손에서 떨어져 유아의 시야 밖으로 사라지게 되면, 그 장난감은 더 이상 존재하지 않는 것으로 안다.

6-7개월 사이 유아는 손이 둘이라는 것을 알게 되며, 1-2주 후면 발에 대해서도 같은 사실을 깨닫게 된다. 이는 유아가 한 손에 한 개씩 두 개의 물체를 동시에 집을 수 있게 되었다는 것을 의미한다. 또한 자신의 양손을 동시에 모으게 된다.

7개월 정도가 되면 유아는 친숙한 사람과 낯선 사람을 구분할 수 있게 된다. 8-9개월이 되면 유아는 넘어지지 않고도 바닥에 앉아서 가까운 거리에 있는 장난감을 손을 뻗어 잡을 수 있다. 이때 멀리 있는 물체를 시각적으로 확인하여 그 물건을 향해 기어가기 시작한다.

③ 9-12개월

이 시기에 유아는 물체의 영속성을 깨닫게 된다. 예를 들면, 방석 밑에 일부만 보이는 장난감을 보고 방석을 들어올리게 된다. 이로부터 2-3주 후면 유아는 가려져 전혀 보이지 않는 물건도 찾을 수 있게 된다. 유아는 만족감을 얻기 위해 장난감을 집어던지기도 하며, 장난감이 바닥에 떨어져 멀리 구르다가 멈추는 모습과 그 때 나는 소리에도 관심을 보인다. 또한 보다 활동적이 되면서 엄마나 다른 양육자들을 점차 가까이하게 된다. 이러한 경향은 양육자를 재확인하기 위해서 그리고 관심을 끌거나 함께 놀이활동을 하기 위한 것으로 보여진다. 유아는 친숙한 사람들이 일상적으로 하는 행동들을 보고 듣기를 좋아하며 이러한 사회적 상호작용을 함께 하는 것을 즐긴다. 이 시기에 유아의 관심은 당시 그 자리에 있는(here and now) 것에 대한 지각만으로 만족한다. 즉시적이고 간단한 모방 행동은 유아의 단기기억(short-term memory) 능력이 생겨나고 있음을 의미한다. 장기기억(long-term memory) 능력은 유아가 지각과 경험을 저장할 수 있게 되면서 생긴다.

생후 일년 동안 유아들은 점차 환경에 적응하는 능력을 습득하게 된다. 강한 호기심과 탐구욕을 보이고 여기저기를 돌아다닐 수 있게 됨으로써 자신들의 세계와 가능성에 대한 지식을 습득하게 된다.

(2) 12-24개월

① 12-18개월

이 시기가 되면 점차 활동적이며 탐구적이게 된다. 적극적인 모방과 반복을 통해 행동을 그대로 따라 하며 인과관계에 대한 인식을 하기 시작한다. 이 시기의 유아는 종이가 찢어지는 모양, 소리, 그리고 느낌을 즐기는 등 다양한 감각적 경험을 즐긴다. 점차 걸어서 돌아다는 기능이 발달함에 따라는 바퀴가 달린 커다란 장난감을 밀고 끌 수 있게 되고 작은 물건들은 손으로 옮길 수 있게 된다. 탐구심이 발달하여 바구니와 같은 용기에 물건을 집어 넣는 법을 알고 이를 기뻐한다. 상자 안에 있는 장난감을 다시 제자리에 놓기도 하며 주위에 모두 흩트려 놓기도 한다. 또한 역할놀이에서 짧은 역할을 하기 시작한다.

14개월에 되면 물건을 바구니 안에 넣고 꺼내는 행동을 즐기고 15개월이 되면 다른 사람들이 이해할 수 있는 수준의 단어를 한두 마디씩 사용하기 시작한다. 빠른 속도로 자신의 몸을 통제할 수 있게 되면서 무거운 물건을 밀고, 당기고, 움직이는 것과 같은 활동을 할 수 있게 되어 작은 세발자전거에 앉은 채 핸들을 잘 움직이며 바닥에 발을 딛고 앞으로 밀고 나간다. 꽤 오랜 시간 동안 블록이나 간단한 퍼즐, 장난감 등과 같이 나이에 적합한 장난감을 가지고 노는 것을 좋아한다.

② 18-24개월

18-19개월이 되면 뒷걸음을 치거나 옆으로 걷거나 계단을 신속하게 올라간다. 이전에 보았던 행위를 나중에 재연하는 지연된 모방(delayed imitation) 행동이 나타난다. 언어가 왕성하게 발달하여 적절한 억양을 사용하며 자신이 사용

하는 단어보다 훨씬 더 많은 단어를 이해한다. 대략 21개월이 되면, 유아는 두 개 이상의 단어를 함께 사용해 짧은 문장을 만들어 가기 시작한다. 짧은 이야기를 따라 하고, 큰 소리로 읽고, 사진을 보며, 이러한 활동을 통해 친숙한 어른들과 가까이 있을 수 있다는 것을 즐긴다. 책, 단어, 사진에 대한 이 같은 흥미는 언어발달에 중요하며 곧 유아는 이야기에 대해 나름대로의 견해를 이야기하거나 질문을 던진다.

20개월이 되면 망치로 두드리는 놀이를 하며 시각과 청각 및 근육을 동시에 사용하는 것을 즐긴다. 24개월경에는 역할놀이를 위해 유아는 선뜻 집에 있는 어른의 신발을 신으며, 독창적인 상상놀이를 위해 모방행동을 한다. 성인의 지속적인 관심어린 격려는 유아로 하여금 자발적 놀이를 하도록 돕는다. 이런 성인의 관심은 1-2세 유아들의 인지적 · 상징적 발달을 돕는다.

(3) 2-3세

2세가 되면 유아는 물건을 들거나, 운반하고, 기어오르거나, 뛰뛰기, 달리기 등의 활동을 통해서 점차 소근육과 대근육 운동 기능을 발달해 나아간다. 또한 세발자전거에 앉아 발을 사용하거나 페달과 핸들을 사용해서 주위를 빙빙 돌 수도 있다. 서툴긴 하지만 발로 공을 차는 행동을 해 보기도 한다. 유아는 넘어지지 않고 공을 던질 수는 있으나 아직 제대로 공을 잡지는 못한다.

조작적 · 구성적 기능은 꾸준히 발달한다. 2세경에는 6-7개의 블록으로 탑을 쌓으며, 3세가 되면 9-10개까지 확장할 수 있게 된다. 대부분의 활동에서 자신이 좋아하는 쪽의 손을 사용하게 되며, 연필이나 크레용을 집을 때 보통 엄지손가락과 두 손가락을 사용하며 잡는 위치가 점차 자루 밑으로 내려간다. 이때 유아들이 그리는 선은 굵고 크다. 비교적 단순한 여러 가지 색깔의 조각 맞추기 놀이를 즐긴다. 친숙한 성인의 행동을 모방하고, 그들에게 자신이 하는 것에 대해 관심을 보여줄 것을 요구하고, 그들로부터 칭찬받기를 좋아하는 등 그들을 따르는 경향을 보인다. 또한 3세 이전에 유아는 뭐예요, 어디예요, 누구예요? 와 같은 질문을 하기 시작한다. 유아의 초기 역할놀이는 상상력이 발달해감에 따라 보다 다양해 간다. 상상놀이 동안 유아는 자신의 행동을 통제하고(running commentary) 자기 지시를 위해 큰 소리로 혼잣말을 한다. 그 후 유아는 놀이활동과 보다 밀접하게 관련된 어휘를 사용한다. 예를 들어 여행놀이를 하기 위해 적합한 놀잇감을 고르는 것과 같이 놀이에 앞서 계획을 세우기 시작한다.

이 시기의 놀이는 유아가 다른 유아들과 함께 상호작용하기 시작하면서부터 혼자놀이와 방관자적 놀이, 그리고 연합놀이를 병행한다. 의사소통 능력은 제한되어 있으며 성인의 관심과 장난감을 서로 나누며 놀 필요성을 아직 이해하기 어렵다.

2-3세 사이 유아는 친숙한 어른이 자신이 보고, 느끼고, 필요로 하고, 바라는 것을 자동으로 이해한다고 확신하는 것처럼 보인다. 예를 들면, 이층에서 창문 밖을 바라보고 있는 유아는 아래층에 있는 엄마가 자신이 윗층에서 보고 있는 것을 똑같이 볼 수 있다고 여긴다. 유아는 아직도 다른 사람의 관점에서 사물을 볼 수가 없다. 하지만 나이가 먹어감에 따라 유아는 다른 사람의 관점을 이해하기 시작한다.

(4) 3-4세

유아가 3세경이 되면 다른 유아들과 보다 쉽게 상호작용을 하기 시작한다. 보통 한두 명의 친숙한 성인 곁에서 소집단을 형성하게 된다. 그 후 일년이 지나게 되면 아이들은 친구의 폭이 넓어지며 사회화에서 빠른 성숙을 보이게 된다. 한편 점차 유아들은 성인들로부터의 지속적인 관심을 덜 요구하게 되는데, 이는 성인들은 필요로 할 때 그들 곁에 함께 할 수 있다는 것에 대해 확신감을 지니게 되기 때문이다.

이 시기의 유아들은 실외놀이와 구성놀이, 실내의 테이블 놀이와 마루놀이, 사회극놀이를 즐겨한다. 이러한 놀이에 있어 특징적인 것은 유아들이 서로 합의된 규칙에 따라 대화하기, 계획하기, 서로 나누기, 차례를 지키기, 놀이하기 등에 대한 필요성을 점차 이해하게 되는 것이다.

3세부터 몸과 동작을 점차 통제할 수 있게 된다. 보다 자신 있게 달릴 수 있으며, 뒤로, 옆으로 걸을 수도 있고, 한 발로 몸의 균형을 유지할 수도 있다. 유아들은 종종 한 발로 계단을 오르고 두 발로 한 계단씩 내려오기도 한다. 유아는 넘어지지 않고 짧은 거리를 점프하며 즐기기도 하고, 페달을 사용해서 자신 있게 세발자전거를 타기도 하며 핸들을 사용하여 코너를 안전하게 돌기도 한다. 또한 공간 지각력이 잘 발달되게 되어 주변 사물과 관련하여 자신과 장난감을 잘 움직일 수 있게 된다. 유아들의 구성놀이는 우주선, 차, 병원, 가게 등을 만들기 위해 커다란 블록, 널빤지, 판넬, 기타 다른 물건 등을 사용하는 활동을 포함한다. 자율적인 그림 그리기는 점차 정교하게 되며 색깔, 형태, 내용에 있어서 다양해지며, 일반적으로 사람, 집 탈것들, 꽃, 동물 등에 관심을 갖는다. 유아가 그림을 그리는 동안 지속적으로 말을 하며, 그림을 그려가며 자신이 그리려는 것을 바꾸기도 한다. 3세 때 유아는 많은 어휘량을 지니게 되나 문장구조와 발음은 아직도 미성숙하다. 유아는 다양한 방법으로 언어를 사용하기 시작하는데 예를 들면 교대로 이야기하거나, 물건에 관해 이야기를 나누거나, 요구를 하거나, 지시를 한다. 지난 일을 분명히 이야기할 수 있으며, 단어와 몸짓, 얼굴 표정의 조합을 통해 친구들과 의사소통을 할 수 있다.

4세가 되면 유아는 그림을 그리기 전에 자신이 그리고자 하는 대상을 이야기 한다. 즉 유아는 시작하기 전 자신이 마음 속에 갖고 있는 생각을 말한다. 유아가 하던 행동을 멈추고 후에 다시 계속할 수 있게 되는데 이는 유아가 자신의 주의력을 통제할 수 있다는 명백한 신호이다. 4세까지 유아는 최근의 경험을 자세히 설명할 수 있게 되며 나 가져도 돼, 언제, 왜?와 같은 다양한 질문을 던진다. 유아는 또한 자기 주장을 하게 되며, 엉뚱한 말을 하며 스스로

웃기도 한다. 유머 감각이 생기게 되며 동시, 수수께끼, 간단한 농담, 조롱 등을 즐기기도 한다. 그림과 함께 이야기를 듣는 것을 좋아한다.

이 단계에서 유아의 상상적이고 주관적 세계는 때때로 무엇이 사실이고 허구인지에 관해 분명치 않을 정도로 생생하게 표현한다. 상상놀이는 유아들이 강렬한 감정에 대처하는 데 도움이 된다. 이 시기에 유아는 인과관계에 매혹된다. 환경에 대한 탐색과 호기심은 환경의 위험성을 아직 지각하지 못하기 때문에 성인의 감독이 필요하다.

(5) 5-6세

이 시기의 유아는 일상생활 능력과 의사소통 기술을 지속적이며 안정적으로 발달시켜 간다. 정교한 상상놀이 뿐 아니라 복잡한 실내 및 실외게임도 즐긴다. 집단놀이와 규칙이 있는 게임을 자주 하며 운동, 만들기, 창의적 활동 등을 좋아하며 특별한 관심을 보이기 시작한다. 그러나 이후에 몇 해가 지나면 남아와 여아 간에 자발적 놀이에서 차이가 나기 시작한다. 그러므로 유아교사들은 남녀 유아 모두에게 모든 활동에 참여할 수 있은 기회를 제공하는 것이 필요하다.

이 단계의 유아들은 민첩성과 힘의 강도에 뚜렷한 진전이 나타난다. 뛰어오르고 공을 몇 미터 발로 차기도 하고 보조바퀴를 가진 두발자전거를 배우기 시작한다.

그림그리기는 유아들이 점차 연필이나 붓을 잘 다룰 수 있게 되면서 보다 정교해지며, 펜을 잡는 모양도 성인과 거의 유사하게 된다. 유아는 긴 문장을 사용하여 대화하고, 이야기를 들려주고 농담을 하는 것을 즐긴다. 또한 다른 사람과 대화할 때 번갈아 이야기를 해야 하는 필요성을 인식한다.

유아의 자발적 놀이활동은 측정과 같은 개념의 과학적 이해를 도와 준다. 역할놀이는 유아들이 미리 역할을 결정하고 어떻게 진행할 것인지를 계획하는 정도의 수준으로 세련되게 된다. 유아는 다른 사람의 요구를 고려할 수 있게 되며, 탈중심화를 할 수 있게 되며 또한 자신의 놀이에서 다른 유아들을 도와주고 잘 보살피기 시작한다. 점차 유아는 사실과 환상을 구별하게 된다.

4. 놀이지도

1) 놀이의 교육적 가치

놀이가 교육적으로 가치 있다는 생각은 고대 희랍의 철학자였던 플라톤이나 아리스토텔레스도 갖고 있었다. 특히 플라톤은 어린이들에게 산수를 가르치기 위해서 사과를 나누어 주었으며, 건축가로 키우기 위해서 어린이들에게 3살 때부터 장난감 연장을 주었다고 전해진다. 그 후 코메니우스, 루소, 페스탈로치 등 교육사상가들에 의해 교육에서 어린이들의 자연발생적 흥미가 중요시되어야 한다는 주장이 대두되었고, 이들 사상을 이어받은 프뢰벨은 유아의 놀이는 곧 교육이라는 생각으로까지 발전시켰다. 피아제(Piaget, 1962)는 놀이가 유아의 존재를 통합시킬 뿐 아니라 유아기의 중요한 사업(business)이라고 하여 유아의 성장과 밀접한 관련이 있음을 강조하고 있다. 서양에서 뿐만 아니라 동양의 고대에서도 놀이를 교육이라는 관점에서 중요시한 흔적은 맹모삼천지교(孟母三遷之教)에서도 쉽게 찾아볼 수 있다. 맹모의 생각은 아동기의 놀이는 곧 그가 장래 어떠한 사람이 되는가와 직접 관련된다고 보았다. 놀이가 유아의 성장에 미치는 교육적 가치는 다음과 같다.

첫째, 놀이는 유아의 인지학습을 조직화하고 활발하게 한다.
유아는 놀이를 통해 자신을 탐구할 뿐 아니라, 자기 자신을 실제 세계(actual

world)에 적응시켜 나간다. 피아제(Piaget, 1962)는 놀이가 유아로 하여금 그가 알고 있는 모든 것들을 실천해 보고 강화시키는 수단을 제공한다고 본다. 유아는 놀이를 통해 현실에 대한 개념을 의식하며 사고하고, 현실에 맞도록 수정하면서 행동한다. 또 피아제는 인지발달론적인 설명에서 놀이를 동화(assimilation)의 작용으로, 모방(imitation)을 조절(accommodation)의 작용으로 보았다. 즉 놀이는 외계의 여건에 구애 없이 기존의 셰마(schema)를 자유로이 활용하는 활동이다. 이러한 입장에서 그는 놀이를 모방과 함께 지적인 적응활동의 한 특수한 표현으로 설명함으로써 그것들이 지적 발달에 기여하고 있음을 보여주고 있다.

둘째, 놀이는 유아의 사회성 발달을 돕는다.

놀이는 유아의 자기중심성을 감소시키어 사회화 기술을 습득시키고 타인에 대한 감정이입을 깊게 한다. 유아는 놀이를 지속하면서 주의집중력을 신장시켜 나간다. 이는 인지 혹은 사회기술의 과업을 숙달할 수 있는 기초능력이 된다(지성애, 1996). 또 헐록(Hurlock, 1978)은 놀이가 유아의 인성 및 사회적 적응에 많은 도움을 준다고 보았으며, 아이작(Isaac, 1933)은 놀이가 유아의 정서적 균형을 잡아줄 뿐 아니라 원시적인 환상을 점차적으로 질서 있는 현실세계와 연결할 수 있게끔 해 준다(김옥련, 1983, 재인용)고 하여 놀이가 사회적 발달을 촉진한다는 면을 역설하였다.

셋째, 놀이는 상징성(symbolism)을 풍부하게 한다. 놀이는 유아를 추상적 상징화의 세계로 이끌어 줌으로써 직접 경험하지 않은 상황을 정신적으로 조작할 수 있는 능력을 길러 준다. 특히 유아들은 여러 가지 상징놀이를 하는 동안 인지능력이 개발된다(김수영 외, 1997). 상징놀이 속에서 유아들은 그들의 마음 속에 지니고 있는 이미지들을 형상화한다. 예를 들면, 블록이 자동차가 되고, 유아는 엄마가 된다. 또 유아의 상징적 놀이는 아동의 인지적 성장을 촉진시킨다(Sutton-Smith, 1986).

넷째, 유아의 신체적 활동, 체력 및 신체의 협응 능력을 길러 주어 신체적 발달에 기여한다. 유아는 놀이를 통해 성장한다. 놀이를 통해 근육 사용법을 배우고, 그가 본 것과 행하는 것을 조정하는 법을 개발하며, 신체의 전체적인 균형적 발달을 이룩한다(Papalia & Olds,1975).

다섯째, 유아의 탐색적 활동과 호기심을 자극하고 새로운 것에 대하여 성취, 도전하게 함으로써 창의적이고 혁신적인 태도를 길러 준다. 놀이는 실험과 탐구활동이다. 놀이활동을 통해 새롭고 매력적인 자극을 받으며, 이러한 자극을 탐구한다. 또 시행착오를 거치면서 유아는 그들의 세계를 탐구한다.

여섯째, 유아는 놀이를 통해 현실적 경험을 재구성하고 통합시킨다. 놀이 속에서 세계와 자신을 발견하며, 새로운 기능을 획득할 뿐 아니라 그것을 현실적인 경험으로 통합시키고 재구성하는 절차를 밟으며 적절한 상황을 학습한다.

일곱째, 놀이는 언어발달을 촉진한다. 유아들의 상호적인 놀이에서 의사소통은 필수적인 요인이 된다. 그들은 상호적인 대화에 있어서 놀이의 내용에 포함된 대상물에 대한 명명을 하면서 경험과 관련된 용어들을 사용한다. 이러한 경험을 통해 다른 유아들과 함께 놀면서 의사를 전달하는 방법, 다른 유아들의 의사에 반응하는 방법, 다른 유아들의 협조를 얻는 방법 등을 발견해 나간다. 펠레그리니와 갈다(Pellegrini & Galda, 1982)는 역할놀이 활동은 이야기 이해능력을 강화시킨다고 했다(지성애, 1996, 재인용). 또한 언어와 놀이가 연결되는 장점은 놀이가 유아의 구어를 더 잘 이해하도록 돕는다(Williamson & Silverm, 1984).

여덟째, 놀이는 유아의 정서적 긴장이나 불안을 제거하는 치료의 효과가 있다. 유아는 놀이를 통하여 과거 경험이나 심리적 갈등을 동작이나 언어로써 표현하고 감정적 긴장을 해소하며 나아가 부적응 문제를 치료할 수 있다. 놀이치료의 이론적 근거는 유아가 놀이를 통해서 자연스럽게 자신이 지닌 심리적 문제를 표현하는데 있다. 즉 심리적으로 문제를 지닌 유아를 놀이 상황(play situation)에 두면, 그는 스스로의 자연스러운 놀이활동을 통해서 자기의 문제를 표현하고, 문제된 불안과 긴장을 해소시키면서 차츰 자신의 문제에 대한 통찰(insight)을 갖게 되며, 이러한 통찰은 그로 하여금 보다 긍정적이고 적극적인 방향으로 나가도록 이끌어 준다는 것이다.

2) 성인의 역할

유아는 놀이를 통하여 다양한 교과영역에서 획득할 수 있는 여러 능력을 가장 자연스럽고도 효과적인 방법으로 획득할 수 있다(Weininger, 1979). 유아들은 놀 수 있는 자유와 시간, 놀 수 있는 공간, 그리고 가지고 놀 수 있는 놀잇감을 원하고 있다. 그런데 유아들은 그들이 하고 싶은 놀이를 자유롭게, 자연스럽게 하고자 하므로 놀이의 특징인 자유성과 자발성을 고려하여 유아들의 놀이를 지도하는 것이 중요하다. 유아들에게 어떤 놀이를 어떤 형식으로 해야 한다고 강요한다면 놀이의 의미를 잘못 이해하는 것이다. 교사나 성인은 유아의 지적, 신체적, 정서적 특성을 잘 파악하여 이에 부합되는 놀이들을 다양하게 제시해 주고 강요나 주입식의 지도가 아닌 자발적인 활동이 되도록 자극하여야 한다. 유아의 자발적인 놀이를 위해 성인이 도와줄 수 있는 역할을 알아보면 다음과 같다.

첫째, 유아의 놀이활동을 격려하고 북돋우는데 있어서 성인이 중심적 역할을 한다. 유아교사는 자발적 놀이를 이해하고 가치롭게 여겨 놀이의 민감한 촉진자가 되어야 한다. 대부분의 유아들은 능동적으로 자발적 놀이를 시작하게 되는데, 성인은 이에 대해 적절한 준비를 해야 한다. 모든 유아들은 각자 고유의 개인적 요구를 지닌 존재이며, 발달과정 동안 이러한 요구가 변화한다는 사실을 잊지 말아야 한다.

둘째, 성인은 공간, 자원(놀잇감), 시간, 친구의 제공자가 되어야 한다. 우선, 놀이를 위해 적합한 공간이 마련되어야 한다. 놀이공간은 유아의 연령과 발달

단계에 비추어 자유롭게 뛰놀 수 있기 충분할 만큼 넓어야 한다. 또한 놀이공간은 안전해야 하며 그 자체로서 유아들이 탐구하고 조사할 수 있는 공간이어야 한다. 그 다음은 유아의 연령과 발달단계에 적합한 자원(stimulating resources)을 제공하는 것이 중요하다. 유아들은 놀이를 위해 다양한 놀잇감을 이용한다. 흙, 모래, 나뭇잎 등의 자연물 뿐 아니라 일상적인 폐품을 이용하기도 하며 제작된 교구나 구조화된 상품까지 가지고 놀 수 있는 대상이면 모두 이용한다. 유아의 놀잇감에 대한 관심과 흥미는 유아의 학습활동으로 연장되므로 유아의 발달과 흥미 수준에 적합한 놀잇감을 제공해 주는 일은 매우 중요하다(이희경, 2001). 그 다음은 유아들이 자기들의 흥미를 모두 충족시킬 수 있도록 충분한 시간이 제공되어야 한다. 자발적 놀이는 유아가 방해받지 않고 놀이를 즐길 수 있는 기회가 제공될 때 가능하기 때문이다. 마지막으로 모든 발달단계에 있는 유아들은 놀이친구를 필요로 한다. 어린 유아는 보호자의 참여가 필요하지만 점차 성장함에 따라 그리고 의사소통 기술과 사회성이 발달함에 따라 유아는 비슷한 연령이나 단계에 있는 친구들과 상호작용하는 것이 중요하다.

셋째, 유아의 놀이에서 안전이 보장되어야 한다. 자발적 놀이활동을 하고 있는 유아들에 대해 항상 지속적이며 겉으로 드러나지 않는 감독이 중요하다. 유아들이 놀이 도구를 선택하고 사용하는 것에 관련된 모든 안전 문제에 대해 성인들의 특별한 관심을 요한다. 유아교사나 다른 성인들도 유아들의 안전을 위해 평소에 안전지침을 알고 있어야 한다. 또한 다양한 상황에서의 지도를 통해 유아들도 안전을 위한 규칙이나 유의사항을 이해할 수 있도록 해야 한다. 또한 교사는 놀이에 대한 동기를 감소 또는 소멸시킬 수 있는 다양한 장면들이 유아들의 생활 속에 일어날 수 있다는 점을 알아야 한다. 즉, 유아의 질병이나 영양 부족, 상실이나 학대와 같은 외상적 사건, 발달상의 특수한 요구 등이 그러한 원인이 될 수 있다.

넷째, 유아의 자발활동을 위해 유아중심적인 환경을 구성해 준다. 유아중심적인 환경에서는 유아가 모든 활동의 중심이 된다. 자발적인 놀이는 유아에 의해 시작되고 유아교사에 의해 안내된다. 따라서 성인은 다음과 같은 방법을 통해 유아중심적인 놀이를 촉진시켜야 한다. ① 유아들의 놀이를 중요하게 여긴다. ② 유아의 탐구활동에 관해 큰 관심을 지닌다. ③ 유아들의 성취를 칭찬한다. ④ 참고 기다리며 격려한다. ⑤ 놀이과정에 가치를 둔다. ⑥ 예측된 결과를 항상 기대하지는 않는다.

다섯째, 유아의 놀이를 관찰하고 평가해야 한다. 관찰은 유아중심적 놀이에 있어 반드시 필요하다. 관찰을 통해 유아들의 발달 특성을 관찰할 수 있으며 놀이에서 필요로 하는 것에 대한 중요한 정보를 얻을 수 있기 때문이다. 모든 유아들을 한 명 한 명 관찰하고 평가하는 것은 유아교사들의 책임이다. 이를 통해서 유아의 놀이에 대한 정보와 다음 단계를 예측하는 방법에 관한 정보를 수집할 수 있다. 곤란을 겪고 있는 유아들에게는 자발적 놀이의 활성화를 위해 추가 도움이 필요할 것이다. 주의 깊은 계획적 관찰 및 평가가 이루어지기 위해 다음의 방법을 적용하도록 한다. ① 놀이와 관련된 유아 개개인의 요구를 평가한다. ② 이미 제공된 놀잇감의 적합성을 평가한다. ③ 다문화적 자원인지 평가한다. ④ 더 필요한 놀잇감이나 자원를 알아낸다. ⑤ 유아들이 필요로 하는 도움이 무엇인지 알아낸다. ⑥ 성인의 역할을 평가한다.

상자 10 놀이에 대한 올바른 전문적 지도

1. 성인은 유아들의 안전을 위해 모든 놀이환경에 책임감을 가지고 돌보아 주는 역할을 필수적으로 해야 한다.
2. 성인은 놀이의 과정보다는 놀이의 결과에 보다 관심을 갖는 경향이 있으나, 유아들이 결과보다는 과정에서 만족을 얻도록 하는 것이 중요하다. 행함(doing) 자체가 곧 자발적 놀이를 뜻한다.
3. 성인은 유아들의 놀이에 개입해야 할 때와 방해하지 않고 뒤에서 관찰해야 할 때를 분명히 구분할 수 있어야 한다.
4. 유아교사는 유아의 자발적 놀이가 빈번히 나타나는지 살펴보아야 한다.

제 7 장

유아교육 환경의 구성

1. 환경의 구성
2. 교실환경
3. 실외환경

유아는 그들을 둘러싸고 있는 환경과 직접 관계를 맺고 이에 반응하면서 발달한다. 인적 환경인 사회적 환경뿐만 아니라 물리적 환경 또한 유아의 행동과 발달에 중요한 영향을 미친다. 유아교육기관의 실내 및 실외환경은 유아의 생활 환경이자 중요한 학습 터전으로 작용한다. 그러므로 유아들에게 제시되는 자료들과 활동공간 및 활동시간이 조절되고, 각종 시설의 환경이 계획적으로 정비되어 제공된다면 유아의 활발한 학습을 도울 수 있다. 적절한 시설 및 설비, 교구가 갖추어진 유아교육의 물리적 환경은 인적 요인과 더불어 유아 발달과 유아교육의 질을 결정짓는 중요한 변인이 된다. 유아교육 시설의 환경은 넓은 의미로 교육 프로그램에 영향을 미치는 여러 물리적 변인들을 총칭하는 것이며, 유아교육과정에서의 환경이란 효과적인 교육과정 운영 및 유아 발달을 촉진시키는 최적의 환경구성을 의미한다고 볼 수 있다.

1. 환경의 구성

1) 물리적 환경의 중요성

유아들은 자신이 살아가고 배우는 환경을 선택할 수 없다. 비록 주위의 환경을 탐색하기 위해 스스로 움직일 수 있다고 해도 자신의 요구에 맞추어 환경을 변화시킬 능력은 없다. 즉, 유아는 성인이 결정해 놓은 환경에서 적응을 해야 한다. 따라서 유아교육자들은 물리적 환경의 중요성을 인식하고 유아교육 프로그램의 중요한 부분으로 취급하고 있다(Weintein & Mignano, 1997). 환경적으로 능력이 있는 교사들은 교실 공간을 어떻게 구성하는 것이 효과적인지, 학습활동의 상황에 따라 어떤 변화를 주는 것이 효율적인지를 알고 실천한다. 물리적 환경이 유아에게 어떻게 작용하며 유아의 발달과 어떻게 관련이 되는지 알아볼 필요가 있다.

(1) 물리적 환경의 작용

유아는 유아교육기관에서 놀며 학습활동에 참여하고 식사도 하며 낮잠을 자는 등 하루 일과의 대부분을 보낸다. 이러한 유아교육기관의 물리적 환경은 다음과 같은 작용을 한다(Weintein & Mignano, 1997).

첫째, 물리적 환경은 유아에게 직접적인 영향을 준다. 공간의 위치, 실내 디자인, 교구, 재료들은 유아들의 활동을 활성화하기도 하고 억제하기도 한다. 잘 정돈된 활동영역은 유아의 활동을 활성화시킬 수 있으나 영역의 구분이 없고 정돈되지 못한 교실 환경은 유아를 산만하게 만들 것이다.

둘째, 물리적 환경은 유아에게 상징적인 영향을 미친다. 공간이 어떻게 배열되어 있고 유아들이 얼마나 자료들을 쉽게 접할 수 있고 물리적 환경이 얼마나 아름다운지의 정도가 유아의 능력이나 가치 측면에 여러 메시지를 전달한다(Clayton, 1989). 예를 들면, 교구의 정돈된 배열은 유아가 스스로 자료를 선택하는 능력을 갖도록 직접적인 영향을 준다.

셋째, 물리적 환경은 그 환경을 만든 사람의 철학을 반영한다. 교실환경은 교사가 가지고 있는 지식이나 신념을 반영한다. 레지오 접근법(Reggio Emilia Approach)의 물리적 환경은 프로그램의 철학을 잘 보여 준다. 교실의 벽이나 게시판에 부착된 유아들의 작품들, 그 중에 교사가 느낌을 적은 것들, 유아들의 사진들, 유아들의 생각을 적어 놓은 것들은 환경이 전하는 철학적 메시지라고 볼 수 있다.

넷째, 유아는 물리적 환경에 대한 의견과 요구를 갖는다. 유아들은 자신의 환경을 잘 파악하고 있으면서 교실에 무엇이 있어야 하고 없어야 하는지에 대한 의견을 갖고 있다. 교사는 교실에서 유아의 눈높이에 맞게 환경을 마련해 주어야 하며, 여러 유아들의 상호작용을 관찰하여 그들의 요구를 파악해야 한다.

다섯째, 효과적인 실내 환경은 교사의 요구를 반영한다. 교사는 유아들보다 유아교육기관에 머무는 시간이 더 길다. 따라서 환경에서 오는 스트레스나 피로한 경험이 누적되면 본인뿐 아니라 유아들에게도 부정적인 영향을 준다. 교실 어디에서든지 유아들을 잘 볼 수 있게 구성된 물리적 환경에서는 교사가 유아들과 편안한 마음으로 늘 머무를 수 있다. 그러나 잘 계획되지 않은 환경은 교사의 사기를 떨어뜨리는 원인이 되기도 한다. 지지적인 교육환경은 유아들과 교직원들 간의 상호작용의 질을 높이고 결과적으로 유아들을 위해 더 흥미로운 프로그램을 운영하게 한다(Doherty-Derkowski, 1995).

(2) 물리적 환경과 유아의 발달

최근의 연구들은 유아의 발달과 학습에 맥락적 요인이 중요한 영향을 준다고 한다(Bodrove & Leong, 1996, 재인용). 그러나 이러한 관심은 물리적 환경보다는 사회적 변인에 초점을 맞추어 왔으며, 물리적 환경이 유아의 발달에 어떠한 영향을 주는지에 관한 연구는 보다 최근에 이루어지고 있다. 많은 이론에서 유아의 사회 · 정서발달, 인지발달, 언어발달, 그리고 신체발달이 환경의 특성에 의해 영향을 받는다고 주장되고 있다.

① 사회 · 정서발달

개별 유아를 배려하도록 설계된 교실은 유아의 자존감, 가치, 능력, 통제, 사회적 행동, 동료와의 상호작용 등을 향상시킨다(Kostelnik. 1997). 예를 들어, 개인의 사물함이나 신발장에 각 유아의 이름이나 사진을 붙여 준다거나, 게시판에 유아의 작품을 전시해 주는 것은 유아 개개인을 존중하며 격려하는 환경이 된다. 또한 유아의 신체 크기에 맞도록 준비된 문의 손잡이나 화장실의 변기와 세면대, 사물함 등은 유아가 쉽고 편리하게 사용할 수 있어서 활동에 대한 자신감을 갖게 한다.

교사가 난이도가 다양한 자료를 제시해 주는 것도 유아로 하여금 시간이 가면서 성취감을 갖게 해 준다. 또한 교실의 활동영역에 분리대를 설치하거나 상징적인 신호(예: 각 영역에 들어 갈 수 있는 인원 수)를 부착해 놓으면, 유아들은 각 영역에서 성공적으로 활동하면서 통제감을 발달시킨다.

유아가 사회적으로 바람직하게 행동하려는 능력은 실내환경의 여러 요소에 의해 영향을 받는다. 그 예로, 밝고 활력적인 색깔들(빨강, 오렌지, 노랑)은 유아의 활동과 상호작용을 고무시킨다. 차가운 파스텔조의 색깔(초록, 파랑, 보라)은 유아를 침착하게 하므로 책보기, 집중, 혹은 낮잠을 자는 조용한 영역에 적합하다(Taylor, 1997). 또한 채광은 유아에게 심리적이고 심미적, 물리적 영향을 주는데, 부분 조명과 전체 조명을 함께 사용하는 것이 유아의 긍정적인 사회적 행동을 수행하도록 한다. 그 외에도 활동영역과 각 영역의 충분한 놀잇감은 유아들의 상호작용적인 놀이를 활발하게 한다.

② 인지발달

물리적 환경은 유아의 문제해결 기술과 논리적 사고를 향상시켜 준다. 교실에 다양하면서 연령에 적합한 교구가 갖추어져 있으면 유아는 더 발달된 문제해결 기술을 보인다(Hayes, Palmer & Zaslow, 1990). 교구가 부족하면 교구들을 결합해 놀거나 새로운 문제를 생각해 보는 행동을 하기가 어렵다. 물, 물감, 반죽, 모래, 블록 등의 개방식 놀잇감(open-ended materials)은 유아의 확산적 사고를 발달시킨다. 퍼즐, 형태 맞추기판, 선 따라 그리기 등의 폐쇄식 놀잇감(closed materials)은 수렴적 사고를 발달시킨다. 그러나 확산적 사고와 수렴적 시고 경험을 모두 가지고 있는 유아는 이 두 가지 문제유형에 잘 대처를 한다. 그러나 확산적 사고경험이 거의 없는 유아는 확산적 사고를 요하는 문제해결에 어려워한다(Bodrova & Leong, 1996).

또한 순서대로 하기, 집단으로 묶기, 측정하기, 셈하기 등은 사물들 간의 관계를 이해하는 과제이다. 물리적 환경은 유아들에게 이러한 활동을 하도록 함으로써 논리적 사고의 발달을 돕는다. 물건을 선반에 놓거나 분류하는 기회를 주는 것도 인지적 사고과정에 도움을 준다. 또한 가상놀이는 시설이 풍부하게 갖추어진 환경에서 잘 일어난다.

③ 언어발달

말하기와 읽기 활동은 교실의 계획된 환경에서 경험할 때 보다 효과적이다. 유아의 언어 능력은 친구들과의 상호작용을 고무하는 활동과 교구가 잘 갖추어진 환경에서 가장 잘 발달한다. 성숙한 언어 사용은 논리적 사고처럼 가상놀이를 통해 확장된다. 특히 언어영역을 매력적으로 꾸며 환경적인 자극으로 언어활동을 강화할 수 있다. 그 예로, 언어 영역을 교실의 조용한 곳에 배치하고, 책표지가 완전히 보이도록 책을 배열하며 베개나 쿠션 등과 같이 편안한 느낌을 주는 소품을 함께 배치한다면 안정적인 언어학습 공간이 될 수 있다.

④ 신체발달

물리적 환경은 유아의 신체활동과 대근육 운동기술을 향상시킨다. 유아들에게 신체적인 제한을 하는 것은 그들을 지루하게 만든다. 교실환경을 구성할 때 서로 방해하거나 가구에 부딪히지 않도록 충분한 활동공간을 확보해 주어, 유아의 자유로운 신체활동이 가능하도록 해 주어야 한다. 또한 대근육 운동기술은 주로 실외환경에서 사용하도록 하고 있는데, 신체발달 전문가들은 실내 운동 공간이 유아를 위해 필수적이라고 주장한다(Gallahue, 1987). 그러나 그러한 영역은 실외놀이 기구를 들여올 만큼 넓을 필요는 없으며 평균대에서 균형을 잡거나 점프하고 구를 수 있는 정도의 공간이면 충분하다. 그리고 공간뿐 아니라 대근육 운동을 하기에 적합한 기구나 놀잇감을 갖추어 주는 일도 중요하다. 그리고 유아의 운동기술이 향상됨에 따라 기구들의 수준도 높여 주어야 한다.

2) 환경구성의 원리

환경심리학에서는 건축 환경의 여러 측면이 사람의 지각, 인지, 감정 및 실제 행동에 관계가 있다고 가정한다. 이것은 발달학적으로 적합한 환경, 잘 훈련된 충분한 수의 교사, 유아 집단의 적절한 크기, 적절한 교무 및 활동 프로그램이 유아의 발달에 긍정적 효과를 가져온다는 것을 의미한다. 최근에 유아의 발달에 적합한 환경에 대한 연구는 지속적으로 이루어지고 있다. 다음은 유아교육기관의 실내 및 실외의 환경을 구성할 때 적용해야 할 환경구성의 원리를 소개한 것이다(White & Coleman, 2000).

(1) 원리 1 : 발달적으로 적합한 학습환경

발달적으로 적합한 교실은 실제 유아의 적절한 발달을 지원한다(Bredekamp & Copple, 1997, 재인용). 이것은 교실의 학습영역과 활동자료가 유아의 연령에 적절하고 개인에게 적절하도록 잘 선별해 제공되어야 한다는 것을 의미한다. 연령의 적절성은 각 연령집단에서 일반적으로 보이는 발달적인 요구와 수행정도를 의미하며, 개인의 적절성은 유아들의 발달적 요구 및 수행정도에서 독특하거나 개인차가 나타나는 것을 의미한다. 일반적으로 교실과 놀이터를 설계할 때 처음에는 유아들의 연령에 적절하도록 공간과 자료, 그리고 시설을 디자인한다. 그런데 개별 유아의 흥미와 요구를 반영하면 그 설계는 수정되기도 한다. 따라서 다양한 능력을 지닌 유아들의 특성을 반영해야 한다.

(2) 원리 2 : 다양성

발달적으로 적합한 교실은 유아들의 다양한 흥미와 수행능력 등을 반영해 구성된다. 교구를 제공하거나 학습영역을 구성할 때에도 유아들의 흥미나 능력 등 다양성을 고려해야 한다. 예를 들면, 점토라는 재료는 여러 유아들의 흥미나 능력 등 다양성을 고려한 좋은 재료이다. 유아들은 점토를 가지고 놀면서 무엇인가를 만들기도 하지만 불쾌한 감정을 표출하여 정화시킬 수도 있다. 또한 다른 교구나 재료들을 섞어 무늬놀이 및 조작놀이도 할 수 있다. 그 외에도 성에 관한 다양성을 존중해 주어야 한다. 남녀 유아가 고르게 활동하도록 하고 자유롭게 활동영역을 선택할 수 있도록 해 준다. 예를 들면, 블록을 역할놀이 영역에 놓아 주어 남녀 유아가 함께 놀도록 해 준다. 또한 인형들을 쌓기영역에 놓아 주어 남녀 유아가 함께 다양한 쌓기놀이를 하게 해 줄 수 있다. 유아들의 다양성을 존중해 유아의 활동이나 재료의 사용을 용이하게 하는 방법을 소개하면 다음과 같다.

① 모든 유아들이 성공감을 가질 수 있도록 활동이나 재료, 기회를 동등하게 제공한다.
② 활동을 마치는 시간에 대한 배려를 한다. 이미 활동을 마친 유아는 다른 유아가 활동을 마칠 때까지 또 다른 활동을 하도록 허락해 준다.
③ 사회 정서적, 인지적 문제가 있는 유아는 전문가의 도움을 받도록 하여 활동상의 문제를 감소시켜 준다.
④ 함께하는 활동을 할 때는 서로 협력관계가 될 수 있도록 유아들을 그룹으로 묶어 준다.
⑤ 신체적인 장애가 있는 유아들을 위해 교실 안과 밖을 편리하게 드나들 수 있도록 시설을 정비해 준다.

(3) 원리 3 : 균형 및 조화

유아들에게 교구 및 학습영역, 활동순서 등을 균형있게 제공하는 것은 발달적으로 적합한 학습환경을 제공하는 것이다. 예를 들면, 정적 활동과 동적 활동을 균형적으로 제공하면 유아들이 자신의 에너지를 잘 조절하도록 도와 준다. 독립적인 놀이와 함께하는 놀이를 균형적으로 제공하면 유아는 독립성과 협동성을 키우게 된다. 사적인 공간과 공개적인 공간을 제공해 주면 혼자 공간에 있고 싶은 요구와 자신의 결과물을 공개하고 싶은 요구를 모두 충족시켜 준다. 안정성과 도전성에 대한 균형은 새로운 재료를 탐색하는데 있어서 긴장을 풀도록 격려해 준다.

(4) 원리 4 : 일관성과 융통성

학습환경은 일관성과 융통성을 동시에 가지고 있을 때 균형적인 환경이 된다. 유아들은 너무나 똑같은 환경이 지속되는 환경에서는 지루해하며 지나치게 변화가 많은 환경에 놓이게 되면 매우 혼돈스러워한다. 일관성과 융통성을 성공적으로 운영하려면, 교사는 교실에서 활동하는 유아들의 반응을 계속적으로 관찰하면서 조정을 해야 한다. 유아들이 교구나 활동에 대해 지루해하는 징조를 나타나면 새로운 교구를 제공해 주어야 한다. 교구를 바꾸어 주거나 활동 영역을 변화시켜 주면서 유아들의 흥미를 지속시켜 주며 실험정신을 격려해 주어야 한다. 친숙한 교구들을 다른 영역으로 옮겨 주기도 하고, 흥미가 지속되는 활동은 활동 순서를 바꾸거나 시간을 조정해서 운영한다면 이것도 융통성을 발휘하는 방법이다.

(5) 원리 5 : 안전성

안전은 유아의 신체적, 인지적, 사회·정서적 안녕에 반영되는 전체적인 개념이다. 고장나거나 파손된 시설은 유아에게 신체적 손상을 입힐 수 있으며 또 다른 피해를 줄 수 있다. 유아들은 유아교육기관에 머무는 동안 실내와 실외에서 이동이 빈번하므로 안전을 위한 시설의 점검은 필수적이다. 또한 유아들이 사용하는 도구나 교구, 그 외의 여러 가지 재료들도 유아의 건강과 안전에 문제가 없도록 준비되어야 한다. 그 외에도 유아들이 점심을 먹거나 낮잠을 자기 위한 공간도 충분해야 유아들이 활동하는데 제약을 받지 않고 부딪히거나 넘어지는 등의 안전성 문제를 최소화할 수 있다.

2. 교실환경

1) 교실구성의 원리

유아의 학습환경은 매우 중요하다. 유아교육 전문가들이 제안하는 교실 학습환경의 원리는 단순성(simplicity), 안락함(softness), 감각(senses), 자극(stimula- tion), 안정성(stability), 안전성(safety), 위생(sanitation)이다(Bredekamp & Copple, 1997). 이 원리는 8세 이전의 유아들을 위해 교실환경이 갖추어야 할 요건들이다.

(1) 단순성

유아들에게 풍부한 환경이 좋지만 그렇다고 지나치게 풍부하여 복잡해진 환경은 오히려 비효과적이다. 좁은 공간에 여러 영역을 설치하면 혼란과 긴박감 및 의견의 불일치 등이 유발된다. 성인들도 마찬가지이지만 대부분의 유아들은 복잡한 환경에 처하게 되면 혼란스러워하며 좌절감을 느끼게 된다. 이러한 이유로 전문가들은 활동영역을 반영적인 접근으로 설계하도록 제안한다. 처음부터 완벽한 교실환경을 꾸미려 하지 말고 학급의 면적, 유아의 연령, 학습주제 등을 고려해 교실환경을 수정해 가도록 한다.

(2) 안락함

전반적으로 유아들이 학교나 유아교육기관에 머무는 시간이 점차 증가하고 있다. 따라서 교실은 집처럼 안락한 느낌을 주어야 한다는 점이 중요하다. 교사들이 교육의 질을 높일 수 있는 활동영역을 구성하는데 많은 관심을 기울이는데, 그 중에 안락한 영역을 설치해 주어야 한다. 예를 들면, 역할영역을 안락하게 꾸며 주거나 언어영역에 카펫을 깔아 두어 편안한 장소로 이용하게 해 주고 가족사진, 액자 등을 걸어 두는 등 교실에 안락한 영역을 설치해 준다.

(3) 감각

유아들은 감각적인 경험을 많이 하므로 유아를 위한 교실은 감각활동을 충분히 할 수 있도록 활동영역을 구성해야 한다. 즉, 활동영역은 유아들이 보고, 느끼고, 듣고, 맛보는 등의 경험을 충분히 할 수 있는 재료나 교구들이 준비되어 있어야 한다. 유아들의 오 감각은 서로 연합되어 있으므로 교실의 다양한 영역에서 통합적으로 경험하도록 배려한다. 그렇다고 교실의 모든 영역이 감각활동을 위한 자료로 준비되어야 한다는 것이 아니라 가능한 한 유아들에게 충분한 감각경험을 할 수 있는 기회를 최대한으로 줄 수 있도록 하며, 교사는 교실구성에 변화를 주어야 한다는 생각을 하고 있어야 한다.

(4) 자극

유아들을 위한 교실은 흥미롭고 자극적이어야 한다. 이러한 자극적인 환경은 위에 제시된 단순성, 안락함, 감각 외에도 여러 가지 요인으로 보충될 수 있다.

첫째, 교실의 교구들은 유아들이 접근하기 쉬운 곳에 놓여 있어야 한다. 유아들의 눈높이에 맞으면서 개방된 선반 위에 배열된 교구들, 열려 있는 상자 등은 유아들의 활동을 자극한다.

둘째, 교실벽이나 천정의 색깔은 교실의 분위기를 만들어 준다. 예를 들면, 빨간색은 흥분 및 열정의 분위기를 더해 주고 녹색은 부드러운 느낌을, 노란색은 평온한 분위기를 준다(Caples, 1996). 건축전문가 카플은 각 민족이 선호하는 색상이 유아들의 단결심을 갖게 한다고도 하였다.

셋째, 유아들이 스스로 활동을 선택하게 한다. 유아들에게 활동영역을 배정해 주는 것보다 자유롭게 선택하게 하는 것이 유아의 학습의욕을 고취시킬 뿐 아니라 책임감 및 협동심을 길러 준다.

(5) 안정성

일관적이고 안정적인 교실환경은 다양한 능력을 가진 유아들이 모든 활동에 고르게 참여할 수 있도록 한다. 안정성은 활동영역의 배열과 대집단 활동, 교실 내의 전시 등에서 찾을 수 있다.

첫째, 교실의 활동영역에는 안정성과 일관성이 있는 활동들이 있다. 즉, 청결한 활동과 더렵혀지는 활동, 개별활동과 집단활동, 독립적 활동과 협동적 활동, 조용한 활동과 소란한 활동 등이 있다. 예를 들면, 미술활동이나 요리활동은 동적이면서 물을 필요로 하므로 언어 및 조작영역과 같은 정적인 영역에서 떨어져서 배치되며, 수도시설과 가까운 곳에 배열되므로 유아들이 활동하기에 일관적이며 안정적이다.

둘째, 대집단활동은 주로 이야기 나누기나 함께 노래 부르기, 이야기 듣기, 회상하기 등의 활동들이 있다. 이 활동은 주로 넓은 카펫에 다같이 모이고 흩어지면서 교사와 유아들이 상호작용을 하게 된다. 이런 활동은 어느 정도 반복적이고 일관적이므로 유아들이 다음 활동으로 옮겨갈 때에도 안정적이 된다.

셋째, 교실에 유아들의 작품을 전시하는 것은 발달적으로 적합한 교실환경이라는 지표이기도 하다. 교실에 유아가 만든 작품을 전시하고 모빌을 달아 주는 것은 유아의 학습환경을 안정적으로 만들어 준다. 그러나 천정에 설치하는 모빌은 성인을 위한 것이 아니므로 유아의 눈높이를 고려해야 한다. 그 외에도 장애아를 배려한 교실환경을 구성할 때에도 유아들이 혼돈하지 않도록 안정성을 유지해야 한다.

(6) 안전성

교실을 구성할 때 무엇보다 안전을 고려하여 기구나 자료들을 선택하는 일은 매우 중요하다. 교실의 안전을 평가하기 위해 다음의 원리는 지속적으로 검토되어야 한다.

첫째, 교실의 활동영역은 그 혼잡성을 최소화하여 소음이나 경미한 사고라도 발생하지 않도록 구성한다. 활동영역은 개방된 통로로 연결되어야 하며 영역의 경계는 유아의 눈높이보다 낮아 모든 사람의 움직임이 보이도록 하고 출입문은 활동영역에서 떨어져 있으면서 눈에 잘 띄도록 해야 한다. 또한 출입구 공간이 넓어야 유아들의 등·하원이나 방문자의 출입이 용이하다.

둘째, 활동영역 간의 공간이 어느 정도 넓어야 한다. 대부분의 유아교육기관에서 활동영역이 복잡하지 않도록 활동하는 유아의 수를 제한하고 있으나 영역 간에 혼합되지 않도록 공간을 분리해 준다.

셋째, 교실의 안이나 밖에 화장실을 설치한다. 교실 안에 있는 경우는 어린 반의 유아들을 위한 것으로 주로, 유아들의 욕구조절을 신속히 도울 수 있도록 출입문은 개방식으로 설치하는 것이 좋다. 교실 밖에 있는 경우는 유아들이 쉽게 접근할 수 있는 위치에 있어서 편리하고 안전해야 한다.

넷째, 매일 아침마다 안전점검을 하도록 한다. 유아들이 도착하기 전에 유아교육기관을 둘러보아 파손된 자료나 더러워진 것들이 있는지 확인하고 신속히 복구해 두어야 한다.

(7) 위생

위생에 관한 실천은 유아의 건강을 위해서 필수적이다. 교실은 유아들과 교사가 매일 사용하므로 바닥이나 각종 비품, 교구들이 더러워질 수 있다. 위생의 실천을 위해 요구되는 원리는 다음과 같다.

첫째, 교실의 청소에 관심을 가져야 한다. 교실 바닥은 늘 청결해야 하며 교구장이나 벽, 창문, 커튼도 주기적으로 세탁해야 한다. 어린 유아들은 놀잇감이나 헝겊인형 등을 입에 넣기도 하므로, 어린 반의 교구들은 자주 세탁을 해 줄 필요가 있다.

둘째, 손을 자주 씻도록 한다. 손을 자주 씻으면 세균의 전염이나 질병을 예방할 수 있다. 교실의 교구들을 세탁하는 것보다 더 자주 손을 씻도록 하여 유아들이 청결을 실천하도록 도와 준다.

셋째, 요리활동은 위생적으로 문제가 없어야 한다. 요리활동은 수학(측정하기), 미술(음식의 전시), 사회화(협동), 읽기(만드는 순서) 등에 유익한 활동이지만 영양과 건강의 측면에서 위생을 중시해야 한다.

넷째, 물놀이나 모래놀이 영역이 안전하도록 유의한다. 날카로운 물건이나 깨진 조각이 감추어져 있지 않도록 자주 점검해야 하며 함께 사용하는 교구들도 청결하도록 관리해 준다.

2) 활동영역의 구성

오늘날 대부분의 유아교육기관은 유아들의 자발적인 자유선택활동 프로그램을 중점적으로 운영한다. 따라서 유아교육기관의 교실은 학습영역(learning center) 또는 활동영역, 흥미영역으로 구분된 환경으로 구성된다. 공간의 구성은 움직일 수 있는 시설인 가구를 어떻게 배치하는가에 따라 달라질 수 있다. 시펠트(Seefeldt, 1980)에 의하면 흥미영역이란 분리대나 기타의 방법으로 공간의 경계를 암시해 주도록 구분한 교실의 각 영역을 총칭한다. 분리대의 역할을 하는 가구들은 칸막이, 이동식 교구 정리장, 책꽂이, 책상, 의자 등이다. 공간을 활동영역별로 배치하면 유아들에게 활동에 대한 선택의 기회를 풍부하게 해 주며 자신의 활동 계획수행을 좀더 분명하고 손쉽게 해 주어 유아의 놀이활동에 있어서 목적이 뚜렷한 활동이 되도록 도와 준다.

(1) 교실의 활동영역별 배치의 원리

교실을 활동영역으로 배치할 때 적용할 수 있는 공간 배치의 원리는 다음과 같다(NAEYC, 1973; Day and Sheenan, 1974; Prescott, 1978; Decker and Decker, 1984).

① 유아가 편안하고 안정감을 느낄 수 있는 개별공간을 마련한다. 개별공간은 유아들이 편안한 가운데서 자유로운 표현활동을 할 수 있게 해 준다.
② 교실의 영역은 학습주제와 계절, 유아의 흥미, 상황에 따라 알맞게 변화시킬 수 있도록 배치한다. 계절에 따라 조명과 채광이 달라지므로 밝기와 온도에 따라서 언어영역이나 과학영역은 변화되어야 할 것이다. 또 겨울에는 물놀이영역과 모래놀이영역을 실내에 들여와 설치해 주도록 하는 것이 좋다.
③ 유아의 신체 크기에 알맞는 가구를 사용해야 하며, 자료배치는 유아의 키에 맞게 이루어져야 하는 등 유아가 독립적으로 활동할 수 있도록 한다.
④ 활동영역을 구분하여 영역별 이름을 붙임으로써 유아들이 쉽게 이해하고, 활동을 계획하고 수행하도록 도움을 준다. 활동영역으로는 언어영역, 수학영역, 과학영역, 컴퓨터영역, 요리영역, 쌓기영역, 역할놀이영역, 미술영역, 조작영역, 음률영역, 목공영역, 모래놀이영역, 물놀이영역 등을 들 수 있다. 활동영역의 수는 활동실의 크기와 유아의 특성에 따라 달라질 수 있다.
⑤ 교구 · 교재의 합리적인 배치로 유아가 바람직한 습관을 기를 수 있도록 해 준다. 자료를 올바르게 사용하고, 다 사용한 교재는 제자리에 정돈할

수 있도록 자료의 위치를 잘 정하며, 바른 습관을 가질 수 있도록 돕는다.

⑥ 서로 관련된 영역이나 유사한 활동영역은 인접하여 위치하도록 배치하며, 정적 활동영역과 동적 활동영역을 구분하여 배치한다. 활동이 크고 소음의 정도가 높은 활동(음률활동, 쌓기활동)은 정적 활동영역(언어, 조작영역)에 방해가 되므로 서로 떨어져 있도록 배치하여야 한다.

⑦ 각 활동영역의 공간의 크기와 형태는 유아의 수, 가구, 재료, 기구 등을 고려하여 정한다. 교구 정리장은 문이 없는 개방된 형태가 좋으며, 가로와 폭을 각각 120cm, 30cm, 그리고 높이는 유아의 눈높이 정도의 크기로 하면 좋다. 교구장의 배치는 —형, ㄱ형, ㄴ형, T형, ㄷ형 등으로 활동 종류 및 앞에 제시된 공간 배치 원리 등을 고려하여 활동영역이 구분될 수 있도록 계획하여 배치할 수 있다.

⑧ 교사가 모든 영역을 볼 수 있도록 배치한다. 교사가 모든 영역을 잘 볼 수 있어야 도움이나 안내를 필요로 하는 유아를 알아낼 수 있다.

어떠한 교실도 완벽한 환경으로 만들 수는 없다. [그림 7-1]은 교실구성의 원리를 적용해 제안된 교실 설계도이다.

(2) 교실의 활동영역별 배치의 효과

교실의 공간을 활동영역별로 배치할 때 다음과 같은 교육적 효과를 기대할 수 있다.

첫째, 유아들이 자발적이고 창의적으로 활동에 참여하고, 폭넓고 다양한 경험을 할 수 있는 기회를 갖도록 해 준다.

둘째, 영역별로 분리된 공간은 유아들에게 안정감을 주어, 유아가 선택한 공간에서 자신의 속도에 맞추어 활동을 진행할 수 있다.

셋째, 물리적, 시각적으로 경계를 지음으로써 유아의 주의를 집중시키고, 다른 활동을 하는 유아로부터의 방해를 통제할 수 있다.

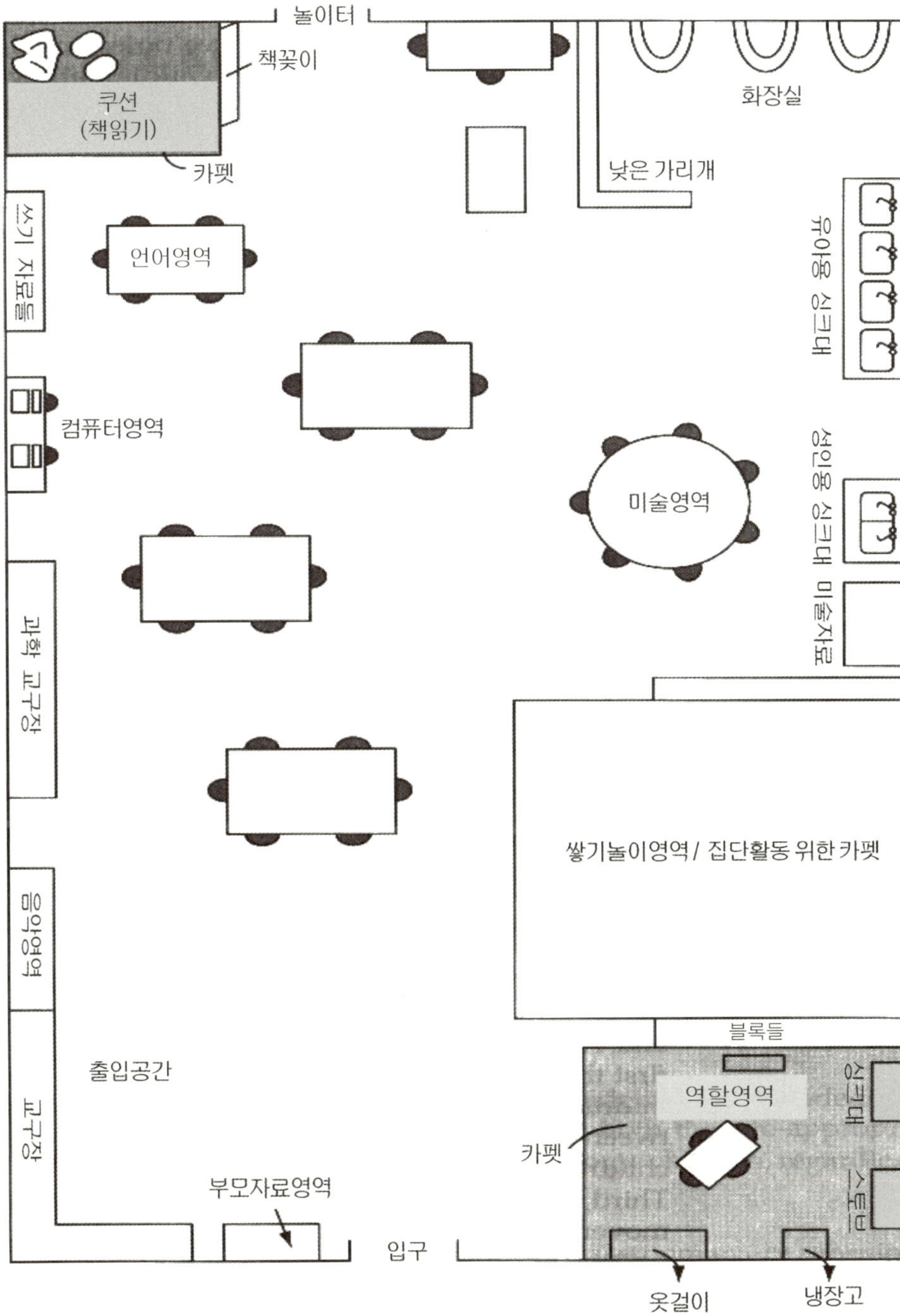
놀이터
책꽂이
쿠션
(책읽기)
카펫
화장실
낮은 가리개
쓰기 자료들
언어영역
유아용 싱크대
컴퓨터영역
성인용 싱크대
미술영역
미술자료
과학 교구장
쌓기놀이영역 / 집단활동 위한 카펫
음악영역
블록들
출입공간
역할영역
싱크대
카펫
스토브
교구장
부모자료영역
입구
옷걸이
냉장고

[그림 7-1] 교실 배치도

넷째, 기능적인 영역별 분류는 유아들에게 자신의 경험을 분류, 조작하는데 도움을 주며, 유아들이 다양한 활동에 고르게 참여할 수 있도록 교사가 배려할 수 있다.

다섯째, 다른 유아와의 언어적 상호작용이 증가하고 건전한 활동을 위한 신체적 행동이 나타난다(Rogers, 1976; Hallinan, 1973).

여섯째, 효과적인 배치로 불필요한 관리 시간을 줄일 수 있다.

3) 활동영역의 내용

교실의 활동영역 구성은 교육철학 및 교육목표, 교육과정의 형태에 따라 달라질 수 있다. 활동영역은 유아교육과정의 운영 방식이나 유아의 흥미, 또는 교사의 결정에 따라서 얼마든지 변화가 가능하며 고정적인 설치의 기준은 없다. 그러나 유아의 자유선택활동을 위한 활동영역의 배치는 유아교육 프로그램의 구성에 있어서 중요한 학습환경 요인으로 작용한다. 3-5세 누리과정 지도서의 교육계획안에 명시되어 있는 자유선택활동영역은 쌓기놀이영역, 역할놀이영역, 언어영역, 수 · 조작영역, 과학영역, 미술영역, 음률영역이 있다. 각 영역의 구성내용을 살펴보기로 한다.

(1) 언어영역

언어영역은 동화나 그림책만을 보는 곳이 아니라 다양한 언어적 경험을 할 수 있는 영역으로 구성되어야 한다. 언어영역은 밝고 따뜻하며 안정된 분위기로 조성되어야 하며, 편안한 자세로 활동을 할 수 있도록 바닥에 카펫이나 큰 쿠션 등을 준비해 주면 좋다. 또 평상적으로 책상 앞의 의자에 앉아서 활동할 수도 있으나 바닥에 앉아 낮은 책상에서 집중할 수 있도록 환경적인 배려를 해 줄 필요도 있다. 언어학습 활동을 위한 듣기, 읽기, 말하기, 쓰기 활동 등 다양한 경험을 단위적으로 혹은 통합적으로 할 수 있도록 적당량의 자료를

제시해 주고, 주제와 흥미에 따라 필요로 하는 자료를 추가 혹은 변화시켜 제공하여 활동상황을 평가하도록 한다. 자료로는 도서류(동화책, 카탈로그, 그 외 읽기 · 이해하기를 위한 교재), 인형류(퍼펫, 자석인형, 융판동화, TV동화, 막대인형, 손가락 인형 등), 시청각 자료(녹음기, 동화 및 교재용 DVD, 소리식별 자료 등), 쓰기 자료(그리기 및 쓰기 활동을 위한 크레파스, 색연필, 연필, 사인펜 등과 종이류 등), 만들기 자료, 기타 활동에 필요한 기구 등을 들 수 있다.

(2) 수학영역

수학영역은 밝고 조용한 곳에 배치한다. 교실이 좁은 경우이거나 활동 주제의 성격에 따라 과학영역 혹은 조작영역과 연합하여 배치해도 좋다. 카펫이나 자리를 깔아서 게임자료를 바닥에 놓고 활동하거나, 낮은 탁자나 책상을 놓아 주어 앉아서 활동할 수 있도록 하는 것도 좋다. 교구장이나 선반을 분리대로 하면서 수학활동 자료를 쉬운 것에서 어려운 것까지 여러 단계로 제공해 주어, 유아들이 흥미와 능력에 따라 자유롭게 활동하도록 돕는다. 수학활동 자료는 전개될 주제와 관련된 것으로 수학 교육내용을 포함하고 있는 것이 좋다. 즉 분류, 순서, 수의 기초개념, 일상생활에서의 수, 전체와 부분, 기초적인 측정, 시간, 공간, 기본도형 인식 및 구성하기, 기초적 통계

등의 수학교육 내용이 포함된 활동 자료들을 제공한다.

(3) 과학영역

과학영역은 햇빛이 잘 드는 밝고 조용한 곳에 배치하고, 실험 및 조작 활동을 할 때에 다른 유아들로부터 방해되지 않도록 영역의 구분이 필요하다. 수학 및 과학에 관한 개념은 단순히 듣기에 의해 학습되는 것이 아니고 직접 활동을 행함으로써 학습이 되는 것이므로 다양한 자료를 계획적으로 제시하여 유아가 자발적으로 탐색하며 학습하도록 돕는다. 또 실내에서 식물이나 곤충 기르기, 작은 동물 사육하기 등을 경험하고, 자연 현상을 이해하고 탐구할 수 있도록 관찰활동을 다룬다. 유아들이 만지고 두들겨 보고 발견할 수 있는 탐색적 환경을 제공하도록 측정도구(저울, 줄자, 계량컵 등)와 표본류(각종 동 · 식물), 그리고 특수 기기(현미경, 확대경, 망원경 등) 및 수집이 용이한 자연물(낙엽, 조개껍질, 씨앗 등)들을 제시한다. 교사가 학습주제 및 계절의 변화를 고려하여 다양한 자료를 적절하게 제공한다면 유아가 나름대로 관찰, 조작, 실험 및 탐색활동을 할 것이다.

(4) 조작영역

조작영역은 조용한 곳에 배치하는 것이 좋다. 충분한 활동 공간을 마련해 주도록 하고, 바닥에 카펫을 깔아 앉아서 활동할 수 있게 배려할 수도 있다. 유아들은 앉아서 조작활동을 하는 동안 긴장을 풀고 활동에 열중할 수 있다. 조작활동은 수, 수의 조합, 계산, 기하학적 개념, 크기, 색채, 위치, 형태 등에

대한 개념과 비교능력을 발달시켜 주어 논리 · 수학적 사고의 발달을 돕는다(방인옥 등, 1999). 또한 눈과 손의 협응력을 발달시키며 창의적인 구성능력을 배양하거나 형태의 연속을 즐길 수 있으며 시각, 촉각 등 감각기관을 발달시키고 주의력과 인내력을 키울 수 있다. 자료는 소근육 발달(뚜껑 · 단추 끼우기, 맞추기, 잠그기, 리본 매기, 공구놀이 등), 손과 눈의 협응력(그림 맞추기, 퍼즐, 구슬과 끈, 바느질 자료 등) 및 수 개념, 색깔, 모양과 크기 개념, 언어발달을 도와줄 수 있는 자료들을 준비하며, 낮은 교구장에 종류대로 진열해 놓아 유아들이 언제나 쉽게 이용할 수 있도록 해 준다.

(5) 미술영역

미술영역은 유아가 다양한 매체를 이용해 자신의 생각이나 느낌을 표현하고, 감상할 수 있는 영역이다. 이 영역은 작업영역의 성격을 가지므로 때로는 매우 활동적이며 소음이 많다. 만들기, 그리기, 자르기, 색칠하기, 구성하기 등 다양한 미술활동이 이루어지는데, 주로 실내에서 하는 활동으로 생각되나 날씨가 따뜻한 날은 바깥에 마련해 주도록 한다. 활동 후에 자료를 제자리에 정리할 수 있도록 분류된 자료들을 바구니에 넣어 보관할 수 있게 준비해 둔다. 작업을 할 수 있는 책상과 의자, 이젤 등이 설치되어야

하며 가까이 물을 이용할 수 있는 시설이 필요하다. 물을 사용하는 활동을 할 경우에는 바닥이 젖지 않도록 비닐이나 방수자료를 깔아 주고 종이 수건이나 스폰지, 마른 수건 등을 준비해 두고, 유아용 작업복을 비치해 놓아 필요시 유아가 입을 수 있도록 해 준다. 자료로는 종이류(도화지, 색종이, 포장지, 시험지 등), 그리기 도구(크레파스, 색연필, 연필, 붓, 그림물감, 사인펜, 분필 등), 만들기 도구(가위, 풀, 테이프, 본드, 펀치, 스테이플러 등), 기타 준비물(이젤, 작업 까운 등) 및 만들기에 필요한 각종 폐품과 자료(종이상자, 실, 빨대, 모래 종이 등)들이 필요하다.

(6) 역할놀이영역

역할놀이영역은 움직임이 많고 활동이 다양하므로 활동적인 놀이영역에 위치하는 것이 좋으며, 쌓기놀이영역과 인접하게 배치하여도 좋다. 경우에 따라 소꿉놀이 혹은 극놀이영역으로 대치되기도 한다. 유아들은 역할놀이를 통해 자신의 감정이나 생각을 표현하며 친구들과의 상호작용을 통해 나누기, 타협하기 등의 사회적 기술을 배운다. 이 영역의 활동내용과 자료는 고정적인 것이 아니고, 학습 주제 및 단원에 따라 다양한 내용으로 구성될 수 있으므로, 교사는 활동 상황에 따라 적절한 자료를 제공하고 환경을 조성해 주도록 한다. 예를 들면, 다양한 역할놀이(병원놀이, 시장놀이, 유치원놀이 등)나 소꿉놀이 및 동극이나 상상놀이를 하는 영역이므로 그때그때에 필요한 의상이나 소품 등을 준비하여 유아들의 모방놀이와 창의적인 놀이를 자극시킨다.

(7) 쌓기놀이영역

쌓기놀이영역은 넓은 공간을 필요로 하고 소음이 예상되므로, 활동적이면서 건조한 곳에 위치하도록 한다. 적목놀이 활동으로 인식되고 있는 이 영역은 역할놀이영역 옆에 배치하면 좋다. 바닥에는 소음을 방지할 수 있는 카펫을 깔아 주고, 블록의 모양과 크기에 따라 정리할 수 있도록 문을 닫지 않는 개방형의 정리장을 준비해 둔다. 유아들은 쌓기놀이를 통하여 그들이 생활에서 보고, 듣고, 느낀 것 등의 경험을 재구성해 볼 수 있으며, 다른 아동들과의 협동놀이를 통해 남과 잘 사귀고 나누어 가지는 사회적 기술을 익힐 수 있다. 쌓기놀이는 구성놀이를 할 수 있는 좋은 매개체로 공간구성 능력을 길러 주며, 모양과 크기에 대한 개념 및 창의력과 문제해결력을 키우고 성공과 실패에 적응할 줄 아는 능력을 키운다. 유니트 블록, 우레탄 블록, 종이 벽돌 블록, 공간 블록 등의 블록류와 블록과 함께 사용할 수 있는 보조자료를 함께 놓아 주도록 한다.

(8) 음률영역

음률영역은 유아가 편안한 자세로 생각에 따라 움직일 수 있도록 충분한 활동공간을 마련해 준다. 각종 악기를 이용하여 표현활동을 하므로 동적이며 소음이 크다. 그러므로 인접한 영역의 활동에 방해가 되지 않도록 바닥에 카펫을 깔거나 독립된 공간을 이용하는 것이 좋다. 이 영역에서 유아가 소리를 정확하게 변별하고, 창의적인 신체표현을 할 수 있도록 다양한 자료를 제시하

여 주고 유아의 흥미에 따라 자료가 달라질 수 있도록 배려하여야 한다. 각종 리듬악기류, 카세트 녹음기와 테이프, 오르간 혹은 피아노, 기타 표현활동에 필요한 자료들을 배치한다. 그 외에도 악기 대용품이나 장고, 북, 소고, 꽹과리 등의 민속악기도 교육 주제에 적합하게 제시해 준다.

(9) 컴퓨터영역

컴퓨터영역은 별도의 방이 아니라 교실 내에 설치해야 하며(NAEYC, 1996; 김선영, 1997), 별도의 영역으로 설치할 수도 있으며 언어영역이나 미술영역, 조작영역에 설치할 수도 있다. 컴퓨터는 다른 교과과정과 통합되어 사용될 때, 유아들이 학습을 위한 자연스런 도구로 사용하는 능력을 획득할 수 있다. 컴퓨터영역은 전기 콘센트가 가까이 있는 곳에 설치하며 모니터의 위치를 잘 선정해 햇빛이나 조명에 의해 반사되는 것을 방지해야 한다. 또한 직사광선이 드는 곳이나 전자파를 발생시키는 전자제품의 근처에 설치하면 컴퓨터나 소프트웨어가 손상될 수 있으므로 유의해야 한다(박선희 · 김선영, 1998). 교실 내 컴퓨터 영역은 비교적 조용한 영역에 설치하는 것이 좋으므로 동적인 영역과는 떨어지게 배치하되, 유아들이 친구들과 혹은 소프트웨어와 상호작용을 하므로 어느 정도 소음이 생기기 마련이다. 이 영역에는 컴퓨터 2대와 프린터 1대, 컴퓨터 및 프린터 책상과 의자, 관련 소프트웨어 및 DVD 등을 준비해 둔다. 또한 교사는 유아용 인터넷 사이트의 주소를 저장해 두어 유아들이 인터넷 학습을 할 수 있도록 지원해 준다(1999, 이희경).

(10) 목공놀이영역

목공놀이영역은 작업활동의 한 종류로써 유아들에게 많은 관심과 흥미를 유발할 수 있는 영역이다. 대체로 소음이 많이 나므로 다른 영역에 방해가 되지 않도록 하며 실외에 배치할 수 있다. 실내에 배치할 때는 미술영역과 인접하게 배치하여 관련된 활동을 미술영역에서 할 수 있도록 한다. 또한 연장을 다룰만한 충분한 공간이 확보되어야 하며, 안전을 고려하여 교사가 쉽게 관찰할 수 있는 곳에 배치하도록 한다. 작업대 가까운 곳에 연장과 부속을 보관할 수 있는 선반이나 서랍을 마련해 둔다. 목공영역은 물체의 전체와 부분과의 관계, 공간적 관계, 그리고 원인과 결과의 관계를 이해할 수 있도록 도와주며, 물체의 물리적 특성을 구별하는 능력과 창의력, 문제해결력을 키우며 성공과 실패에 적응하는 능력을 키워 준다. 안전성을 우려하여 유아교육기관에서 소홀히 여기기 쉬우나 교육적 가치를 고려하여 유아들에게 알맞게 활동을 계획하고 도구를 제공한다면 학습의 효율성을 높일 수 있다. 자료는 목공놀이대, 여러 종류의 연장(망치, 톱, 송곳, 못나사 등), 붓, 목공풀, 유아용 장갑과 작업복, 연장통, 모래종이, 나무재료, 연필, 자 등이 있다.

(11) 모래놀이영역

모래놀이영역은 실내 또는 실외에 제공될 수 있다. 실내에 설치하는 경우에는 바퀴 달린 모래상자를 물을 사용하기 쉬운 위치에 설치하는 것이 좋다. 모래상자의 크기는 몇 명의 유아가 함께 놀 수 있는 충분한 크기여야 한다. 실외에 설치할 경우에는 실내 출입구와는 떨어지게 배치하며 수도시설과 인접하고 적당한 햇볕과 그늘이 드는 곳에 설치한다. 유아들은 모래놀이를 통해 근육조절 능력을 발달시키며 상상적인 활동을 통해서 창의적인 표현을 하며 정서적 만족감을 얻게 되고, 협동놀이를 통하여 사회성을 발달시킬 수 있다.

모래는 쉽게 젖고 빨리 마르는 특성이 있으며, 손으로 만질 때에는 촉감이 곱고 부드러워 유아의 감각과 소근육 활동을 발달시키는 데 유용하다. 모래는 1년에 한두 번 갈아주거나 씻어 넣어 깨끗하게 유지되도록 한다. 모래장에는 파라솔이나 차양 등으로 부분적인 그늘을 만들어 더운 날에도 사용할 수 있도록 해 준다. 운동장이 넓은 경우에는 모래장을 두 군데에 설치해서 다른 연령의 유아들이 사용하게 하거나, 다른 목적으로 사용하도록 배려한다. 자료는 다양한 크기와 모양의 그릇, 측정도구(계량컵, 저울 등), 실험도구(자석, 확대경 등), 모래를 뜨는 도구(삽, 숟가락, 국자 등), 다양한 소품(자동차, 블록, 인형 등), 모래체 및 비닐 앞치마 등이 있다.

(12) 물놀이영역

물놀이영역은 수도시설이 있는 미술영역과 인접하면서 사람들이 왕래하는 통로와 떨어지게 배치한다. 바닥은 부분적으로 인조매트나 비닐 깔개를 깔아서 물기가 다른 영역에 미치지 않도록 경계를 구분한다. 욕조나 커다란 플라스틱통에 물을 담아 두고 기본적인 물놀이 도구들을 함께 준비해 줄 수도 있다. 실외 물놀이영역은 유아에게 개념 형성 및 다양한 감각적 경험을 갖게 하며 여러 가지 물체와 기구를 가지고 실험할 수 있게 하므로 과학적 탐구방법 자연학습의 기회를 갖게 한다. 또한 감정을 해소하고 발산시킬 수 있도록 하여 정서적인 만족과 성공감을 갖게 하고, 물을 매체로 한 상상놀이를 해 봄으로써 자신의 생각과 느낌을 말로 표현할 기회를 준다. 물놀이는 유아가 매우 즐기고 좋아하는 놀이이므로 물놀이 용구를 적절하게 비치해 둔다. 자료로는 다양한 용구들(깔대기, 여과기, 호스, 비커, 크기가 다양한 플라스틱 그릇 등)과 재료들(비누, 콜크, 스폰지, 수건, 설탕 등)을 준비하여 목욕놀이, 빨래놀이, 물방울놀이, 물건 띄우기 놀이, 증발시키기, 물의 양 측정하기, 비누방울놀이, 보트놀이 등의 물놀이를 할 수 있도록 한다.

3. 실외환경

1) 실외 활동영역

실외환경이란 유치원 전체 공간에서 건물을 제외한 나머지 대지를 말한다. 실외놀이 공간은 실내 공간에서 할 수 없는 여러 가지 활동을 할 수 있고 자연환경과의 상호작용을 경험할 수 있는 교육적 공간으로 실내에서의 학습이 연장될 수 있어야 하며 유아의 신체적, 지적, 사회적, 정서적 발달을 도와주도록 고려되어야 한다.

시설이 좋은 실내·외 놀이환경에서 유아를 관찰한 연구(Shin & Frost, 1995)에 의하면 실외환경이 실내보다 아동의 상징놀이에 더 영향력이 크다고 한다. 이는 비교적 넓은 공간에 덜 구조화되고 자연 재료가 많은 환경이면서 교사의 참여도가 큰 곳에서 발견된 연구결과이다. 또한 활동적인 실외놀이는 유아의 체력발달을 돕고 건강을 증진시킨다. 유아들은 실내에서 하던 놀이와 다른 모습으로 실외에서 놀이를 한다. 또한 실외에서 더 다양하고 복잡한 문장의 언어를 사용하고(Tizard et al., 1976), 대근육 운동에 더 많이 참여한다. 남아들은 실내에서보다 실외에서 극놀이에 더 많이 참여하며, 여아는 자기주장이 더 강하다고 한다(Frost, 1997).

실외의 활동영역은 학자에 따라 다양하게 분류되는데, 일반적으로 실외에 설치되는 활동영역들을 살펴보기로 한다.

(1) 실외 미술영역

미술활동은 구성놀이(Piaget, 1962)와 상징놀이(Vygotsky, 1962)에 대한 유아의 요구에 적절한 경험을 제공한다. 실외에 햇빛이 적당히 드는 곳에 테이블을 설치하고 미술재료와 용품을 함께 준비해 주면 유아들이 미술활동을 자유롭게 할 수 있다. 또한 놀이터의 울타리나 건물의 벽에 커다란 종이를 붙여 주면 유아들이 그림을 그리거나 물감뿌리기 활동을 할 수 있다. 실외 미술활동은 지저분해질 수 있는 재료들을 자유롭게 사용할 수 있게 하므로 보다 다양한 표현활동을 가능하게 한다. 나뭇잎 등의 자연물과 헝겊조각 등의 다양한 재료를 이용해 자유롭게 콜라주 활동을 할 수 있다. 교육주제에 따라 필요한 미술활동을 할 수 있게 여러 가지 재료를 준비해 두도록 한다.

(2) 실외 조작놀이영역

조작활동은 유아들의 신체적 발달과 논리 · 수학적 사고의 발달을 돕는다. 실외의 조용하고 그늘진 곳에 조작활동 테이블을 설치해 주면 실내에서 하던 조작활동을 보다 확대하여 할 수 있다. 조작활동을 위한 놀잇감으로는 퍼즐, 구슬꿰기 자료 등의 상품화된 교구를 포함해 단추, 구슬, 병뚜껑 등 일상생활에서 쉽게 구할 수 있는 자료들이 많다. 난이도가 다양한 퍼즐은 유아들에게 도전과 성취감을 경험하게 한다. 여러 유아가 함께 대형퍼즐을 맞추면서 협력할 수 있으며 과제해결을 위한 상호작용 활동을 증가시킨다. 유아들은 실외에서 동적인 활동을 하다가 정적인 조작활동을 선택할 수 있으므로 신체활동을 조절할 수 있게 해 준다.

(3) 실외 쌓기놀이영역

블록을 가지고 노는 쌓기활동은 대표적인 동적 활동이다. 실내의 쌓기놀이 영역은 대부분 소음을 제거하기 위해 카펫을 깔아 주는데, 실외에 쌓기놀이 영역을 설치해 주면 어느 정도 소음문제는 해결이 된다. 실외놀이용 블록은 크기를 다양하게 제공해 주어 유아들이 구조물을 크게 만들 수 있도록 할 수 있다. 상자의 속이 비어 있는 할로우 블록은 상자의 한쪽 면을 개방하여 유아들이 쉽게 다룰 수 있도록 해 주는 것이 좋다. 재료나 크기에서 여러 종류의 블록을 준비해 주면 유아들이 자신의 능력수준에서 다양한 경험을 할 수 있게 한다. 때로는 우유 상자나 케이크 상자들을 이용해 여러 가지 다른 놀이와 혼합하여 놀 수 있도록 해 준다.

(4) 실외 역할놀이영역

유아들은 역할놀이에 참여하면서 자신감을 향상시키고 다양한 개념을 형성해 간다. 실외 역할놀이는 실내에서의 제한된 놀이를 확대시켜 유아들의 표현을 활발하게 한다. 실외에 커다란 소꿉집이 있다면 여러 가지 소품들이나 놀이재료를 제공해 주어 유아들의 가상놀이를 촉진할 수 있다. 또한 학습주제에 따라 관련된 의상이나 소품들을 그때그때 준비해 주면 역할놀이를 통해 놀이의 내용이 풍부해질 뿐 아니라 학습과 관련된 개념을 넓히고 정서적인 표출과 사회적 행동을 학습하게 한다. 다른 활동과 마찬가지로 실내 역할놀이의 가치를 그대로 확대시킬 수 있다.

(5) 실외 목공놀이영역

유아들은 자연물을 포함하여 다양한 종류의 창작 재료들을 사용해 보는 경험을 필요로 한다(Sosna, 2000). 실외에 유아들의 신체 크기에 맞추어 목공영역을 설치해 주고, 소나무나 백양나무 재목을 유아들이 사용하기에 적절한 크기로 제공해 주도록 한다. 또한 유아들이 사용하기에 적절한 크기와 무게의 연장들을 연장통에 담아 비치해 두도록 한다. 목공놀이는 유아들에게 창의적으로 무엇인가를 만들어 보도록 격려하고 특정 패턴을 보고 또는 지시대로 만들어 보는 경험을 하게 한다. 목공놀이는 교사의 주의깊은 감독을 필요로 하며 눈을 보호하는 고글(goggles)을 착용하게 한다.

2) 놀이터

(1) 놀이터 구성의 원리

유아교육은 교실에서 끝나지 않는다. 놀이터 역시 유아가 세상에 대한 이해를 넓할 수 있는 기회를 준다. 교실에 적용되었던 원리처럼 놀이터에도 균형이나 안전, 위생 등이 적용된다. 놀이터 전문가들이 제안하는 놀이터 구성의 원리를 알아보면 다음과 같다(White & Coleman, 2000).

① 통합적인 디자인

전통적으로 놀이터는 유아들의 신체적 발달을 강조하여 계획되어 왔다. 그러나 현대에는 놀이터가 유아의 신체적, 인지적 그리고 사회 정서적 발달을 모두 지원하도록 계획되고 있다. 놀이터의 활동영역은 미술활동이나 자연탐구, 정적인 활동, 역할놀이, 구성놀이, 정원 꾸미기나 과학활동 등을 하도록 기회를 준다. 이것은 교사들이 교실활동과 실외활동을 연계하여 수업을 할 수 있게 한다.

② 접근의 용이성

유아들이 교실에서 놀이터로 이동할 때 계단이나 복도를 지나지 않고 교실의 문에서 바로 놀이터로 연결되면 실내 및 실외활동을 용이하게 할 수 있다. 또한 화장실이나 놀이기구함이 가까이 있어야 안전하고 편리하게 이용할 수 있다.

③ 실외 활동영역의 배치

실외 활동영역의 배치는 놀이터의 전체 면적을 고려해 이루어져야 한다. 대근육 활동을 위한 기구도 있어야 하며 조용히 책을 읽을 수 있는 공간도 있어야 한다. 그러나 이와 같은 동적인 영역과 정적인 영역은 서로 떨어져 배치되어야 한다. 예를 들어, 물을 필요로 하는 영역(활동)으로는 모래상자놀이, 미술활동, 정원 가꾸기 등이 있다. 또한 발을 구르거나 뛰는 활동, 자전거를 밀거나 타는 활동 등 운동활동을 하는 영역은 다른 활동에 방해가 되지 않도록 떨어져 있어야 한다. 여기서 교사는 각 곳에 흩어져 노는 유아를 잘 관찰하고 감독할 수 있어야 한다.

④ 실외 기구 및 재료의 선택

발달적으로 적합한 놀이터는 자연적인 요소와 인공적인 요소를 겸비한다. 즉, 커다란 바위는 유아들이 기어오르는 활동을, 잔디는 자유로운 운동놀이를 하게 하며 바닥은 자전거를 타거나 백묵으로 그림을 그리는 활동을 가능하게 한다. 보다 다양한 기구와 재료는 유아들의 창의적 사고를 신장시켜 준다. 그네나 미끄럼틀에서 균형감을 익힌다거나 동물을 흉내내는 역할놀이를 병행하여 놀면서 상징적 표상활동을 즐기기도 한다. 놀이기구함에는 이동식 기구를 보관해 두어 유아들이 쉽게 이용할 수 있도록 해 준다. 예를 들면, 바퀴달린 장난감, 크기가 다양한 공, 꽃삽, 로프 등을 비치해 둔다.

⑤ 전이영역의 설치

교실활동과 실외활동이 연결되는 활동공간을 전이영역이라고 한다. 이 영역은 실내에서 실외를 연결하는 베란다나 테라스의 형태로 교실문을 열면 현관을 거치지 않고 바로 놀이터로 연결되는 공간이다. 지붕만 가린 전이공간을 실내와 실외 사이에 두면 더운 날 햇빛도 가리고 눈과 비도 피할 수도 있다. 지붕을 씌운 실외공간은 날씨가 궂은 날에 실외에서 목공놀이나 미술활동, 동화듣기, 책읽기 등의 놀이를 할 수 있게 해 준다(이영자 · 권영례, 1997). 날씨가 따뜻한 지역에서는 실외놀이터로 연결된 벽에 문을 만들고 실내 · 외를 통합시켜 아동이 자유롭게 드나들 수 있으면 좋다. 이 전이공간은 실내 물놀이, 모래놀이나 미술활동 등 지저분한 놀이를 하기에 편리하다(Frost, 1997).

전이영역은 다음과 같은 효율적인 면이 있다. 첫째, 물감을 이용한 미술활동을 바깥에서 할 수 있게 해 준다. 유아들은 교실에서 했던 것과 다르게 햇빛이나 바람, 비 등에 의해 달라진 경험을 하도록 한다. 둘째, 동물들의 행동이 계절에 따라 어떻게 변화하는지 관찰할 수 있게 해 준다. 셋째, 전이영역은 유아들이 작업한 자료들을 전시할 수 있게 해 준다. 크기가 크거나 저저분한 작품을 걸어 놓을 수 있다. 넷째, 전이영역은 햇빛이나 바람, 눈을 이용한 활동을 가능하게 한다. 다섯째, 애완동물이나 식물을 쉽게 가꾸고 키울 수 있게 한다.

⑥ 유아들의 다양한 능력 반영

놀이터는 유아들의 다양한 능력과 요구가 적용되어야 한다. 교실문이나 현관문이 넓어서 휠체어가 지나갈 수 있어야 하며, 모래상자나 정원 꾸미기 상자는 키높이를 달리해 준비해 주어 개인차가 있는 유아들이 편리하게 이용할 수 있도록 한다. 장애아가 활동하기에 불편하지 않도록 배려를 한다.

⑦ 실외의 안전

실외놀이의 안전을 위해 소비자안전위원회(CPSC : Consumer Products Safety Commission, 1991)가 제안한 안전수칙이 있다. 이 내용 중에서 놀이터에 적용되는 내용은 다음과 같다. 첫째, 놀이기구는 반드시 필요한 장소에 설치되어야 하며 불필요한 기구는 제거한다. 둘째, 놀이터 기구의 표면이 거칠지 않고 안전해야 하며, 떨어지거나 넘어질 경우를 대비해 바닥재가 어느 정도 부드러워야 한다. 셋째, 놀이터를 정기적으로 안전점검을 한다. 넷째, 기관에서는 놀이터 기구의 교체와 수선을 위해 충분한 비용을 부담해야 한다. 다섯째, 학교와 교사, 부모 모두가 유아들에게 놀이터 안전수칙을 설명해 주어 이를 지키게 한다.

(2) 놀이터의 배치

놀이터도 교실과 마찬가지로 동적 활동영역과 정적 활동영역으로 구분할 수 있다. 실외에서 두 활동간에 분명한 구분을 하기는 어려우나 대근육 활동이 포함될 때 이를 동적인 활동으로 분류한다. 실외공간을 구성할 때 실외공간 크기의 약 1/3은 정적 활동영역으로 배당되고 그 나머지는 테라스와 동적 활동영역으로 배당하는 것이 좋다(Decker & Decker, 1992). 에사(Essa, 1981)에 의하면 실외놀이영역은 조용한 공간과 소음이 있는 공간, 사회적 놀이영역, 혼자놀이영역 등을 포함해야 한다고 제안했으며, 에벤센(Esbensen, 1987)은 전이영역, 조작적 · 창작적 활동영역, 투사적 · 환상적 활동영역, 신체적 활동영역, 동 · 식물 기르기 영역으로 구분될 수 있다고 했다(이영자 · 권영례, 1997).

대부분의 놀이터에는 고정식 놀이기구가 설치되어 있으며, 실외활동영역이 복합적으로 배치된다. 놀이터를 처음 설계할 때 다음과 같은 점을 적용한다면 이상적인 놀이터가 될 수 있다(신화식 외 역, 2004).

① 영아들을 위한 놀이영역은 유아들의 놀이영역과 구별된 공간에 마련해 주되, 두 집단의 유아들이 함께 놀 수 있도록 하는 것이 좋다.
② 고정된 복합 놀이시설들은 잘 보이는 공간에 배치하고 대근육을 사용하

는 놀이를 할 수 있게 다양한 기회를 준다.

③ 역할놀이를 위해서 사용할 수 있는 기구들이 구분된 영역에 여러 개 있는 것이 좋다.

④ 그네는 복합기구에 붙어 있지 않는 것이 좋으며 유아들이 자주 이동하는 지역에서 멀리 떨어져 있어야 한다.

⑤ 자전거 길이 별도로 있으며 이 길 위에 교통표지판들이 준비되어 있어서 유아들이 상징체계에 대해 학습하도록 돕는다.

⑥ 이젤, 물놀이영역, 모래상자 등의 활동영역은 놀이터 가장자리에 배치한다.

⑦ 조용한 휴식공간을 위해서 나무 그늘 아래에 벤치를 놓아 주고 천막 아래에 테이블을 놓아 준다.

⑧ 유아들이 자유로운 놀이를 할 수 있는 빈 공간이 있다.

⑨ 나무들 주변으로 풀밭을 만들어 놀이터를 아름답게 꾸며 준다.

⑩ 가장자리를 두른 작은 정원을 만들어 준다. 근처에 새장이나 새모이통을 둔다.

⑪ 놀이터의 적당한 장소에 창고나 놀이기구함을 설치한다.

전통적으로 놀이터는 실외공간에 고정시설을 줄지어 배치하는 것이었으나 현대적 의미의 놀이터는 많은 유아의 다양한 놀이를 동시에 수용할 수 있도록 전체적으로 배치하는 것이다. 우수한 실외환경을 제공하기 위해서는 놀이시설 및 설비의 구비, 안전도, 그리고 기능적인 측면을 고려해야 한다. 프로스트(Frost, 1997)가 실외놀이터에 대한 평정도구를 소개했는데, 각 문항내용을 통해 놀이터가 갖추어야 할 조건들을 알 수 있다.

[그림 7-2]는 놀이터의 조건을 고려한 실외놀이터의 디자인이다(Withe & Coleman).

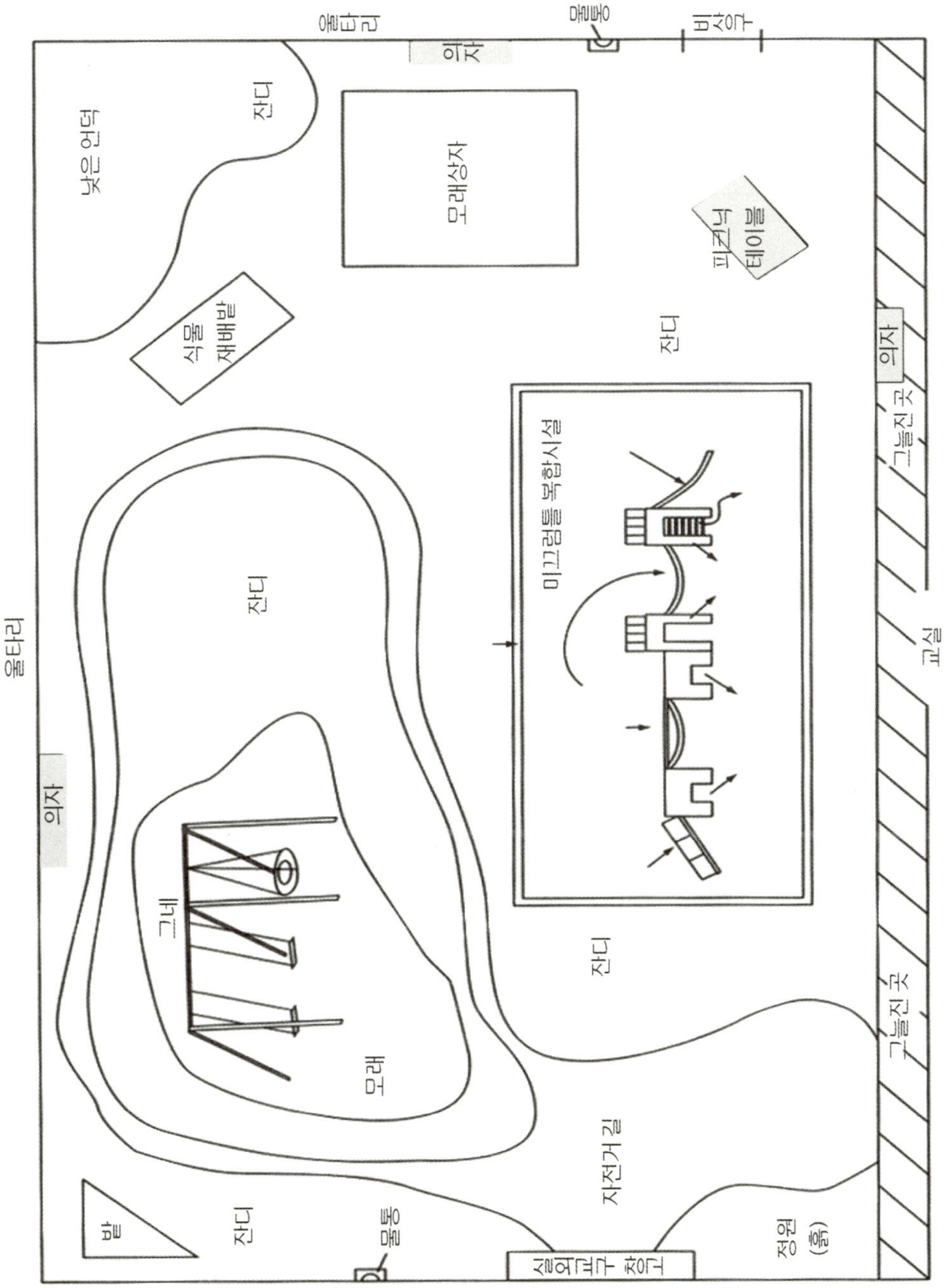

[그림 7-2] 실외놀이터 디자인

상자 11 실외놀이터의 시설 및 설비실태

① 게임을 할 수 있고 다닐 수 있는 단단한 바닥이 있다.
② 모래 놀이터와 모래놀이 도구가 있다.
③ 물놀이를 위한 수도와 물놀이 도구가 있다.
④ 역할놀이를 위한 구조물과 놀잇감이 있다.
⑤ 여러 유아가 동시에 다양한 활동을 할 수 있는 구조물(예 : 놀이집)이 있다.
⑥ 기어오르거나 땅을 파며 놀 수 있는 흙더미가 있다.
⑦ 그늘을 제공해 주고 자연학습 및 놀이가 가능한 자연영역이 있다.
⑧ 언덕과 계곡 등 다양한 공간관계(수직적, 수평적)를 경험할 수 있는 영역이 있다.
⑨ 타이어, 나무판자, 못 등을 이용해 구성놀이를 할 수 있는 영역이 있다.
⑩ 안전하게 손질한 헌 차, 배, 또는 이러한 종류의 구조물이 있다.
⑪ 미끄럼틀, 그네 등 활동적인 놀이를 할 시설이 있다.
⑫ 규칙 있는 게임을 할 수 있는 부드러운 바닥(잔디, 나무껍질 등)과 딱딱한 바닥(콘크리트, 아스팔트)이 있다.
⑬ 아동이 개인적 공간을 위한 조용한 구석, 놀이집, 숨을 곳 등이 있다.
⑭ 안전을 도모하고 놀이와 학습에 활용할 수 있는 울타리, 출입문, 벽 등이 있다.
⑮ 아동의 놀이로부터 보호되면서 쉽게 접근할 수 있는 곳에 꽃밭과 이를 위한 도구들이 있다.

- 동물을 키우는 곳과 이를 위한 도구들이 있다.
- 실내놀이를 실외로 확장시키고 햇빛, 눈과 비 등을 피할 수 있는 전이영역이 있다.
- 실외놀이 기구와 놀잇감을 정리해 둘 창고가 있고 아동이 스스로 꺼내고 넣기 쉽게 고안되어 있다.
- 겉옷걸이, 화장실, 음료수대 등이 실외에서 접근하기 쉽고 집단활동을 위한 그늘진 곳, 실외용 책상과 걸상이 있다.
- 자료와 시설이 정상아와 특수아 모두를 위한 것으로 고안되어 있다.

상자 12 실외놀이터의 안전도

① 위험지역(도로, 깊은 골짜기, 물)으로부터 아동을 보호할 수 있는 울타리가 있다.
② 오르기 기구, 그네 등 움직임이 많은 시설물 아래 8-10인치의 모래 또는 나무 부스러기

와 같은 부드러운 물질이 전영역에 걸쳐 깔려 있다.
③ 놀이시설의 크기가 아동의 연령에 적합하며 오르기 기구의 높이는 6-7피트를 넘지 않는다.
④ 전기, 고압선, 독물질, 유리조각 등의 위험으로부터 안전하다.
⑤ 놀이시설의 연결부분에 결함이 없고 안전하다.
⑥ 놀이시설에 날카로운 부분, 깨지거나 빠진 부분이 없다.
⑦ 그네에 앉는 부분은 가볍고 부드러운 재질로 되어 있다.
⑧ 모든 안전장치는 보수가 잘 되어 있다(예 : 보호용 덮개).
⑨ 유아의 머리가 시설물에 끼지 않도록 모든 열린 부분의 간격이 고려되어야 한다.
⑩ 놀이시설은 구조적으로 안전하며 휘거나 깨지거나 기울어진 부분이 없다.
⑪ 놀이시설물들은 서로 적당한 공간(6-12피트)을 유지하도록 설치되어 있다.
⑫ 지하 매설 부분에 녹슬거나 낡은 곳이 없다.
⑬ 미끄럼판이 쇠로 만들어져 있을 때 강한 햇빛에 노출되지 않도록 그늘에 설치하거나 플라스틱 재질을 사용한다.
⑭ 놀이시설(예 : 그네의 움직이는 범위) 주위에 보호용 낮은 나무나 울타리가 있다.
⑮ 움직임이 많은 영역에 밧줄이나 전선이 늘어뜨려져 있지 않다.
⑯ 균형대, 쇠줄 등은 낮은 높이로 기준에 맞게 설치되어 있다.
⑰ 성인의 감독을 위해 놀이터 입구에 놀이터 사용자의 연령 범위, 위험 요소 등이 게시되어 있다.
⑱ 돌출부분이나 서로 얽힐 수 있는 부분이 없다.
⑲ 발이 빠질 만한 위험요소가 없다.
⑳ 수영장이나 시냇물 등 물에 빠질 위험이 없고 교통사고의 위험이 없다.

상자 13 실외놀이터의 기능

① 쉽게 접근할 수 있는 개방된 특성과 적합한 놀이시설로 유아의 놀이를 격려한다.
② 감각적 대비와 변화, 융통성 있는 시설 등으로 유아의 감각을 자극한다.
③ 동 · 식물, 탐색자료, 구성자료 등을 제시해 유아의 호기심을 키워 준다.
④ 유아의 크기에 알맞고 편안하며 신체적으로 도전적인 시설을 제공해 아동의 사회적, 신체적 욕구를 충족시킨다.
⑤ 유아와 사물간의 상호작용을 격려한다.
⑥ 유아와 아동간의 상호작용을 격려한다.

⑦ 유아와 성인간의 상호작용을 격려한다.
⑧ 대근육 운동, 활동적인 놀이, 기능적인 반복놀이가 가능하도록 지원한다.
⑨ 구성놀이, 창의적인 놀이가 가능하도록 지원한다.
⑩ 역할놀이, 가작화, 상상놀이가 가능하도록 지원한다.
⑪ 규칙 있는 게임, 조직화된 게임이 가능하도록 지원한다.
⑫ 씨름, 물·모래놀이 등 특수한 형태의 놀이가 가능하도록 지원한다.
⑬ 혼자 단독놀이를 할 수 있도록 격려한다.
⑭ 집단으로 협동놀이와 상호 나누기 활동을 할 수 있도록 격려한다.
⑮ 놀이터의 관리와 보호에 아동을 참여시킨다.
⑯ 성인이 유아의 놀이에 참여한다.
⑰ 실내·실외, 일(work)·놀이가 통합되도록 격려한다.
⑱ 유아가 자연(식물·동물)과 상호작용할 수 있도록 격려한다.
⑲ 교사는 놀이의 가치, 놀이터 관리와 안전, 비상시의 대책 등에 훈련을 받은 사람이다.
⑳ 놀이환경은 복합적이고 도전적인 환경으로 계속 변화한다.

제 8 장

유아교육 평가

1. 유아교육 평가의 기초
2. 유아교육 평가의 과정
3. 유아교육 평가의 유형 및 방법

유아교육에서의 평가(assessment)는 단지 검사를 실시하고 채점하는 것을 넘어서 유아의 발달 영역에 관한 정보를 수집하는 종합적인 과정이다. 미국 유아교육협회(NAEYC, 1992)는 평가를 '유아에게 영향을 미칠 수 있는 다양한 교육적 의사결정의 기초로서 유아가 행한 수행물이나 수행 방법을 관찰하고 기록하는 과정'이라고 정의하고 있다. 평가는 유아들의 발달과 학습에 관해 수집된 정보를 포함해야 하며, 이러한 정보는 프로그램 활동을 계획할 때나 부모와 상담할 때 사용된다. 즉 평가활동을 통해 유아의 특징과 개별성을 이해함으로써 적절한 교육적 처치를 제공해 주기 위한 중요한 수단인 것이다. 그러나 초·중등학생들과는 달리 유아들은 그들의 언어 및 활동 수준이 제한되어 있고 주의집중시간이 짧기 때문에 정확하게 평가하기 어려운 대상이다. 결국, 올바른 유아 평가를 위해서 교사들은 유아의 특성과 배경 그리고 평가도구가 지니고 있는 제한점 및 절차에 대해 잘 알아야 한다(Vacc & Ritter, 1995).

1. 유아교육 평가의 기초

1) 유아교육 평가의 개념

교육평가에 대한 정의는 학자들의 관점에 따라 다양하다. 타일러(Tyler, 1973)는 '평가란 교육과정 및 프로그램에 의하여 교육목표가 어느 정도 달성되었는지를 밝히는 과정'이라고 했다. 네보(Nevo, 1986)는 '교육의 과정 또는 성과에 관해 어떤 결정을 내릴 목적으로 교육의 과정과 성과에 대한 가치와 장점을 체계적으로 조사·활용하는 과정과 활동'이라고 정의했다. 그 외에도 교육평가란 '일정한 준거를 잣대로 하여 교육의 입력, 과정 및 성과에 대한 가치를 조사·판단하는 행위'라고 정의된다(변창진 외, 1996). 이연섭 외(1996)는 교육평가는 교육목표의 달성뿐 아니라 교수 · 학습방법의 개선에 기여하는 측면에서 이루어져야 한다고 주장하였다. 이렇듯 교육평가의 범위를 목표 달성뿐 아니라 교육의 과정으로 확대하여 정의할 수 있다.

한편, 시대의 변화와 더불어 교육과정의 목표가 변화 · 확대되고 사회의 요구가 변화되면서 평가내용이나 방법 면에도 새로운 평가방법이 모색되고 있다. 최근 들어 대안평가(alternative assessment), 수행평가(performance assessment) 등은 유아교육 평가의 새로운 접근법이다. 특히 유아교육에서의 평가는 유아의 발달과정, 학습과 문제해결의 정도 등을 기록해야 하며 평가 결과가 지도에 반영되고 교사가 교수계획을 수립하는 데 기여해야 한다. 유아의 다양한 발달을 포괄하는 대안평가의 예로 발달적으로 적합한 프로그램 내에서 활동하는 유아를 체계적으로 관찰하는 것을 들 수 있다(국립교육평가원, 1996).

유아교육 평가는 유아교육 과정 및 프로그램의 운영뿐 아니라 유아의 발달이나 행동에 관한 전반적인 범위를 평가하는 것이다. 따라서 유아교육 평가란 유아교육과 관련된 전반적 현상이나 과정을 평가하는 것으로 정의할 수 있다.

2) 유아교육 평가의 필요성

평가는 교육활동에서 중요한 부분을 차지한다. 하지만 한창 발달단계에 있는 유아들에 대한 평가를 부정적으로 보는 시각도 없지 않다. 이는 유아들에 대한 평가결과를 다른 아이들의 수준과 상대적으로 비교하여 평가할 경우에 생길 수 있는 문제일 것이다. 평가결과가 유아의 특징을 정확하게 이해하고 이에 따라 적절한 교육을 제공하기 위해 사용된다면 평가는 유아교육에 있어서 바람직한 역할을 수행할 수 있을 것이다.

유아 평가가 왜 필요하며 어떻게 유아교육에 도움이 될 수 있는지에 대해 알아보면 다음과 같다(교육부, 1995).

첫째, 유아평가는 유아의 발달적 수준을 발견하기 위해 필요하다. 유아기는 발달의 속도가 매우 빠르고 가소성(可塑性, plasticity)이 높은 시기에 해당된다. 비교적 짧은 기간에도 발달적 변화의 폭이 크고 학습의 진전도 크게 이루어진다. 유아마다 발달 수준에 차이가 있을 수 있으며, 같은 연령의 평균보다 높거나 낮은 발달 수준을 보이는 유아도 발견될 수 있다. 그러므로 유아평가의 첫 번째 과제는 유아가 발달적으로 자신의 연령에 적합한 발달적 수준을 나타내는가에 대해 파악하는 것이다. 또한 발달의 전반적인 수준과 함께 발달의 여러 측면, 예컨대 의사소통, 신체발달, 사회성, 일상생활 습관 중에서 어떤 측면이 더 발달되고 덜 발달되었는가를 발견할 필요가 있다. 어떤 유아는 신체적으로는 5세 수준이나 언어발달과 의사소통이 3세 정도일 수도 있다. 이와 같이 발달 영역 간의 수준에 대한 평가는 유아가 지닌 발달상의 개인내적 차이(intra-personal differences)를 발견하는데 도움을 줄 수 있다.

둘째, 유아평가는 유아 간의 개인차(individual differences)를 비교하여 집단 전체의 특성을 아는데 도움이 된다. 유아 개인 간의 차이를 비교하는 것은 교사가 학급을 효과적으로 지도하는데 필수적이다. 같은 연령의 유아들은 거의 비슷한 발달 수준을 나타낼지라도 그들 간에 분명한 차이가 있다. 교사는 이러한 유아 간의 차이를 고려하여 각각 다른 방법으로 지도하고 상호작용할 수 있어야 한다. 또한 학급 전체 유아의 개인차가 가장 낮은 수준의 유아부터 가장 높은 수준의 유아가 모두 참여할 수 있도록 학습활동을 계획해야 한다.

셋째, 유아평가는 유아에게 미친 학습의 효과 및 발달상의 변화를 발견하기 위해 필요하다. 유아가 유아교육기관에서 제공되는 프로그램을 통해 입학 초기행동보다 어떤 측면에서 발전 또는 변화되었는가를 비교해 봄으로써 교육의 효과를 확인할 수 있다. 유아에 따라서는 더 많이 성장하는 경우도 있고 크게 변화를 보이지 않을 수도 있다. 궁극적으로 유아교육 프로그램의 목적은 유아에게 바람직한 방향으로 행동의 변화를 일으키는데 있다. 따라서 유아평가를 통해 교육프로그램이 목적한 바를 달성하고 있는가에 대한 증거의 일부가 수집될 수 있다.

넷째, 유아평가는 유아의 학습준비도를 판단하기 위해서 필요하다. 유아의 학습준비도는 특히 초등학교 전단계인 5세 유아의 경우 중요하게 생각된다. 왜냐하면 그 다음 단계의 학습에 필요한 기초 지식과 기본 기능을 습득하고 있는가를 평가함으로써 초등학교와 유아교육간의 연계성을 제고할 수 있기 때문이다. 특히 만 5세 유아의 선별 취학이 시행되고 있는 현 시점에서 유치원이 5세 유아에 대한 개별적인 평가 자료를 보유하고 있어야 하며, 필요에 따라 초등학교에 이를 제공할 수 있어야 한다. 유치원에서 수집된 유아평가의 자료는 유아가 습득한 지식만이 아니라 발달의 전반적인 측면을 모두 포함한 것이어야 한다. 유아의 생활 연령이나 지적 기능에만 의존해서 다음 단계의 학습준비 정도를 결정할 수 없기 때문이다.

이상과 같이 유아평가는 유아의 개인적인 발달 수준을 구체적으로 파악하고, 학급에 속한 모든 유아의 발달 수준의 범위를 발견하기 위해, 그리고 학습의 효과 및 발달적 변화를 비교하고 다음 단계의 학습에 대한 준비도를 판단하기 위해 필요하다. 그리고 유아의 발달 수준 및 개인차에 대한 평가자료는 교사가 학습활동을 유아의 발달에 적합하게 계획하고 지도하는데 도움을 줄 수 있을 것이다.

2. 유아교육 평가의 과정

유아교육 현장에서 적용가능한 평가의 예로서 다음과 같은 네 가지 과정을 들 수 있다(Leavitt & Eheart, 1991; 이은해, 1995에서 재인용).

첫째, 부모를 통해 유아에 관한 정보를 수집하는 방법이다. 부모와의 면담,

전화상담, 유아를 데리고 등원할 때의 짧은 대화, 학부모 모임에 참여할 때 등을 통해 수시로 유아에 대한 정보를 수집하여 유아를 이해하는 기초 정보로 사용할 수 있다. 특히, 유아의 욕구, 흥미, 습관, 성격, 선호 등에 대한 정보는 유아를 이해하기 위한 주요 내용이 된다.

둘째, 유아의 놀이 및 일상적 활동에 대해 관찰 기록하는 방법이다. 교사는 유아의 우발적 행동에 대한 비정기적 관찰과 계획된 관찰을 병행해야 한다. 우발적인 행동의 관찰은 대체로 일화기록의 형태를 취한다. 일화기록은 어떤 특징적인 사건이나 행동에 대해 일기를 쓰듯이 기술하는 방식이다. 유아가 한 말과 행동, 표정과 목소리 등의 정서적 단서를 사실적으로 기록한다. 한편 계획된 관찰은 정해진 시간에 전체 아동을 교사가 관찰할 수 있도록 계획하는 것으로써, 예를 들어, 하루에 10분 정도씩 관찰 시간을 정해 놓고, 대상 유아의 행동을 관찰할 수 있다. 또한 발달영역 및 관찰하고자 하는 행동이 구체적으로 명시된 일정한 양식의 행동관찰목록이나 평정척도를 사용할 수도 있다.

셋째, 유아에 대한 종합적인 평가 체제를 발전시킨다. 각 유아의 발달을 충분히 이해하기 위해서는 유아의 여러 측면에 대해 다양한 방법으로 자료를 수집해야 하며, 수집된 자료에 대해 종합적인 해석이 이루어져야 한다. 예를 들어 유아에 관해 부모로부터 얻어진 정보와, 유아의 전형적인 일과와 일상생활에서의 관찰 결과, 아동이 선택하는 흥미영역과 놀이활동 조사, 아동의 작업 표본, 기타 심리검사 자료 등이 포함될 수 있다. 이와 같이 종합적인 평가체제를 구성하여 아동별로 주기적으로 정리하다 보면, 관찰이 안 되거나 평가에서 간과된 영역이 발견되기도 한다. 이 경우 그 영역에 해당되는 행동이 나타날 수 있는 활동의 기회를 제공함으로써 의도적으로 관찰할 수도 있다.

넷째, 평가자료를 교육과정의 계획과 실행에 적용한다. 유아의 욕구, 흥미, 능력 등에 관해 발견된 정보는 곧 교육프로그램이나 교육과정을 계획하는데 활용될 수 있다. 교육프로그램은 특정 연령의 집단이 공통적으로 흥미 있어 하는 활동과 놀이 내용에 기초하되, 유아의 개인차를 고려할 수 있도록 계획해야 한다. 뿐만 아니라 유아에게 더 자극이 필요한 영역을 발견하고 의도적으로 그 영역의 활동을 강화할 수도 있다. 그리고 실행된 프로그램에 대한 유아의 반응을 지속적으로 관찰함으로써 다시 그 다음 활동을 계획할 때 참고할 수 있다.

3. 유아교육 평가의 유형 및 방법

유아를 평가하는 대표적인 방법은 크게 두 가지로 나뉘어진다(교육부, 1995). 하나는 유아에 대한 객관적인 자료를 수집하기 위해 일상적인 상태에서 일어나는 자연스러운 행동을 직접 관찰하여 기록하는 방법이다(전남련, 1999). 이 방법은 비형식적 평가에 가까우며 평가행동에 대한 통제의 정도가 일반적으로 낮다. 다른 하나는 검사법으로서 유아의 발달 및 특성을 평가할 수 있는 구조화되고 객관적인 도구로서 검사지를 통해 평가하는 방법이다. 검사법은 형식적 평가에 해당되며 평가되는 행동에 대해 높은 수준의 통제가 일어난다.

유아교육 현장에서 사용될 수 있는 평가의 두 가지 유형인 관찰법과 검사법에 대해 알아본다.

1) 관찰법

관찰법은 유아평가를 위해 사용되는 방법 중 가장 자연스러운 방법이다. 관찰의 목적은 교사가 유아들의 문화 및 가정 환경 그리고 유아 개인의 흥미뿐 아니라 인지적, 신체적, 사회적, 정서적 기능에 관한 지식에 기초하여 적절한 결정을 하게 하는데 도움을 주는데 있다(White & Coleman, 2000). 교사는 자연스런 상황에서 특정 유아의 행동을 면밀하게 관찰하고 그 결과를 객관적으로 수집함으로써 해당 유아가 지니는 문제와 그 문제 행동의 원인을 알아낼 수 있다. 물론 아무런 지식이나 훈련없이 자기 마음대로 기록한다면 교사의 주관적 판단이 크게 작용하여 객관성을 확보하기 어렵다. 따라서 관찰법에 대한 교사의 기본적 지식과 연습을 통한 관찰 능력의 향상이 필요하다. 따라서 관찰법을 사용하는데 있어서 교사가 유의해야 할 점은 다음과 같다.

첫째, 관찰에 대한 계획을 가지고 시작한다. 비록 비구조화된 관찰일지라도 관찰에 앞서 관찰 시간, 관찰 대상, 관찰하고자 하는 유아의 행동 등에 대해 결정해야 한다. 교사는 일상적인 교사의 역할을 수행하면서 동시에 유아를 관찰해야 하므로 유아가 등원하는 시간, 간식 시간, 자유놀이 시간 등을 이용하는 것이 편리할 것이다. 한편 관찰 결과를 일반화하기 위해서는 다양한 시간과 장면에서 관찰이 이루어져야 한다.

둘째, 관찰에 대한 기록은 관찰이 이루어진 직후에 기록되어야 한다. 이를 위해 교사는 사전에 기록용지와 필기도구를 늘 가까운 곳에 두거나 지녀야 할 것이다. 모든 관찰 내용을 그때그때 모두 기록하기 어렵기 때문에 관찰 직후 간단히 요약을 해 놓았다가, 방과 후에 자세한 내용을 덧붙여 완성해야 한다.

셋째, 관찰은 사실적이고 객관적이어야 한다. 모든 내용이 교사의 관찰에 의존하기 때문에 교사의 편견이나 선입견에 의해 사실이 왜곡될 수도 있다. 따라서 이러한 문제점에 대해 늘 인식을 하고 있어야 할 뿐 아니라, 동료교사와 함께 관찰 결과를 비교함으로써 관찰의 일관성을 검토할 필요가 있다.

넷째, 관찰한 결과를 기록하는 방식을 사전에 마련한다. 관찰 결과를 기록하는 방법은 일정한 형식이 없이 그때그때 우발적으로 나타나는 행동과 사건을 서술식으로 기록하는 일화기록법과 관찰하고자 하는 행동목록을 일정한 기록 양식에 열거해 놓고 이에 준하여 표시하는 행동목록이나 평정척도 방법이 있다.

(1) 관찰 절차 및 계획

관찰은 교사가 유아의 발달 수준을 파악하고 행동특성을 평가할 수 있는 가장 직접적이고 기본적인 방법이다. 그렇지만 교사가 실시하는 관찰이 모두 신뢰롭고 타당한 측정 결과를 가져다 주지는 않는다. 왜냐하면 관찰자의 편견, 기대, 선호 등으로 인해 관찰된 자료로부터 판단이 왜곡될 가능성이 있기 때문이다. 이러한 문제를 극복하기 위해서는 우발적으로 관찰할 것이 아니라 사전에 철저한 계획을 세워서 관찰을 해야 하며, 관찰결과를 체계적으로 기록하여 의미 있는 분석이 가능하도록 해야 한다. 교사의 관찰 및 기록 능력이 우수할수록 교사는 유아행동 및 발달에 대해 보다 객관적이고 정확한 판단에 이르게 되고, 궁극에 가서는 효과적으로 유아의 발달을 조력할 수 있게 되어 교사의 역할을 원활히 수행할 수 있을 것이다.

관찰은 크게 네 단계로 이루어진다(김성수 · 이영훈, 2002).

① Step 1

관찰을 계획하는 단계이다. 관찰에 앞서 구체적으로 어떤 목적으로, 어떤 행동을, 언제, 얼마 동안, 어디에서, 어떤 방법(체크리스트, 평정, 기술 등)을 가지고 할지를 계획하는 단계이다. 계획단계에서는 다음과 같은 것을 고려해야 한다.

첫째, 왜 관찰하려는가?(목적) 유아를 관찰하는 데 있어 관찰 목적이 어느 정도 분명해져야만 유아의 어떤 행동을 관찰해야 하는지, 어떤 방법으로 관찰해야 하는지 등의 계획이 구체적으로 설정될 수 있다. 따라서 관찰자는 관찰 목적을 분명히 할 필요가 있다.

둘째, 어떤 행동을 관찰할 것인가? 가령 유아 개개인의 발달을 평가하고자 할 때, 어떤 영역의 발달에 관한 것이며, 각 영역을 구체적으로 어떤 행동특성을 통해 관찰할 것인지를 결정해야 한다.

셋째, 언제 하느냐, 그리고 얼마나 오랫동안 하느냐? 교사는 반복되는 하루의 일과 중에서 어느 시간이 가장 관찰하기에 적합한지, 그리고 어떤 시간에 대체로 어떤 행동이 나타나는지를 알고 이에 따라 계획을 세워야 한다. 캐츠(Katz, 1994)에 의하면, 유아를 하루 이틀 정도 관찰한 결과를 가지고 섣불리 판단을 해서는 안 되며, 3세 아이의 경우는 3주 정도, 4세 아이는 4주, 5세 아이는 5주 정도를 지속적으로 주의 깊게 지켜보아야 한다.

넷째, 하루에 몇 명씩 관찰하느냐, 그리고 어느 유아를 관찰하느냐? 일반적으로 유아 관찰은 하루에 4-5명 정도를 하는 것이 적합하며, 너무 많은 인원을 관찰하려고 하면 제대로 관찰하기가 어렵다. 그리고 어느 유아를 관찰할 것인지를 관찰하기 전에 미리 정할 필요가 있다.

다섯째, 관찰을 어느 곳에서 하느냐? 유아를 관찰하고자 할 때 어느 곳에서 관찰할 것인지를 미리 정해야 한다. 교실에서 관찰을 할 것인지, 아니면 놀이터에서 관찰을 할 것인지 등을 미리 정해야 한다. 교사는 가능한 한 다양한 장면에서 유아의 행동이 고르게 관찰될 수 있도록 적합한 시간과 장소를 택해야 한다.

여섯째, 어떻게 기록할 것인가? 관찰한 내용을 기록하는 방식은 다양하다. 일정한 형식 없이 그때그때 나타나는 행동과 사건을 있는 그대로 서술식으로 기록(예, 일화기록)하는 것에서 관찰 전에 일정한 기록양식을 준비하여 이에 따라 관찰 항목별로 표기하는 것(예, 행동목록, 평정척도 등) 등이 있을 수 있다. 교사는 관찰 전에 어느 것으로 할지를 미리 정해야 할 것이다.

끝으로 교사는 관찰자의 이름, 관찰대상의 이름, 성별, 연령, 관찰 일시, 관찰 장면 등의 기본 자료는 반드시 기록해야 한다. 그래야만 추후에 이들 자료를 비교 · 분석할 수 있는 근거가 된다.

② Step 2

실제로 아동을 관찰하고 이를 기록하는 단계이다. 앞서의 계획단계에서 잡은 관찰 목적에 맞추어 관찰을 하고 이를 기록하는 단계이다. 관찰은 관찰자의 감각기관을 통한 지각에 주로 의존하기 때문에 때로는 왜곡된 자료를 수집할 가능성이 있다. 왜냐하면 교사의 기대, 과잉 일반화, 후광효과(halo effect), 그리고 주관적 해석의 가능성 등이 오류의 원천이 될 수 있기 때문이다. 교사는 이러한 오류나 편견의 원천을 인식하고 이에 영향받지 않도록 노력하고, 관찰 훈련을 통해 보다 객관성 있는 관찰을 할 수 있도록 해야 한다. 그러기 위해서는 다음과 같이 해야 한다.

첫째, 관찰자로서 가능한 한 객관성을 유지한다.

둘째, 유아의 입장에서 관찰하고 기록한다.

셋째, 관찰기록은 가능한 한 관찰과 거의 동시에 또는 직후에 한다.

넷째, 기록하기 전에는 관찰한 것에 대해 가능한 한 아무하고도 이야기하지 않는다.

다섯째, 실제 보고 들은 것과 관찰자의 추론을 구분한다.

③ Step 3

기록내용을 분석하는 단계이다. 이 단계는 교사의 편견 등이 가장 많이 나타날 수 있는 단계로서 무엇보다도 전문적인 지식이 요구된다 하겠다. 관찰기록의 결과가 유아를 평가할 수 있는 의미 있는 자료가 되기 위해서는 반드시 체계적으로 분석되어야 한다. 교사의 해석과 추론을 얼마나 정확하게 하느냐에 따라 관찰의 성패가 좌우되고, 궁극에 가서는 유아의 행동 및 발달을 올바로 평가했는지가 결정된다. 따라서 교사는 다음과 같이 해야 한다.

첫째, 자료 분석 시 교사가 두려움을 가질 수 있으나 계속적인 훈련을 통해

이를 극복하려고 노력해야 한다.

둘째, 정확한 추론을 위해서는 유아발달 및 유아교육에 대한 전문적인 지식을 갖고 있어야 한다.

셋째, 이러한 지식을 자신의 관찰 결과에 적용시켜 계속적으로 비교 · 분석하려는 자세가 필요하다.

넷째, 유아의 행동에 미치는 사회 문화적 맥락의 영향을 고려하여야 한다. 사회 문화적 맥락은 행동의 목적과 내용, 장소와 시기, 그리고 상호작용자 등에 영향을 미치므로 차후 미래 행동을 예측하는데 도움을 준다.

다섯째, 교육과정의 기대와 유아가 나타내는 발달상의 산출 결과를 비교하여야 한다. 이 때에는 발달의 일반적인 위계에 대비한 비교여야 하며, 교육과정의 목적과 목표, 준거에 대비한 비교여야 한다.

여섯째, 학습과정과 전략의 실마리를 주는 정보들을 분석하여야 한다. 따라서 유아의 정신과정(주의능력, 정교한 기억력, 인지적 · 사회적 행동의 통제 등)을 검증하고 실수하는 행동의 패턴을 분석하며 유아가 가진 현재의 지식과 과거의 선험적인 경험과의 관계를 파악하도록 한다. 유아의 설명이나 상황에 대한 기술된 내용들이 좋은 평가 자료가 되며 이를 분석함으로써 발달과 학습의 이해를 깊게 해 준다. 모든 자료들은 글로, 수로 표현될 것이며 두 자료 모두 유아의 이해에 도움이 된다.

일곱째, 교사는 질적인 자료와 양적인 자료의 차이를 분명히 인식하여야 하는데, 즉 유아의 수행에서 보여주는 능력과 하위 기술들, 그 관계를 개념화하고, 갖고 있는 문제는 무엇인지, 왜 그러한지 등 심층적인 자료 분석에 임해야 할 것이다.

④ Step 4

각 유아에 대한 분석결과를 적절한 곳에 활용하는 단계이다. 관찰 자료는 관찰목표에 따라 체계적으로 기록되고 분석되어 효과적으로 활용될 때 실용적 자료로서의 가치를 지니게 된다. 그러기 위해서는 다음과 같이 해야 한다.

첫째, 각 유아에 대한 관찰기록은 누적된 관찰 결과에 기초한 종합적인 분석 자료여야 한다.

둘째, 각 유아에 대한 관찰기록은 유아의 발달 및 행동특성을 평가하기 위한 자료, 그리고 유아의 부모와 면담을 위한 자료 등으로 적극 활용되어야 한다.

셋째, 유아를 평가할 경우에는 관찰 자료 외에 각종 검사결과, 유아의 작품 및 부모면담 결과 등을 종합적으로 검토함으로써, 보다 정확한 평가를 할 수 있도록 해야 한다.

넷째, 각 유아에 대한 관찰기록의 내용은 비밀이 유지되어야 한다.

(2) 관찰기록 방법의 종류

관찰 결과를 기록하는 방법은 일정한 형식이 없이 그때그때 우발적으로 나타나는 행동과 사건을 서술식으로 기록하는 일화기록법과 관찰하고자 하는 행동목록을 일정한 기록양식에 열거해 놓고 이에 준하여 표시하는 체크리스트법(행동목록법)이나 평정척도 방법 등이 있다. 전자를 비구조화된(unstructured) 관찰법이라고 한다면 후자를 구조화된(structured) 관찰법이라고 할 수 있다(김성수 · 이영훈, 2002).

① 일화기록

일화기록법은 어떤 짧은 내용의 사건에 대하여 서술적으로 기록하는 것을 말한다. 교사가 유아에 대한 일화기록을 오랜 기간 누적해서 작성해 둔다면 유아의 발달상의 변화나 문제점을 평가하는데 유용하게 사용될 수 있을 것이다.

일화기록법은 특별한 형식이 없이 아무 때나 특정한 사건을 관찰하고 그 결과를 기록하는 방식이긴 하나 미리 관찰 대상을 정해 놓고 관찰하고자 하는 행동을 중심으로 환경과의 상호작용에 초점을 맞추어 객관적으로 서술되어야 한다. 따라서 수집된 일화기록 내용에는 관찰자의 주관적 감정이나 태도가 포함되어서는 안 되며, 관찰자의 기대나 유추 해석이 포함되어서도 안 된다.

일화기록을 작성 방법으로, 우선 사건이 발생한 후 가능한 빠른 시간 내에 기록한다. 대상하는 유아의 행동과 말을 구분해서 기록한다. 관찰시간, 장면, 진행 중인 활동 등 상황적인 자료를 반드시 기록한다. 대상 유아의 행동이나 말 뿐만 아니라 그 유아와 상호작용하는 다른 사람들의 반응도 기록한다. 또한 사건의 진행 순서대로 기록해야 한다. 다음은 등원시간에 엄마와 떨어지기 싫어하는 여아에 대한 일화기록의 예이다.

표 8-1 일화기록의 예

일화기록 관찰 양식

관찰 아동	채 승 미	생년월일 : . .	(남·여)
	송 은 실	. .	(남·여)
관 찰 일	년 월 일		
장 면	등원 시긴에 엄마 떨어지기(8 : 55am)		
기 록	은실이가 교실 문앞에서 엄마의 무릎을 잡고 울고 있다. 책을 읽고 있던 승미가 책을 놓고 은실이에게로 다가온다. 오른손으로 눈물을 닦아 주며 “괜찮아?”하고 묻는다. 은실이가 승미를 쳐다보며 잠시 눈물을 그치자 은실이의 손을 잡아 준다. 은실이의 엄마가 교실을 떠난다.		
관찰의 초첨	은실(엄마와 떨어지기), 승미(친사회적 행동)		

일화기록법 외에도 관찰을 통해 서술하는 방법에는 시간표집법, 사건표집법 등이 있다. 먼저 시간표집법은 일정한 시간 내에 발생하는 행동의 빈도나 강도, 기간을 기록하는 것으로 일화기록법과는 달리 관찰결과를 서술화하기보다는

간략한 기호나 숫자로 표시한다.

따라서 시간표집법을 사용할 때는 표적 행동이 외현적이고 비교적 자주 나타나는 행동을 관찰하도록 제한된다. 한편 사건표집법은 일화기록과 유사하나 관찰하고자 하는 사건이나 행동 미리 정해 놓고 발생했을 때마다 그 특징과 순서를 서술하거나 세기표를 사용하여 기록한다. 따라서 시간표집이 행동 및 사긴의 존재유무만을 관찰하는 반면, 사건표집법에서는 그 특징과 전후관계에 보다 초점을 둔다.

② 행동목록법

행동목록법(behavioral checklist)은 관찰하고자 하는 행동의 목록을 미리 만들어 놓고 해당되는 행동이 나타날 때마다 목록표에 표기하는 방법을 말한다. 이 방법은 관찰시간이 절약되고, 쉽게 기록할 수 있으며, 그 결과를 간단하게 요약 정리하여 유아의 행동평가나 학습계획에 간편하게 사용될 수 있다. 주로 예나 아니오, 있다와 없다 등과 같이 이분법적으로 응답할 수 있는 경우에 사용되는 것이 일반적이다. 한편, 관찰하고자 하는 행동이 구조화되어 있으므로 인해 그 밖의 특징적인 행동을 간과할 수 있다는 단점도 있다.

행동목록법 사용을 위한 지침은 다음과 같다.

첫째, 행동목록표는 관찰하기 전에 미리 준비해야 한다.

둘째, 행동목록표의 각 항목은 가능한 관찰 가능한 행동용어(action verb)로 진술해야 한다.

셋째, 행동목록표의 각 항목은 서로 중복되지 말아야 하며, 포괄적이고 대표적인 것들로 구성해야 한다.

넷째, 관찰하고자 하는 행동의 목록은 논리적으로 조직되어 있어야 한다. 행동목록을 배열할 때, 행동의 영역이나 난이도 등 일정한 체계에 따라 배열함으로써 관찰기록을 의미있게 해석할 수 있다.

다음 〈표 8-2〉는 만 5, 6세의 유아에게 사용할 수 있는 언어발달에 관한 행동목록표의 예이다(전남련, 1999).

표 8-2 **행동목록법의 예**

언어발달 행동목록표(5, 6세용)

관찰유아 : 생년월일 : 성 별 : 남 , 여
관 찰 자 : 관 찰 일 :
현재 유아의 연령 : 년 개월

	예	아니오	비고
1. 교사나 친구가 말을 할 때 주의 깊게 듣는다.			
2. 간단한 세 가지의 지시 사항을 이해하고 실행할 수 있다(예를 들면 옆방 선생님께 이 그림을 갖다 드리고 감사하다고 말씀 드리고 문을 잘 닫고 오너라.).			
3. "어떻게?"(how)로 시작되는 질문을 하기 시작한다.			
4. 그리고(and), 그러나(but) 등의 접속사를 사용하여 말한다.			
5. 한글 철자의 이름을 안다.			
6. 읽기, 쓰기 등에 관심을 많이 가진다.			
7. 문법에 맞는 문장으로 이야기한다.			
8. 세 가지 사물을 비교하여 말할 수 있다.			
9. 완전한 문장을 사용하여 이야기한다.			
10. 자신의 의견을 분명히 말한다.			
11. 친구나 교사와 대화를 주고받을 수 있으며 대화하기를 좋아한다.			
12. 상황에 알맞게 말한다.			
13. 어제의 일과 오늘의 일을 생각하여 말할 수 있다.			
14. 교사가 읽어 준 말을 듣고 내용을 순서대로 말할 수 있다.			
15. 자신의 이름을 읽고 쓸 수 있다.			
16. 친구의 이름을 읽고 쓸 수 있다.			
17. 교사나 윗사람의 도움 없이 혼자 책을 읽을 수 있다.			
18. 교사의 도움 없이 혼자 문장을 쓴다.			
19. "만약에…," 가정법(if)을 사용하여 말할 수 있다.			
20. 창의적으로 이야기를 꾸며 말할 수 있다.			

※ 관찰할 유아를 선택한 후 체크리스트에 있는 행동이 나타나면 ∨로 표시한다.
※ 관찰 결과를 요약 · 정리한다.

③ 평정척도법

평정척도법(rating scale method)이란 교사가 미리 관찰하려는 행동영역과 목록을 작성해 두고 행동을 관찰하면서 해당되는 항목에 표시하는 방법이다. 이 방법은 행동목록법과 유사하지만, 행동목록이 주로 행동의 출현 또는 특정 기능의 소유 여부만을 이분법적으로 표기하는데 반해서, 평정척도법은 질적인 수준 및 특성을 등급으로 구분해서 기록한다. 이처럼 평정척도는 연속성이 있는 어떤 행동의 차원 또는 영역에 대해서 대상의 행동을 관찰한 후 일정한 위치에 평정하도록, 즉 수량화된 점수를 부과하도록 작성된다(이은해, 1995).

평정척도법의 가장 큰 장점은 제작과 사용이 편리하다는 점이다. 짧은 시간에 많은 발달영역을 동시에 평가할 수 있다. 반면 각각 행동이 관찰되는 장면에 대한 설명 없이 단지 행동의 수준만을 기록하기 때문에 행동의 원인과 전후 맥락에 대한 설명을 해 주지 못한다는 것이 가장 커다란 단점이다(전남련, 1999).

평정척도법을 사용할 때는 다음과 같은 사항을 고려해야 한다(전남련, 1999)

첫째, 가능한 한 명확하고 간결하며, 짧고 분명한 용어를 사용해야 한다.

둘째, 단어나 단서들이 평정하려고 하는 특성과 일치하는 것이어야 한다.

셋째, '평균적', '아주'와 같은 일반적 용어는 사용하지 말아야 한다.

넷째, 좋은 행동이나 나쁜 행동을 의미하는, 가치판단적인 용어는 사용하지 말아야 한다.

다섯째, 직접적인 관찰기록법이 가능한 경우는 보다 신뢰로운 측정을 위해 평정척 사용을 피해야 한다.

여섯째, 가능하면 평정 대상 유아가 모르는 상태에서 평정한다.

일곱째, 평정을 하기 전에 해당 모든 항목을 미리 읽고 이해해 둔다.

평정척도법은 종류에 따라 기술평정척도와 숫자평정척도로 구분된다. 기술평정척도는 행동의 특성을 연속적인 단계로 나누어 기술하고 관찰자가 대상의 행동을 가장 잘 나타내는 진술문을 택하게 하는 방법이며, 숫자평정척도는 각 척도의 단계에 숫자를 부여하여 이루어짐으로써 수집된 자료의 수량화가 가능한 방법이다. 다음은 두 평정척도법의 예이다.

표 8-3 **평정척도법의 예(1)**

유아의 자조성 평정척도

유아이름 : 만 연 령 : 세(남 · 여)
학 급 명 : 관 찰 자 : 세
관찰기간 : ______년____월____일 ~ ______년____월____일

관찰 지침

유아의 자조성에 대하여 다음과 같이 1–5로 평가하여 해당 숫자에 O 표시를 하시오.

	아주 못함	못함	보통	잘함	아주 잘함
옷입기	1	2	3	4	5
손씻기	1	2	3	4	5
간식 먹은 책상 치우기	1	2	3	4	5
화장실 가기	1	2	3	4	5
장난감 치우기	1	2	3	4	5
활동을 스스로 선택하기	1	2	3	4	5

표 8-4 **평정척도법의 예(2)**

유아이름 : ____________________ 만 연 령 : __________세(남 · 여)

학 급 명 : ____________________ 관 찰 자 : __________세

관찰기간 : ________년_____월_____일 ~ ________년_____월_____일

평정 지침

유아에 대한 관찰 결과를 다음의 보기와 같이 1, 2, 3, 4 단계 중의 하나로 평정하여 그 번호 앞에 V표시를 한다. 이때 유아의 행동이 어느 단계의 평정 기준과 가장 비슷한지에 따라 결정하며, 여러 단계의 행동을 보일 때는 더 많이 나타나는 행동에 따라 판단한다. 단, 네 단계 중의 하나로 판단이 불가능하거나 관찰이 덜된 문항은 일단 빈 칸으로 남겨 놓았다가 추가 관찰을 통해 평정한다.

건강 생활

놀잇감 정리하기

______ 1) 교사가 지시해도 놀잇감을 정리하지 않는다

______ 2) 교사가 지시할 때만 놀잇감을 정리한다.

______ 3) 스스로 놀잇감을 정리한다.

______ 4) 스스로 놀잇감과 함께 주변을 깨끗이 정리한다.

옷을 바르게 입기

______ 1) 혼자서는 옷을 입지 못한다.

______ 2) 성인이 조금만 도와주면 혼자 옷을 입는다.

______ 3) 도와주지 않아도 혼자 옷을 입으나, 제대로 입지 못할 때가 있다.

______ 4) 도와주지 않아도 혼자 옷을 제대로 입는다.

2) 검사법

검사(test)란 행동을 수량화하기 위한 측정도구(a measurement device that quantifies behavior)라고 정의할 수 있다(Kaplan & Saccuzzo, 1993). 다시 말해서 개인이 반응할 수 있는 일련의 자극을 제시하고 그에 대한 응답자의 반응에 기초하여

측정하려는 속성에 대해 일정한 규칙에 따라 점수를 부여하는 절차라 할 수 있다. 한 마디로 인간의 심리적 속성을 수량화시키기 위한 도구를 일컫는다고 할 수 있다.

유아교사들은 부모들로부터 유아의 문제행동이나 발달 수준, 그리고 능력에 관한 질문을 받는 경우가 종종 있다. 또한 자신도 역시 유아들의 독특한 행동이나 문제행동을 접할 때에, '저 유아가 발달상 정상적인가, 아니면 전문가의 특별한 도움을 필요로 하는 것은 아닌가?' 하는 의문을 가질 때가 있다.

심리검사는 유아의 발달 수준이나 능력 그리고 정서상의 특성에 대한 궁금증에 대한 답을 제공해 줄 수 있는 도구 중 하나이다. 한 유아의 능력이나 특성을 직접 알 수 있거나 동일 연령의 다른 유아들과 비교할 수 있는 잣대가 바로 심리검사이다. 일반적으로 심리검사는 동일 연령에 속해 있는 다른 유아들에 비해 현재 어느 정도 수준의 능력과 어떤 다른 특성을 지니고 있는지에 대한 답을 제공해 준다. 심리검사를 통해 부모들이 궁금해하는 특정영역에 대한 발달 수준 뿐만 아니라 다양한 영역에 걸친 종합적인 결과를 얻을 수 있다.

(1) 유아 심리검사의 종류

심리검사는 그 종류가 다양하며, 분류하는 방법도 다양하다.

우선 측정하고자 하는 내용에 따라 분류하면, 개인의 일반 지적 능력을 포괄적으로 측정하는 지능검사(intelligence test), 특수한 영역의 성취에 대한 잠재능력을 측정하는 적성검사(aptitude test), 개인이 현재 지니고 있는 지식의 수준과 학습한 정도를 측정하는 학력검사(achievement test), 그리고 개인의 성격특성을 측정하는 성격 또는 인성검사(personality test)를 들 수 있다. 물론 이 밖에도 태도검사, 자아개념검사, 자아존중감검사 등 인간의 심리적 속성의 수 만큼이나 다양하다.

또한 측정하고자 하는 심리적 속성의 본질에 따라 분류하면(Cronbach, 1990), 최대능력검사(maximum ability test)와 전형적 행동검사(typical behavior test)로 구분된다. 최대능력검사란 지능, 학력, 적성검사와 같이 개인이 동기화되어 있을 때 최대로 할 수 있는 정도를 측정하기 위한 검사들로서 주로 지적 영역의 검사를 포함한다. 전형적 행동검사란 성격검사, 태도검사 등과 같이 피험자의 대표적인 반응을 얻기 위한 검사를 일컫는 것으로 주로 정의적 영역을 측정하는 검사들이 여기에 포함된다.

또 다른 심리검사의 분류방법은 문항의 구성양식에 의한 것으로, 언어검사(verbal test)와 동작검사 또는 비언어검사(non-verbal test)가 있다. 언어검사는 검사를 구성하는 문항이 언어를 매개로 하여 응답하도록 되어 있다. 표준화된 심리검사의 대부분은 언어검사 유형이다. 한편 언어능력이 아직 발달하지 않은 유아나 정신지체아들에게는 이러한 언어검사를 실시할 수 없기 때문에 비언어검사 또는 동작검사를 사용해야 한다. 비언어검사란 그림이나 부호와 같은 비언어적 매개체만을 사용하는 검사를 말한다.

이 밖에도 검사의 실시 방법에 따라 검사 실시자와 피검사자가 1 : 1로 실시하는 개별검사(individual test)와 동시에 다수의 피검사자에게 검사를 실시할 수 있는 집단검사(group test)로 구분된다. 유아들은 지시에 따르는 능력과 언어능력 및 주의 집중력이 부족하기 때문에 개별검사를 실시하는 것이 일반적이다.

유아용 심리검사는 유아의 발달적 특성상 크게 지적 능력을 측정하는 지능검사, 영유아의 발달 정도를 측정하는 발달(수준)검사, 유치원 혹은 초등학교 입학에 앞서 학습할 준비가 되어 있는지를 알아보기 위한 학습준비도 검사, 그리고 유아의 성격이나 자아개념, 사회성 등을 측정하는 정의적 특성 검사로 구분해 볼 수 있다(김성수 · 이영훈, 2002).

① 지능검사

유아용 지능검사는 정상적인 유아들에게 실시하기보다는 특별한 교육을 필요로 하는 영재아나 정신지체아를 판별해 내는데 주로 활용된다. 지능검사의 유형은 1 : 1로 실시하는가 동시에 집단으로 실시하는가에 따라 개별 지능검사와 집단 지능검사로 나눌 수 있다.

개별 지능검사는 개별적으로 검사를 하기 때문에 검사자에게 피검자 개인의 지적 수준을 파악하게 할 뿐만 아니라 반응양식, 언어와 행동 등의 관찰이 가능하므로 동기, 협동성, 정서상태, 지시를 따르는 능력 등 지적 수준 이외의 다양한 특성에 대한 풍부한 자료를 제공해 줄 수 있다. 또한, 개인의 지적 수준을 보다 정밀하게 측정하고자 할 때는 집단 지능검사보다 개별 지능검사가 유용하다. 그리하여 임상적 판단이 요구될 때는 개별 지능검사를 활용하는 예가 많다.

한편, 집단 지능검사는 판별 혹은 분류를 위한 목적으로 활용될 수 있다. 유치원이나 학교장면에서 발달 지체아나 특수교육의 대상을 판별하고자 할 때 많은 유아에게 발달 검사나 집단 지능검사가 실시된다. 판별과정에서 유아의 문제가 발견되면, 개별검사나 진단적 지능검사가 실시된다. 또한, 집단의 전반적인 지능수준에 대한 이해를 목적으로 실시된다. 개인보다는 집단의 전반적인 자료를 필요로 할 때 시간과 노력이 많이 요구되는 개별검사를 실시하기보다는 집단검사를 사용하는 것이 효과적이다. 이처럼 집단 지능검사는 개별 지능검사보다 효율성과 비용면에서 이점이 있으므로 지능을 개략적으로 파악하고자 할 때 일반적으로 사용된다(이은해, 1999). 다음 표는 국내에서 개발된 유아용 개별 지능검사에 대한 요약이다.

표 8-5 국내 유아용 개별 지능검사

검사명	저자 및 제작연도	대상 연령	측정영역 및 구성	출판사
유아 지능검사 (A, B형)	김재은 1965	4세 – 7세	언어의 의미 지각속도 양적능력 운동조절 공간능력	중앙적성연구소
고대-비네검사	전용신 1971	4세 – 11세	연령수준에 따라 문항이 구성됨	문천사
유아 지능검사	행동과학연구소 1973	3세 – 5세	지각식별 개념구성 언어 유추	한국행동과학연구소
한국판-WISC	이창우 · 서봉연 1974	5세 – 11세	언어성검사와 동작성 검사로 구성됨	배영사
표준화 피아제식 유아용 지능검사 (A, B, C형)	전윤식 · 임재택 1982	4세 – 11세	보존성 개념	한국 프뢰벨사
한국판 그림 지능검사	서봉연 · 정보인 · 최옥순 1985	4세 – 7세	어휘능력 형태변별 상식 및 이해 유사성 찾기 크기와 수 개념 회상능력	중앙적성출판사
KEDI-WISC	한국교육개발원 박경숙 외 4인 1987	5세 – 15세	언어성 검사와 동작검사로 구성됨	민족문화문고간행회
유아 지능검사 (KISC)	행동과학연구소 1993	3세반 – 6세반	지각력, 어휘력, 이해력, 수리력, 사고력	한국행동과학연구소

출처 : 이은해(1999). 아동발달의 평가와 측정. 교문사.

② 발달수준 검사

영유아용 발달검사는 영유아의 발달적 진전을 정상적인 영유아들의 행동에 비교하여 기술하고 발달적으로 지체 또는 이탈의 여부를 판별하며, 나아가 미래의 성취를 예측하고자 하는 것이다. 구체적으로 유아의 전반적인 발달 수준을 평가함과 동시에 운동발달(대근육, 소근육), 시지각-운동 협응능력, 언어 발달, 인지발달, 그리고 정서 및 사회성 발달 수준에 대한 구체적인 정보를 제공해 준다.

발달수준 검사는 영유아들을 대상으로 직접 검사를 실시하는 것과 부모나 보호자들의 관찰에 의존하는 검사가 있다. 후자의 경우는 전자에 비해 신뢰성이나 객관성이 결여될 수 있다. 왜냐하면, 부모의 기억은 때로 왜곡되거나 편견이나 주관적 판단이 작용하는 경우가 많기 때문에 검사결과의 해석 시 이러한 점을 고려해야 한다. 유아들에게 직접검사를 실시하는 경우에도 문제가 없는 것은 아니다. 검사실시자와 영유아 간에 친밀감이 형성되지 않았거나, 유아가 낯선 검사 장면에 잘 적응하는냐의 문제, 그리고 검사 도중에 아이가 졸음이나 배고픔 등 생리적으로 불편한 상태인지의 여부에 따라 검사결과가 크게 달라질 수 있기 때문이다. 물론 이러한 문제는 다른 유아용 심리검사를 실시할 때도 동일하게 나타날 수 있는 문제이기도 하다. 따라서 영유아의 발달 수준을 정확하게 판단하기 위해서는 검사자는 단지 기능적으로 검사를 수행하기보다 영유아 발달에 대한 전문적인 지식과 경험을 지녀야 한다. 또한 유아가 속해 있는 가정 및 양육환경에 대해서도 다양한 정보를 수집 활용할 수 있는 능력이 있어야 한다(이은해, 1995). 다음 〈표 8-6〉은 국내에서 개발된 발달수준 검사의 예이다.

표 8-6 국내 발달수준 검사

검사명	저자 및 제작연도	대상 연령	측정영역 및 구성	출판사
한국판 덴버 발달선별 검사 (KDDST)	이근 1987	생후 2주 – 6세 4개월	개인사회적 발달영역 소근육/적응영역/ 언어영역/대근육영역	이화여대 목동병원
유아발달수준검사	국립교육평가원 1996	만4세–7세	운동기능/지각영역/언어영역/학습에 대한 관심 및 창의성 영역/수 · 과학영역/표현영역/사회성 영역	국립교육평가원
사회성숙도검사	김승국 · 김옥기 1995	유아–성인	자조(自助)/이동/작업/의사소통/ 자기관리	중앙적성출판사
포테이지 (Portage) 발달 체크리스트	강순구 · 조윤경 1985	0세–6세	유아자극/신변처리/운동성/사회성/언어	도서출판 특수교육
시각운동통합발달 검사(VMI)	박화문 · 구본권 1990	유아	지각발달	도서출판 특수교육
시지각발달검사	여광응 1989	유아– 초등 1년	시지각발달	도서출판 특수교육
지각–운동발달 검사	박화문 · 구본권 편역 1990	3–11세 발달지체아	운동지각	도서출판 특수교육

③ 학습준비도 검사

학습준비도 검사란 유아가 유치원 혹은 초등학교에서 학습할 준비가 되어 있는지를 알아보는 검사이다. 일반적으로 '준비도(readiness)'란 학습의 거의 모든 발달수준에 적용되는 용어이나 유치원 혹은 초등학교 입학 초기 학습에 대한 준비도를 말한다. 아나스타시와 울비나(Anastasi & Urbina, 1997)는 준비도를 '아동이 학교 학습으로부터 최대의 효과를 거두기 위해 요구되는 선수 학습기술, 지식, 태도, 동기, 그리고 기타 적합한 행동 특성을 습득한 정도'라고 정의하고 있다. 즉, 유치원 혹은 초등학교의 수업을 받기 위해 필요로 하는 기초적인 지식과 기능을 갖추고 있는 정도이다. 따라서 여기에는 3R's라 불리우는 읽기(reading)나 쓰기(writing), 셈하기(arithmetic) 뿐 아니라 사회 정서적인 측면의 준비 정도도 포함된다. 준비도 검사의 결과는 동일한 연령집단 내의 다른 유아들의 수준과 상대적으로 비교하여 해석하는 검사(일종의 상대평가)도 있고 다른 유아의 수준과는 상관없이 일정한 목표달성 수준에 비추어 유치원이나 초등학교에서의 학습에 필요한 특성이 준비되어 있는지를 판별하는 검사(절대평가)도 있다.

외국의 경우는 유치원 혹은 초등학교에 입학하기 전에 이러한 준비도 검사를 받아서 아직 유치원이나 초등학교 학급에 적응할 준비가 되어 있지 않은 유아들에게는 입학을 보류하고 일정기간 동안 교정프로그램을 제공하여 준비도를 갖추어진 후에 유치원 혹은 초등학교 정규교육에 합류하도록 하고 있다. 다음 〈표 8-7〉은 국내에서 개발된 학습준비도 검사의 예이다.

표 8-7 국내 학습준비도 검사

검사명	저자 및 제작연도	대상 연령	측정영역 및 구성	출판사
학습준비도 검사	김정권과 여광웅, 1978	유치원–1학년	지적, 신체발달, 정서적 성숙, 지각력, 기억력	중앙교육연구소
학교준비도 검사	이은해, 1979	3세–6세	사회적 반응, 연상적 어휘, 수개념, 감각개념	
학습준비도 검사	이연섭과 김성일, 1981	5세–6세	환경과의 관계, 협응능력, 변별력, 기억력, 이해개념 형성 등의 기능을 측정하며, 이는 다시 일반상식, 신체개념, 소근육 및 대근육 운동, 도형변별, 수개념, 어휘 등 10개 하위영역으로 나뉜다.	한국교육개발원
유아학습준비도 검사	박혜정 외, 1988	4세–6세	운동협응력, 변별력, 기억력, 개념형성, 이해력	한국교육개발원 동아출판사에서 출판

검사명	저자 및 제작연도	대상 연령	측정영역 및 구성	출판사
계몽학습준비도 검사	이영석 외, 1993	1학년	언어생활, 수생활, 일상생활	계몽문화연구소
유아학습준비도 검사	윤명희, 1995	4세-6세	언어영역, 수개념, 논리적 조작, 수리영역, 시각변별, 청각변별, 변별력, 기억력 등 6개 영역	
Phelps 유아학습준비도 검사	권영래 외, 1998	3세-5세	언어처리, 지각처리, 청각처리	

④ 정의적 특성을 측정하는 검사

일반적으로 정의적 특성이라 하면 성격, 정서, 흥미, 태도, 가치관, 자아개념, 동기 등 을 포함하고 있다. 정의적 특성에 관련된 검사들은 지적 영역을 측정하는 검사와는 차이가 있다. 우선 검사상의 문항들이 정답을 가지고 있지 않기 때문에 검사에서 고려되는 중요한 문제는 어떻게 하면 유아가 생각하고 느끼는 그대로의 반응을 얻을 수 있을 것인가에 집중된다. 특히 유아들의 경우는 상황에 따라 쉽게 태도가 변한다거나, 좋게 보이려고 노력한다거나, 정확히 잘 모르는 질문에 대해서는 무조건 '예'라고 답을 한다거나 하는 등 행동과 태도에 있어서 일관성이 없는 등의 문제를 지닌다. 이 같은 문제점 때문에, 예를 들어 성격검사의 경우를 보면 많은 종류의 성인용 검사가 있지만 유아용으로 개발된 것은 드물다. 따라서 정의적 특성을 측정하는 경우 심리검사 결과에 전적으로 의존해서는 안 된다. 해당 유아에 대한 지속적인 관찰과 면담 등의 다른 수단을 통해 보다 정확하고 객관적인 행동 특성을 수집하는 일이 함께 해야 할 것이다.

여기서는 정의적 특성을 측정하는 검사의 하나로 송인섭(1993)에 의해 개발된 유아성격검사를 소개하고자 한다. 송인섭의 '유아성격검사'는 4-7세 유아의 성격을 측정하기 위해 제작된 검사로, 총 26개 문항으로 구성되어 있다. 검사에 소요되는 시간은 대략 20-30분으로 비교적 짧아 집중력이 낮은 특성을 지닌 유아기 아이들에게 실시하는데 별 무리가 없다. 이 검사에서는 자아에 대한 태도를 통해 성격을 파악하고자 하였다. 검사의 측정 내용은 학문성, 사회성, 가족성, 정서성의 4개 영역과 함께 응답의 성실성을 알아보기 위한 타당성 척도가 추가되어 있다. 각 문항은 질문의 내용을 그림으로 함께 제시하고 있으며, 예를 들어 공부를 잘할 수 있니?라는 질문에 대해 유아가 웃는 얼굴(예)과 찡그린 얼굴(아니오) 중 하나를 선택하도록 되어 있다. 유아성격검사에서 각 하위검사가 측정하고 있는 내용을 알아보면 다음과 같다(송인섭, 1993).

- 학문성(7문항) : 학습활동에 대한 긍정적 또는 부정적 특성을 나타내는 차원이다. 이 점수가 높으면 높을수록 공부하는 것을 좋아하고 공부하는 활동, 책읽기, 탐구하기 등을 좋아하는 특성을 말한다.
- 사회성(7문항) : 부모, 교사, 또래집단에 대한 평가로부터 형성되는 지각으로 한 개인이 사회적 상황에 적응하는 정도에 대한 지각으로부터 나온다. 사회성은 사교적이고 친절하며 협동적이고 인간관계가 원만하며 대인 적응성이 강한 특성을 말한다. 이 척도의 점수가 높으면 그만큼 여러 사람들과 어울려 지내기를 좋아하고 친구가 많으며, 원만한 대인관계를 유지하는 등 사회적 특성을 많이 가진 것으로 해석된다.
- 가족성(6문항) : 유아가 가족과의 관계를 어떻게 갖느냐를 나타내는 성격 특성이다. 가족의 한 구성원으로 가족의 평가를 통해 형성되는 개인의 가정에서의 적응에 대한 지각 정도를 의미한다. 이 척도의 점수가 높을수록 가족생활에서 긍정적이고 바람직하게 행동하는 것을 의미한다.
- 정서성(6문항) : 정서와 신체에 관련된 반응으로 이상성, 도덕성, 신체, 외모, 생김새 등을 나타내는 한 개인의 감정이나 정서 그리고 신체능력을 나타내는 성격을 의미한다. 이 점수가 높으면 자신의 감정이나 정서를 억제하고, 어떤 현상을 이지적으로 다루려는 경향과 자신의 신체에 대한 만족을 갖는다고 볼 수 있다.

• 타당성(4문항) : 이는 성격을 진단하기 위한 것이 아니라 유아의 응답태도를 알아보는 것이다. 즉, 유아가 검사에 임하는데 있어서 얼마나 솔직하고 성실하게 자기의 경험이나 정의적 상태를 나타냈는가, 부주의하고 경솔한 대답을 하지 않았는가 등을 밝혀내고자 하는 것이다. 이 점수가 아주 낮게 되면 다른 하위검사에서의 응답에 타당성이 없다고 해석하게 된다.

(2) 심리검사의 활용

유아용 심리검사는 그 활용 시기나 상황에 따라 적절히 실시되어야 한다. 무조건 심리검사를 실시하는 것은 바람직하지 않다. 만일 유아의 행동으로부터 이상한 점이 반복적으로 발견된다거나 혹시라도 정상적으로 발달하고 있는지에 대해 걱정이 된다면 심리검사를 받기에 앞서 유아의 행동을 일정기간 유심히 관찰할 필요가 있다.

캣즈(Katz, 1994)는 유아의 전반적인 발달 상태를 확인하기 위해 심리검사나 다른 전문적 처치에 앞서 다음 11가지 항목에 대해 관찰할 것을 제안하고 있다. 하루 이틀 정도 관찰한 결과를 가지고 섣불리 판단을 해서는 안 되며, 3세 유아의 경우는 3주 정도, 4세 유아는 4주, 5세 아이는 5주 정도를 지속적으로 주의 깊게 지켜볼 것을 제안하고 있다. 각 항목에서 주의 깊게 관찰할 내용은 다음과 같다.

• 수면습관 : 유아가 쉽게 잠들고, 상쾌한 기분으로 깨어나는가?
• 식습관 : 유아가 자주 밥 먹기를 거부하거나 먹더라도 맛있게 먹지를 못하는가?
• 용변습관 : 유아가 특히 낮 시간에 대 · 소변을 스스로 통제하지 못하는가?
• 정서표현 : 유아가 기쁨과 분노, 슬픔, 사랑, 좌절감, 동정심 등과 같은 다양한 정서를 나타내는가?

- 우정 : 한 명 이상의 친구와의 관계에서 만족감을 나타내는가?
- 놀이활동 : 유아가 다양한 놀이활동을 즐기며, 한 가지 놀잇감을 가지고도 다양한 방법으로 노는가?
- 어른들에 대한 태도 : 유아가 어른들의 말을 잘 따르는가? 어른들에 대한 자연스런 수용적 태도는 정상적인 사회화 과정이 진행중인 것을 의미한다.
- 호기심 : 유아가 호기심과 모험심 그리고 장난끼 어린 행동을 보이는가?
- 흥미 : 유아가 다른 사물이나 대상에 대해 몰두하거나 흥미를 보이는가? 여기서 흥미의 대상은 TV시청과 같은 수동적 행동이 아니라 적극적인 활동을 말한다.
- 자발적인 애정 표현 : 자신을 돌보아 주는 부모나 다른 보호자에게 자발적인 애정을 표현하는가?
- 일상생활에 대한 즐거움 : 유아가 다른 친구들과의 놀이활동이나 생일파티, 가족 나들이, 유치원 행사 등에 대해 즐거워하는가?

캣즈에 따르면 위 11가지 항목 중에서 수면습관, 식습관, 용변습관은 유아가 정상적으로 발달하고 있는지에 대해 특히 중요한 지표라고 주장한다. 반면, 다른 준거들은 문화나 상황에 따라 다소 다르게 판단될 수 있는 요소들이라고 한다. 그렇지만 만일 위 11개 항목 중에서 절반 이상에서 1개월 이상 지속적인 문제를 보인다면 전문가와의 상담을 통해 적절한 조치가 필요하다고 제안하고 있다.

위에서 제시한 목록에서 유아에게 어떤 문제점이 발견되지 않더라도 유아의 능력이나 특성이 궁금할 때가 많다. 유아들의 능력이나 특성을 정확하게 이해하는 것은 부모 뿐만 아니라 교사에게도 중요한 일이다. 유아들의 능력과 특성에 적합한 교육적 노력과 기회를 제공하는 것은 바로 그들 모두의 역할이기도 하기 때문이다. 이러한 경우 심리검사는 유용한 정보를 제공해 줄 수 있는 도구이다. 그렇지만 유아용 심리검사는 성인용 검사에 비해 검사 개발, 실시, 해석에 있어 많은 어려움이 따른다. 이는 피검사자로서 유아는 성인에 비해 아직 언어적으로나 정서적으로 성숙해 있지 못하며, 시험이라는 장면을 이해할 수 없을 뿐 아니라 기능적으로도 검사를 받을 준비가 되어 있지 않기 때문이다. 따라서 전적으로 심리검사에만 의존하거나 한 심리검사의 결과만을 가지고 유아를 임의대로 판단해서는 안 된다. 심리검사 결과 문제행동이나 의문점이 발견되면 반드시 전문가를 찾아가 조언을 구하는 것이 필요하다.

심리검사는 개인의 능력수준과 특성에 관한 유용한 정보를 제공해 주는 도구이지만, 완벽한 것은 아니다. 검사가 교육장면에서 유아 능력이나 특성에 대한 판별을 유일한 목적으로 사용되었을 때는 그 교육적 가치를 상실하게 된다. 검사나 평가 결과는 그 자체가 중요한 것이 아니라 그 결과가 어떻게 교육적으로 활용될 수 있느냐가 가장 중요하다. 심리평가는 유아들의 다양한 발달적 측면에 대한 객관적인 판단 자료를 제공함으로써 유아교육과정을 계획하는 데 있어서 중요한 수단이다(Cronbach, 1990). 최근 특히 유아심리검사 분야에서의 동향 중 하나는 평가와 개입(intervention)의 연계 및 통합이다(Anastasi & Urbina, 1997; Vacc, 1995). 즉 심리검사는 그 결과를 확인하는 것으로 그치는 것이 아니라 결과에 따라 적절한 처치가 주어져야 한다는 것이다. 따라서 앞으로의 검사는 검사 자체로서가 아니라 학습과정 및 유아의 종합적인(holistic) 이해와 문제 진단을 위한 보조수단으로 활용될 수 있도록 교사교육과 부모교육을 통해 유도해 나가야 할 것이다.

또한, 검사결과가 보호자나 교사들에 의해 지나치게 확대 해석되는 것을 막아야 한다. 특히 지적 능력과 관련된 검사인 경우 특히 부모들은 그 결과에 민감할 수 있기 때문에 가능한 표준화된 검사가 제공되어야 하며 결과 해석에 대한 주의사항과 그 검사의 오차한계와 신뢰도와 타당도를 고려하여 이해해야 한다.

제 9 장

유아교육과 법

1. 헌법과 교육
2. 교육기본법
3. 유아교육법
4. 유아교사의 교육권
5. 유아의 학습권
6. 학부모의 교육권

교육문제를 '법'이라는 시각에서만 해결하려고 한다면 잘못이다. 그러나 교육법에 대한 무지는 교육문제를 일으키는 주요한 원인이 되기도 하고, 교육문제를 해결하는데 장애요인이 되기도 한다.

오늘날 우리 사회의 현안문제 가운데 교육문제는 여러 당사자들 간의 이해관계가 첨예하게 대립하고 있다. 그 중에서도 유아교육은 개념의 설정에서부터 유아교육법의 제정에 이르기까지 갈등을 거듭한 바 있다. 이러한 현상은 우리 국민이 교육에 관한 권리 인식, 즉 법의식의 부족에도 있지만, 우리 사회에서 민주주의의 기초인 '법의 지배'가 이루어지지 않은데도 적지 않은 원인이 있다. 교육에서의 법치주의의 구현은 교육행정가와 학교교원, 그리고 학생과 학부모 등 교육에 관한 당사자들이 교육에 대한 법의식을 갖는 일이 무엇보다 중요하다.

그런데 최근 유아교육의 개념에 대한 혼란현상은 법의식을 제대로 갖지 못한데서 비롯되었다고 볼 수 있다. 우리나라는 유아교육에 대한 국가 책임이 확대되고 있는 세계적 흐름에도 불구하고, 오랫동안 유아교육체제가 초·중등교육법에 부속적으로 규정되어 있는 문제점이 있었다. 그러나 국가 인적자원 관리 체제의 기본틀을 유아단계부터 체계화하고, 유아의 교육과 보호에 대한 공교육체제를 마련함으로써 유아의 균형적이고 조화로운 발달을 조장함과 아울러, 보호자의 사회-경제적 활동이 원활하게 이루어질 수 있도록 지원하기 위하여 유아교육법이 제정되었다(2004. 1. 29. 법률 제7120호). 본 장에서는 헌법, 교육기본법, 유아교육법을 중심으로 유아교육과 관련한 내용을 다루어 보았다.

1. 헌법과 교육

자유민주주의 체제를 가진 우리나라의 헌법은 인간의 존엄과 가치의 보호를 목적으로 하는 실질적 의미의 법치주의를 선언하고 있다. 교육에서의 법치주의는 인간의 존엄과 가치의 이념에 맞게 교육법이 제정되고 운영되어야 함을 말하며, 이를 통해서 개인의 자기실현과 민주주의 발전을 이룰 수 있어야 함을 말한다. 그러므로 교육에서의 법치주의의 과제는 헌법정신을 충실하게 구현할 수 있도록 법을 제정하는 일과 제정된 법에 따라 교육행정과 학교 교육활동을 하는 일이다(강인수, 2000).

교육은 국가의 백년대계이고, 헌법은 국가의 근본법일 뿐만 아니라 국민의 기본권을 보장하는 규범이다. 교육과 헌법이 흔들리면 국가의 장래가 흔들리게 된다. 교육과 법과의 관계는 어떠한 것이며, 어떠해야 하는가 라는 문제는 그 동안 폭넓은 관심의 대상이 되지 못했다. 교육이란 각자의 개인능력 또는 가정환경의 문제로서만 인식되거나, 사회적 차원에서도 학교 또는 교육행정체계만의 문제로 이해됨으로써 개개인의 권리는 물론 권한조차 작용할 수 없는 영역으로 여겨지기도 했다.

교육이 법의 문제로 연결된다고 하는 것은, 결국 최고법인 헌법상 권리의 문제에서 출발되었어야 함에도 불구하고, 교육행정학 차원에서의 기능적 관점이나 행정법 차원에서의 행정 통제수단으로서만 교육법을 인식해 왔다. 교육행정학의 입장은 법의 권리성을 무시한 채 통제성만을 강조한 나머지 법학적 연구의 필요성을 배제시키는 결과를 초래하였다(신현직, 1990).

헌법은 교육에 관한 최고규범이다. 헌법은 국민주권주의를 규정하고 기본권 보장주의를 규정하고 있는 바 이것은 헌법핵에 속한다. 교육에 관련하여 특히 헌법핵에 해당하는 조항으로서는 인간의 존엄과 가치, 행복추구권을 규정한 헌법 제10조가 있다. 교육에 관한 일반조항으로는 헌법 제31조가 있다. 이밖에도 평등권을 규정한 제11조, 학문과 예술의 자유를 규정한 제22조, 가족생활을 규정한 헌법 제36조, 기본권 제한원칙을 규정한 헌법 제37조 등을 들 수 있다. 이러한 조항은 헌법률이며 헌법핵에 위반되어서는 안 된다(김철수, 2002).

헌법은 그 고유의 의미로 '국가의 통치체제의 기초를 정한 법의 전체'라는 점에서 모든 법의 기본으로서 소중한 것일 뿐 아니라 1789년 프랑스의 '인권선언'이 말하듯 "모든 권리의 보장이 확보되지 않고 권력의 분립이 정해지지 않는 사회는 헌법을 가졌다고 할 수 없다"는 점에서 인권을 소중히 하는 자유주의를 위해서도 귀중한 것이다. 헌법에 의하여 처음으로 우리 교육이 인간을 존중하는 일을 기본으로 삼게 되었고, 인간의 기본권이라는 차원에서 교육을 생각하게 된 것이다. 이 헌법이 나오기 이전까지는 교육은 오직 인간을 예속화하거나 도구화하는 일에 동원되는 수단에 불과하였으나, 헌법이 제정되면서 교육은 인간의 존엄과 가치를 존중하고 신장하는 방편이 된 것이다. 우리의 교육이 인간의 존엄과 가치를 존중하게 된 일은 기억할 만한 가치가 있다.

우리가 이 헌법과 관련하여 되새겨야 할 일은 헌법이 우리 교육의 나아가야 할 지표를 제시하고 있다는 사실이다. 헌법은 그 가운데 교육과 관계되는 조항을 설정해 놓고 이로써 우리 교육이 장차 지향해야 할 바를 명시적으로 가르쳐 주고 있다. 헌법은 국민 누구나가 평등하게 교육을 받을 수 있는 교육권을 위시해 학문, 종교, 표현 등의 자유를 누리도록 해야 한다는 자유권과 누구나 인간으로서 인간다운 최소한의 생활과 생존을 지켜가도록 해야 한다는 사회권 등 기본적 권리의 일반을 규정해 놓고 우리의 교육이 이들 권리를 어떻게 보장해가야 할 것인가를 명백히 하고 있을 뿐 아니라 이밖에 의무교육, 교육의 자주성, 전문성 등 많은 것을 규정하고 있다. 그러한 점에서 헌법은 최고의 교육규범인 동시에 우리 교육의 이상이다(안기성, 1992). 교육에 관한 법규범의 단계를 보면 다음과 같다(김철수, 2002).

교육에 관한 법의 단계구조

헌법핵 제1조, 제10조
↓
헌법률 제31조, 제22조 등
↓
교육기본법
↓
교육에 관한 법률(*유아교육법)
↓
법률에 대한 시행령(대통령령)
↓
부령
↓
교육규칙
↓
학교규칙

[헌법 제1조]

① 대한민국은 민주공화국이다.

② 대한민국의 주권은 국민에게 있고 모든 권력은 국민으로부터 나온다.

[헌법 제10조]

모든 국민은 인간으로서의 존중과 가치를 가지며 행복을 추구할 권리를 가진다.

국가는 개인이 가지는 불가침의 기본적 인권을 확인하고 이를 보장할 의무를 가진다.

[헌법 제31조]

① 모든 국민은 능력에 따라 균등하게 교육을 받을 권리를 가진다.[1)]

② 모든 국민은 그 보호하는 자녀에게 적어도 초등교육과 법률이 정하는 교육을 받게 할 의무를 진다.

③ 의무교육은 무상으로 한다.

④ 교육의 자주성 · 전문성 · 정치적 중립성 및 대학의 자율성은 법률이 정하는 바에 의하여 보장된다.

⑤ 국가는 평생교육을 진흥하여야 한다.

⑥ 학교교육 및 평생교육을 포함한 교육제도와 그 운영, 교육재정 및 교원의 지위에 관한 기본적 사항은 법률로 정한다.[2)]

1) 교육의 기회균등

우리 헌법은 교육의 기회균등을 교육에 관한 기본원칙으로 천명하고 있다(헌법 제31조 1항). 교육의 기회균등은 교육영역에서의 헌법상의 평등권 원리 적용 문제라 할 수 있다. 교육의 기회균등이란 국가가 모든 국민으로 하여금 능력에 따라 균등하게 교육을 받을 권리를 보장하는 것이다. 여기에서 '능력'이란 교육을 받는데 적합한 재질을 의미하며, '균등하게'란 인종, 성, 종교, 경제력 등에 의하여 교육을 받을 권리를 차별받지 못한다는 의미이다.

교육의 기회균등은 그 법적 성격이 불합리한 차별대우를 받지 않는 소극적 의미에서의 자유권이지만, 한편으로는 적극적 의미에서 생존권 내지 사회적 기본권의 성격도 아울러 갖는다. 따라서 국가는 교육을 받을 기회에 대한 차별

1) 능력에 따라 균등하게 교육을 받을 권리가 있다고 하는 것은 교육을 받을 수 있는 요건으로 부당하거나 불합리한 제약을 해서는 안 된다는 것이다. 다만 기회균등이 기계적 무차별의 평등이 아니기 때문에 교육의 성격상 그 필요로 하는 최저한의 능력과 학력 정도에 따라 제한을 둘 수 있다. 따라서 능력이 미치지 못하는 사람은 교육의 기회가 원하는 대로 될 수 없다.

2) 교육에 관한 주요 사항은 입법 사항임을 정한 조항이다. 국민의 교육에 관한 사항이니 다른 어떠한 것보다 중요한 것이므로 법률로 정해야 함은 당연하다.

을 금지하는 소극적 의무뿐 아니라, 학교교육을 확장하고, 무상의 의무교육을 실시하며(헌법 제31조 제1항), 능력이 있어도 경제적 이유로 교육을 받을 수 없는 자를 위하여 장학정책을 시행하여야 하는 적극적 의무도 지고 있다.

1948년 최초의 '대한민국 헌법'에서도 국민의 평등권과 아울러 균등하게 교육을 받을 권리와 의무교육을 규정하고 있으며, 그 동안의 여러 차례 개정 헌법에서도 교육의 기회균등원리는 늘 보장되어 왔다(표시열, 2002).

2) 교육을 받을 권리

교육을 받을 권리는 모든 국민이 능력과 자질에 따라 균등하게 교육을 받을 권리를 말하며 성별, 종교, 사회적 신분에 따라 차별을 받지 않을 권리를 말한다. 국민은 학교교육과 평생교육을 받을 권리를 가진다.

교육을 받을 권리라 함은 교육을 받을 수 있도록 국가의 적극적인 배려를 요구할 수 있는 권리를 말한다.[3] 이는 현대적 사회국가 · 문화국가에 있어서는

---

3) 교육을 받을 권리는 세계인권선언 제26조와 국제인권규약 제13조에도 명시되어 있다.

세계인권선언 1948.12.10(국제연합 제5회 총회)

제26조 ① 사람은 누구를 막론하고 교육을 받을 권리를 가진다. 교육은 적어도 초등 및 기초기에 있어서는 무료이어야 한다. 초등교육은 의무적이어야 한다. 기술 및 직업교육은 일반적으로 받을 수 있게 하여야 하며 고등교육도 능력 본위로 누구나 받을 수 있게 하여야 한다.
② 교육은 인격을 완전히 개발시키고 인권과 기본자유에 대한 존경의 염을 견고히 하도록 지도되어야 한다. 교육은 모든 국가와 종족과 종교단체 사이에 이해와 관용성과 우의를 돈독히 하여야 하며, 평화를 유지하기 위하여 국제연합의 사업을 조장시켜야 한다.
③ 모자는 그 자녀에게 관한 교육의 종류를 선택할 우선권을 가진다.

국제인권규약 1966.12.16(국제연합 제21회 총회)

제13조 ① 본 규약의 당사국은 모든 사람이 교육에 대한 권리를 갖고 있음을 인정한다. 당사국은 교육이란 인격과 그 존엄의 의식이 충분히 발전하도록 지향되어야 하며, 인권과 기본적 자유에 대한 존중을 강화하지 않으면 안 된다는 것에 합의한다. 당사국은 또 그 교육에 의하여 모든 사람이 효과적으로 자유로운 사회에 참여하고, 각 국민과 모든 인종적, 종족적 또는 종교적 집단간의 이해, 관용과 우호를 촉진하고 평화의 유지를 위하여 국제연합의 활동을 조장하는 것이 가능하게 되지 않으면 안 된다는 것에 합의한다.

인간다운 생활의 필수요건이 되며, 국민의 능력의 계발과 실현을 위하여 요구된다. 또한 민주정치는 어느 정도의 식견이 있는 개인의 존재를 전제로 하여 운영되고 개인의 문화적 능력의 발전을 그 이상으로 하는 것이므로 교육을 받을 권리는 민주적 정치기구의 운영을 위해서도 불가결한 것이다(김철수, 1998).

교육을 받을 권리의 의의와 기능에 대하여 헌법재판소는 다음과 같이 판시하였다(1994. 2. 24 선고).

> "교육을 받을 권리는 첫째 교육을 통해 개인의 잠재적인 능력을 계발시켜 줌으로써 인간다운 문화생활과, 직업생활을 할 수 있는 기초를 마련해 주고, 둘째 문화적이고 지적인 사회풍토를 조성하고 문화창조의 바탕을 마련함으로써 헌법이 추구하는 문화국가를 촉진시키고, 셋째 합리적이고 계속적인 교육을 통해서 민주주의가 필요로 하는 민주시민의 윤리적 생활철학을 어렸을 때부터 습성화시킴으로써 헌법이 추구하는 민주주의의 토착화에 이바지하고, 넷째 능력에 따른 균등한 교육을 통해서 직업생

---

② 본 규약의 당사국은 이 권리와 완전한 실현을 달성하기 위하여 다음 사항을 인정한다.
ⓐ 초등교육은 모든 사람에게 의무적이고 무상으로 하여야만 한다는 것
ⓑ 기술적 · 직업적 중등교육을 포함하여 여러 가지 종류와 형태의 중등교육은 모든 적당한 수단에 따라, 특히 무상교육의 점진적인 채용에 의해서 일반적으로 이용할 수 있을 뿐만 아니리 모든 사람에게 개방되어야만 한나는 것
ⓒ 고등교육은 모든 적당한 수단의 의하여 특히 무상교육의 점진적인 채용에 의하여 재능에 따라서 모든 사람에게 동등하게 개방되어야만 한다는 것
ⓓ 기초교육은 초등교육의 전과정에 받지 않았거나 또는 그것을 종료하지 않은 자를 위하여 가능한 한 장려하거나 강화되어야만 한다는 것
ⓔ 모든 단계의 있어서 학교제도의 발전을 적극적으로 추가하고, 충분한 장학금제도를 설치하고 교육직원의 물질적 조건을 계속하여 개선하지 않으면 안 되는 것
③ 본 규약의 당사국은 부모와 경우에 따라서는 법정보호자가 아동을 위하여 공공기관에 의하여 설치된 학교 이외의 학교에서 국가가 설정하거나 또는 승인한 최저한의 교육수준에 합치하는 것을 선택하고, 또 자기의 신념에 따라서 아동의 종교적 · 도덕적 교육을 확보할 자유를 존중할 것을 약속한다.
④ 본래의 어떠한 규정도 개인 또는 단체가 교육시설을 설치하고 관리할 자유에 간섭하는 것으로 해석할 수는 없다. 다만, 본 조의 제1항에 규정한 원칙에 준수되고 이와 같은 시설에서 부여되는 교육이 국가에 의하여 설정된 최저한의 기준에 합치하는 것만은 항상 필요로 한다.

활과 경제생활의 영역에서 실질적인 평등을 실현시킴으로써 헌법이 추구하는 사회국가, 복지국가의 이념을 실현한다는 의의와 기능을 가지고 있다."

3) 교육의 의무와 의무교육의 무상

교육을 받을 권리는 권리이면서 동시에 의무로서의 성격을 가진 권리이다. 세계인권선언(The Universal Declaration of Human Rights, 1948) 제26조 제1항에는 "모든 사람은 교육을 받을 권리를 가진다. 교육은 적어도 초등 및 기초적인 단계에서는 무료이어야 하며 초등교육은 의무적이어야 한다. 기술 및 직업교육은 일반적으로 받을 수 있게 하여야 하며 고등교육도 동일한 준거(merit)에 의하여 누구나 동등하게 받을 수 있게 하여야 한다."라 하여 초등교육과 기초적인 단계의 의무교육과 무상성을 밝히고 있다.

제2항에는 "교육은 인격을 완전히 계발시키고 인권과 기본 자유에 대한 존경을 견고히 하도록 하여야 한다. 교육은 모든 국가와 종족과 종교단체 사이에 이해와 관용성과 우의를 돈독히 하여야 하며 평화를 유지하기 위하여 국제연합의 사업을 조장시켜야 한다."라 하여 교육이 추구해야 할 목적 내지 이념을 제시하고 있다. 기타 유럽인권협약(European Convention on Human Rights, 1952), 교육차별에 대한 유네스코협약(UNESCO Convention against Discrimination in Education, 1960), 경제적, 사회적, 문화권에 대한 국제협약(International Covenant on Economic Social and Cultural Rights, 1966), 아동권리협약(Convention on the Rights of the Child, 1989), 유럽사회헌장(European Social Charter, 1996) 등에서 교육을 받을 권리와 초등교육의 의무교육과 그 무상의 원칙을 재천명하고 있다.

우리나라도 제헌 헌법 이래 교육을 받을 권리와 무상 의무교육의 원리를 규정하고 있다. 현행 헌법 제31조 제1항에 "모든 국민은 능력에 따라 균등하게 교육을 받을 권리를 가진다."라 하여 모든 국민은 선천적이고 일신 전속적 능력에 따라 교육의 평등, 즉 동일한 교육기회의 균등을 요구할 수 있는 권리가 있음을 밝히고 있다. 동조 제2항에 "모든 국민은 그 보호하는 자녀에게 적어도 초등교육과 법률이 정하는 교육을 받게 할 의무를 진다."는 학습자에게 초등교육과 법률이 정하는 교육인 중학교까지의 9년의 의무교육을 받을 수 있을 권리가 있음과 동시에 학습자의 친권자나 후견인에게 교육을 시킬 의무를 부담하게 하고 있다. 동조 제3항에 "의무교육은 무상으로 한다."라 하여 의무교육의 무상원칙을 천명하고 있다(정현승, 2004).

우리 헌법은 대한민국 국민으로서 누릴 수 있는 권리와 함께 해야 할 의무에 대해 규정하고 있다. 그 가운데 교육(제31조)은 근로(제32조), 납세(제38조) 그리고 국방(제39조)의 의무와 함께 이른바 국민의 4대 의무의 하나로 규정되어 있다. 교육은 국민의 의무이기도 하지만 누구나 '능력에 따라 균등하게' 받을 수 있다는 점에서(헌법 제31조 1항) 국민의 권리이기도 하다.

국민에게 교육의 의무를 부과하는 이상 국가는 아동의 편의를 도모하여 줄 의무를 질 뿐만 아니라 또 경제적으로 어려운 학부모의 교육의무 이행을 가능하게 해야 하므로 이를 위해 의무교육의 무상이 필요하다. 무상교육은 수업료만의 면제를 뜻하는 것이 아니고 국가의 재정이 허용하는 경우에는 학용품을 비롯한 급식의 무상까지도 포함한다고 하겠다. 이러한 필요성에 근거해 헌법 제31조 제3항에서 의무교육은 무상으로 할 것을 원칙으로 규정하고 있다.4)

의무의 대상이 되는 교육으로서 헌법 제31조 제2항은 '적어도 초등교육과 법률이 정하는 교육'이라고 규정하고 있는데, 이러한 헌법규정은 초등교육뿐만 아니라 중등교육까지도 의무화하기 위한 것이다. 현행 교육기본법 제8조는 6년의 초등교육과 3년의 중등교육을 합하여 9년의 의무교육을 명시하고 있다.

---

4) 무상의 범위에 대해서 무상이란 수업료 면제만이 아니라, 국가의 재정이 허용하는 경우에는 학용품을 비롯한 급식의 무상까지도 포함한다고 보아야 한다(김철수 교수 견해, 1998).

초등학교와 중학교까지의 9년의 의무교육에 새로운 유아교육법에 의하여 만 3세에서 5세까지 무상의 유아교육이 이루어지도록 했다.

교육을 받게 할 의무의 성질에 관해서는 이를 윤리적인 의무로 보는 사람도 있으나, 법적인 의무로 보아야 할 것이다. 따라서 이에 위반하는 경우에는 법률이 정하는 바에 따라 벌금 등을 부과할 수 있으며, 처벌할 수도 있으나 이 경우에는 의무교육의 무상이 선행되어야만 할 것이다. 의무교육을 받게 할 의무의 주체에 대해서는 이를 국가 또는 지방자치단체로 보는 견해도 있으나 헌법의 명문에 따라 취학할 어린이의 친권자나 보호자라고 보는 것이 타당할 것이다. 그러나 일면에 있어 국가나 지방자치단체가 헌법이 정한 무상의무교육을 실시하지 못하기 때문에 공납금을 낼 수 없어 취학시킬 수 없는 경우에는 처벌할 수 없다(김철수, 2002).

4) 교육의 자주성, 전문성, 정치적 중립성 보장

헌법 31조 제4항에 교육의 자주성, 전문성, 정치적 중립성을 보장하고 있다. 인간의 성장과정은 자주성을 확립하며 인격주체가 되어 가는 과정이라고 할 수 있다. 인격주체라는 개념도 자기 스스로 판단하고 주변세계를 형성해 나가는 자주적 인간을 의미한다. 따라서 교육에서 중요한 것은 자주적 인간이 되도록 돕는 것이다. 교육의 자주성이란 교육은 계층제 원리에 의한 일반 행정의 명령, 복종체제와는 다른 자치조직으로 이루어져야 함을 의미한다. 지방교육자치가 교육의 자주성 원리를 제도적으로 보장한 것이다(표시열, 2002).

교육의 정치적 중립은 교육을 받을 권리의 실질적 내용으로 특정 정당에만 유리한 또는 불리한 교육을 해서는 안 되며, 법률의 규정과 교육자의 전문가로서의 양심에 따라 공정한 교육을 하여 객관적인 진리를 추구하여야 한다는 의미라고 할 수 있다(표시열, 2002).

이 조항은 교육주체의 교육권, 특히 교원의 교육권과 관련하여 상당한 함의를 지닌다. 헌재는 이 조항의 의미에 대해 다음과 같이 판시한다(양건, 2003).

> "교육의 자주성 · 전문성 · 정치적 중립성을 헌법이 보장하고 있는 이유는 교육이 국가의 백년대계의 기초인 만큼 국가의 안정적인 성장 발전을 도모하기 위해서는 교육이 외부세력의 부당한 간섭에 영향받지 않도록 교육자 내지 교육전문가에 의하여 주도되고 관할되어야 할 필요가 있다는 데서 비롯한 것이라고 할 것이다."5)
>
> "일반적으로 교육의 자주성이란 교육내용과 교육기구가 교육자에 의하여 자주적으로 결정되고 행정권력에 의한 통제가 배제되어야 함을 의미한다. 이는 교사의 교육시설 설치자 · 교육감독권자로부터의 자유, 교육내용에 대한 교육행정기관의 권력적 개입의 배제 및 교육관리기구의 공선제 등을 포함한다. 또한 교육의 전문성이란 교육정책이나 그 집행은 가급적 교육전문가가 담당하거나, 적어도 그들의 참여하에 이루어져야 함을 말한다."6)

5) 평생교육의 진흥

정보화 · 국제화를 특징으로 하는 21세기를 지식기반사회라고 한다. 지식기반사회에서는 지식이 가장 중요한 자원이 되며, 개인은 물론 국가의 생존과 발전의 열쇠가 된다. 이러한 미래사회의 국가경쟁력은 교육받은 노동력에 의하여 결정된다. 따라서 인간은 평생 동안 자유롭게 학습활동을 영위할 권리를 보장받고 국가로부터 제도적 지원을 받아야 한다. 인간은 자각적으로 사물을 학습함으로써 성장, 발달하는 존재이므로 평생교육에 관한 국가적 뒷받침이 요청된다. 이러한 평생교육의 중요성 때문에 우리 헌법은 1980년 헌법 개정시 국가의 평생교육진흥 의무 규정을 두었다(표시열, 2002).

헌법 제31조 제5항에 의하면, 국가는 평생교육을 진흥하여야 한다. 평생교육은 학교교육 뿐 아니라 가정교육, 사회교육 등을 망라한 넓은 의미의 교육으

---

5) 憲裁 1992. 11. 12. 89헌마88. 헌법재판소판례집 제4권(1992), p. 762.
6) 憲裁 2001. 11.29. 2000헌마278. 헌법재판소 판례집 제13권 제2집(2001), p. 773.

로 연령에 의한 제한을 두지 않는다. 학교교육 및 평생교육을 포함한 교육제도와 그 운영, 교육재정 및 교원의 지위에 관한 기본적인 사항은 법률로 정하도록 하고 있다(헌법 제31조 제6항).

6) 교육제도의 법률주의

헌법 31조 제6항에 의하면 교육제도, 교육재정, 교원의 지위에 관한 기본적인 사항은 법률로 정하도록 하고 있는 바, 이를 교육제도 등의 법률주의라 한다. 이는 교육의 중요성 때문에 교육에 관한 중요사항은 반드시 국민의 대표자로 구성된 국회에서 '법률'의 형식으로 제정하도록 하여 행정부의 명령 등의 형식으로 인한 국민의 기본적인 교육권이 침해되는 것을 예방하기 위한 원리이다.

법률로 정해야 되는 기본적인 사항은 학교교육 · 평생교육 등의 교육제도와 교육제도의 운영에 관한 사항, 교육재정에 관한 사항, 그리고 교원의 지위에 관한 사항 등이다.

교육제도의 법률주의에 의해 제정된 주요 법률로는 교육기본법 · 초중등교육법 · 고등교육법 · 교육공무원법 · 사립학교법 · 교육세법 · 교원지위 향상을 위한 특별법 · 지방교육자치에 관한 법률 · 학점인정 등에 관한 법률 · 특수교육진흥법 · 영재교육진흥법 등이 있다(허영, 2000).

이 조항의 의미에 대해 헌재는 다음과 같이 해석한다(양건, 2003).

> "교원제도 등 기본적인 사항이 법률에 의하여 시행되어야 할 것을 규정(헌법 제31조 제6항)하는 한편 교육의 자주성 · 전문성 · 정치적 중립성(및 대학의 자율성)도 법률이 정하는 바에 의하여 보장되어야 할 것을 규정(헌법 제31조 제4항)하고 있는데, 위와 같은 넓은 의미의 "교육제도 법률주의"는 후술하는 바와 같이 국가의 백년대계인 교육이 일시적인 특정정치 세력에 의하여 영향을 받거나 집권자의 통치상의 의도에

따라 수시로 변경되는 것을 예방하고 장래를 전망한 일관성이 있는 교육체계를 유지 · 발전시키기 위한 것이며 그러한 관점에서 국민의 대표기관인 국회의 통제하에 두는 것이 가장 온당하다는 의회민주주의 내지 법치주의 이념에서 비롯된 것이다. 이는 헌법이 한편으로는 수학권을 국민의 기본권으로서 보장하고 다른 한편으로 이를 실현하는 의무와 책임을 국가가 부담하게 하는 교육체계를 교육제도의 근간으로 하고 있음을 나타내는 것이라고 할 수 있는 것이다."[7)]

위에서 특히 주목되는 것은, 교육제도 법률주의 조항을 국가의 교육권의 근거 조항으로 해석하고 있다는 점이다. 또한, 헌재는 특히 교원지위 법정주의에 대해 다음과 같이 판시한다.

"여기서 말하는 '교원의 지위'란 교원의 직무의 중요성 및 그 직무수행능력에 대한 인식의 정도에 따라서 그들에게 주어지는 사회적 대우 또는 존경과 교원의 근무조건 · 보수 및 그밖의 물적 급부 등을 모두 포함하는 의미이다. 따라서 헌법 제31조 제6항은 단순히 교원의 권익을 보장하기 위한 규정이라거나 교원의 지위를 행정권력에 의한 부당한 침해로부터 보호하는 것만을 목적으로 한 규정이 아니고, 국민의 교육을 받을 기본권을 실효성 있게 보장하기 위한 것까지 포함하여 교원의 지위를 법률로 정하도록 한 것이다. 헌법조항에 근거하여 교원의 지위를 정하는 법률을 제정함에 있어서는 교원의 기본권보장 내지 지위보장과 함께 국민의 교육을 받을 권리를 보다 효율적으로 보장하기 위한 규정도 반드시 함께 담겨 있어야 한다. 그러므로 위 헌법조항을 근거로 하여 제정되는 법률에는 교원의 신분보장, 경제적 · 사회적 지위보장 등 교원의 권리에 해당하는 사항뿐만 아니라 국민의 교육을 받을 권리를 저해할 우려 있는 행위의 금지 등 교원의 의무에 관한 사항도 규정할 수 있는 것이므로 결과적으로 교원의 기본권을 제한하는 사항까지도 규정할 수 있게 되는 것이다."[8)]

위 해석에서 특기할 것은, 교원지위 법정주의가 단지 교원의 권리보장만이 아니라 교원의 기본권 제한 규정의 근거가 된다고 밝힌 점이다.

아울러, 헌재는 교원지위 법정주의에 관해 다음과 같은 해석을 덧붙이고

---

7) 憲裁 1992. 11. 12. 89헌마88. 헌법재판소판례집 제4권((1992), p. 752.

8) 憲裁 1998. 7. 16. 96헌바33 · 66 · 68, 97헌바2 · 34 · 80, 98헌바39(병합). 헌법재판소판례집 제10권 제2집(1998), pp. 143-4.

있다.

> "교원의 지위에 관한 '기본적 사항'은 다른 직종의 종사자들의 지위에 비하여 특별히 교원의 지위를 법률로 정하도록 한 헌법규정의 취지나 교원이 수행하는 교육이라는 직무상의 특성에 비추어 볼 때 교원이 자주적 · 전문적 · 중립적으로 학생을 교육하기 위하여 필요한 중요한 사항이라고 보아야 한다. 그러므로 입법자가 법률로 정하여야 할 기본적인 사항에는 무엇보다도 교원의 신분이 부당하게 박탈되지 않도록 하는 최소한의 보호의무에 관한 사항이 포함된다."[9]

결국, 헌재의 해석에 따르면, 교원지위 법정주의 조항에 근거하여 교원의 권리 보장만이 아니라 그 제한도 가능하지만, 교원신분보장에 관한 최소한의 보호규정을 두어야 한다는 것이다.

2. 교육기본법

교육에 관한 법률 중 최고법은 교육기본법이다. 교육기본법은 1997년 12월 3일 제정되었다. 교육기본법은 헌법의 이념을 구체화한 법률로 교육기본강령 법률이며 다른 교육관계법률은 이 범위 내에서 제정되어야 한다. 학교교육에 해당되던 교육법[10]을 교육기본법, 초 · 중등교육법, 고등교육법으로 분리하여 1998년 3월 1일부터 시행하여 왔으며, 2005년 1월 30일부터 유아교육법이 추가되었다.

---

9) 헌법재판소공보 제78호, 2003년 3월 20일, p. 240.
10) 교육법이란 특정한 실정법을 말하는 것이 아니라 교육에 관계되는 내용을 가진 법을 통틀어 일컫는 말이다. 교육과 관련된 법을 통틀어 교육법이라 부른다.

1) 교육기본법의 체계와 내용

교육기본법은 제3장 29개조로 구성되어 있다. 교육기본법은 제1장 총칙, 제2장 교육당사자, 제3장 교육의 진흥 등 29개조와 부칙 4개조로 구성되었다. 법률의 주요 내용은 다음과 같다(강인수, 1998).

(1) 교육이념 등

종전 교육법의 홍익 인간 이념을 그대로 규정하고 인격 도야, 자주적 생활능력과 민주시민 자질구비, 인간다운 삶 영위, 민주국가 발전, 인류공영 이상 실현을 교육의 목적으로 규정하였다.

(2) 학습권 규정

모든 국민은 평생에 걸쳐 학습하고, 능력과 적성에 따라 교육받을 권리를 가짐을 규정함(제3조).

(3) 교육의 자주성

학교운영의 자율성은 존중되며, 교직원 · 학생 · 학부모 및 지역주민 등은 법령이 정하는 바에 의하여 학교운영에 참여할 수 있도록 함(제5조 2항).

(4) 국 · 공립학교의 특정 종교교육 금지

국가 및 지방자치단체가 설립한 학교에서는 특정한 종교를 위한 종교교육을 하여서는 아니 된다(제6조 제2항).

(5) 학교교육

학교는 공공성을 가지며, 학생의 교육 외에 학술과 문화적 전통을 유지 · 발전시키고 주민의 평생교육을 위하여 노력하도록 함(제9조 2항).

(6) 사회교육

평생교육을 위한 모든 형태의 사회교육은 장려되며, 사회교육의 이수는 법령이 정하는 바에 의하여 그에 상응하는 학교교육의 이수로 인정될 수 있도록 함(제10조).

(7) 학습자

학습자의 기본적 인권은 교육의 과정에서 존중되고 보호되어야 하며, 학생은 학칙을 준수하고 교원의 교육활동을 방해하는 등의 행위를 하여서는 아니 되도록 함(제12조).

(8) 부모와 보호자의 교육권

부모 등 보호자는 자녀 또는 아동을 교육할 권리와 책임이 있으며, 자녀 또는 아동의 교육에 관하여 학교에 의견을 제시할 수 있도록 함(제13조).

(9) 교원의 의무와 공직 취임권 보장

교원의 의무와 법률이 정한 공직 취임권을 보장한다(제14조).

(10) 학교 등의 설립 · 경영자

학교 및 사회교육시설의 설립 · 경영하는 자는 교육을 위한 시설 · 설비 · 재정 및 교원 등을 확보하도록 하며, 학교의 장은 법령이 정하는 바에 의하여 학습자를 선정 · 교육할 수 있도록 함(제16조).

(11) 평가 및 인증제도

국가는 국민의 학습성과 등이 공정하게 평가되어 통용될 수 있도록 학력평가 및 능력인증제도를 수립 · 실시하도록 한다(제26조 제1항).

교육법의 기본원리는 다양하게 제시하고 있지만 대체적인 원리는 ① 교육제도 법률주의(교육제도는 법으로 정해져야 한다는 것으로 교육 입법상의 법률주의 또는 법률에 의한 교육행정의 원리라고도 한다), ② 교육 자주성의 원리(이는 민주주의 교육의 원리라고도 하며 지방교육 자치의 원리라고도 한다), ③ 교육권 보장의 원리(이는 '교육을 받을 권리'를 보장하기 위한 것으로 현행 교육법에서는 교육권을 보장하기 위하여 모든 아동의 보호자에 대하여 그 자녀의 교육을 받게 할 의무를 지우고 있으며, 무상 의무교육을 보장하고 있다), ④ 교육 전문성의 원리(이는 '학문의 자유'와 관련된 것으로 우리 교육관계법은 교육 전문성을 보장하기 위해 교육의 자유 및 학문의 자유를 명시하고 있다), ⑤ 교육기회 균등의 원리(국민에게 가능한 한 평등한 교육의 기회를 주도록 힘써야 할 의무를 규정한 것), ⑥ 교육 중립성의 원리(이는 종교적, 정치적 중립성을 모두 포함하는 것으로 학생들이 중립적인 교육을 받을 권리를 보장하기 위한 것이다)를 들 수 있다.[11]

2) 교육기본법의 특징과 법적 성격

교육기본법은 종전의 교육법이 담고 있던 총칙적 내용, 예컨대 교육의 이념,

---

11) 교육법의 이념은 한국 헌법의 이념인 '인간의 존엄과 가치'의 실현 또는 '인간다운 삶의 영위'에 있다. 그러나 인간다운 삶의 구체적 지표로는 평생학습 차원에서 인격완성(자기발전), 경제적 측면에서 생활능력 함양, 정치적 측면에서 민주시민으로서의 자질 구비를 들 수 있다. -표시열(2002). 교육정책과 법. 박영사.-

자주성-중립성의 원리, 의무교육, 국제교육 등을 따로 분리하여 규정한 것이나, 교육개혁 의지를 반영하여 새로 추가된 사항도 있다. 예컨대 학생의 학습권과 부모의 교육권에 관한 규정, 또 평생학습에 관한 규정과 학력평가 및 능력인증에 관한 규정 등이다.

학습권의 개념은 교육이 학습자 중심으로 되어야 한다는 철학을 나타낸다. 학교교육과 사회교육이 평생학습 차원에서 유기적인 체제를 갖추도록 되어 있다. 이는 학점은행제와 같은 교육의 호환성 문제로 학력중심의 사회에서 자격중심의 사회로 옮겨 가는 사회적 변화를 반영한 것이라 할 수 있다.

교육기본법은 헌법정신을 바탕으로 하여 교육에 관한 국민의 권리, 의무와 국가 및 지방자치단체의 책무에 관한 기본적인 사항을 규정하고, 교육제도와 그 운영에 관한 기본적인 사항을 규정한 것이다(제1조). 교육기본법은 학교교육만 대상으로 하지 않고 사회교육도 포함하고 있다.

교육기본법은 교육법의 원칙적인 규정들을 담고 있어 교육 선언적 의미도 있으나, 교육당사자의 구체적 권리(학습권 등)도 보장하고 있으며, 학력평가 및 능력인증제도 등의 구체적 규정도 있어 교육에 관하여 실체적인 효력을 갖고 있다. 교육기본법은 모든 교육관계법령의 해석과 적용 그리고 교육 운영에 있어 그 기준이 된다(표시열, 2002).

3. 유아교육법

유아교육법은 유아단계부터 체계화하고, 유아의 교육에 대한 공교육체제를 마련함으로써 유아의 균형적이고 조화로운 발달을 조장함과 아울러, 유아 보호자의 사회·경제적 활동이 원활하게 이루어질 수 있도록 지원하려는 목적으로 제정되었다(2004. 1. 29. 법률 제7120호). 그 동안 유아교육에 적용되었던 유아교육진흥법(1982. 12. 31. 법률 제3635호)은 유아교육법의 제정과 함께 폐지되었으며, 초 · 중등교육법에 포함되었던 유아교육 사항도 삭제되었고 독립된 유아교육법이 탄생한 것이다.

제정 전		제정 후
'진흥법' 차원의 유치원, 유아교육	→	'기본법' 차원의 유치원, 유아교육
초 · 중등교육법 안에 포함된 유치원 교육 (일본, 우리나라)	→	독립된 유아교육법 체제 (대부분의 OECD 국가들, 예 : 스웨덴 National Pre-school Act)
유아 중심의 유치원 교육	→	유아, 가정, 사회를 함께 아우르는 유치원 교육
소수를 위한 유치원 교육	→	평생학습과 인적자원 개발을 위한 첫 번째 단계의 교육

1) 유아교육법의 입법 취지

유아교육법의 제정은 취학 직전 유아에게도 무상의 교육이 비로소 이루어지게 되는 계기가 되었다. 유아교육법이 제정되면서 우리나라 교육법은 교육기본법, 유아교육법, 초 · 중등교육법, 고등교육법, 평생교육법의 5법체계로 완성된 의미가 있다.

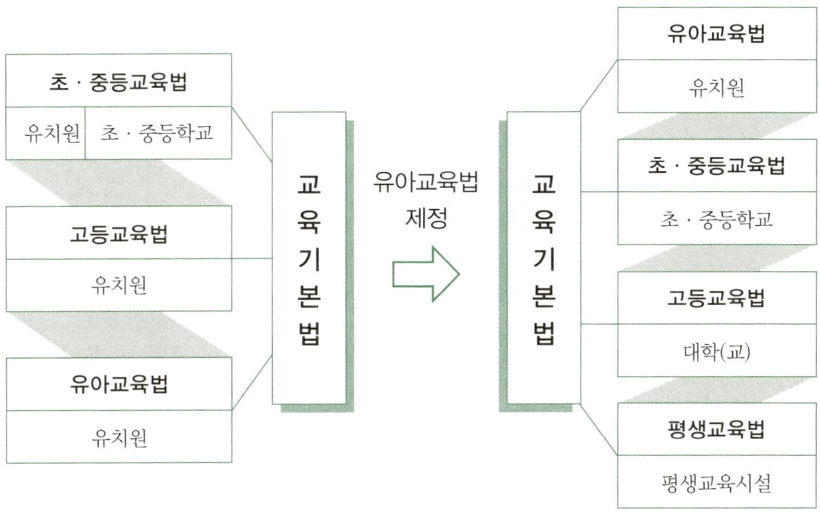

2) 유아교육법의 체계와 내용

유아교육법은 제5장 34개조로 구성되어 있다. 제1장은 총칙, 제2장은 유치원의 설립 등, 제3장은 교직원, 제4장은 비용, 그리고 제5장은 보칙 및 벌칙 조항으로 구성되어 있으며 부칙 9개조가 있다.

부칙을 제외한 유아교육법의 전문을 부록에 소개하였다([법률 제13226호, 2015. 3. 27, 일부개정]).

표 9-1 유아교육법의 구성

구 분		조 항
제1장	총칙	제1조(목적), 제2조(정의), 제3조(책임), 제4조(유아교육 · 보육위원회), 제5조(유아교육위원회), 제6조(유아교육진흥원)
제2장	유치원의	제7조(유치원의 구분), 제8조(유치원의 설립 등), 제9조(유치원의 병

	설립 등	설), 제10조(유치원의 규칙), 제11조(입학연령), 제12조(학년도 등), 제13조(교육과정 등), 제14조(유치원생활기록부), 제15조(특수학교 등), 제16조(외국인 유치원), 제17조(건강검진 및 급식), 제18조(지도 · 감독), 제19조(평가)
제3장	교직원	제20조(교직원의 구분), 제21조(교직원의 임무), 제22조(교원의 자격), 제23조(강사 등)
제4장	비용	제24조(무상교육), 제25조(교육 비용 등), 제26조(비용의 부담 등), 제27조(방과후 과정 운영 등에 대한 지원), 제28조(보조금의 반환)
제5장	보칙 및 벌칙	제29조(권한 등의 위임 및 위탁), 제30조(시정 또는 변경명령), 제31조(휴업 및 휴원 명령), 제32조(유치원의 폐쇄), 제33조(청문), 제34조(벌칙)

4. 유아교사의 교육권

근래에 교육계 뿐만 아니라 교육에 관계하는 모든 이들의 교육권에 관한 논의가 활발하게 진행되고 있다. 교육권(Rights of education)이란 교육에 관한 일정한 이익을 보호하기 위해 법이 특정한 개인 또는 단체에게 부여해 준 의사를 우선적으로 주장하고 교육에 관련된 사람을 지배할 수 있는 힘이라고 할 수 있다. 이러한 교육권은 교육정책, 교육법, 교육행재정, 교육제도, 학교경영의 존재방식을 결정하는 핵심적인 개념으로 되어 있다.

교육권이란 학생은 물론 학부모 · 교사 · 사립학교의 설치자 · 국가와 공공단체 등 교육에 관련된 주체들이 교육활동에 대하여 발언하고 참여하며 결정할 수 있는 활동의 범위를 법적으로 규정하고 보장해 놓은 것이라 할 수 있다. 법적으로 보장된 이득으로서의 교육권은 권리에 따른 책임과 의무를 수반함은 물론, 교육활동의 주요 준거가 된다(정진환, 1998). 이러한 권한관계가 어떻게 이루어지느냐에 따라 여러 가지 교육권 이론이 전개된다. 예컨대, 부모의 교육권, 교사의 교육권, 국가의 교육권 등이 그것이다. 그리고 부모 · 교사 및 국가의 교육권이 어린이의 교육받을 학습권이나 국민의 교육받을 권리와 어떠한 관계와 구조를 이루고 있는가가 넓은 의미의 교육권 논쟁이 된다.

종전에는 교육당사자 중 국가의 교육권만이 교육의 중요 정책과정에서 일방적이고 권위주의적으로 작용하였다. 학교 영역에서는 교사가 주도적 역할을 하며 학생은 종속적 지위에 있었고, 학부모는 제도권 밖에서 자식의 교육에 아무런 영향을 미치지 못했다고 할 수 있다. 그러나 최근에는 교육개혁의 일환으로 구교육법이 교육기본법, 초 · 중등교육법, 고등교육법으로 개편되면서 열린 교육과 학습자 중심의 변혁이 이루어지고 있다. 이 과정에서 학습자와 학부모가 중심개념으로 강조되고 상대적으로 교사의 교육권이 등한시되어 '교권상실'이니 '교육현장의 사기저하' 또는 '학교 붕괴'라는 우려도 낳고 있다. 이는 교육주체 논쟁으로 국가→교원→학생 모형에서 국가→학생, 학부모→교사 모형으로의 변화라고 주장되기도 한다.

오늘날 유아교육은 유치원이라는 공교육체제 속에서 이루어지며, 유아교사는 이러한 교육을 실질적으로 담당하고 실행해 가는 지위에 있다. 가정교육이라는 사교육의 범위를 벗어나 자녀에 대한 교육이 이루어지는 공공장소가 유치원이며, 유아의 전반적인 생활이 이루어지는 곳이기도 하다.

자연적인 친권으로서의 자녀의 교육에 대한 부모의 교육권은 유아교사에게 위탁되며, 그러한 범위에서 유아교사는 학부모와 대등한 정도의 교육권을 행사하게 되었다. 결국 공교육제도에서 유아의 학습권을 보장하고 부모의 교육의 권리를 대리하여 행사하는 사람이 곧 교원이라고 할 수 있다. 따라서 한 나라의 미래를 책임질 유아에 대한 교육과 전반적인 교육정책의 성패여부는 교원이 어떠한 법적 지위를 가지고, 어떠한 교육적 권리를 제도상 향유할 수 있느냐에 달려 있다고 할 수 있다.

유아교사는 유아의 학습권[12]과 인간적인 발달권의 실현이라는 숭고한 사명감과 책임감을 지고 있는 직업이므로, 이러한 책임을 현실적으로 완벽하게 다하기 위해서는 근로조건과 신분의 철저한 보장이 요구된다고 할 것이며, 교원신분의 특별보장은 교육조건 정비의 책무를 지고 있는 입법과 교육행정당국이 적극적으로 실행하여야 할 사항이다.

유아교사는 인격체의 육성이라는 교육목적을 수행하기 위하여 유아의 교육을 담당하고 인격완성을 수행하는 지위에 있다.[13] 이를 위해 우리 헌법 제31조 제4항과 교육기본법 제5조는 교육의 전문성과 자주성을 보장하고 있으며, 교원의 전문성을 존중하고 있다(교육기본법 제14조 제1항). 교사는 국민의 한 사람으로서, 또한 교육의 전문가로서 학부모와 공동으로 헌법 제31조 및 교육기본법 제3조의 어린이의 학습권을 보장하고 실현할 의무를 지고 있다. 교사가 개별적으로 아동을 담당하여 교육하는 경우의 교사와의 감호·교육관계는 기본적으로 부모의 자녀에 대한 감호·교육관계와 같다고 할 수 있다.

교원의 교육권이 실질적으로 보장되기 위해서는 교원의 경제적·사회적 지위의 적정보장과 일반시민으로서의 헌법적 권리의 실현이 선행되어야 하며, 경제적·사회적 지위의 보장에 있어서는 '공무원'으로서의 신분보다 '전문직'으로서의 신분 내지 지위의 보장이 이루어져야 한다. 교원의 교육권은 그 직무수행에 있어 전문적인 지식과 경험을 필요로 하며, 또한 교원 자신의 전문적인 판단을 필요로 한다는 점에서 직무의 전문직으로서의 성격이 부정될 수 없다.

---

12) 학습권은 각 개인이 스스로 학습하여 인격을 형성하고 인간적으로 성장·발달해 가기 위한 성장발달권으로서 교육인권의 핵심을 이룬다.

13) 우리 헌법재판소도 「교원은 미래사회를 이끌어 나갈 학생들로 하여금 자립하여 생활할 수 있는 능력을 길러 주는 공교육제도의 주관자로서 주도적 지위를 담당하도록 주권자인 국민으로부터 위임받은 사람이다」라고 판시하고 있다. 헌법재판소 1997. 12. 24. 선고 95헌바29, 97헌바6(병합) 결정, 헌법재판소공보 제25호, 1998년 2월 10일, 131면.

또한 교원은 어린이의 학습권을 실현하고 성장발달권을 보장하기 위해서 스스로 교육 역량을 높이기 위한 부단한 노력을 기울여야만 한다.

교육은 학생의 학습권을 충족하여 성장 · 발달을 추구함을 목적으로 한다. 이러한 교육은 교사와 학생의 인간적인 접촉을 통한 인격적이고 정신적인 작용이다. 교육의 이러한 본질적 특성에서 교사의 교육권이 인정된다. 교사의 교육권은 교육내용과 교육방법에 관한 교사의 자주적인 선택 · 결정권이며, 그 구체적 내용은 교과교육에 관한 수업내용편성권, 교재선택권, 성적평가권, 생활지도권, 학생징계권 등이다.

교사의 교육권의 법적 근거에 관하여는 학문의 자유, 교육을 받을 권리, 행복추구권 등의 헌법적 자유와 교육본질 내지 조리 등을 들고 있다. 한국의 헌법재판소는 교사의 가르칠 권리(수업권)가 학부모의 자연법적 신탁과 실정법상의 국가의 위임에 의한 것으로 보고 있다(표시열, 2002).

교사가 유아, 학생을 교육할 권리는 자연법상으로는 부모의 신탁에 의한 것이고, 실정법상으로는 국가에 의한 자격증 제도나 채용 등으로 인정되고 있는 것이다. 그러므로 교사의 교육권은 아동과의 법적인 관계에 의해 신탁을 받은 것이고, 아동의 교육받을 권리를 위임받은 것이다.

교사의 교육권은 실정법으로나 사회통념상 인정된다. 교사는 어린이의 성장 · 발달에 깊은 애정을 기울여 어린이의 교육받을 권리를 보호할 수 있는 능력을 가진 것(자격제도)을 토대로 하여, 어린이로부터 교육받을 권리를 위임받아, 어린이에게는 교육할 의무(권한), 제3자에 대해서는 교육받을 권리의 대리자로서 교육에 대한 부당한 개입을 배제할(교육의 독립을 지키는) 권리를 가지고 있다. 다만 부모와 교사와의 관계는 배제적 관계가 아니라, 모두 어린이의 교육받을 권리의 직접적 대리자로서 그것을 보호할 입장에서 서로 조정하고 협력해야 한다. 교사의 교육권은 교사라는 지위에 성립되는 권능이므로 교사 개인의 자유권은 아니다.

이와 같이 구체적인 교육행위와 관련된 교육과정의 조직, 교육내용의 선정, 교육방법, 평가에 관한 결정권은 교육전문가인 교사에게 보장되어야 할 권리이다. 또한 교사는 학습권과 국민의 교육에 스스로 전문가로서의 소양과 양심에 따라서 교육을 수행해야 하는 권리와 의무를 함께 지니고 있어야 한다.

5. 유아의 학습권

「교육기본법(법률 5437호)」은 우리 교육법제사에서 매우 중요한 의미를 갖는다. 이 교육기본법의 제정으로 건국 이후인 1949년 12월 31일부터 시행된 종전의 교육법은 반세기만에 폐지되고, 새로운 모습으로 다시 태어나게 되었다. 특히 교육기본법 제3조는 조 제목을 '학습권'으로 하고 "모든 국민은 평생에 걸쳐 학습하고, 능력과 적성에 따라 교육받을 권리를 가진다"고 하여, 학습권의 개념을 실정법상의 개념으로 도입하고 있으며, 교육의 당사자로서 학습자, 학부모 등 보호자, 교원, 학교의 설립 · 경영자 그리고 국가와 지방자치단체를 설정하면서, 이들의 교육에 대한 권리 · 의무를 규정하고, 이 중 학습자의 권리를 그 정점에 둠으로써 국가의 교육권 중심으로 규정되었던 종전의 교육법과는 매우 다른 모습을 보이고 있다(황홍규, 2004).

인간의 하루 일과는 학습의 연속이다. 말을 배우기 시작하는 어린이 뿐만 아니라, 청년과 장년, 노인들까지도 하루 생활을 자세히 관찰하면 끊임없이 수많은 것을 배운다. 교육권의 핵심은 아동, 학생의 학습권에 있다. 학습권은 인간이 태어나면서부터 학습을 통하여 인격을 형성하고 인간의 존엄과 가치를 실현하며 인간적으로 성장, 발달하여 갈 권리로서, 국가권력이나 제3자로부터 학습의 권리를 방해받지 아니할 자유이다(노기호, 1998).

학습권은 인간의 기본적인 성장, 발달에 관한 것이므로 생래적인 자연법적 권리의 성격을 갖는다. 이러한 학습권의 중요성 때문에 대부분의 나라의 헌법에서 학습권을 규정하고 있다. 이러한 학습권은 1959년 유엔의 어린이 권리선언 제17조와 1989년 유엔의 어린이 권리협약 제28조에 의하여 국제적으로 공인되었다. 학습권의 대상은 주로 아동, 학생이지만 성인의 학습권도 포함된다. 사실 인생의 살아가는 과정이 하나의 학습과정(learning process)이라고 생각된다.

학습권은 단순히 '특정의 내용을 공부할 수 있는 권리' 혹은 '취학의 기회 보장'을 의미하는 협소하고 소극적인 권리를 말하는 것이 아니라 '존엄성을 가진 인격적 주체로서 교육의 과정 속에서 대상화되거나 도구화되지 않을 권리'이며, '자신의 개인적, 사회적인 삶의 내용을 풍부하게 형성해 나갈 수 있는 권리', 이를 위해 스스로에게 유의미한 교육을 받을 수 있는 권리라는 면에서 근대적인 의미의 인권의 일부로서 이해되어야 한다.

학습자의 의사를 존중하는 것은 실정법(어린이헌장, 헌법 등)상으로도 근거가 있다. 교육을 받을 권리는 교육 없이는 인간이 인간다운 생활을 영위할 수 있는 존재가 될 수 없다고 하는 전제에서 성립된다. 유아도 기본적 욕구를 가지고 생각할 줄 아는 인간이다. 학교는 사회가 요구하는 여러 가지 조건들을 만족시킬 수 있는 교육내용을 구성하여 이를 학습시키는 장소이다. 그러나 교육과정이 아동의 개인적 특성을 무시한 채 일방적으로 구성되었다든지, 교육방법면에서 자발성은 무시된 채 무조건 순종만을 요구하는 강제적 방법을 취한다면 어린이는 만족스러운 학교생활을 할 수 없을 것이고 학교는 불행한 장소가 될 것이다. 따라서 교육에 대한 요구, 즉 교육받을 권리는 자기완성의 요구이며 자신에 대한 도덕적 책임임과 동시에 사회에 대한 의무이기도 하다. 이러한 점에서 교육받을 권리를 포기하는 것은 허락되지 않는다.

교육을 준비하기에 앞서 교육받을 사람의 의사를 묻지 않으면 아니 되는 것은 교육받을 권한의 최저의 요구이다(상담을 받을 권리). 그 외에 제공되는 교육을 「선택할 권리」(학습의 자유) 그리고 보다 높은 교육을 「청구할 권리」가 여기에 포함된다.

교육받을 권리는 학습의욕의 존재여부를 전제로 한다. 다음으로 교육받을 사람의 능력이 그 권리의 한계를 결정한다. 또한 평등의 원칙에 따라 남이 받는 교육을 청구할 수는 있으나 그것을 넘는 요구, 남이 받는 교육보다 더 좋은 교육의 청구가 가능한지는 의문이다.

교육법학계에서는 헌법상 명시된 교육을 받을 권리 외에 '학습권'이라고 하는 말도 자주 사용한다. 학습권은 이것을 어떻게 규정하느냐 하는데에 따라서 그것이 강조하는 바가 달라진다. 어떤 이는 학습권 그 자체를 "학습의 자유"라고 규정하고 있다. 반면에 다른 이는 학습권의 개념을 "인간의 성장 · 발달권"으로 인식하고 있다.

양자를 종합적으로 해석할 때, 학습권은 기본적으로는 인간의 성장 · 발달권으로 이해할 수 있는데, 그 성장 및 발달은 그 주체가 자신 혹은 그 보호자의 판단에 따라서 자유롭게 방향을 설정할 수 있을 때, 제대로 달성할 수 있다는 의미로 이해할 수 있을 것이다. 따라서 위의 두 가지 의미 풀이는 서로 불가분의 관계에 있다고 본다.

6. 학부모의 교육권

부모가 자녀를 양육 · 보호 · 교육하는 것은 자연적 권리이다. 학부모의 교육권은 본질적으로 이러한 자연적 권리이지만, 법적으로는 자녀의 신탁에 의한 수탁권이며 자녀가 성인이 됨으로써 소멸하는 한시적 권리라고 할 수 있다. 아동에게는 충분한 선택 능력이 없으므로 아동의 이익을 가장 잘 고려할 수 있는 학부모가 교육에 관한 권리를 대리하여 행사할 수밖에 없기 때문이다. 우리나라 헌법은 제31조에서 모든 국민에게 교육을 받을 권리를 보장하고 있는 바, 아동의 교육을 받을 권리는 학부모가 대신하게 된다.[14)]

교육기본법 제13조에서는 "부모는 그 자녀가 바른 인성을 가지고 건강하게

14) 자녀의 양육과 교육은 일차적으로 부모의 천부적인 권리인 동시에 부모에게 부과된 의무이기도 하다. '부모의 자녀에 대한 교육권'은 비록 헌법에 명문으로 규정되어 있지는 아니하지만, 이는 모든 인간이 누리는 불가침의 인권으로서 혼인과 가족생활을 보장하는 헌법 제36조 제1항, 행복추구권을 보장하는 헌법 제10조 및 "국민의 자유와 권리는 헌법에 열거되지 아니한 이유로 경시되지 아니한다"고 규정하는 헌법 제37조 제1항에서 나오는 중요한 기본권이다. 부모는 자녀의 교육에 관하여 전반적인 계획을 세우고 자신의 인생관·사회관·교육관에 따라 자녀의 교육을 자유롭게 형성할 권리를 가지며, 부모의 교육권은 다른 교육의 주체와의 관계에서 원칙적인 우위를 가진다.
헌법재판소는 부모의 중등학교선택권을 제한한 것과 관련하여 "부모는 아직 성숙하지 못하고 인격을 닦고 있는 초·중·고등학생인 자녀를 교육시킬 교육권을 가지고 있으며, 그 교육권의 내용 중 하나로서 자녀를 교육시킬 학교선택권이 인정된다"고 판시한 바 있고(헌재 1995. 2. 23. 91헌마204, 판례집 7-1,267,274), 국정교과서제도와 관련된 사건에서도 학교교육에서 교사의 가르치는 권리는 "자연법적으로는 학부모에게 속하는 자녀에 대한 교육권을 신탁 받은 것이고, 실정법상으로는 공교육의 책임이 있는 국가의 위임에 의한 것이다"고 밝힘으로써(헌재 1992. 11. 12. 89헌마88, 판례집 4,739,756) 이미 몇 개의 결정을 통하여 부모의 자녀교육권을 인정하였다.
부모의 자녀교육권은 다른 기본권과는 달리, 기본권의 주체인 부모의 자기결정권이라는 의미에서 보장되는 자유가 아니라, 자녀의 보호와 인격발현을 위하여 부여되는 기본권이다. 다시 말하면, 부모의 자녀교육권은 자녀의 행복이란 관점에서 보장되는 것이며, 자녀의 행복이 부모의 교육에 있어서 그 방향을 결정하는 지침이 된다.
한편, 자녀의 교육에 관한 부모의 '권리와 의무'는 서로 불가분의 관계에 있고 자녀교육권의 본질을 결정하는 구성요소이기 때문에, 부모의 자녀교육권은 '자녀교육에 대한 부모의 책임'으로도 표현될 수 있다. 따라서 자녀교육권은 부모가 자녀교육에 대한 책임을 어떠한 방법으로 이행할 것인가에 관하여 자유롭게 결정할 수 있는 권리로서 교육의 목표와 수단에 관한 결정권을 뜻한다. 즉, 부모는 어떠한 방향으로 자녀의 인격이 형성되어야 하는가에 관한 목표를 정하고, 자녀의 개인적 성향·능력·정신적, 신체적 발달상황 등을 고려하여 교육목적을 달성하기에 적합한 교육수단을 선택할 권리를 가진다. 부모의 이러한 일차적인 결정권은, 누구보다도 부모가 자녀의 이익을 가장 잘 보호할 수 있다는 사고에 기인하는 것이다.
-학원의 설립·운영에 관한 법률 제22조 제1항 제1호 등 위헌제청, 학원의 설립·운영에 관한 법률 제3조 등 위헌 확인(2000. 4. 27. 98헌가16, 98헌마429(병합) 전원재판부)-

성장할 수 있도록 보호 · 양육 및 교육할 책임과 권리를 가진다"고 규정하여 부모의 교육권을 선언하고 있다(표시열, 2002).

자녀를 보호하고 교육시킬 1차 의무는 부모에게 있다. 1959년에 채택된 UN의 아동권리선언 제7조 역시 아동교육과 지도의 책임이 1차로 아동의 부모에게 있다고 하여 부모의 아동교육에 대한 의무와 권리는 인류의 보편적인 성격을 가진 것임을 강조하고 있다.

친권의 한 내용으로서 학부모의 '교육권'은 미성숙한 자녀를 교육하는 것을 내용으로 하고, 학교선택권, 재학 중인 학교의 교육과정에 참여할 권리가 여기에 포함된다.[15)]

어린이를 보호 · 감독 · 교육하는 것은 부모의 권리로서 자연법이나 실정법, 그리고 사회 통념상 인정되고 있다. 이 권리는 부모가 자녀에게 생명을 준 것에 대한 책임(부양의무)과 자식이 성장하여 감당해야 할 미래사회에 대한 의무(교육의무)를 포함한다. 그러나 어린이가 교육을 받는 것은 인간으로서의 권리이므로 부모의 교육권은 어린이의 교육받을 권리의 투영이다. 따라서 부모의 교육권은 자녀의 교육받을 권리에 대응하는 의무이며, 권리로서의 발언은 권리의 대행이다.

전통적으로 아동의 교육에 대한 권리행사는 부모의 자연권에 속한다고 할 수 있다. 그러나 사회나 시대에 따라서는 부모도 사회와 국가의 일원인 만큼 아동도 사회와 국가의 소유개념으로 파악되며 따라서 그들에 대한 교육권은 사회나 국가에 귀속된다고 할 수 있다(이혜영 등, 1990). 플라톤의 이상국가론이나 스파르타의 교육에서 이와 같은 면을 엿볼 수 있으며, 중세 기독교 사회에서는 신(神)에게 모든 생명이 속해 있었던 관계로 교육권의 상당 부분이 교회에 속하기도 하였다. 근대에 들어오면서 교육이 점차 국가에 의해 관장되는 이유는

15) 부모가 미성년인 자녀에 대해서 가지는 권리는 민법상 '친권'이라고 하는데, 친권은 자식에 대한 어버이의 권리인 동시에 의무로서 재산을 관리할 권리, 살 곳을 지정할 권리, 적절한 징계를 할 수 있는 권리 등을 그 내용으로 한다(하승수 · 김진(1999). 교사의 권리 학생의 권리. 사계절. pp. 34-35).

아동이 국가의 소유물이라는 관점과 아울러 부모나 아동의 권리를 국가가 보장하여 준다는 두 가지 측면이 인식되게 되었기 때문이다.

부모의 교육권의 본질(자녀의 교육받을 권리의 보장)에서 본다면, 그 권리행사는 자녀의 교육적 배려와, 그 보완(보모 자신에 의한 교도, 교육기관의 선택 등)이 핵심을 이룬다. 그러나 부모의 권리행사는 자기자식에게만 한정되고 양육의 연장 발전이라고 생각되는 교육분야, 그리고 혈연적 공동생활의 습관을 형성하는데 비중을 둔다(상자 14 참조).

상자 14 **부모의 교육권의 법적 성격**

자녀의 교육에 관한 부모의 권리는 로마법상의 가장권(patria potestas)으로부터 근대의 친권으로, 그리고 현대의 교육의무로까지 역사적인 변천을 거듭해 왔다. 부모와 자녀와의 관계는 자연적 혈연관계로서 법과 국가 이전부터 존재하는 것이며, 근대민법상의 친권자로서 자녀를 자유롭게 교육할 부모의 교육의 권리나 의무는 헌법적으로 인정되기 이전에 자연법상의 권리로 인정된다. 어린이의 양육은 그것이 어떤 시기에 이루어지던지 교육적 의미가 있는 것이고, 부모의 교육권은 어린이가 학습에 의하여 인간적으로 성장·발달할 수 있도록 보장하기 위하여 인정되는 것으로, 비록 어린이의 인간적 능력의 「발달」에 대해서 학교교육이 교육전문적 책임을 다할지라도 어린이의 인간적인 「성장」과 인생의 행복에까지 전면적으로 대응할 수 있는 포괄적인 교육책임자는 역시 부모가 될 수밖에 없으며, 가족을 단위로 한 인간사회에서의 자녀의 인간적인 성장과 인생의 행복을 위한 교육상의 의사결정은 또한 부모가 할 수밖에 없다. 이러한 부모의 교육권은 자연적인 친자관계에 조리상 근거하고 있는 권리로서 「자연법적 권리」라 할 수 있다. 이와 관련하여 우리 민법은 제913조에서 「친권자는 자를 감호하고 교양할 권리의무가 있다」고 규정함으로써 자연적 혈연관계에 의한 친권자의 교육의 권리와 의무를 규정하고 있다. 이러한 부모의 교육권의 자연권(자연법적 권리)성은 각국의 헌법과 판례상 인정되고 있다.

한편 우리 헌법재판소는 헌법 제31조에서 규정하는 교육을 받을 권리의 기본권 주체로서 부모를 인정할 수 있는가의 문제와 관련하여, 교육법시행령 제71조 등에 관한 헌법소원사건에서 교육을 받을 권리의 주체로서 부모를 분명히 인정하고 있다. 즉 "이 사건 규정과 청구人(부모)이 자녀를 교육시킬 학교를 선택할 수 있는 권리를 포함하는 교육을 받을 권리 등 청구인이 주장하는 기본권의 침해 사이에는 헌법소원심판청구시 요구되는 자기관련성 및 직접관련성이 인정된다."고 판시함으로써 헌법 제31조를 부모의 학교선택권을 포함하는 부모의 교육권의 근거조항으로 보고 있다(노기호, 1998).

부 록

유아교육법

유아교육법

[시행 2015.9.1.] [법률 제13226호, 2015.3.27., 일부개정]

제1장 총칙

제1조(목적) 이 법은 「교육기본법」 제9조에 따라 유아교육에 관한 사항을 정함을 목적으로 한다. 〈개정 2010.3.24.〉

제2조(정의) 이 법에서 사용하는 용어의 뜻은 다음 각 호와 같다. 〈개정 2010.3.24., 2012.3.21.〉

1. "유아"란 만 3세부터 초등학교 취학전까지의 어린이를 말한다.
2. "유치원"이란 유아의 교육을 위하여 이 법에 따라 설립 · 운영되는 학교를 말한다.
3. "보호자"란 친권자 · 후견인 그 밖의 자로서 유아를 사실상 보호하는 자를 말한다.
4. 삭제 〈2012.3.21.〉
5. 삭제 〈2012.3.21.〉
6. "방과후 과정"이란 제13조제1항에 따른 교육과정 이후에 이루어지는 그 밖의 교육활동과 돌봄활동을 말한다.

제3조(책임) 국가 및 지방자치단체는 보호자와 더불어 유아를 건전하게 교육할 책임을 진다.

제3조의2(유아교육발전기본계획) ① 교육부장관은 유아교육의 발전을 위하여 유아교육에 관한 중장기 정책 목표 및 방향을 설정하고, 유아교육발전기본계획(이하 "기본계획"이라 한다)을 수립하여 추진하여야 한다. 〈개정 2013.3.23.〉

② 교육부장관은 제5조제1항에 따른 중앙유아교육위원회의 심의를 거쳐 5년마다 기본계획을 수립하여야 한다. 〈개정 2013.3.23.〉

③ 기본계획의 내용 등에 관한 사항은 대통령령으로 정한다.

④ 교육부장관은 기본계획을 수립하기 위하여 필요한 경우 유아교육에 관한 전반적인 실태를 조사할 수 있다. 〈개정 2013.3.23.〉

⑤ 특별시 · 광역시 · 특별자치시 · 도 및 특별자치도(이하 "시 · 도"라 한다)의 교육감(이하 "교육감"이라 한다)은 기본계획에 따라 연도별 시행계획을 수립하여 추진하여야 한다.

⑥ 교육부장관은 제1항에 따라 수립한 기본계획의 지난해 추진 실적을 매년 제5조제1항에 따른 중앙유아교육위원회의 심의를 받아야 하며, 시 · 도교육감은 제5항에 따른 다음해

시행계획 및 지난해 추진실적을 종합하여 매년 제5조제1항에 따른 시 · 도유아교육위원회의 심의를 받아야 한다. 〈개정 2013.3.23.〉

[본조신설 2012.1.26.]

제3조의2(유아교육발전기본계획) ① 교육부장관은 유아교육의 발전을 위하여 유아교육에 관한 중장기 정책 목표 및 방향을 설정하고, 유아교육발전기본계획(이하 “기본계획”이라 한다)을 수립하여 추진하여야 한다. 〈개정 2013.3.23.〉

② 교육부장관은 제5조제1항에 따른 중앙유아교육위원회의 심의를 거쳐 5년마다 기본계획을 수립하여야 한다. 〈개정 2013.3.23.〉

③ 기본계획의 내용 등에 관한 사항은 대통령령으로 정한다.

④ 교육부장관은 기본계획을 수립하기 위하여 유아교육에 관한 전반적인 실태조사를 5년마다 실시하고 그 결과를 공표하여야 한다. 〈개정 2013.3.23., 2015.12.22.〉

⑤ 교육부장관은 제4항에 따른 실태조사를 위하여 관계 중앙행정기관의 장, 지방자치단체의 장, 「공공기관의 운영에 관한 법률」에 따른 공공기관의 장, 그 밖의 관련 법인 및 단체에 대하여 필요한 자료의 제출 또는 의견의 진술을 요청할 수 있다. 이 경우 요청을 받은 자는 정당한 사유가 없으면 이에 협조하여야 한다. 〈신설 2015.12.22.〉

⑥ 제4항에 따른 실태조사의 방법 등에 필요한 사항은 대통령령으로 정한다. 〈신설 2015.12.22.〉

⑦ 특별시 · 광역시 · 특별자치시 · 도 및 특별자치도(이하 “시 · 도”라 한다)의 교육감(이하 “교육감”이라 한다)은 기본계획에 따라 연도별 시행계획을 수립하여 추진하여야 한다. 〈개정 2015.12.22.〉

⑧ 교육부장관은 제1항에 따라 수립한 기본계획의 지난해 추진 실적을 매년 제5조제1항에 따른 중앙유아교육위원회의 심의를 받아야 하며, 시 · 도교육감은 제7항에 따른 다음해 시행계획 및 지난해 추진실적을 종합하여 매년 제5조제1항에 따른 시 · 도유아교육위원회의 심의를 받아야 한다. 〈개정 2013.3.23., 2015.12.22.〉

[본조신설 2012.1.26.]

[시행일 : 2016.6.23.] 제3조의2

제4조(유아교육 · 보육위원회) ① 유아교육 및 「영유아보육법」 제2조에 따른 보육에 관한 다음 각 호의 사항을 심의하기 위하여 국무총리 소속으로 유아교육 · 보육위원회를 둔다. 〈개정 2010.3.24., 2011.6.7., 2014.1.28.〉

1. 유아교육 및 보육에 관한 기본계획
2. 유치원과 어린이집간의 연계운영

3. 유아교육 및 보육에 관한 관계 부처 간 협조사항
4. 그 밖에 위원장이 회의에 부치는 사항
② 제1항에 따른 위원회는 위원장을 포함한 11명의 위원으로 구성하되, 위원장은 국무조정실장이 되고 위원은 다음 각 호에 해당하는 사람이 된다. 〈개정 2005.3.24., 2008.2.29., 2010.1.18., 2010.3.24., 2012.3.21., 2013.3.23.〉
1. 기획재정부차관 · 교육부차관 · 보건복지부차관 및 여성가족부차관
2. 제1호의 위원이 추천하여 위원장이 위촉하는 유아교육계 · 보육계 및 여성계를 대표하는 사람 각 2명
③ 제1항에 따른 위원회의 구성 및 운영에 필요한 사항은 대통령령으로 정한다. 〈개정 2010.3.24.〉

제5조(유아교육위원회) ① 유아교육에 관한 정책, 사업의 기획 · 조사 등에 관한 사항을 심의하기 위하여 교육부에 중앙유아교육위원회를 두고, 시 · 도 교육청에 시 · 도 유아교육위원회를 둔다. 〈개정 2008.2.29., 2010.3.24., 2012.1.26., 2013.3.23.〉
② 중앙유아교육위원회와 시 · 도 유아교육위원회는 유아교육전문가, 유치원대표, 유치원교사(수석교사를 포함한다)대표, 학부모대표 및 관계공무원 등으로 구성한다. 〈개정 2010.3.24., 2011.7.25.〉
③ 중앙유아교육위원회와 시 · 도 유아교육위원회의 조직 · 운영 등에 필요한 사항은 대통령령으로 정한다. 〈개정 2010.3.24.〉

제6조(유아교육진흥원) ① 국가 및 지방자치단체는 유아교육에 관한 연구와 정보제공, 프로그램 및 교재 개발, 유치원교원 연수 및 평가, 유아 체험교육 등을 담당하는 유아교육진흥원을 설치하거나 해당 업무를 교육관련연구기관 등에 위탁할 수 있다. 〈개정 2010.3.24., 2012.3.21.〉
② 제1항에 따른 유아교육진흥원의 설치 · 운영 및 위탁 등에 필요한 사항은 대통령령으로 정한다. 〈개정 2010.3.24.〉

제2장 유치원의 설립 등

제7조(유치원의 구분) 유치원은 다음 각호와 같이 구분한다. 〈개정 2010.3.24.〉
1. 국립유치원 : 국가가 설립 · 경영하는 유치원
2. 공립유치원 : 지방자치단체가 설립 · 경영하는 유치원(설립주체에 따라 시립유치원과 도립유치원으로 구분할 수 있다)
3. 사립유치원 : 법인 또는 사인(私人)이 설립 · 경영하는 유치원

제8조(유치원의 설립 등) ① 유치원을 설립하려는 자는 시설 · 설비 등 대통령령으로 정하는 설립기준을 갖추어야 한다. 〈개정 2010.3.24.〉

② 사립유치원을 설립하려는 자는 교육감의 인가를 받아야 한다. 〈개정 2010.3.24., 2012.1.26.〉

③ 교육감은 제2항에 따른 인가 신청이 있는 경우에는 다음 각 호의 어느 하나에 해당하는 경우를 제외하고는 유치원 설립을 인가하여야 한다. 〈신설 2012.3.21.〉

1. 제1항에 따른 시설 · 설비 등 설립기준을 갖추지 아니한 경우
2. 교육감이 대통령령으로 정하는 바에 따라 수립하는 유아수용계획에 적합하지 아니한 경우
3. 그 밖에 이 법 또는 다른 법령에 따른 제한에 위반되는 경우

④ 사립유치원을 설립 · 경영하는 자가 유치원을 폐쇄하려는 경우나 대통령령으로 정하는 중요사항을 변경하려는 경우에는 교육감의 인가를 받아야 한다. 〈개정 2010.3.24., 2012.3.21.〉

제9조(유치원의 병설) 유치원은 「초 · 중등교육법」 제2조에 따른 초등학교 · 중학교 및 고등학교에 병설될 수 있다. 〈개정 2010.3.24.〉

제9조의2(유치원의 설립의무) ① 교육감은 다음 각 호의 지역의 경우에는 제8조제3항제2호에 따른 유아수용계획을 고려하여 「초 · 중등교육법」 제2조에 따른 초등학교에 유치원을 병설하거나 별도로 설립하여야 한다.

1. 「도시개발법」 제3조에 따른 도시개발구역
2. 「도시 및 주거환경정비법」 제4조에 따른 정비구역
3. 「택지개발촉진법」 제3조에 따른 택지개발지구
4. 「공공주택 특별법」 제6조에 따른 공공주택지구
5. 제4호에 따른 공공주택지구 외에 저소득층을 대상으로 하는 임대주택을 대통령령으로 정하는 비율 이상 포함하는 주택단지

② 교육감은 제9조에 따라 병설된 유치원의 학급 증설이 필요한 경우 이를 적극 시행하여야 한다.

[본조신설 2015.12.22.]

[시행일 : 2016.6.23.] 제9조의2

제10조(유치원규칙) ① 유치원의 장(유치원을 설립하는 경우에는 해당 유치원을 설립하려는 자를 말한다. 이하 "원장"이라 한다)은 법령의 범위에서 지도 · 감독기관(국립유치원인 경우에는 교육부장관, 공립 · 사립유치원인 경우에는 교육감을 말한다. 이하 "관할청"이라

한다)의 인가를 받아 유치원규칙을 제정할 수 있다. 〈개정 2008.2.29., 2010.3.24., 2013.3.23.〉

② 유치원규칙의 기재사항 및 제정절차 등에 관하여 필요한 사항은 대통령령으로 정한다.

제11조(입학연령) 유치원에 입학할 수 있는 사람은 유아로 한다. 〈개정 2010.3.24.〉

제12조(학년도 등) ① 유치원의 학년도는 3월 1일부터 다음해 2월 말일까지로 한다.

② 유치원은 보호자의 요구 및 지역실정에 따라 방과후 과정을 운영할 수 있다. 〈개정 2012.3.21.〉

③ 유치원의 학기 · 수업일수 · 학급편성 · 휴업일 및 반의 편성 · 운영 등에 필요한 사항은 대통령령으로 정한다. 〈개정 2010.3.24.〉

제13조(교육과정 등) ① 유치원은 교육과정을 운영하여야 하며, 교육과정 운영 이후에는 방과후 과정을 운영할 수 있다. 〈개정 2012.3.21.〉

② 교육부장관은 제1항에 따른 교육과정 및 방과후 과정의 기준과 내용에 관한 기본적인 사항을 정하며, 교육감은 교육부장관이 정한 교육과정 및 방과후 과정의 범위에서 지역실정에 적합한 기준과 내용을 정할 수 있다. 〈개정 2008.2.29., 2010.3.24., 2012.3.21., 2013.3.23.〉

③ 교육부장관은 유치원의 교육과정 및 방과후 과정 운영을 위한 프로그램 및 교재를 개발하여 보급할 수 있다. 〈개정 2008.2.29., 2012.3.21., 2013.3.23.〉

제14조(유치원생활기록) 원장은 유아의 생활지도 및 초등학교 교육과의 연계지도에 활용할 수 있도록 유아의 발달 등을 종합적으로 관찰하고 평가하여 교육부장관이 정하는 기준에 따라 생활기록부를 작성 · 관리하여야 한다. 〈개정 2008.2.29., 2010.3.24., 2013.3.23.〉

제15조(특수학교 등) ① 특수학교는 신체적 · 정신적 · 지적 장애 등으로 특수교육이 필요한 유아에게 유치원에 준하는 교육과 실생활에 필요한 지식 · 기능 및 사회적응 교육을 하는 것을 목적으로 한다. 〈개정 2010.3.24.〉

② 국가 및 지방자치단체는 특수교육이 필요한 유아가 유치원에서 교육을 받으려는 경우에는 따로 입학절차 · 교육과정 등을 마련하는 등 유치원과의 통합교육 실시에 필요한 시책을 마련하여야 한다. 〈개정 2010.3.24.〉

제16조(외국인유치원) ① "외국인유치원"이란 국내에 체류중인 외국인의 자녀를 교육하기 위하여 설립된 유치원을 말하며, 외국인유치원에 대하여는 제11조부터 제14조까지, 제17조, 제18조제2항, 제19조, 제19조의2부터 제19조의8까지, 제22조, 제24조부터 제26조까지 및 제27조를 적용하지 아니한다. 〈개정 2010.3.24., 2012.3.21.〉

② 외국인유치원의 설립기준 · 교육과정 · 수업연한 · 학력인정과 그 밖에 설립 · 운영에 필요한 사항은 대통령령으로 정한다. 〈개정 2010.3.24.〉

[시행일 : 2012.9.1.] 제16조제1항의 개정규정 중 제19조의3부터 제19조의6까지의 해당 조문

[시행일 : 2013.3.1.] 제16조제1항의 개정규정 중 제19조의2, 제19조의7, 제19조의8, 제26조의 해당 조문

제17조(건강검진 및 급식) ① 원장은 교육하고 있는 유아에 대하여 건강검진을 실시하고, 그 결과 치료가 필요한 유아에게는 보호자와 협의하여 필요한 조치를 하여야 한다. 〈개정 2010.3.24.〉

② 원장은 교육하고 있는 해당 유치원의 유아에게 적합한 급식을 할 수 있다. 〈개정 2010.3.24.〉

③ 제1항에 따른 건강검진의 실시시기 및 그 결과처리에 관한 사항과 제2항에 따른 급식 시설 · 설비기준 등에 관하여 필요한 사항은 교육부령으로 정한다. 〈개정 2008.2.29., 2010.3.24., 2013.3.23.〉

제17조의2(유아 관련 자료제공의 제한) ① 원장은 제14조에 따른 유치원생활기록 및 제17조에 따른 건강검진에 관한 자료를 해당 유아의 보호자의 동의 없이 제3자에게 제공하여서는 아니 된다. 다만, 다음 각 호의 어느 하나에 해당하는 경우에는 그러하지 아니하다.

1. 유치원에 대한 감독 · 검사의 권한을 가진 행정기관이 그 업무를 처리하기 위하여 필요한 경우
2. 통계작성 및 학술연구 등의 목적을 위한 경우로서 특정 개인을 식별할 수 없는 형태로 제공하는 경우
3. 범죄의 수사와 공소의 제기 및 유지에 필요한 경우
4. 법원의 재판업무 수행을 위하여 필요한 경우
5. 그 밖에 관계 법률에 따라 제공하는 경우

② 원장은 제1항 단서에 따라 제3자에게 자료를 제공하는 때에는 해당 자료를 제공받은 자에 대하여 사용목적 · 사용방법, 그 밖에 필요한 사항에 대하여 제한을 하거나 해당 자료의 안전성 확보를 위하여 필요한 조치를 마련하도록 요청할 수 있다.

③ 제1항에 따라 자료를 제공받은 자는 그 본래의 목적 외의 용도로 이를 이용하여서는 아니 된다.

[본조신설 2012.3.21.]

제17조의3(응급조치) 원장(제21조제2항에 따라 원장의 직무를 대행하는 사람을 포함한다)은 보호하는 유아에게 질병 · 사고나 재해 등으로 인하여 위급한 상태가 발생한 경우 즉시 해당 유아를 「응급의료에 관한 법률」 제2조에 따른 응급의료기관에 이송하여야 한다.

[본조신설 2013.5.22.]

제18조(지도 · 감독) ① 국립유치원은 교육부장관의 지도 · 감독을 받으며, 공립 · 사립유치원은 교육감의 지도 · 감독을 받는다. 〈개정 2008.2.29., 2010.3.24., 2013.3.23.〉

② 교육감은 유아교육을 충실히 하기 위하여 유치원 교육과정 운영에 대한 장학지도를 할 수 있다. 〈개정 2008.2.29., 2010.3.24., 2012.1.26.〉

제19조(평가) ① 교육감은 유아교육을 효율적으로 하기 위하여 필요하면 유치원 운영실태 등에 대한 평가를 할 수 있다. 〈개정 2008.2.29., 2010.3.24., 2012.1.26.〉

② 교육부장관은 필요한 경우 각 시 · 도 교육청의 유아교육 전반에 대한 평가를 실시할 수 있다. 〈개정 2012.1.26., 2013.3.23.〉

③ 제1항과 제2항에 따른 평가의 대상 · 기준 및 절차와 평가결과의 공개 등에 필요한 사항은 대통령령으로 정한다. 〈신설 2012.1.26.〉

제19조의2(유아교육정보시스템의 구축 · 운영 등) ① 교육부장관 및 교육감은 유치원 및 교육행정기관의 업무를 전자적으로 처리할 수 있도록 유아교육정보시스템(이하 "정보시스템"이라 한다)을 구축 · 운영할 수 있다. 〈개정 2013.3.23.〉

② 교육부장관 및 교육감은 정보시스템의 운영 및 지원을 위하여 정보시스템운영센터를 설치 · 운영하거나 정보시스템의 효율적 운영을 위하여 필요하다고 인정하는 경우 정보시스템의 운영 및 지원 업무를 교육의 정보화를 지원하는 법인 또는 기관에 위탁할 수 있다. 이 경우 교육부장관 및 교육감은 그 위탁업무의 원활한 수행을 위하여 예산의 범위에서 보조금 및 출연금을 지급할 수 있다. 〈개정 2013.3.23.〉

③ 제1항에 따른 정보시스템의 구축 · 운영 · 접속방법 및 제2항에 따른 정보시스템운영센터의 설치 · 운영 등에 필요한 사항은 교육부령으로 정한다. 〈개정 2013.3.23.〉

④ 정보시스템은 「초 · 중등교육법」 제30조의4제1항에 따른 교육정보시스템 또는 「사회복지사업법」 제6조의2제2항에 따른 정보시스템과 연계하여 활용할 수 있다.

[본조신설 2012.3.21.]

제19조의3(유치원운영위원회의 설치) ① 유치원 운영의 자율성을 높이고 지역의 실정과 특성에 맞는 다양한 교육을 창의적으로 실시할 수 있도록 하기 위하여 유치원에 유치원운영위원회를 둘 수 있다. 다만, 「교육공무원법」 제29조의3에 따라 공모절차를 통하여 원장을 선발하는 유치원과 대통령령으로 정하는 규모 이상의 유치원은 유치원운영위원회를 두어야 한다.

② 유치원에 두는 유치원운영위원회는 해당 유치원의 교원 대표 및 학부모 대표로 구성한다.

③ 유치원에 두는 유치원운영위원회의 위원 정수는 5명 이상 11명 이내의 범위에서 유치

원의 규모 등을 고려하여 대통령령으로 정한다.

④ 제9조에 따라 병설된 유치원의 경우에는 필요하면 유치원운영위원회를 해당 유치원을 병설한 학교의 학교운영위원회와 통합하여 운영할 수 있다. 이 경우 학교운영위원회에는 유치원 교원 대표 및 학부모 대표가 각각 1명 이상 포함되어야 한다.

[본조신설 2012.3.21.]

[시행일 : 2013.3.1.] 제19조의3의 개정규정 중 「교육공무원법」 제29조의3에 관한 부분

제19조의4(유치원운영위원회의 기능) ① 국립·공립 유치원에 두는 유치원운영위원회는 다음 각 호의 사항을 심의한다.

1. 유치원규칙의 개정에 관한 사항
2. 유치원 예산 및 결산에 관한 사항
3. 유치원 교육과정의 운영방법에 관한 사항
4. 학부모가 부담하는 경비에 관한 사항
5. 유치원 급식에 관한 사항
6. 방과후 과정 운영에 관한 사항
7. 유치원 운영에 대한 제안 및 건의에 관한 사항
8. 「교육공무원법」 제29조의3제8항에 따른 공모 원장의 공모 방법, 임용, 평가 등에 관한 사항
9. 「교육공무원법」 제31조제2항에 따른 초빙교사의 추천에 관한 사항
10. 그 밖에 대통령령 및 시·도 조례로 정하는 사항

② 사립유치원의 장은 제1항 각 호의 사항(제8호 및 제9호는 제외한다)에 대하여 유치원운영위원회의 자문을 거쳐야 한다.

[본조신설 2012.3.21.]

제19조의5(유치원운영위원회의 구성·운영) ① 제19조의3에 따른 유치원운영위원회 중 국립유치원에 두는 유치원운영위원회의 구성·운영에 필요한 사항은 대통령령으로 정하고, 공립유치원에 두는 유치원운영위원회의 구성·운영에 필요한 사항은 대통령령으로 정하는 범위에서 시·도의 조례로 정한다.

② 사립유치원에 두는 유치원운영위원회의 위원 구성에 관한 사항은 대통령령으로 정하고, 그 밖에 운영에 필요한 사항은 정관 또는 유치원규칙으로 정한다.

[본조신설 2012.3.21.]

제19조의6(유치원운영위원회 위원의 연수 등) ① 교육감은 유치원운영위원회 위원의 자질과 직무수행능력의 향상을 위한 연수를 실시할 수 있다.

② 교육감은 제1항에 따른 연수를 연수기관 또는 민간기관에 위탁하여 실시할 수 있다.

③ 교육감은 제2항에 따라 연수를 위탁받은 기관에 행정적 · 재정적 지원을 할 수 있다.

④ 제1항부터 제3항까지에서 규정한 사항 외에 위원의 연수에 필요한 사항은 대통령령으로 정한다.

[본조신설 2012.3.21.]

제19조의7(유치원회계의 설치) ① 국립 · 공립 유치원에 유치원회계를 설치한다.

② 유치원회계는 다음 각 호의 수입을 세입으로 한다.

1. 국가의 일반회계 또는 지방자치단체의 교육비특별회계로부터의 전입금
2. 제25조에 따른 수업료 등 교육비용과 그 밖의 납부금
3. 국가 또는 지방자치단체의 보조금 및 지원금
4. 사용료 및 수수료
5. 이월금
6. 물품매각대금
7. 그 밖의 수입

③ 유치원회계는 유치원의 운영 및 시설 설치 등을 위하여 필요한 일체의 경비를 세출로 한다.

④ 유치원회계는 예측할 수 없는 예산 외의 지출 또는 예산초과지출에 충당하기 위하여 예비비로서 상당한 금액을 세출예산에 계상할 수 있다.

⑤ 제9조에 따라 병설된 유치원의 경우에는 필요하면 유치원회계를 해당 유치원을 병설한 학교의 학교회계와 통합하여 운영할 수 있다.

⑥ 유치원회계의 설치에 필요한 사항은 국립유치원의 경우에는 교육부령으로, 공립유치원의 경우에는 시 · 도의 교육규칙으로 정한다. 〈개정 2013.3.23.〉

[본조신설 2012.3.21.]

제19조의8(유치원회계의 운영) ① 유치원회계의 회계연도는 매년 3월 1일에 시작하여 다음 연도 2월 말일에 종료한다.

② 원장은 회계연도마다 유치원회계세입세출예산안을 편성하여 회계연도 개시 30일 전까지 제19조의3에 따른 유치원운영위원회에 제출하여야 한다.

③ 유치원운영위원회는 유치원회계세입세출예산안을 회계연도 개시 5일 전까지 심의하여야 한다.

④ 원장은 제3항에 따른 예산안이 새로운 회계연도가 개시될 때까지 확정되지 아니한 때에는 다음 각 호의 경비를 전년도 예산에 준하여 집행할 수 있다. 이 경우 전년도 예산에 준하여 집행된 예산은 해당 연도의 예산이 확정되면 그 확정된 예산에 의하여 집행된 것으로 본다.

1. 교직원 등의 인건비
2. 교육에 직접 사용되는 교육비
3. 유치원 시설의 유지관리비
4. 법령상 지급의무가 있는 경비
5. 이미 예산으로 확정된 경비

⑤ 원장은 회계연도마다 결산서를 작성하여 회계연도 종료 후 2개월 이내에 유치원운영위원회에 제출하여야 한다.

⑥ 유치원회계의 운영에 필요한 사항은 국립유치원의 경우에는 교육부령으로, 공립유치원의 경우에는 시 · 도의 교육규칙으로 정한다. 〈개정 2013.3.23.〉

[본조신설 2012.3.21.]

제3장 교직원

제20조(교직원의 구분) ① 유치원에는 교원으로 원장 · 원감 · 수석교사 및 교사를 두되, 대통령령으로 정하는 일정 규모 이하의 유치원에는 원감을 두지 아니할 수 있다. 〈개정 2010.3.24., 2011.7.25.〉

② 유치원에는 교원외에 촉탁의사, 영양사, 간호사 또는 간호조무사, 행정직원 등을 둘 수 있다.

③ 유치원에 두는 교원과 직원(이하 "교직원"이라 한다)의 정원 · 배치기준 등에 관하여 필요한 사항은 대통령령으로 정한다.

제21조(교직원의 임무) ① 원장은 원무를 총괄하고 소속교직원을 지도 · 감독하며 해당 유치원의 유아를 교육한다. 〈개정 2010.3.24.〉

② 원감은 원장을 보좌하여 원무를 관리하고 해당 유치원의 유아를 교육하며, 원장이 부득이한 사유로 직무를 수행할 수 없을 때에는 그 직무를 대행한다. 다만, 원감을 두지 아니하는 유치원은 원장이 미리 지명한 교사(수석교사를 포함한다)가 그 직무를 대행한다. 〈개정 2010.3.24., 2011.7.25.〉

③ 수석교사는 교사의 교수 · 연구활동을 지원하며, 유아를 교육한다. 〈신설 2011.7.25.〉

④ 교사는 법령에서 정하는 바에 따라 해당 유치원의 유아를 교육한다. 〈개정 2010.3.24., 2011.7.25.〉

⑤ 행정직원 등 직원은 법령에서 정하는 바에 따라 유치원의 행정사무와 그 밖의 사무를 담당한다. 〈개정 2011.7.25., 2012.1.26.〉

제22조(교원의 자격) ① 원장 및 원감은 별표 1의 자격기준에 해당하는 사람으로서 대통령

령으로 정하는 바에 따라 교육부장관이 검정 · 수여하는 자격증을 받은 사람이어야 한다. 〈개정 2008.2.29., 2010.3.24., 2013.3.23.〉

② 교사는 정교사(1급 · 2급) · 준교사로 나누되, 별표 2의 자격기준에 해당하는 사람으로서 대통령령으로 정하는 바에 따라 교육부장관이 검정 · 수여하는 자격증을 받은 사람이어야 한다. 〈개정 2008.2.29., 2010.3.24., 2013.3.23.〉

③ 수석교사는 제2항의 자격증을 소지한 사람으로서 15년 이상의 교육경력(「교육공무원법」 제2조제1항제2호 및 제3호에 따른 교육전문직원으로 근무한 경력을 포함한다)을 가지고 교수 · 연구에 우수한 자질과 능력을 가진 사람 중에서 대통령령으로 정하는 바에 따라 교육부장관이 정하는 연수 이수 결과를 바탕으로 검정 · 수여하는 자격증을 받은 사람이어야 한다. 〈신설 2011.7.25., 2013.3.23.〉

④ 삭제 〈2010.3.24.〉

⑤ 삭제 〈2010.3.24.〉

제23조(강사 등) ① 유치원에는 교육과정 운영에 필요한 경우 제20조제1항에 따른 교원외에 강사, 기간제 교사 또는 명예교사 등을 두어 유아교육을 담당하거나 보조하게 할 수 있다. 이 경우 국립 · 공립 유치원은 「교육공무원법」 제10조의3제1항 및 제10조의4를, 사립유치원은 「사립학교법」 제54조의3제4항 및 제5항을 각각 준용한다. 〈개정 2010.3.24., 2011.5.19., 2012.1.26.〉

② 제1항에 따라 유치원에 두는 강사 등의 종류 · 자격기준 및 임용 등에 필요한 사항은 대통령령으로 정한다. 〈개정 2010.3.24.〉

제4장 비용

제24조(무상교육) ① 초등학교 취학직전 3년의 유아교육은 무상(無償)으로 실시하되, 무상의 내용 및 범위는 대통령령으로 정한다. 〈개정 2012.3.21.〉

② 제1항에 따라 무상으로 실시하는 유아교육에 드는 비용은 국가 및 지방자치단체가 부담하되, 유아의 보호자에게 지원하는 것을 원칙으로 한다. 〈개정 2010.3.24.〉

③ 제2항에 따라 국가 및 지방자치단체가 부담하는 비용은 제4항의 표준유아교육비를 기준으로 교육부장관이 예산의 범위에서 관계 행정기관의 장과 협의하여 고시한다. 〈신설 2012.3.21., 2013.3.23.〉

④ 교육부장관은 제5조제1항에 따른 중앙유아교육위원회의 심의를 거쳐 표준유아교육비를 정한다. 〈신설 2012.3.21., 2013.3.23.〉

⑤ 제2항에 따른 지원방법, 제3항에 따른 비용 고시 및 제4항에 따른 표준유아교육비

산정 등에 관하여 필요한 사항은 교육부령으로 정한다. 〈개정 2012.3.21., 2013.3.23.〉

제25조(유치원 원비) ① 유치원의 설립·경영자는 교육부령으로 정하는 바에 따라 수업료 등의 교육비용과 그 밖의 납부금(이하 "유치원 원비"라 한다)을 받을 수 있다. 이 경우 다음 각 호의 기준에 따라 유치원 원비를 달리 정할 수 있다. 〈개정 2008.2.29., 2010.3.24., 2013.3.23., 2015.3.27.〉

1. 제12조제2항에 따른 유치원의 이용형태
2. 교육 대상인 유아가 「국민기초생활 보장법」에 따른 수급권자의 자녀인지 여부
3. 해당 지역이 저소득층 밀집지역 또는 농어촌지역 등 사회적 취약지역인지 여부

② 제1항제3호에 따른 사회적 취약지역의 결정기준은 대통령령으로 정한다. 〈개정 2015.3.27.〉

③ 각 유치원은 유치원 원비의 인상률이 직전 3개 연도 평균 소비자 물가상승률을 초과하게 하여서는 아니 된다. 〈신설 2015.3.27.〉

④ 제3항에도 불구하고 다음 각 호의 사항을 고려하여 교육부장관이 정하는 기준에 해당하는 국립유치원은 제5조제1항에 따른 중앙유아교육위원회의 심의를, 교육감이 정하는 기준에 해당하는 공·사립유치원은 같은 항에 따른 시·도 유아교육위원회의 심의를 각각 거쳐 직전 3개 연도 평균 소비자 물가상승률을 초과하여 유치원 원비를 받을 수 있다. 〈신설 2015.3.27.〉

1. 제24조제2항에 따라 국가 및 지방자치단체가 부담하는 비용
2. 제24조제4항에 따른 표준유아교육비

⑤ 그 밖에 유치원 원비 산정 및 징수방법 등에 필요한 사항은 교육부령으로 정한다. 〈신설 2015.3.27.〉

[제목개정 2015.3.27.]

제26조(비용의 부담 등) ① 삭제 〈2012.3.21.〉

② 삭제 〈2012.3.21.〉

③ 국가 및 지방자치단체는 대통령령으로 정하는 바에 따라 사립유치원의 설립 및 유치원 교사의 인건비 등 운영에 드는 경비의 전부 또는 일부를 보조한다. 〈개정 2010.3.24.〉

제26조의2 삭제 〈2012.3.21.〉

제26조의3 삭제 〈2012.3.21.〉

제26조의4 삭제 〈2012.3.21.〉

제26조의5 삭제 〈2012.3.21.〉

제27조(방과후 과정 운영 등에 대한 지원) 국가 및 지방자치단체는 방과후 과정을 운영하거나 제12조제3항에 따라 대통령령으로 정하는 수업일수를 초과하여 운영하는 유치원에

대하여는 대통령령으로 정하는 바에 따라 운영에 드는 경비를 보조할 수 있다. 〈개정 2010.3.24., 2012.3.21.〉
[제목개정 2012.3.21.]

제28조(보조금의 반환) ① 국가 및 지방자치단체는 사립유치원의 장이 다음 각 호의 어느 하나에 해당하는 경우에는 이미 지급한 보조금의 전부 또는 일부의 반환을 명할 수 있다. 〈개정 2010.3.24., 2012.3.21., 2015.3.27.〉

1. 유치원 목적외에 보조금을 사용한 경우
2. 거짓이나 그 밖의 부정한 방법으로 보조금을 지급받은 경우
3. 제22조에 따른 교원자격기준을 갖추지 아니한 사람을 교원으로 임용한 경우
4. 유치원 원비 인상률이 직전 3개 연도 평균 소비자 물가상승률을 초과한 경우

② 국가 및 지방자치단체는 유아의 보호자가 거짓이나 그 밖의 부정한 방법으로 제24조제2항에 따른 비용을 지원받은 경우에는 그 비용의 전부 또는 일부의 반환을 명할 수 있다. 〈신설 2012.3.21.〉

③ 제1항 및 제2항에 따라 보조금 등을 환수하는 경우에 반환할 자가 기한 내에 반환하지 아니한 때에는 국세 체납처분 또는 지방세 체납처분의 예에 따라 징수한다. 〈신설 2012.3.21.〉

제5장 보칙 및 벌칙

제28조의2(유치원 명칭의 사용금지) 이 법에 따른 유치원이 아니면 유치원 또는 이와 유사한 명칭을 사용하지 못한다.
[본조신설 2012.3.21.]

제29조(권한 등의 위임 및 위탁) ① 이 법에 따른 교육부장관의 권한은 대통령령으로 정하는 바에 따라 그 일부를 교육감에게 위임할 수 있다. 〈개정 2013.3.23.〉

② 이 법에 따른 교육부장관 및 교육감의 업무는 대통령령으로 정하는 바에 따라 그 일부를 보건복지부장관 또는 지방자치단체의 장에게 위탁할 수 있다. 〈개정 2013.3.23.〉
[전문개정 2010.3.24.]

제30조(시정 또는 변경 명령) ① 관할청은 유치원이 시설 · 설비, 교육과정 운영, 유치원 원비 인상률 및 그 밖의 사항에 관하여 교육관계법령, 「도로교통법」 제53조, 제53조의2 및 제53조의3 또는 이에 따른 명령이나 유치원규칙을 위반한 경우에는 원장 또는 그 설립 · 경영자에게 기간을 정하여 그 시정 또는 변경을 명할 수 있다. 〈개정 2010.3.24., 2015.2.3., 2015.3.27.〉

② 관할청은 제1항에 따른 시정 또는 변경 명령을 받은 자가 정당한 사유없이 지정된 기간에 이를 이행하지 아니하면 대통령령으로 정하는 바에 따라 해당 유치원의 정원감축, 학급감축 또는 유아모집 정지나 해당 유치원에 대한 차등적인 재정지원 등의 조치를 할 수 있다. 〈개정 2010.3.24., 2015.3.27.〉

제31조(휴업 및 휴원 명령) ① 관할청은 재해 등의 긴급한 사유로 정상적인 교육이 불가능하다고 인정하는 경우에는 원장에게 휴업을 명할 수 있다.

② 제1항에 따른 명령을 받은 원장은 지체없이 휴업을 하여야 한다. 〈개정 2010.3.24.〉

③ 관할청은 원장이 제1항에 따른 명령에도 불구하고 휴업을 하지 아니하거나 특별히 긴급한 사유가 있는 경우에는 휴원처분을 할 수 있다. 〈개정 2010.3.24.〉

④ 제1항과 제2항에 따라 휴업된 유치원은 휴업기간중 해당 유치원에서 교육받는 유아의 등교와 교육이 정지되며, 제3항에 따라 휴원된 유치원은 휴원기간중 단순한 관리업무 외에 유치원의 모든 기능이 정지된다. 〈개정 2010.3.24.〉

제32조(유치원의 폐쇄 등) ① 관할청은 유치원이 다음 각 호의 어느 하나에 해당하여 정상적인 교육과정 운영이 불가능한 경우에는 그 폐쇄를 명할 수 있다. 〈개정 2010.3.24.〉

1. 원장 또는 설립 · 경영자가 고의 또는 중대한 과실로 이 법 또는 이 법에 따른 명령을 위반한 경우
2. 원장 또는 설립 · 경영자가 이 법 또는 그 밖의 교육관계법령에 따른 관할청의 명령을 3회 이상 위반한 경우
3. 휴업기간을 제외하고 계속하여 3개월 이상 교육과정을 운영하지 아니한 경우

② 관할청은 제8조제2항에 따른 유치원 설립인가를 받지 아니하고 유치원 또는 이와 유사한 명칭을 사용하거나 유치원을 운영한 자에 대하여 그 시설의 폐쇄를 명할 수 있다. 〈개정 2010.3.24., 2012.3.21.〉

③ 관할청은 유치원이 「도로교통법」 제53조제3항을 위반하여 어린이통학버스(같은 법 제52조에 따른 어린이통학버스 신고를 하지 아니한 경우를 포함한다)에 보호자를 함께 태우지 아니한 채 어린이통학버스 운행 중 발생한 교통사고로 해당 어린이통학버스에 탑승(승하차를 포함한다)한 유아가 사망하거나 신체에 교육부령으로 정하는 중상해를 입은 경우 해당 유치원의 폐쇄를 명하거나 1년 이내의 운영정지를 명할 수 있다. 〈신설 2015.2.3.〉

[제목개정 2015.2.3.]

제33조(청문) 관할청은 제32조에 따라 유치원 또는 시설의 폐쇄를 명하려면 청문을 하여야 한다 〈개정 2010.3.24.〉

제34조(벌칙) ① 삭제 〈2012.3.21.〉

② 다음 각 호의 어느 하나에 해당하는 자는 3년 이하의 징역 또는 2천만원 이하의 벌금에 처한다. 〈개정 2010.3.24., 2012.3.21.〉

1. 제8조제2항에 따른 유치원 설립인가를 받지 아니하고 유치원을 운영한 자
2. 제8조제4항을 위반하여 폐쇄인가 또는 변경인가를 받지 아니한 자
3. 거짓이나 그 밖의 부정한 방법으로 제8조제2항 또는 제4항에 따른 유치원의 설립인가 · 폐쇄인가 또는 변경인가를 받은 자
4. 제17조의2제1항 또는 제3항을 위반하여 보호자의 동의 없이 제3자에게 유아 관련 자료를 제공하거나 제공받은 자료를 그 본래의 목적 외의 용도로 이용한 자

③ 다음 각 호의 어느 하나에 해당하는 자는 1년 이하의 징역 또는 500만원 이하의 벌금에 처한다. 〈개정 2010.3.24., 2012.3.21.〉

1. 거짓이나 그 밖의 부정한 방법으로 제24조제2항에 따른 비용을 지원받거나 타인으로 하여금 지원을 받게 한 자
2. 제30조제1항에 따른 명령을 위반한 자
3. 제32조제1항에 따른 명령을 위반한 자

제35조(과태료) ① 제28조의2를 위반하여 유치원 또는 이와 유사한 명칭을 사용한 자에게는 500만원 이하의 과태료를 부과한다.

② 제17조제1항에 따른 건강검진을 실시하지 아니하거나 제17조의3에 따른 응급조치의무를 이행하지 아니한 자에게는 300만원 이하의 과태료를 부과한다. 〈신설 2013.5.22.〉

③ 제1항 및 제2항에 따른 과태료는 대통령령으로 정하는 바에 따라 관할청이 부과 · 징수한다. 〈개정 2013.5.22.〉

[본조신설 2012.3.21.]

부칙 〈제13226호, 2015.3.27.〉

이 법은 2015년 9월 1일부터 시행한다.

강인수(1998). 교육기본법 및 초 · 중등교육법의 내용과 과제. 중앙교육진흥연구소. 제10권 제3호(통권 39호).

강인수(2000). 교육에서의 법치주의의 과제. 한국교육행정학회

곽노의 · 김경철 · 김창복(2004). 유아교육개론. 서울 : 학지사.

교육과학기술부(2008). 유치원교육과정 해설 1.

_________(2010). 유치원 교원 양성 및 임용 체제 개선 방안. 유아교육선진화 기반조성업 5. 육아정책연구소.

____________(2012). 누리과정 고시문(고시 제2012 - 16호).

교육법전편찬회(2000). 교육법전(2000년 개정판). 서울 : 교학사.

교육부(1998). 유치원 교육과정 해설.

_____(1995). 유치원 교육과정에 기초한 유아관찰 척도.

권건일 · 신재흡(2006). 유아교사론. 파주 : 양서원.

기획재정부 · 교육과학기술부 · 보건복지부 · 행정안전부(2011). 만 5세 공통과정 도입 추진 계획. 2011. 5. 2.

김낙운(1986). 현행교육법해설. 서울 : 해서출판사.

김선영(1997). 유아교육용 멀티미디어 소프트웨어의 실태조사에 대한 토론. 아동관련사업의

현재와 미래. 한국아동학회 춘계학술대회자료집.
김성수 · 이영훈(2002). 유아의 정의적 특성 평가방법. 2001학년도 주문식교육 개발 교재. 부천대학.
김수영 · 김수임 · 허선자 역(1997). 유아의 놀이와 발달(Fergus P. Hughes 저). 서울 : 창지사.
김영옥 외(1995). 한국현대유아교육사. 파주 : 양서원.
김옥련 · 임영서(1992). 유아교육과정론. 경기 : 교육과학사.
김재은 · 유기섭(1979) 외. 심리검사의 활용. 서울 : 중앙적성출판사.
김종서(1983). 교원의 전문성. 현대사회와 교원. 서울시교육위원회
김종철 · 진동섭 · 허병기(1991). 교육정책. 한국방송대학 출판부.
김종철 · 김종서 · 서연화 · 정우현 · 정재철 · 김선양(1994). 최신 교사론. 경기 : 교육과학사.
김철수(1998). 헌법학개론. 서울 : 박영사. 669-686.
_____(2002). 헌법과 교육. 경기 : 교육과학사. 80.
김희진 외(2000). 유아교육기관에서의 관찰. 서울 : 창지사.
노기호(1998). 교원의 교육권에 관한 연구. 한양대학교 박사논문.
노명완 · 이차숙 · 조정숙((1998). 유아언어교육. 한국방송대학교출판부.
노종희(1986). 교원자격제도의 문제와 그 개선방안. 한국교사교육, 3, 29-36. 한국사교육연구협의회.
문교부(1987). 유아교육환경구성자료. 중앙대학교 사범대학 1종 도서연구개발위원회.
박선희 · 김선영(1998). 유아교육과 컴퓨터. 경기 : 정민사.
박은정(2000). 법치문화의 혁명적 변화를 위하여. -새천년의 한국인, 한국사회-. 서울 : 나남. 73-100.
박의수 · 강승규 · 정영수 · 강선보(1995). 교육의 역사와 철학. 서울 : 동문사.
박재환(1996). 현대유아교육과정. 서울 : 형설출판사.
방인옥 · 박찬옥 · 이기현 · 김은희(1999). 유아교육과정. 경기 : 정민사.
보건복지부(2000a). 영유아보육업무길라잡이.
_________(2000b). 2000년도 보육사업안내.
_________(2004). 2004년도 보육사업안내.
서울대 교육연구소 편(1998). 한국 교육심리검사 총람. 프레스빌.
서정화(1987). 교원자격 및 임용제도의 개선. 새교육., 6, 34-42
신현직(1990). 교육기본권에 관한 연구. 서울대학교 대학원 법학과. 법학박사학위논문.
신화식(2003). 몬테소리교육과정. 파주 : 양서원.
신화식 · 양옥승 · 신현옥 · 이상화 · 김명희 · 김향자 · 곽노의 · 이희경 · 오은순 · 김영숙 ·

이성희 · 배지희(2004). 영유아교육 프로그램. 경기 : 교문사.
신화식 · 이상화 · 이희경 · 오은순 · 이성희 · 이춘자 · 배지희 역(2004). 실외놀이(Outdoor Play Every Day : Karyn Wellhousen 저). 서울 : 시그마프레스.
안기성(1992). 교육학개론. 서울 : 학지사. 251-252.
양 건(2003). 교육권의 갈등과 그 조정. 교육주체 상호간의 법적 관계— 교육권에 헌법재판소 판례의 검토 — 2003. 9. 27.한국교육개발원 · 한국교육법학회.
오금희(1994). 몬테소리의 유아교육사상과 이론. 서울 : 문음사.
오천석(1975). 한국신교육사. 서울 : 광명출판사.
유치원교원양성 · 임용제도개선단(2010). 유치원교사 헌장 · 강령
이기숙(2013). 유아교육과정. 경기 : 교문사.
이민자(1991). 유아교육 교직의 전문화 방향 -현장교사의 시각분석-. 한국어린이육회.
이상금(1987). 한국 근대유치원 교육사. 이화여자대학교 출판부.
이숙재(1998). 유아를 위한 놀이의 이론과 실제. 서울 : 창지사.
이순형 · 권미경(1992). 몬테소리 유아교육의 이론과 실제. 서울 : 창지사.
이연섭(1984). 유아교육론. 경기 : 정민사.
이영석(1988). 인간이해의 새 지평-유아교육학의 이해-. 행동과학연구소.
이영자 · 권영례(1997). 유아교육기관의 운영관리. 서울 : 창지사.
이영자 · 이기숙(1986). 유아를 위한 교수-학습방법. 서울 : 창지사.
__________(1997). 교육 프로그램 -이론과 적용실제-. 경기 : 교문사.
이은해(1985). 아동연구방법. 경기 : 교문사.
______(1995). 아동발달의 평가와 측정. 경기 : 교문사.
이은화 · 배소연 · 조부경(1997). 유아교사론. 파주 : 양서원.
이일주(1999). 한국 유아교육 일원화체제 모형 탐색. 동국대학교 대학원 박사학위 논문.
이화여자대학교(1994). 이화 100년사. 서울 : 이대출판부.
이희경(1997). 유아의 애착 Q-set개발을 위한 연구 Q문항 개발을 중심으로-. 중앙유아교육학회 유아교육학론집, 1(2). 129-151.
______(2000). 인터넷을 통한 유아교육. 부천대학논문집 제21집, 193-208.
______(2001). 유아교육의 이해. 서울 : 동문사.
______(2001). 유아 교수 학습방법. 서울 : 동문사.
______(2013). 누리과정 운영 내실화를 위한 유치원교사의 전문성 제고 방안. 제7차 리과정 발전 포럼(2013. 5.23), 육아정책연구소. 3-27.
이희경 · 김성수(2000). 유아교사의 역할 Q-set 개발. 중앙유아교육학회 유아교육학4(1).

27-54.
장명림 · 서문희 · 송신영(2012). 미래사회와 공생을 위한 육아정책의 선진화 방안. 경제 · 인문사회연구회 공생발전 협동연구총서 12-01-39, 육아정책연구소.
장상호 역(1989). 인간주의 교육. 서울 : 박영사(C. H. Parrerson(1973) : Humanistic ducation. New Jersey : Prentice-Hall, Inc.).
전남련(1999). 유아교육기관 교사를 위한 유아관찰 및 평가의 실제. 서울 : 창지사.
정옥분(2002). 아동발달의 이해. 서울 : 학지사.
정우현(1994). 현대교사론. 경기 : 교육과학사.
정진환(1998). 교육제도론. 경기 : 정민사. 214-215
정현승(2004).의무교육의 무상성.교육권 논쟁. 2004년 7. 10. 대한교육법학회
정혜욱 · 이옥형(2011). 영유아 발달의 이해. 서울 : 집문당.
조옥희 · 권영자(2001). 3, 4, 5세 유아를 위한 몬테소리 유아교육. 서울 : 중앙적성출판사.
조형숙(2013). 누리과정 시행과 유아교사 핵심역량. 제5회 교원정책 포럼-누리 행시행 유아교사 역량강화 방안(2013.9.13.). 한국교원교육학회, 65-81.
중앙대학교(1970). 중앙대학교사. 중앙대학교 출판부.
지성애(1996). 유아놀이지도. 경기 : 정민사.
차석기(1970). 교육사 교육철학. 서울 : 집문당.
표시열(2002). 교육정책과 법, 박영사.84-85. 365.
하승수 · 김진(1999). 교사의 권리 학생의 권리. 서울 : 사계절. 34-35.
한국유아교육학회 편(1997). 유아교육자료사전(용어편). 한국사전연구사.
한양대사회인지발달연구모임 역(1995). 비고스키(James V. Wertsch 저). 경기 : 정민사.
허영(2000). 한국헌법론. 서울 : 박영사. 414.
허형(1997). 유아교육과정의 방향 : 구성주의 접근 -유아교육학의 연구동향-. 중앙 유아교육학회 제3회 유아교육학술대회, 87-111.
홍용희 역(1997). 어린이들의 학습에 비계설정 : 비고츠키와 유아교육.(Laura E. Berk & Adam Winsler 저). 서울 : 창지사.
황홍규(2004). 학습권 개념의 도입 배경과 그 과제. 교육권 논쟁. 2004. 7. 10. 대한교육법학회.

Anastasi A. & S. Urbina(1997). *Psychological Testing*(7th edition). NJ : Prentice-Hall.
Bell, R. Q.(1968). A reinterpretation of the direction of effects in studies of socialization. *Psychological Review, 75*, 81-95.
Berieter, C., & Engelmann, S.(1966). *Teaching disadvantaged children in the preschool.*

Englewood Cliffs, NJ : Prentice-Hall.

Biber, B.(1984). *Early education and psychological development.* New Haven, CT : Yale University Press.

Bloom, B. S.(1964). *Stability and change in human characteristics.* NY : John Wiley & Sons.

Bowen, J.(1981). *A history of western education.* London : Methuen.

Bronfenbrenner, U.(1977). *The changing American family.* In L. H. Golubcheck and B. Persky(eds.). Early Childhood Education, Wayne, NJ : Avery Publishing Group. 301-305.

Cronbach, L. J. (1990). *Essentials of Psychological Testing*(5th Edition). NY : Harper & Row Publishers.

Decker, C. A. & Decker, J. R.(1992). Planning and administering early childhood program. Columbus, Ohio : Charles E. Merrill Publishing Co.

DeVries, R. & Zan, B.(1995). Creating a constructivist classroom atmosphere. *Young Children, 51*, 4-13.

DeVries, R., & Kohlberg, L.(1987). *Programs of Early Education. Constructivist view.* New York : Longman.

Doll, R. C.(1992). *Curriculum improvement : Decision making and process*(8thed.). Boston : Allyn & Bacon.

Dowling, M.(1988). Education 3 to 5 : A teachers〈0x2415〉 handbook. London : Paul Chapman Publishing. Ltd.

Edwards, C. P., & Willis, L. M.(2000). Integrating visual and verbal literacies in the early childhood classroom. *Early Childhood Education Journal, 27*(4), 259-265.

Elkind, D.(1987). The child yesterday. today, and tomorrow. *Young Children, 42*, 6-11.

Esbensen, S. B.(1987). An outdoor classroom. Ypsilanti, MI : High Scope Press.

Essa, E. L.(1981). Outdoor play area designed for learning. *Dare care and early education, 9*(2), 37-42.

Evans, R. & Saracho, O. N.(1995). Teacher Preparation for Early Childhood Education. NY : Teacher College Press.

Frost, J. L.(1997). Child development and playgrounds. *Parks and Recreation, 32*(4), 54-60.

Goffin, S. G.(1994). *Curriculum models and early childhood education : Appraising the relationship.* New York : Maxwell Macmillan International.

Goffin, S. G.(1994). *Curriculum models and early childhood education : Appraising the relationship.* New York : Maxwell Macmillan International.

Hewes, D. W.(1995). *Early childhood education : It's historic past and promissing future.* Speech presented at the Annual Graduation Celebration : Early Childhood Education, Long Beach, CA.(ERIC Document #PS 023 394).

Holt, K. S.(1991). *Child development : Diagnosis and assesment.* London : Butterworth-Heinemann.

ILO & UNESCO(1966). Recommendations Concerning the Status of Teachers. Ge Kaplan & Saccuzzo, 1993. *Psychological testing*(3rd edition). Cal. : Brooks/Cole Publishing Co.

Katz, L. G.(1970). The professional early childhood teacher. *Young Children, 39*(5), 3-10.

_______(1994). How Can I Assess the Development of my preschooler?. *Eric Digest.*

_______(1994). *The Project Approach.* ERIC Digest : ERIC Clearinghouse on Elementary and Early Childhood Education.

Katz, L. G., & Chard, S. C.(1989). *Engaging children's minds : The project approach.* Norwood, NJ : Ablex.

Katz, L. G., & Goffin, S. G.(1990). Issues in the preparation of teacher of young children. In Spodek, & O. N. Saracho(Eds.), Early childhood teacher preparation. New York : Teacher College Press.

Lavatelli, C.(1970). *Piaget's theory applied to an early childhood curriculum.* Boston : American Science Engineering.

Lieberman, J. N.(1977). Playfulness : Its relationship to imagination and creativity. NY : Academic Press.

Morrison, G. S.(1980). Early Childhood Education Today, Columbus, Ohio : Charles E. Merril Pub. Co.

_______(1997). *Fundamentals of early childhood education.* Upper Saddler River, NJ : Prentice-Hall.

NAEYC(1991). Guidelines for appropriate curriculum content and assessment in programs serving children ages 3 through 8. *Young Children, 21.*

_______(1992). Reaching potentials : Appropriate curriculum and assessment for young children. Vol. 1. neva and Paris, 5 October.

New, R. S.(1999). what should children learn? Making choices and taking chances. *Early Childhood Research and Practice, 1*(2).

OECD(2006). Starting II. OECD.

Osborn, D. K.(1991). *Early childhood education in historical perspective.* Athens, GA : Daye Press.

Pellegrini, A. D., & Galda, L.(1982). The effects of thematic fantasy play training on the development of children's story comprehension. *American Educational Research Journal, 19*, 443-452.

Rogers, C. D.(1976). The relationship between the organization of play space and children's behavi. Ed. M. thesis, oklahoma state University . ERIC Document Reproduction Service, ED 127011.

Sameroff, A. J.(1987). The social context of development. In N. Eisenberg(Ed.), *Contemporary topics in developmental psychology*, NY : Wiley.

Saracho, O. N.(1988). A study of the roles early childhood teachers. *Early Child Development and Care, 38*, 43-56.

Scarr, S., & McCartney, K.(1983). How peaple make their own environments : A theory of genotype-environment effects. *Child Development, 54*, 253-259.

Schickedanz, J. A., York, M. Z., Stewart, I. S., White, D. A.(1990). Strategies for teaching young children(3rd ed.). New Jersey : Prentice-Hall, Inc.

Schwartz, S. L. & Robison, N. F.(1982). *Designing curriculum for early childhood.* Boston, Mass. : Allyn & Bacon.

Seefeldt, C.(1980). Teaching young Children. Englewood Cliffs, N.J : Prentice Hall, Inc.

Seefeldt, C., & Barbour, N.(1990). *Early childhood education : An introduction*(2ded.). Columbus, OH : Merrill.

Sheridan, M. D.(1999). Play in Early Childhood : From birth to six years. Revised and updated by Jackie Harding and Liz Meldon-Smith. London : Routledge

Shin, D., & Frost, J. L.(1995). Preschool children's symbolic play indoors and outdoor. *International Play Journal, 3*, 83-96.

Silin, J. G.(1985). Authority as knowledge : A problem of professionalization. *Young*

Children, 40(3), 41-46.

Spodek, B.(1985). Teaching in the early years(3rd Ed.). New Jersey : Prentice-Hall, Inc.

_______(1991). Early childhood curriculum and cultural definitions of knowledge. In B. Spodek & O. N. Saracho(Eds.), *Issues in early childhood curriculum*(pp. 1-20). New York : Teacher Colleg Press.

Spodek, B., Saracho, O. N., & Davis, M. D.(1991). Foundation of early childhood education(2d ed.). Boston : Allyn & Bacon.

Sutton-Smith, B.(1986). The sprit of play. In G. Fein and M. rivkin(Eds.). The Young Child at Play. Washington, DC : NAEYC.

Thomas, A. & Chess, S.(1977). *Temperament and development.* NY : Brunner/Mazel.

Tizard, B., Philps, J., & Plewis, I.(1976). Play in preschool centers II : Effects on play of the child's social class and of the educational orientation of the center. *Journal of School Psychology and Psychiatry, 17*, 265-274.

Trawick-Smith, J.(1997). *Early childhood development.* Upper Saddle River, NJ : Prentice-Hall.

Troman, G.(1996). Models of good teacher defining and redefining teacher quality. In P. Wood(ed.), Contemporary Issues in Teaching and Learning. London : Open Univ.

Vacc, N. A., & Ritter, Sandrea H.(1995). Assessment of Preschool Children. *Eric Digest.* ED 389964.

Vaughan, V. C., & Lit, I. F.(1990). *Child and adolescent development : Clinical implications.* Philadelphia : W. B. Saunders.

Weber, E.(1984). *Ideas influencing early childhood education.* NY : Teachers College Press.

Weikart, D. P., Rogers, L., Adcock, C., & McClelland, D.(1971). *The cognitively oriented classroom-A framework for preschool teachers.* Ulbana, IL : University of Illinois Press.

White, C. S. & Coleman, M.(2000). *Early Childhood Education.* Merrill Prentice-Hall.

White, S. H. & Buka, S. L.(1987). Early education : Programs, traditions, and policies. In E. Z. Rothkopf(Ed.), *Review of Research in Education*(Vol. 14, pp. 43-91). Washington, DC : American Educational Research Association.

Wilds, E. H., & Lottich, K. V.(1961). *The foundation of modern education.* NY : Holt, Rinehart and Winston.

Williamson, P. A., & Silvern, S. B.(1984). Creative dramatic play and language comprehension. In T. D. Yawkey & A. D. Pellegrini (Eds.), Child's play : Developmental and applied(347-358). Hillsdale, NJ : Erlbaum.

Wortham, S. C.(1992). *Childhood 1892-1992.* Wheaton, MD : Association for Childhood Education International.

Zaller, R.(1984). Europe in trasition. NY : Harper & Row.

http://www.project-approach.com/foundation/goals.htm

http://www.cds-sf.org/cproject/

저자 소개

이희경

【약력】

중앙대학교 유아교육학과 졸업(학사)

중앙대학교 대학원 유아교육과 졸업(석사)

인하대학교 교육학과(교육학 박사)

현, 부천대학교 유아교육과 교수

【저서 및 논문】

똑똑한 아이로 키우는 부모들의 대화기술(2006)

유아 교수 · 학습방법(2002)

유아사회교육(2002)

영유아 교육프로그램 운영 및 논문 다수

유아교육개론 -개정판-

초판발행 2006년 3월 25일
개정3쇄 2019년 2월 25일

이 희
2019. 2.

저 자 이희경
발행인 김현태
발행처 **태영출판사**

주 소 (08301) 서울 구로구 구로동 104-10 동남오피스텔 201호
전 화 02 · 839-3757, 839-3752
팩 스 02 · 837-3754
등 록 2005년 5월 30일 제12-421호
http://www.taeyeongbook.co.kr
E-mail tys2005@hanmail.net
ISBN 978-89-6302-183-6 93370
정 가 18,000원

NAVER
태영출판사

* 잘못 만들어진 책은 교환해 드립니다.